784

Wieyersdorff
Abend

Der grüne Baum des Lebens

CLARA VON ARNIM

Der grüne Baum
des Lebens

Lebensstationen
einer märkischen Gutsfrau
in unserem Jahrhundert

In Zusammenarbeit mit
Peter-Anton von Arnim

SCHERZ

Inhalt

Vorwort

Ich habe mehrere Leben gelebt. Jedenfalls kommt es mir so vor, und das wird wohl jedem so gehen, der wie ich das sprichwörtlich biblische Alter erreicht und mehrere Geschichtsepochen durchmessen hat.

Dieses Buch soll vor allem von meinem ersten Leben handeln, von meiner Jugend, und von meiner glücklichsten Zeit, der Zeit meiner Ehe, in der ich als Gutsfrau eine Lebensaufgabe fand, die mich erfüllte.

Ein zweites Leben begann ich, als 1947 für mich zur Gewißheit wurde, daß mein Mann nicht mehr lebt. Von da an mußte ich – infolge des Krieges auch heimatlos und besitzlos – für den Unterhalt und die Erziehung meiner sechs Kinder allein sorgen. Als sie dann erwachsen und außer Haus waren, übernahm ich eine neue, diesmal eine öffentliche Aufgabe: Ich wurde als erste Frau in den Gemeinderat der hessischen Stadt Eschborn gewählt.

Gleichzeitig begann ich, mich mit dem literarischen Erbe von Ludwig Achim und Bettine von Arnim auseinanderzusetzen. Es ist dies zu der Beschäftigung geworden, die nun den letzten Abschnitt meines Lebens ganz ausfüllt. Und so schließt sich der Kreis.

Ich bin damit in gewisser Weise zurückgekehrt zu meinem ersten Leben, von dem in diesem Buch die Rede ist. Ich war nämlich mit einem Nachkommen, genauer gesagt einem Urenkel des Dichterehepaares verheiratet, und besagtes Erbe war, solange ich mit ihm zusammenlebte, stets präsent. Indem ich also versuche, ein Bild von der Persönlichkeit des Mannes heraufzubeschwören, an dessen Seite ich gestanden habe, bemühe ich mich zugleich, ein wenig von den Lebensspuren Ludwig Achims und Bettines aufscheinen zu lassen und das Interesse des Lesers für sie zu wecken, soweit sie ihm nicht schon vertraut sind.

Soviel mir nun auch an Glück und Erfüllung in meinem ersten Leben vergönnt war, so schrecklich war der politische Hintergrund, auf dem es sich entwickelte. Besonders nach diesem Hintergrund bin ich von den Jüngeren oft gefragt worden. Es wird von ihnen leicht vergessen oder außer acht gelassen, daß Meinungsterror herrschte und man über den wahren Sachverhalt des Geschehens nur Vermutungen anstellen konnte. Nach dem, was wir nunmehr wissen, aufgrund auch der vielen Dokumente, die inzwischen publiziert worden sind, vermag ich heute manches schärfer zu sehen und besser zu beurteilen als damals. Aber die Tatsache, daß ich eine Zeugin jener Zeit bin, gibt mir die Chance, das als gelebte Wirklichkeit zu vermitteln, was den Jüngeren sonst nur als Lektion in Geschichte, belastet von Klischees und Tabus, erscheinen mag.

Die Erinnerung an mein erstes Leben verbindet sich mit einer Landschaft, die ich sehr geliebt, und mit Stätten, an denen ich mein Glück gefunden hatte. Aber sie verbindet sich auch mit den Menschen, die dort gelebt haben und dort noch leben. Insofern fühle ich mich noch heute trotz allem als vom Schicksal begünstigt, da ich im Gegensatz zu jenen Schicksalsgefährten, die aus Ostpreußen, Pommern oder Schlesien vertrieben worden sind, zu den Menschen, unter denen ich die wichtigste Zeit meines Lebens verbracht habe, weiter habe Verbindung halten können. Als ich nach dem Abschluß der Ostverträge – und nach mehr als fünfundzwanzig Jahren – sie wieder besuchen konnte, waren sie mir noch alle vertraut.

Ich werde manchmal gefragt: «Wie konnten Sie es nur über sich bringen, wieder dorthin zu fahren, wo Sie doch alles verloren haben. Ist das nicht viel zu traurig für Sie?»

Alles verloren? Sind Beziehungen zu Menschen, besonders zu solchen, die man als seine Freunde bezeichnen kann, nicht mehr wert als aller Besitz?

Zum Titel des Buches ein erklärendes Wort. Bäume, das heißt der Wald, haben in meinem Leben stets eine große Rolle gespielt. Noch heute genieße ich es, im Wald spazierenzugehen oder von meinem Fenster aus Kiefern und Birken zu erblicken. Sie sind für mich Wahrzeichen der ewigen Erneuerung des Le-

8

bens. Deshalb spreche ich, wenn ich auf mein Leben zurückblicke, unter Berufung auf den Dichter Ludwig Achim von Arnim, vom «grünen Baum des Lebens».

«VOR ALLEM EINS, MEIN KIND ...»

Es gibt unerwartete Erfahrungen, die sind vergessen,
gleich als ob sie nicht erlebt wären, und erst dann,
wenn sie wieder aus dem Gedächtnisbrunnen
aufsteigen, ergibt sich ihre Bedeutung.

Bettine von Arnim, *Tagebuch eines Kindes*

Aus der Welt der Erwachsenen waren wir Kinder ausgeschlossen. Wir hatten im zweiten Stock meines Elternhauses eine weißlackierte Kinderstube, wo wir spielen konnten. Aber ich liebte es, in dem Treppenhaus mit dem Glasdach, auf das der Regen so donnernd prasseln konnte, an den gedrechselten Stäben des Geländers zu hocken, hinabzuschauen und zu horchen, was da unten passierte. Durch dieses Guckloch sah ich die Erwachsenen unten in der Diele wie auf einer Theaterbühne auf- und abtreten.

Der Schauplatz war eine kleine Villa mit Vorgarten in einer Seitenstraße der Wilhelmshöher Allee in Kassel. Dort wurde ich als ältestes von vier Geschwistern im Jahre 1909 geboren, zwei Jahre nach mir kam der Bruder Hans Karl, dann, 1914, im Jahr des Kriegsausbruchs, meine Schwester Ursula und 1918, am Ende des Krieges und des Kaiserreichs, mein Bruder Werner.

Das Haus des Landgerichtsrates Dr. Walter von Hagens teilte sich in zwei soziale Ebenen. Im Souterrain, zu erreichen über den «Eingang für Bedienstete», lagen Küche, Kellerräume und die Waschküche. Das war der Bereich der Hausangestellten, zu dem es allerdings noch eine Dependance gab; denn die Schlafkammern des Personals lagen unterm Dach. Am schmiedeeisernen Gartentor zum Haupteingang stand «Nur für Herrschaften». Meine Eltern hatten ihre persönlichen Räume im ersten Stock, doch ihr eigentliches Reich war das Parterre mit der Diele, dem Herren-, Wohn- und Eßzimmer sowie dem Salon, der zur Veranstaltung von Gesellschaften diente.

Zum Essen mußten wir Kinder uns aus dem zweiten Stock in die Welt der Erwachsenen begeben, in das dunkel getäfelte Eßzimmer mit seiner Doppeltür, die auf eine Veranda und in den Garten führte. In der Nische des Eßraumes befand sich eine Klappe für den Speiseaufzug, einen dunklen, für mich unheimlichen Schacht. Dorthin ging das Mädchen, das servierte, zog an einem Strick, und das Essen kam dampfend aus der Tiefe empor.

Am ovalen Eßtisch saßen wir Kinder wie die Erwachsenen auf Stühlen mit hohen Lehnen. «Sitz gerade, Kind!» Die gefalteten Hände auf dem Tischrand abgestützt, mußten wir Kleinen das Tischgebet sprechen. Den Sinn desselben hatte uns allerdings niemand so recht klargemacht, jedenfalls antwortete mein Bruder Hans Karl einmal auf die Frage, wozu das Gebet gut sei: «Damit die Suppe kalt wird.»

Im übrigen durften wir bei Tisch nicht sprechen, es sei denn, es hatte uns jemand von den Großen angeredet. Sich über das Essen zu äußern war verpönt, über das Wetter desgleichen. Es wäre meinen Eltern nie eingefallen, sich mit dem Personal zu unterhalten – höchstens mit dem Kinderfräulein Roda. Sie war mit Familienanschluß engagiert, was bedeutete, daß sie mit am Tisch essen durfte. Neben mir sitzend, hatte sie darauf zu achten, daß ich nicht kleckerte, wenn ich die mit dem Schieber vollgehäufte Gabel zum Mund führte, daß ich weder zu schnell noch zu langsam aß und vor allem nichts auf dem Teller übrigließ.

Die Eltern beschäftigten sich mit ihren Kindern wenig. Für sie war eben «das Fräulein» da. Fräulein Rodenberg, die wir «unsere Roda» nannten, kam uns uralt vor. In Wirklichkeit war sie nur an die Dreißig. Daß sie uns so alt schien, hing mit einer Mode der damaligen Zeit zusammen, der sie folgte: Jeden Abend löste sie von ihrem Kopf ein künstliches Haarteil, hängte es an den Rahmen des Spiegels und bürstete es sorgfältig. Morgens flocht sie daraus einen Zopf, wickelte ihn wieder zu einem stattlichen Knoten zusammen und steckte ihn an ihrem Hinterkopf fest.

Mit dem Fräulein mußten wir täglich im nahe gelegenen Park spazierengehen; ich in weißen Stickereikleidchen mit weißen

Söckchen und weißen Schuhen, Bruder Hans Karl in hellbeigem Mäntelchen mit Perlmuttknöpfen. Spielplätze mit Sandkästen oder Klettergerüsten gab es damals noch nicht. Niedrige Stolpergitter umfaßten die Rasenanlagen, die nicht betreten werden durften. Auf den Bänken stand: «Für Kinder und deren Wärterinnen verboten.» – Wir haßten dieses Spazierengehen, vor allem, weil Roda peinlichst darauf achtete, daß wir sauber wieder nach Hause kamen. Denn sie war auch für die Instandhaltung unserer Wäsche verantwortlich.

Meine Mutter lenkte unsere Erziehung aus dem Hintergrund. Daß uns Roda ab und zu einen Klaps gab, wurde von ihr geduldet, aber sie selbst hatte es sich zum Grundsatz gemacht, daß sie ihre Kinder nur mit Worten und Blicken der Mißbilligung strafte. Sie zitierte dazu gern Wilhelm Busch:

> Oberflächlich ist der Hieb –
> nur des Geistes Kraft allein
> schneidet in die Seele ein!

Sie hatte große braune Augen, mit denen sie uns sehr streng anblicken konnte. So pflegte sie dann auch über sich selbst mit den Worten aus dem *Struwwelpeter* zu sagen: «Und die Mutter blikket stumm / auf dem ganzen Tisch herum.»

Sie hatte feste Maßstäbe, nach denen sie unser Betragen und Aussehen beurteilte, und bediente sich dabei solcher Noten wie: brav, ganz hübsch, geschmacklos, taktlos, unpassend und, als höchste Steigerung: unmöööglich!

Zur körperlichen Züchtigung schritten unsere Eltern, wie gesagt, nur äußerst selten. Aber ich erinnere mich noch daran, wie mein Vater einmal meinen Bruder Hans Karl verdrosch. Der war damals gerade zwei Jahre alt und hatte sich, weil er nicht weiter spazierengehen wollte, schreiend und strampelnd auf die Straße geworfen. Er hatte «einen Bock», wie man dafür in der Kindersprache sagte. Roda hob ihn auf und zerrte ihn nach Hause. Mein Vater trat aus dem Herrenzimmer, nahm das brüllende Geschöpf mit hinein und schloß die Tür.

Ich wußte, dort hing seine Reitpeitsche an der Wand. Zwar benutzte mein Vater diese natürlich nicht, aber ich, die ich immer so stolz darauf war, schon groß und vernünftig zu sein, fing vor Angst um den kleinen Bruder zu weinen an. Auch ich wollte natürlich oft nicht tun, was ich sollte. Aber ich brüllte nicht wie mein Bruder, ich hatte den «stillen Bock», das heißt, ich verkroch mich in mein inneres Schneckenhaus.

Eines Tages gab es zum Essen Hasenbraten mit Preiselbeeren, deren bitterer Geschmack mir zuwider war. «Was auf dem Teller liegt, wird aufgegessen!» war oberstes Gebot. Die Geschichte des Suppenkaspers war mir zwar wohlbekannt, denn mein Großvater väterlicherseits, Carl von Hagens, war seinerzeit, als er in Frankfurt am Main als Oberlandesgerichtspräsident tätig war, mit dem Verfasser des *Struwwelpeter*, dem Arzt Dr. Heinrich Hoffmann, befreundet gewesen, doch das änderte nichts an meiner Abneigung gegen die bitteren Beeren: «Ich will nicht!»

«Du mußt!»

Daraufhin bekam ich einen Bock, weinte und aß überhaupt nichts mehr. Kurzerhand packte mich das Fräulein und beförderte mich auf die Veranda. Energisch schloß sie die Flügeltüren. Nun fing ich an zu brüllen und schlug verzweifelt mit der rechten Hand gegen die Scheibe der Glastür. Vor Schmerzen! Denn Roda hatte mir den kleinen Finger der linken Hand in der Tür eingeklemmt.

Gerade in diesem Augenblick kam mein Vater nach Hause. Eilig riß er die Verandatür auf, und wimmernd fiel ich ihm in die Arme. Es mußte der Hausarzt gerufen werden, denn das Fingerchen war gequetscht und blutete heftig. Ich bekam einen großen Verband angelegt, wurde in das verdunkelte Fremdenzimmer gebracht und auf eine Chaiselongue gelegt. Statt bedauert zu werden, mußte ich dort meine Sünden büßen.

Auf die Kindergesellschaft, zu der ich am Nachmittag eingeladen war, durfte ich, zur Strafe für meinen Bock, auch nicht gehen. Die beabsichtigte Wirkung, aus mir ein liebes und artiges Kind zu machen, erzielten diese Maßnahmen freilich nicht. Mein Bock kehrte wieder und zugleich ein Gefühl der Traurigkeit und Bitterkeit gegen die bösen Erwachsenen. Merken sie denn nicht, in welch abgrundtiefe Verlassenheit sie ihre Kinder manchmal stoßen? Es scheint indessen schwer zu sein, seine Kindheitserlebnisse erzieherisch umzusetzen, denn ich habe es später oft an meinen Kindern erlebt, daß auch sie einen Bock hatten, und stand doch der Situation hilflos gegenüber.

Jenes Kinderunglück hatte jedoch auch eine nützliche Folge.

Denn die Narbe, die noch heute an meinem linken kleinen Finger zu sehen ist, half mir von da an, wenn meine Eltern Gäste hatten, links und rechts zu unterscheiden: «Gib das richtige Händchen!» oder «Gib die gute Hand!» Vielleicht war ich ja ursprünglich Linkshänderin, jedenfalls war es mir immer schwergefallen, das richtige Händchen zu geben. Nun aber konnte ich schnell mit dem Daumen den kleinen Finger abtasten, und da, wo sich die Narbe befand, war die böse Hand. Ich streckte dann brav die unverletzte gute Hand vor.

Kassel war damals die Sommerresidenz von Kaiser Wilhelm II. Wenn er sich mit seinem Hofstaat auf Schloß Wilhelmshöhe einquartierte, kam auch jedesmal meine Großmutter Minna Ratjen aus Düsseldorf angereist und stieg in einem Hotel in der Nähe des Schlosses, dem «Großen Hotel Wilhelmshöhe», ab.

In den Schaufenstern der Geschäfte waren überall Fotos der kaiserlichen Familie zu sehen: das jüngste Kind mit der sogenannten «Prinzentolle», das heißt, die Babyhärchen hochgebürstet zu einem Schopf; die größeren Knaben im Matrosenanzug der Kriegsmarine. Nach diesen prinzlichen Vorbildern wurden im damaligen Deutschen Reich die Babys frisiert und nicht nur die Jungen gekleidet, sondern auch die Mädchen.

Ein Sohn des Kaisers, Prinz Eitel-Friedrich, lebte das ganze Jahr in Kassel. Unüberhörbar war sein Auto. Während die wenigen Automobile, die damals verkehrten, ein langgezogenes «tuuuuuut» von sich gaben, wenn der Chauffeur auf die große Ballonhupe drückte, erklang aus der Hupe des prinzlichen Wagens ein wohltönendes «tatü-tata». Einmal fuhr dieser Wagen dicht an mir vorbei. Ich sah fliegende Schleier und ein paar schottische Mützen in dem offenen, langgestreckten Sportwagen dahinbrausen.

Den Kaiser selbst bekam ich als Vierjährige zu sehen, im Jahre 1913, bei der großen Kaiserparade, die aus Anlaß der Eintausendjahrfeier der Stadt auf dem weiträumigen Friedrichsplatz abgehalten wurde, dort, wo heute die «documenta» stattfindet. Zwei meiner Vettern, Offiziersanwärter, die die Kriegsschule besuchten, waren regelmäßige Sonntagsgäste in meinem Elternhaus, und zur Kaiserparade besorgten sie meiner Mutter und uns Kindern Fensterplätze im Gebäude der Kriegsschule am Friedrichsplatz.

Ich sehe es noch vor mir, das Gewimmel von Fahnen, von Pferden und ordengeschmückten bunten Uniformen – die hellblauen Gardedragoner, die glänzenden Helme der Kürassiere. «Da ist der Kaiser!» jubelten die Damen.

Irgendwann ritt, als Hanauer Ulan, auch mein Vater vorbei und grüßte herauf, in seiner Paradeuniform mit der Ulanka, einer auf Taille geschnittenen, mit doppelten Knopfreihen versehenen Jacke, und der Tschapka auf dem Kopf, einem Helm mit Plattform, von dem ein großer Federbusch wehte.

«Vati sieht viel schöner aus als der Kaiser», soll ich gesagt haben. Die Erwachsenen fanden das unerhört komisch.

Wenn ich an die Stadt meiner Kindheit zurückdenke, zeichnet sich ihr Bild vor mir ab als das einer reizvollen Residenzstadt von großer architektonischer Geschlossenheit, zu der sie die Landgrafen von Hessen-Kassel im 18. und 19. Jahrhundert ausgebaut haben. Die Schlösser, Parkanlagen und Museen, die sie bauen ließen, bezogen sie ein in die Landschaft, so daß der kilometerweit entfernte Habichtswald mit der Stadt, ihrer Sommerresidenz, dem Schloß Wilhelmshöhe, der Herkulesstatue und den steinernen Kaskaden eine Einheit bildete.

Viel später erfuhr ich, womit sie diesen ebenso großartigen wie kostspieligen Ausbau der Stadt finanziert hatten: mit dem berüchtigten Soldatenhandel. Ein Zeuge dafür ist Johann Gottfried Seume, dessen *Spaziergang nach Syrakus* eines der Lieblingsbücher meiner Mutter war. Er beschreibt in seinen Lebenserinnerungen, wie er 1781 von den Werbern des Landgrafen Friedrich II. gegriffen und an den König von England verkauft wurde, um gegen die Verfechter der amerikanischen Unabhängigkeit zu kämpfen. Die dunkel drohende Redensart: «Ab nach Kassel!» ist ja noch heute ein geflügeltes Wort.

Jeden Sonntag fuhr die Familie samt Hund mit der Straßenbahn hinauf nach Wilhelmshöhe und ging dort spazieren: Am Herkules, den Wasserspielen und dem Teich mit den Schwänen vorbei, in dessen Mitte eine große Fontäne sprudelte, ging's in den Habichtswald. War Kassel die Stadt der Brüder Grimm, so war dieser Wald für mich der Zauberwald, in dem ihre Märchenfiguren gelebt haben mußten.

Mit dem Habichtswald verbindet sich für mich auch das erste

metaphysische Erlebnis meiner Kindheit, das mich mein ganzes Leben hindurch begleitet hat. Einmal durchwanderte ich ihn mit meiner Schulklasse und fühlte mich in deren Mitte unverstanden und einsam. Ich kroch in einen Buchenhain, legte mich auf den warmen Blätterboden und schaute durch das sonnendurchtränkte Grün hinauf in den Himmel. Da war es, als ob eine innere Stimme zu mir sagte:

«Du bist nicht allein auf dieser Welt, es kann dir nichts geschehen, hab nur Vertrauen!»

Fröhlich kehrte ich zu den anderen Kindern zurück.

Schon die Brüder Grimm haben den Habichtswald geliebt. Über den Blick aus dem zweiten Stock ihres Hauses am Wilhelmshöher Tor schrieb Wilhelm Grimm an seinen Freund Ludwig Achim von Arnim:

«Ich lebe hier wie auf dem Lande. Links stehen ein paar große Paläste, auf der anderen Seite des Platzes, wovon nur wenig bebaut ist. Rechts schaue ich in das weite Feld nach dem Habichtswald, da höre ich, wenn kein Wagen kommt, nur ein paar Hähne schreien und die Schildwachen rufen.»

Als Kind ahnte ich damals freilich nicht, daß ich einmal die Ehefrau eines der Urenkel jenes Freundes, an den Wilhelm Grimm dies schrieb, werden würde. Den Spuren der Brüder Grimm sollte ich in meinem späteren Leben noch oft begegnen. Sie waren befreundet nicht nur mit Ludwig Achim, sondern auch mit seiner Frau Bettine, deren Schwester Lulu mit ihrem Ehemann, dem Bankier Jordis, in Kassel lebte.

Die erste Auflage der *Kinder- und Hausmärchen* von 1812 trug die Widmung: «An die Frau Elisabeth von Arnim für den kleinen Johannes Freimund», das heißt, für ihren Erstgeborenen. In der Vorrede zur dritten Auflage schrieben die Grimms 1837 an die Bettine:

«Vor fünf und zwanzig Jahren hat es Ihnen Arnim zuerst, grün eingebunden mit goldenem Schnitt, unter die Weihnachtsgeschenke gelegt. Uns freute, daß er es so wert hielt, und er konnte uns einen schöneren Dank nicht sagen.»

Ich besaß als Kind die Grimmschen Märchen in der von dem Marburger Maler Otto Ubbelohde illustrierten Jubiläumsausgabe. Darin waren die Märchenfiguren in hessischer Tracht dargestellt, ganz so, wie ich die Bäuerinnen aus der Schwalm mit ihren kurzen Röcken und weißen Strümpfen in den Kasseler

Straßen gehen sah. Es war mir dann, als begegnete ich den Gestalten wieder, mit denen mich mein Märchenbuch vertraut gemacht hatte.

An die Altstadt angrenzend, lagen in der Fuldaebene die Henschel-Werke, in denen, wie ich als Kasseler Kind wußte, die Lokomotiven für die Eisenbahn gebaut wurden. Vom Anblick dieser schwarzen, verrußten, schnaufenden und zischenden Ungetüme wurde mir, wenn sie zum Bahnhof hereingebraust kamen, jedesmal angst und bang.

In welcher glanzvollen Atmosphäre lebte dagegen die Familie des Herstellers dieser stinkenden Dampfrösser! Einmal war ich in der Villa Henschel zu einer Kindergesellschaft eingeladen. Was mich dort besonders beeindruckte, war die riesige marmorne Freitreppe mit einem dicken roten Läufer drauf, der von blitzenden goldenen Stäben gehalten wurde – überhaupt das viele Gold und die mächtigen Säulen! Das weiträumige Kinderzimmer konnte man mit einem riesigen Bären auf Rädern durchqueren. Solch ein Wundertier hatte ich noch nicht gesehen.

Bei Reisen mit einem Zug von diesen Henschels, in der ersten Klasse mit rotem Plüsch und weißen Häkeldeckchen oder in der zweiten Klasse in grauem Plüsch – es gab damals vier Klassen bei der Bahn –, setzten wir uns stets gegen die Fahrtrichtung. Denn durch die Fenster drang während der Fahrt unablässig feiner Kohlenstaub vom Rauch der Lokomotive. Alles in den Abteilen war rußbedeckt. Meine Mutter und meine Großmutter trugen deshalb Handschuhe und umhüllten ihr Gesicht mit dichten Schleiern.

Als ich drei Jahre alt war, wurde ich zusammen mit meinem kleinen Brüderchen Hans Karl zum ersten Mal auf eine Reise mitgenommen, um meine Großeltern Ratjen, die Eltern meiner Mutter, zu besuchen. Sie bewohnten eine riesige Villa im wilhelminischen Stil in Düsseldorf, wo mein Großvater das Amt des Oberlandesgerichtspräsidenten bekleidete. Im obersten Stock waren drei Zimmer eigens für die Enkelkinder eingerichtet. Wenn ich dort am Fenster auf einen Stuhl stieg, konnte ich weit unten im Tal die vielen Dampfer, Boote und Schleppkähne auf dem Rhein fahren sehen. In diesen Räumen lebte die Puppe Annemarie, die so groß wie ich war. Großmutters Jungfer hatte für

Die siebenjährige Clara als »Hessen-Trinchen«.

sie liebevoll die zierlichste Wäsche und Garderobe genäht: Spitzenhöschen und -hemdchen, Matrosenkleid mit Mütze und Schlips und sogar einen pelzbesetzten Wintermantel mit Muff.

Während dieses Besuchs erkrankte plötzlich mein eineinhalbjähriges Brüderchen an Diphtherie, und die Erwachsenen waren daraufhin nur noch um ihn besorgt und bemüht. Mir wurde das Getue bald zuviel, ich bekam einen Bock und schlug voll Zorn auf den Porzellangriff seines Kinderwagens. Der Griff zersprang und schnitt dabei in meine Hand. Die Wunde ging tief, und man machte mir einen großen Verband.

Gerade um diese Zeit hatte Großmutter beschlossen, daß ich gemalt werden sollte, in voller Lebensgröße und im Stil von Gainsborough. Mein Vetter Hans hing schon als «Blue Boy» an der Wand. Bei den quälend langen Sitzungen brachte ich die Malerin fast zur Verzweiflung. Denn meine verbundene Hand plagte mich, und ich machte ein weinerlich-trotziges Gesicht. Sie zauberte mich jedoch mit einem lieblichen Lächeln auf die Leinwand. Ich hielt zierlich-manierlich eine zartrosa Heckenrose in der Hand, selbige natürlich ohne Verband.

Ich schäme mich zu schreiben, daß ich als Kind Großmutter Minna arg häßlich fand und immer wie Rotkäppchen denken mußte: «Ei, Großmutter, was hast du für eine große Nase! Ei, Großmutter, was hast du für ein entsetzlich großes Maul!» Aber es war nicht zu leugnen, sie hatte wirklich einen entsetzlich großen Mund und eine entsetzlich große Nase, kleine Augen mit stechendem Blick und eine gelbe Haut. Ihr Haar trug sie straff nach oben über ein Haarteil frisiert. Ihre ungemein stattliche Figur hielt sie in ein strammes Korsett gepreßt, und sie war stets schwarz gekleidet.

Ob wohl jede Frau so häßlich aussieht, wenn sie alt wird, fragte ich mich. In der großen Diele entdeckte ich von ihr ein Porträt, das sie in ihren jüngeren Jahren zeigte. Da war sie auch nicht hübscher gewesen.

Meinen Großvater dagegen fand ich sehr schön. Außerdem war er gütig und zu allen Menschen gleichermaßen freundlich. Er konnte lange und ernsthafte Gespräche mit mir führen, und ich hing sehr an ihm.

«Wie mag der Großvater wohl an diese häßliche und strenge Frau geraten sein?» fragte ich mich.

Erst viel später erfuhr ich das Geheimnis. Es nimmt sich im

Endergebnis banal aus; wenn ich aber die Vorgeschichte dazu erzähle, ist es, als würde ich ein Stück deutscher Geschichte referieren.

Großmutter Minna war die Tochter des Industriellen Gustav von Mevissen und entstammte einer alteingesessenen Dülkener Fabrikantenfamilie, die seit Generationen am Niederrhein Webereierzeugnisse herstellte und vertrieb. Der frühe Tod seines Vaters zwang den vielseitig begabten, zielstrebigen und weltoffenen Gustav, seine intensiven philosophischen, literarischen und volkswirtschaftlichen Studien abzubrechen, um den Familienbetrieb zu übernehmen. Als einer der bedeutendsten und erfolgreichsten Unternehmer in der Zeit der Industrialisierung in Deutschland hatte er entscheidenden Anteil am Aufstieg der rheinischen Großindustrie, die sich in Konkurrenz zur englischen entwickelte.

Frühzeitig erkannte er die Bedeutung des Transportwesens für Handel und Industrie und forcierte als Präsident der Rheinischen Dampfschiffahrtsgesellschaft sowie der Rheinischen Eisenbahngesellschaft dessen Ausbau. Die Kölner Rheinuferbahn ist sein Werk. Er hatte aber auch ein offenes Auge für die sozialen Folgen der Industrialisierung. Als einer der Vertreter der rheinischen Liberalen war er 1847 Abgeordneter im Vereinigten Landtag in Berlin und 1848 im Paulskirchen-Parlament in Frankfurt am Main. Seine sozialreformerischen Pläne und seine Bemühungen um eine Demokratisierung des politischen Lebens in Deutschland scheiterten am Widerstand der preußischen Bürokratie. Sein Freund, der Nationalökonom Gustav Schmoller, schrieb über ihn in dem Buch *Charakterbilder* (1913):

Seine sozialpolitische Stellung war eine Folge seiner historisch-philosophischen Bildung sowie seiner auf Pestalozzi beruhenden Erziehungsideale; St. Simon hatte auf ihn tief eingewirkt; jahrelang stand Mevissen der politischen und sozialen Linken in der Rheinprovinz, Karl Grün, Marx usw., nahe; er hat mal mit einigen Freunden Karl Marx, als er in Not war, 1000 Reichstaler geschickt.

Mevissen war in der Tat einer der Geldgeber für die *Rheinische Zeitung*, deren Chefredakteur Karl Marx hieß. Mevissen war auch ein früher Verehrer der Verfasserin von *Goethes Briefwech-*

sel mit einem Kinde, und ich kann mich nicht enthalten, hier
seine Lobeshymne zu zitieren:

> Bettina ist so ganz Liebe, so ganz Hingebung, so rein und so
> fern von allem Egoismus, sie will nichts als beglücken. Es sind
> wieder einmal Stimmungen, Klänge des Gemüts und der
> Seele, die ihr Tagebuch in mir auslöst. Die Empfindung, die
> Bettina im Herzen weckt, ist rein und unwiderstehlich. Aus
> ewigem Gottreich reißt sie die Seele in eine Ewigkeit hinüber.
> Seit langem habe ich zum ersten Mal wieder rein und unge-
> trübt empfunden, kein Gedanke mischte sich störend in das
> Jauchzen der Genien, und was gäbe ich nicht für diese göttli-
> che Stimmung, wollte sie nur wiederkehren!

Aufgrund seines sozialen Verantwortungsbewußtseins trat Mevissen scharf gegen das Spekulantenwesen auf, aber er war ein
Rufer in der Wüste. Als 1871 das Bismarck-Reich vier Milliarden Goldmark als Kriegsentschädigung aus dem besiegten
Frankreich herauspreßte, führten die Spekulationsgeschäfte, die
mit diesen Geldern gerade auch im Rheinland betrieben wurden, zu einem gigantischen Börsenkrach. In Köln folgte diesem
der Börsenschwindel-Prozeß der «Kölner Effektenbank», in den
mit Ausnahme von Gustav von Mevissen die ganze höhere Gesellschaft der Stadt verstrickt war.

Die Abwicklung dieses aufsehenerregenden Prozesses wurde
einem Richter übertragen, bei dem, weil er nicht aus der Kölner
Gegend stammte, vorausgesetzt werden konnte, daß er unbefangen war und frei von Bindungen an die an dem Skandal beteiligten Lokalgrößen. Es war ein junger Mann namens Gustav Ratjen, den man kurz zuvor als Richter von Nienburg an der Weser
nach Köln versetzt hatte.

In seinen Lebenserinnerungen hat er beschrieben, wie es ihn
volle sechs Monate kostete, bis er sich so weit in die ihm zunächst fremde Materie eingearbeitet hatte, daß er den Prozeß
sachkundig abzuwickeln imstande war. Mit seiner juristisch wie
moralisch integren Haltung zog der junge Ratjen die Aufmerksamkeit Gustav von Mevissens auf sich. Dieser lud ihn ein zu
sich in sein stattliches Haus, ein pompöses Gebäude der Gründerzeit, das, im klassizistischen Stil gebaut, mit Karyatiden
gleich denen am Erechtheion in Athen, die Liebe des Hausherrn

zum alten Griechenland bekundete, eine Liebe, die der junge Gast voll und ganz teilte.

Gustav von Mevissen hatte vier Töchter. Gustav Ratjen verliebte sich in Melanie, die jüngste, und warb um ihre Hand. Doch der alte Mevissen hatte beschlossen: «Nein, bei mir geht es der Reihe nach! Als nächste ist Minna dran.»

So heiratete Ratjen die häßliche Minna, die eine Million Goldmark als Mitgift in die Ehe einbrachte. Es war wohl eine für die Gründergeneration typische Ehe. Er betätigte sich erfolgreich in seinem Beruf als Richter und befaßte sich daheim in seiner Studierstube mit klassischer Philosophie und Literatur, wogegen sie im Hause über die fünf Dienstboten herrschte und sich mit Häkel- oder Stickereiarbeiten beschäftigte.

Großmutter wählte sich unter ihren Enkeln stets einen Liebling aus. Anfang der zwanziger Jahre starb, im Alter von fünfzehn Jahren, meine Cousine Edith, der bis dahin die Rolle der Lieblingsenkelin zugefallen war, an den Folgen einer Diphtherie. Ich wurde von Großmutter zu ihrer Nachfolgerin bestimmt, und das bedeutete für mich, daß ich sie von da an jeden Sommer für drei Wochen in Düsseldorf zu besuchen hatte.

Das Essen im Hause Ratjen war für heutige Begriffe viel zu schwer: Es gab eine dicke Suppe, eine Vorspeise, ein Fleisch- oder Fischgericht mit Kartoffeln und Gemüse, einen Pudding und danach Obst. Auch ein Schälchen Pralinen stand bereit. Dem Großvater schadete das viele Essen nicht. Er arbeitete zum Ausgleich im Garten, spaltete Kaminholz und ging täglich zwei Stunden spazieren.

Als junger Student hatte Gustav Ratjen einst Griechenland zu Fuß durchwandert. Wenn ich in Düsseldorf zu Besuch war, nahm er mich auf seine Spaziergänge mit und trug mir Homer, den er auswendig kannte, in der Originalsprache vor. Ich verstand zwar kein Wort, aber begeistert schritt ich im Rhythmus der von ihm melodisch vorgetragenen Hexameter mit.

Großmutter dagegen bewegte sich wenig. Wenn sie ausging, nahm sie eine Droschke. Zum Mittagessen erhob sie sich mühsam, und, gestützt auf ihren Stock auf der einen Seite, auf die Enkelin auf der andern, schleppte sie sich von der Diele ins Eßzimmer, wobei sie jedesmal mit dem Fuß ostentativ an den Parkettstellen scharrte, wo man es ihrer Meinung nach nicht blank genug gebohnert hatte. Nach dem Abendessen kam Großvater aus seiner Welt, der Studierstube, zu ihr in den Salon und las ihr aus der Marlitt oder Courths-Mahler vor. Diese Fürsorglichkeit rührte mich.

Nach ihrem siebzigsten Geburtstag, der festlich begangen wurde, erklärte sie mit einem Mal, sie sei gelähmt und könne nicht mehr aufstehen. Sie ließ sich ein Zimmer im ersten Stock als Wohn- und Schlafzimmer einrichten und bewegte sich dort nur noch vom Bett zum Sessel. Die Verbindung zur Außenwelt hielt sie aufrecht durch eine Hausdame, die gemäß ihren Anordnungen die Aufsicht über die fünf Dienstboten übernahm und die Großmutter über jede Kleinigkeit zu informieren hatte. So stand auch ich bei meinen Besuchen in Düsseldorf unter der Aufsicht der Hausdame. Diese meldete es beispielsweise der Großmutter sofort, wenn ich abends das Licht im Treppenhaus hatte brennen lassen, denn: «Sparsamkeit ist eine Tugend», hieß der Reichen oberstes Gesetz.

Wenn sie da so auf ihrem Sessel thronte und ich ihr Gesellschaft leisten mußte, verletzte Großmutter mein Schönheitsempfinden insbesondere durch einen Elfenbeinstab, an dessen Ende eine kleine Hand angebracht war, mit der sie sich ab und zu den Kopf kratzte. Ihr zuliebe hatte ich lernen müssen, Patiencen zu legen. War eine Patience aufgegangen, sagte sie zu mir: «Kind, geh an die Kommode, zieh die untere Schublade auf, und nimm dir von der Schokolade.»

Die Schokolade war edelstes Schweizer Fabrikat, aber uralt und schon von Schimmel überzogen. Heimlich warf ich sie fort, möglichst in die Mülltonne eines Nachbarn, damit meine Untat nicht entdeckt wurde.

Großmutter war abergläubisch, und ich wußte das zu nutzen. Morgens früh ging ich in den Garten und suchte für sie ein vierblättriges Kleeblatt. Erblickte sie es auf ihrem Frühstücksteller, war der Tag für mich gerettet.

Meine Mutter Ilse war die jüngste Tochter dieses ungleichen Paares. Es galt als ausgemacht, daß sie sehr zart sei, und deshalb wurde ihr, als sie ein Kind war, fast gar nichts erlaubt. Sie durfte weder Schlittschuh laufen – «weil man da einbrechen kann» – noch allein auf die Straße gehen und auch keine öffentliche Schule besuchen – «da könnte sie sich bei den anderen Kindern ansteckende Krankheiten holen».

Deshalb wurde sie der Obhut englischer und französischer

Gouvernanten anvertraut, die ihr immerhin vorzügliche Sprach- und Literaturkenntnisse vermittelten.

Die viktorianisch-wilhelminisch geprägte Minna Ratjen tabuisierte bei der Erziehung ihrer Tochter alles, was mit dem Körper und seinen Funktionen zusammenhing. So durfte meine Mutter zum Beispiel nicht auf die Toilette gehen, solange der Diener den Gang davor bohnerte.

Einmal hatte die Großmutter mir einen bunten Gummiball geschenkt. Ein paar Tage später fragte sie mich, wo er geblieben sei. Ich antwortete: «Den hab ich zum Fenster rausgeschmissen.»

Großmutter, entsetzt: «Du darfst niemals ‹schmeißen› sagen, das schickt sich nicht, es heißt ‹werfen›.»

Diese Belehrung war mir völlig unverständlich, denn das unanständige Wort, an das «schmeißen» anklingt, war mir noch unbekannt. Tabus dieser Art hat meine Mutter ungebrochen an mich weitergegeben.

Mit siebzehn Jahren wurde meine Mutter für ein Jahr in ein vornehmes Brüsseler Töchterpensionat geschickt. Danach wurde sie in die Kölner Gesellschaft eingeführt und lernte bereits in ihrem ersten Ballwinter ihren zukünftigen Mann kennen. Auf der Fahrt zu einer Einladung in eine Prachtvilla im Siebengebirge kam es zur Verlobung: Das Automobil hatte eine Panne, und dem jungen Juristen schien die Gelegenheit günstig, Ilse um ihre Hand zu bitten.

Kurz nach ihrer Heirat im Jahre 1907 wurde mein Vater an das Oberlandesgericht nach Kassel versetzt. Während sich meine Eltern auf ihrer Hochzeitsreise in Italien befanden, richtete ihnen meine Großmutter ihr künftiges Heim nach ihrem eigenen Geschmack ein. Als das junge Paar zurückkehrte, waren sie überrascht. Die Möbel, die Mutter Minna gekauft hatte, gefielen ihrer Tochter überhaupt nicht: fürs Herrenzimmer und Eßzimmer dunkle Eiche, für den Salon Möbel im Jugendstil, den meine Mutter verabscheute, die Garnituren in Birkenholz, hellblau bezogen; die schwerseidenen Portieren mit Seerosen bestickt. In dieser Umgebung fühlte sich meine Mutter nie heimisch. Sie liebte Barockmöbel, wie sie sie von ihren Großeltern Mevissen her kannte.

Die Jahre in Kassel nannte meine Mutter ihren «Kasseler Mustopf». Sie kam aus dem eleganten, weltoffenen Gesellschaftsleben der Rheinmetropole Köln in die spießige Beamtenstadt Kassel, wo jeder Berufsstand eine Kaste für sich bildete. Waren Juristen zum Abendessen geladen, wurde Schweinebraten auf den Tisch gebracht. Beim Adel wurde gefüllte Kalbsbrust oder Geflügel serviert. Anfänglich konnte meine Mutter noch die morgendlichen Ausritte mit meinem Vater in der Karlsaue genießen. Dann hatte sie eine Fehlgeburt, und der sie behandelnde Gynäkologe riet ihr, weitere Schwangerschaften ruhend zu verbringen. Und so sehe ich sie noch vor mir: in weite Spitzengewänder gekleidet auf der Chaiselongue ausgestreckt.

Da ich als ihr erstes Kind zur Welt kam, wurden mir bei der Taufe gleich sämtliche Namen meiner Großmütter verpaßt, und ich hatte deren drei: Clara, Minna und Martha. Clara nannte man mich nach der Mutter meines Vaters, die bei dessen Geburt gestorben war. Großmutter Minna verlangte, daß ich auch nach ihr benannt wurde, und Martha war der Name der in Berlin lebenden Stiefmutter meines Vaters.

Lieber als zu meiner Düsseldorfer fuhr ich zu meiner Berliner Großmutter. Carl von Hagens und seine Frau lebten als Pensionäre in Berlin-Nikolassee. Sie gehörten zu den Honoratioren des Vororts. Das großelterliche Haus, Villa Martha, war angefüllt mit blitzenden Messingtischen, Kelims, Teppichen, Portieren, Palmen und anderen orientalischen Gegenständen. Denn Großmutter Martha, von allen «Mümchen» genannt, hatte lange Zeit in Ägypten gelebt, als ihr erster Mann, der Bruder von Carl, dort in diplomatischen Diensten war. Sie war der Inbegriff einer lieben Großmama.

Großvater Hagens war ein Autokrat reinsten Wassers, aber auch er wurde – wie das «Mümchen» – von uns Kindern verehrt und geliebt. Für uns gab es das Abendessen immer eine Stunde vor dem der Erwachsenen, in dem dunklen, holzgetäfelten Eßzimmer, in dem ein blinkender Samowar stand. Stets bekamen wir einen pappigen Brei, den wir nicht mochten. Das Kinderfräulein Roda, das uns natürlich nach Berlin begleitet hatte, mußte uns den Brei in den Mund löffeln, weil er angeblich so gesund war. Da kam hin und wieder der Großvater und erzählte uns mit seiner sonoren Stimme das Märchen vom Hirsepferdchen. Gespannt hörten wir zu. Dabei rutschte der Brei besser.

Einmal, zu Weihnachten, hatte sich Großvater eine Überraschung für uns ausgedacht. Er ließ einen Irrigator, ein Gefäß für Einläufe, oben in den Weihnachtsbaum hängen. Ein roter Gummischlauch führte von diesem zu einem grünen Wasserbecken mit Entchen und Fischen aus Zelluloid, das er zwischen den Krippenfiguren am Fuße des Baumes aufgestellt hatte. Am Heiligen Abend, während der Bescherung, stellte Großvaters Diener eine hohe Trittleiter hinter den Baum, bestieg sie mit einer Kanne Wasser in der Hand und goß vorsichtig seinen Wasservorrat in den Irrigator. Daraufhin erhob sich im Becken unten ein Springbrunnen, und Entlein und Fischchen fingen an, im Becken hurtig hin und her zu schwimmen.

Der Großvater lächelte, seine Überraschung schien ihm gelungen, und ich freute mich mit ihm. Dann kam mir das kühle Urteil meiner Mutter zu Ohren, diese weihnachtlichen Wasserspiele seien geschmacklos. Was «geschmacklos» genau bedeutete, wußte ich nicht so recht, aber meine Freude war verflogen.

Großvater Carl von Hagens, Wirklicher Geheimer Rat, war von 1890 bis 1910 Oberlandesgerichtspräsident in Frankfurt am Main gewesen. An der Ausarbeitung der Gesetze des Deutschen Reiches in den siebziger Jahren, namentlich des Zivilrechts, war er maßgeblich beteiligt. Er hatte als Mitschöpfer des BGB die Konkursordnung verfaßt. Außerdem war er Kronsyndikus und Mitglied des Herrenhauses.

Zur Zeit der Dreyfus-Affäre in Frankreich hatte man im Zuge des damals auch in Deutschland anwachsenden Antisemitismus gegen ihn als Halbjuden eine Pressekampagne geführt. Seine Mutter Johanna, geb. Wolf, war Jüdin. Als ihm das Amt des Kammergerichtspräsidenten von Berlin angetragen wurde, lehnte er es aus Verbitterung über diese Kampagne ab und zog sich, schon über siebzigjährig, nach Nikolassee zurück. Zu seinem fünfzigsten Dienstjubiläum verlieh ihm der Kaiser den Roten Adlerorden sowie den erblichen Verdienstadel.

Mein Vater, Walter von Hagens, war sein einziger Sohn, dem er die in seinen Augen bestmögliche Ausbildung angedeihen ließ. Nach Absolvierung seiner Militärzeit in einem vornehmen Kavallerieregiment, den bereits erwähnten Hanauer Ulanen, studierte mein Vater in Bonn Jura und trat in ein renommiertes Bonner Studentenkorps ein. Nach dem juristischen Staatsexamen ging er nach London und Paris, um dort je ein Jahr englisches und französisches Recht zu studieren. Diese Auslandsaufenthalte sollten für seinen späteren Berufsweg von entscheidender Bedeutung sein. In Paris wurde der deutsche Student in das großbürgerliche Haus der Coulons im XVIII. Arrondissement eingeführt und konnte so die Freundschaft mit dieser Familie in der zweiten Generation fortsetzen. Schon der Großvater war mit Monsieur Coulon, dem Président du Conseil d'Etat, befreundet gewesen.

Am 13. Juli 1914 brachte meine Mutter in einer Privatklinik in Kassel meine Schwester Ursula zur Welt. Anfang August fuhr sie mit uns Kindern, der Säuglingsschwester und unendlich vielem Gepäck, Kinderkörbchen, Babybadewanne und dergleichen mehr zur Erholung in ein Moorbad, wie das zur Kräftigung junger Mütter damals üblich war.

Schon ein paar Tage später holte uns mein Vater wieder ab. Es wurde für den Krieg mobil gemacht. Wir Kinder standen am Fenster des Salons und drückten uns die Nasen platt. Unten ging mein Vater, Rittmeister der Reserve, mit seinem Offiziersburschen vorüber und winkte zu uns herauf. Diesmal trug er nicht seine bunte Paradeuniform, sondern eine feldgraue. Nach einer Weile war er meinen Augen entschwunden. Unterschwellig war mir bewußt, daß dies kein gewöhnlicher Abschied war. Und so lief ich jedesmal, wenn ich von weitem auf der Straße einen Feldgrauen sah, diesem nach und rief: «Vati! Vati!»

Aber er war es nie.

Dieses Erlebnis setzte sich tief in mir fest. Zwar kam mein Vater schließlich heil wieder aus dem Krieg zurück. Aber nach dem Zweiten Weltkrieg, als ich auf die Rückkehr meines Mannes wartete, ja selbst nachdem ich von seinem Tod erfahren hatte, erging es mir noch so wie einst als sechsjährigem Kind. Immer, wenn ich eine Gestalt in feldgrauer Uniform erblickte, durchzuckte es mein Herz: «Könnte das nicht Friedmund sein?»

Mein Verstand wußte es anders.

Mein Vater wurde dem Generalstab in Brüssel zugeteilt, stand also nicht an der Front. Vor Weihnachten kam jedes Jahr sein Offiziersbursche wie ein richtiger Weihnachtsmann mit einem großen Sack zu uns. Darin befanden sich Speck, Schinken, eine Weihnachtsgans, Brüsseler Spitzen für meine Mutter und Spielsachen für uns. Dieser Sack mit seinen Kostbarkeiten beruhigte mich. Der Vater war zwar nicht da, aber es gab ihn noch, und er dachte an uns.

Mit fünfeinhalb Jahren kam ich in die Schule. Natürlich nicht in eine «Volks»schule. Ich wurde privat unterrichtet, wie sich das für ein Kind der Oberschicht gehörte. Als einer der wenigen intellektuellen Berufe, die höheren Töchtern offenstanden, gab es für diese zu jener Zeit die Möglichkeit, auf einem privaten Seminar ein Lehrerexamen abzulegen, das dazu berechtigte, den Unterricht der ersten drei Schulklassen zu übernehmen. Eine solche Hauslehrerin hatte General von Krüger für seine beiden Töchter Mercedes und Gabriele engagiert. Ich kam als dritte Schülerin dazu.

Der erste Schultag begann mit Religionsunterricht. Thema: Die Schöpfung. Mucksmäuschenstill hörten wir zu. Als dann aber die Lehrerin erzählte, Eva sei aus der Rippe des Adam geschaffen worden, meldete ich mich und platzte heraus: «Das glaub ich nicht!»

Ich kam mir äußerst kühn vor. Ganz neu bei einer fremden Lehrerin, neben zwei lieben blonden Mädchen sagte ich, das Clärchen mit den schwarzen Haaren und den blitzenden Augen, so ganz einfach: «Das glaub ich nicht!»

In der Tat fand ich die Vorstellung, daß die erste Frau des Menschengeschlechts aus dem «Rippchen» eines Mannes geschaffen worden sein soll, abstoßend und entwürdigend. Die Lehrerin überging mich und ließ mich mit meinen Zweifeln allein. An Roda oder gar meine Mutter mochte ich mich nicht wenden. Der Stachel blieb.

Anfangs wurde ich vom Kinderfräulein zum Haus der Familie von Krüger begleitet. Nach ein paar Tagen ließ man mich jedoch allein gehen, denn Roda hatte sich um meine jüngeren Geschwister zu kümmern. Auf dem Weg zur Schule erschreckten mich die Wachhunde auf den Villengrundstücken, die knurrend und vor Wut kläffend an den Gittern hochsprangen. Manchmal liefen sie auch frei auf der Straße herum. Sie waren meist so groß wie ich, aber niemand half mir gegen sie. Deshalb machte ich gern Umwege durch Seitenstraßen.

In einer der Gassen waren eines Tages vor einem Kolonialwarenladen ein paar Fässer Rübenkraut abgeladen worden. Ein Faß war auf die Straße gekugelt, und der Sirup floß in den Rinnstein. Straßenkinder liefen herbei, warfen sich auf den Bauch und leckten den süßen Saft auf. Zwar war inzwischen das Essen auch in den besseren Kreisen, wie man sie nannte, also auch in meiner Familie, immer magerer geworden. Aber daß Kinder so verhungert sein konnten, daß sie sich nicht scheuten, das Essen aus dem Rinnstein zu schlecken, war mir unfaßlich.

Einmal kam ein Milchwagen eine steile Straße heraufgezogen: Hüh, hüh und ein Knall mit der Peitsche! Das magere Pferdchen schaffte es nicht mehr, es rutschte aus, und da lag es. Der Kutscher schrie und schimpfte, schlug auf das Pferd ein, und dieses mühte sich, hochzukommen, aber vergeblich. Eine Menschenmenge versammelte sich und gab gute Ratschläge. Auch ich blieb stehen. Ganz ruhig kam ein Briefträger heran. Er nahm seine Mütze ab, legte sie dem Pferdchen unter einen Huf, rief aufmunternd: «Hopp!», und schon stand es wieder! Die Gewalttätigkeit des Kutschers, das Gerede der neugierigen Leute hatten nichts genutzt – aber dieses ruhige, beherzte Eingreifen.

In Kassels Straßen waren nun immer mehr schwarzgekleidete Frauen zu sehen. An die erste Kriegerwitwe, die mir begegnete, erinnere ich mich noch genau. Auf dem vollen, rotblonden Haar der schlanken jungen Frau saß das kleidsame Witwenhäubchen mit dem weißen Vorstoß, und hinter ihr her wehte ein schier endloser Crêpe-de-Chine-Schleier. Diese Dame fand ich sehr schön. Als ich hörte, ganz Kassel zerreiße sich über sie das Maul, weil sie als Witwe einen Rock trage, der kaum die Wade bedecke, war ich traurig. Das häßliche Gerede hatte mir mit einem Mal das schöne Bild zerstört.

Obwohl mein Bruder Hans Karl nur zwei Jahre jünger war als ich, fühlte ich mich ihm und erst recht meiner noch jüngeren Schwester Ursula, genannt Uschka, weit überlegen. Ich hielt mich für viel klüger als sie und ließ sie das, so fürchte ich, auch allzu deutlich spüren.

Einmal war ich selbst überrascht davon, wie stark der Einfluß sein konnte, den ich auf sie ausübte. Wir waren, weil es auf dem Land noch *richtig* etwas zu essen gab, mit dem Kinderfräulein Roda ins Waldecksche gefahren, zu ihrer Schwester, die Pfarrfrau in Eppe war.

Wir stiegen im Gasthof ab. Am ersten Abend wurde uns ein mit ländlichen Eierpfannkuchen vollgehäufter Teller vorgesetzt. Heißhungrig und gierig stürzten wir uns darauf. In der Nacht wurde uns allen schlecht. Wir waren nur noch die dünnen Steckrübensuppen gewohnt und konnten das fette Essen nicht mehr vertragen.

Am nächsten Morgen ließ uns Roda allein, um ihre Schwester

zu besuchen. Plötzlich begannen sich während des Spiels mein Bruder und meine Schwester zu streiten und gerieten mit einer Heftigkeit aneinander, wie ich sie bei diesen sonst so friedlichen Wesen noch nie erlebt hatte. Distanziert-spöttisch gab ich als große Schwester einen Spruch von mir, den ich von Roda aufgeschnappt hatte: «Liebe Kinder, zankt euch nicht, spuckt euch lieber ins Angesicht!»

Wie verblüfft aber war ich, als sie aufhörten, sich zu prügeln, sich mit hochroten Köpfen einander gegenüber aufstellten und jeder eine kräftige Ladung Spucke ins «Angesicht» des andern ablud. Daß mein dummer Spruch eine so prompte Wirkung haben würde, hatte ich nicht erwartet.

Beim gemeinsamen Spielen ging die Initiative zumeist von mir aus. Ich ließ meine Geschwister beispielsweise kleine Stücke auswendig lernen und aufführen, die ich zum Teil selbst verfaßt hatte. Ich folgte darin dem Vorbild meiner Eltern, die zu allen Familienfesten Glückwunschverse schmiedeten und kleine Szenen von uns aufführen ließen. Zur Weihnachtszeit inszenierte ich gewöhnlich Märchenspiele. Dazu kam mir der Einfall, eine Geldsammlung zu veranstalten, für unsere Waschfrau, Fräulein Becker, die zweimal in der Woche zu uns ins Haus kam. Gern besuchte ich sie in der dunklen Unterwelt ihrer Waschküche, aus der mir jedesmal dicker bläulicher Dampf entgegenschlug wie aus einer Hexenküche. Und wie ein Schemen stand Fräulein Becker rubbelnd hinter ihrem Waschbrett. Wenn sie mich bemerkte, schaute sie freundlich auf, und weil sie dabei ein bißchen verschnaufen konnte, unterhielt sie sich einen Augenblick mit mir. Dabei hatte ich erfahren, daß Fräulein Becker in der Altstadt wohnte und fünf Kinder hatte. Daß es Mütter gibt, die ihre Kinderschar ganz allein und mit so schwerer Arbeit ernähren müssen, beschäftigte mich sehr. Ich wollte irgendwie helfen, lud meine Eltern, Nachbarn und Bekannten ein, machte sie in der Garderobe auf die leere Zigarrenkiste mit dem von mir selbst gemalten Schild «Für unsere Waschfrau!» aufmerksam und führte sie dann ins Wohnzimmer.

Hinter einer spanischen Wand trat meine Schwester hervor und sprach: «Denkt euch, ich habe das Christkind gesehen.» Dann folgte das Benefiz-Märchenspiel. Wir kamen uns alle sehr wohltätig vor.

Einmal kam als Urlaubsvertretung für unsere Roda vier Wochen lang ein Fräulein Hein zu uns. Auch Fräulein Hein sollte mit uns spazierengehen. Aber sie fand das nutzlos und langweilig und ging mit uns statt dessen hinunter zu ihren Eltern in die Altstadt. Das durften wir meiner Mutter natürlich nicht erzählen. Bewundernd schaute ich mich in der guten Stube um. Die bunten Plüschsessel mit Häkeldeckchen darauf und der gestickte Spruch «Trautes Heim, Glück allein» gefielen mir sehr. Ich hatte Fräulein Hein sehr gern, auch ihre Eltern, die uns mit Bonbons und Schokolade beschenkten. So was bekamen wir im Elternhaus nicht.

Fräulein Hein wohnte nicht bei uns, sie ging abends immer nach Hause. Angeblich stank sie furchtbar, oder, wie man sich schicklich ausdrückt, sie transpirierte. Jedenfalls riß meine Mutter, sobald sie weg war oder schon, wenn sie sich in der Garderobe ihren Mantel anzog, die Fenster auf und seufzte: «Hoffentlich ist es bald zu Ende!»

Ich böse Person habe dann am letzten Tag, als Fräulein Hein gerade beim Anziehen war, meine Geschwister bei der Hand genommen und im Ringelreihen mit ihnen gesungen: «Heinsche ade, Scheiden tut weh. Aber dein Scheiden macht, daß uns das Herze lacht.»

Noch immer schneidet mir der Gedanke ins Herz: Wie kann man schon als Kind so gemein sein! Aber Fräulein Hein, das wußte ich, verschwand nun wieder, so lieb ich sie auch hatte, aus meinem Leben. Die Mutter dagegen blieb. Ihr also mußte ich, so meinte ich wohl, zu imponieren versuchen.

Eines Tages hörte ich in meiner Lauschecke hinter dem Geländer des Treppenhauses, wie unten meine Mutter zu einer Verwandten sagte: «O je, um halb fünf kommt Frau Geheimrat Sowieso zum Tee. Diese gräßliche Person, hoffentlich bleibt sie nicht lange.»

Frau Geheimrat kam. Ich belauschte auch die Abschiedsszene. Meine Mutter: «Liebe Frau Geheimrat, wie reizend, daß Sie mich besucht haben! Kommen Sie doch recht bald wieder!»

Da stürzte in meinem Kinderkopf die Welt ein: Meine Mutter lügt!! Denn als eiserne Regel war mir eingeschärft worden:

Vor allem eins, mein Kind: Sei treu und wahr,
Laß nie die Lüge deinen Mund entweihn!
Von alters her im deutschen Volke war

Der höchste Ruhm, getreu und wahr zu sein.
Leicht schleicht die Lüge sich ans Herz heran,
Zuerst ein Zwerg, ein Riese hintennach;
Doch dein Gewissen zeigt den Feind dir an,
Und eine Stimme ruft in dir «Sei wach!»

Dieser *Deutsche Rat* von Robert Reinick aus dem Jahre 1844 stand damals in allen Lesebüchern.

Sollte ich nun an dieser Regel weiterhin festhalten? Danach hätte ich ja das Verhalten meiner Mutter, die für mich ein unerreichbares Vorbild war, als verwerflich verurteilen müssen, oder, nach dem Wortlaut des Gedichts, als «undeutsch». An wen sollte ich mich denn halten, an den «Deutschen Rat» oder an meine Mutter?

Die Welt der Erwachsenen wurde mir unheimlich. Wenn meine Mutter die Frau Geheimrat nicht leiden konnte, warum lud sie diese dann überhaupt ein? Es herrschten da Regeln, die ich nicht durchschaute. Aber allmählich lernte ich sie. Ich übernahm von meiner Mutter den Grundsatz: «Immer liebenswürdig sein, auch zu Menschen, die du nicht leiden kannst. Nie Menschen weh tun, indem du ihnen offen sagst, was dir an ihnen nicht gefällt.» Und ich lernte, mich anzupassen. Das heißt, ich lernte, daß man oft das, was man als wahr empfindet, besser für sich behält.

In welche Konflikte diese Lektion mich brachte, zeigt die Geschichte meines Verrats an Roda, die ich eines Tages bei meiner Mutter verpetzte. Roda und ich waren uns, weil ich inzwischen verständiger geworden war, etwas nähergekommen. Ich weiß noch genau, wie ich einmal einen Brief an ihre Schwester fand, den sie bei uns im Kinderzimmer liegengelassen hatte. Darin hatte sie geschrieben: «Clärchen ist für mich schon eine kleine Freundin.» Ach, wie war ich da stolz! – Aber unsere Beziehung war doch auch wechselhaft, entsprechend den Launen von Roda. Sie mußte sich ja meiner Mutter anpassen.

Sonntags gab es in der Kriegszeit manchmal einen Nachtisch, einen mit Süßstoff gesüßten und rosagefärbten Grieß, «Hindenburg-Speise» genannt. Dieser Pudding war Anlaß zu meinem Verrat. Meine Mutter war verreist. Roda nutzte die Gelegenheit, um sich Freunde für ein kleines Festessen einzuladen. Sie wagte nicht, es im Eßzimmer zu veranstalten, sondern nur auf der anschließenden Veranda. Dennoch war das, wie sie wußte, «unmööglich!» Zwar war Roda durch ihr «Hamstern» und dadurch, daß sie uns Kinder in den Ferien bei ihren Verwandten durchfüttern ließ, zu einer unentbehrlichen Stütze der Familie geworden, aber es galten auch für sie nach wie vor die strengen Grundsätze meiner Mutter in bezug auf das Personal.

Die berühmte Hindenburg-Speise bildete den Abschluß des bescheidenen Festmenüs. Roda sagte zu mir: «Wenn du deiner Mutter nichts verrätst, bekommst du etwas von der Hindenburg-Speise ab.» Ich versprach es, aß davon, und als meine Mutter zurückkehrte, petzte ich doch.

«Vor allem eins, mein Kind, sei treu und wahr ...»

In der Nachbarschaft war eine große Villa, zu der ein verwilderter Park gehörte, als Lazarett eingerichtet worden. Zusammen mit drei anderen kinderreichen Familien mietete meine Mutter den unteren Teil des Parks, der entsprechend abgegrenzt wurde. Er wurde für mich und die anderen Kinder zu einem Paradies. Den Einzug in diesen Garten genossen wir als eine Befreiung, als Erlösung vom langweiligen täglichen Spaziergang. Die Verwundeten im Lazarett nahmen wir nur durch den Zaun wahr.

Als mein Vater zu Weihnachten 1917 für wenige Tage auf Heimaturlaub kam, nahm er mich zum ersten Mal mit in die Kasseler Gemäldegalerie. Sie war von Landgraf Wilhelm VIII. angelegt worden und enthielt mehr als achthundert Bilder. Als einstiger Gouverneur der Niederlande hatte der Landgraf viele Werke der flämischen und holländischen Schule gesammelt. Die bedeutendsten Gemälde waren die Rembrandts im ersten Stock. Drei davon sind mir unvergeßlich: Der «Jakobssegen», die «Holzhakkerfamilie» und «Die schöne Saskia».

Mein Vater wurde gewahr, wie ich voll Ehrfurcht vor dem «Jakobssegen» stand, und es entspann sich zwischen uns ein Gespräch über die dargestellte Szene, wobei er mich auf das berühmte Rembrandtsche Hell-Dunkel aufmerksam machte. Indem er bemerkte, wie sein Lieblingsbild auch mich stark beschäftigte, entdeckte er unversehens in mir jemanden, mit dem sich eine ernsthafte Unterhaltung führen ließ. Bis dahin hatte er mich kaum wahrgenommen. Nun war ich mit einem Mal für ihn vorhanden. Von diesem Besuch in der Gemäldegalerie an entwickelte sich zwischen uns eine geistige Beziehung, die sich mit zunehmendem Alter vertiefte.

34

Nachdem die drei Jahre des Privatunterrichts im Hause von Krüger abgelaufen waren, meldete mich meine Mutter bei einer öffentlichen höheren Mädchenschule, Lyzeum genannt, an. Um aufgenommen zu werden, mußte man eine Prüfung machen. Sie bestand aus eingekleideten Rechenaufgaben und einem Diktat. Beim Diktat hatte ich Wohnung ohne h geschrieben, bekam mit nur einem Fehler die Note «gut» und hatte bestanden.

Weil die Väter im Krieg waren, wurde neben anderen Müttern auch die meine in den Elternbeirat der Schule gewählt. Lächelnd erzählte sie von der ersten Sitzung. Denn ausgerechnet sie, für die dies eigentlich «kein Thema» war, hatte sich öffentlich für die Verbesserung der sanitären Anlagen in der Schule eingesetzt.

Meine Klassenlehrerin, Fräulein von Loßberg, war die Schwester eines Generals; eine hochgewachsene Dame, die wir sehr verehrten, ja als Idol betrachteten. Sie ließ uns die ultrachauvinistischen Lieder auswendig lernen, mit denen damals der Krieg verherrlicht wurde. Auch fertigten wir auf ihre Anweisung Papierrosen aus rotem und rosa Kreppapier an und gingen unter ihrer Führung auf den Kasseler Hauptbahnhof, wenn Züge mit Verwundeten eintrafen. Zuerst mußten wir so laut wie möglich singen: «Es braust ein Ruf wie Donnerhall, wie Schwertgeklirr und Wogenprall», mit dem Refrain «Lieb Vaterland, magst ruhig sein, fest steht und treu die Wacht am Rhein!», dann «O Deutschland, hoch in Ehren, du heil'ges Land der Treu» und «Der Gott, der Eisen wachsen ließ, der wollte keine Knechte ...»

Anschließend überreichten wir den Soldaten unsere Krepprosen. Wir bekamen zur Belohnung Kakao und Kekse. Zu Hause gab es das schon längst nicht mehr.

Texte und Melodien dieser Lieder sind mir bis heute im Gedächtnis haftengeblieben. Erst kürzlich, in einer schlaflosen Nacht, wie man sie im Alter gelegentlich erlebt, fielen sie mir wieder ein, und ich erschrak darüber, daß ich diese Lieder nicht vergessen hatte. Welch gute Basis bildeten sie doch für die spätere Politik Hitlers und die Nazigesinnung.

Als es auf Weihnachten zuging, und wir viele Sträuße Krepprosen angefertigt hatten, nahm uns Fräulein von Loßberg mit in ein Lazarett. Wir kamen in einen großen Saal mit vielen Betten, alles weiß darin und nach Chloroform riechend. Verbundene

Köpfe hoben sich, Blicke verfolgten uns, keiner zeigte ein Lächeln; dafür war leises Stöhnen zu hören. Wir legten auf jedes Bett eine Rose und sangen «Stille Nacht, heilige Nacht».

Ein Soldat bat röchelnd: «Singt mir ‹Harre, meine Seele›!» Wie eine schmerzvoll ausgestreckte Hand griff seine Stimme an mein Herz. Hier begegnete ich zum ersten Mal dem Sterben, dem Tod und zugleich der Furchtbarkeit des Krieges. Wir sangen das Lied, aber ich erstickte beinahe vor Schluchzen.

In der Schule wurden mit einem Mal Postkarten an uns verteilt mit dem Liedtext: «Denn wir fahren gegen Engelland». Darauf war ein untertauchendes U-Boot abgebildet mit einem Matrosen, der die deutsche Reichskriegsflagge schwingt; dabei stand: «Wir haben alle nur einen Feind: Engelland.»

Ich sah mir das an und dachte: Wieso denn England? Unser Erzfeind ist doch Frankreich! Deshalb singen wir ja «Die Wacht am Rhein». Aber England? Das wurde doch bewundert. Auch wußte man von Kaiser Wilhelm II., daß seine Mutter Engländerin war, eine Tochter der Queen Victoria. «Gentlemanlike» und «ladylike» zu sein bedeutete, elegant, aber diskret; gute, natürliche Umgangsformen zu haben, nur ja nicht parvenühaft aufzutreten. In all dem herrschte das englische Vorbild. Mit diesem neuen Feind, der mir wie aus der Luft gegriffen schien, fühlte ich mich überfordert. Ich konnte und wollte ihn nicht akzeptieren. Aber, so wurde mir erklärt, es ginge jetzt um den U-Boot-Krieg.

In dem Maße, wie der Krieg sich hinzog und die allgemeinen Entbehrungen größer wurden, trat meine Mutter aus der ihr anerzogenen Passivität heraus, entfaltete ganz handfeste Aktivitäten und opferte dabei sogar einige ihrer Konventionen. Mittlerweile hatte sie selbst das Hamstern gelernt und eroberte auf dem Schwarzmarkt in Kassel höchstpersönlich für uns zum Essen alles, was sie ergattern konnte. Obwohl hochschwanger, zog sie mit dem Handwagen durch die Innenstadt.

Am 13. März 1918 kam mein Bruder Werner zur Welt. Seine Geburt teilte ich meinem Vater im Feld mit:

Lieber Vati!
Wir haben ein Brüderlein gekriegt! Am 13. März um sechs Uhr morgens kam es bei Mutti in der Klinik an. Morgens um halb acht rief Roda uns. Wir lagen alle noch im Bett. Die

Schwestern in der Klinik haben antelefoniert, und da sind wir alle aus dem Bett gesprungen und sind vor Freude im Nachthemd herumgehüpft. Gleich am Nachmittag um fünf Uhr durften wir uns das Brüderlein ansehen. Es ist so süß, wie Du es Dir gar nicht denken kannst. Es hat blaue Augen und schwarze Haare, gerade, wie ich es gewünscht habe. Und eine Nase hat er wie der Dicke. Wir wollen ihn Werner nennen.»

Ein paar Monate später. Meine Mutter war mit Werner beim Kinderarzt und Roda in der Stadt. Ich war inzwischen groß genug, um für zwei Stunden auf meine Geschwister aufzupassen. Wir spielten im Kinderzimmer. Plötzlich ging ganz in der Nähe eine Sirene los, wie wir sie später im Zweiten Weltkrieg so oft zu hören bekommen sollten: diesen heulenden, fürchterlichen Ton. Wir bekamen Angst. Ich setzte mich in den großen Sessel im Kinderzimmer, nahm die kleine Schwester auf den Schoß und zog den Bruder an mein Knie, und so fühlte ich mich ihnen gegenüber als schützende Glucke.

Irgendwann kehrte Roda zurück. Sie berichtete, daß in der Wilhelmstraße, einer schmalen Geschäftsstraße, die vom Ständeplatz ausging, eine Schießerei stattgefunden habe.

Bald darauf kam auch meine Mutter nach Hause.

«Die spielen da draußen Revolution! Was soll das?» fragte sie empört.

Wir wußten es natürlich auch nicht.

ICH FLIEGE AUS

Nur wer mit Leichtigkeit, mit Freude und Lust
die Welt sich zu erhalten weiß, der hält sie fest.

Bettine an Arnim im August 1806

Im Frühjahr 1920 hielt für kurze Zeit in der biederen Welt unseres Kasseler Mustopfes eine Dame Einzug, die im Hause eine neue Atmosphäre entstehen ließ: Madame de la Barre – eine ausdrucksvolle Persönlichkeit, deren Gesichtszüge, mit Brille und großer Nase, eher häßlich wirkten, aber von einem Zauber belebt wurden, für dessen Kennzeichnung man sich im Deutschen nicht von ungefähr des französischen Wortes «Charme» bedient; ihr Auftreten war ungemein elegant, und stets war sie auf das sorgfältigste zurechtgemacht. Wer im damaligen Deutschen Reich als anständige Frau gelten wollte, schminkte sich nicht. Madame war indes keine Deutsche, sie war eine hochgebildete Französin, die ein halbes Jahr lang in unserem Haus den Ton angab. Es wurde bei uns nunmehr nur noch französisch gesprochen.

Ich hatte zwar schon im dritten Jahr Französisch-Unterricht, von der Konversation der Erwachsenen bei Tisch verstand ich zunächst aber kaum ein Wort. Bald gab Madame jedoch auch mir Französischstunden. Wie war ich da stolz und glücklich!

Madame de la Barre war uns vom Auswärtigen Amt in Berlin geschickt worden, um meinem Vater, der von seinem Studium in Frankreich her das Französische an sich weitgehend beherrschte, den letzten Schliff in dieser Sprache zu geben. Denn man hatte ihm eine große Aufgabe in Frankreich übertragen.

Am 28. Juni 1919 war der Versailler Vertrag unterzeichnet worden, der einen Rattenschwanz zivilrechtlicher Probleme nach sich zog. Deshalb wurden die «Gemischten Schiedsgerichte» ins Leben gerufen, die man mit Richtern aus neutralen Ländern besetzte, dazu aber auch noch je einen Staatsvertreter aus den am Weltkrieg beteiligten Ländern berief. Als Anfang 1920 das Auswärtige Amt bei meinem Vater anfragte, ob er die Aufgabe des deutschen Staatsvertreters in Paris übernehmen wolle, sagte er sofort zu.

Ende Oktober war er dann juristisch und sprachlich so weit vorbereitet, daß er, als Leiter der Gruppe I der deutschen Staatsvertretung bei den Gemischten Schiedsgerichten, nach Paris reisen konnte. Dort war über Klagen und Forderungen wegen Kriegsschäden zu entscheiden: in bezug auf Geldverbindlichkeiten, Reparationszahlungen, alles, was mit Elsaß- Lothringen zusammenhing, das deutsche Vermögen in den ehemaligen Kolonien usw.

Im ersten Winter lagen bereits über zehntausend Klagen vor, die mein Vater mit seinem Stab bearbeiten mußte. Seine Behörde hatte er selbst auf die Beine gestellt. Rasch war sie auf fünfzig juristische Mitarbeiter – darunter viele mit Rang und Namen in der Wissenschaft – und etwa dreihundert Bürokräfte angewachsen.

«Eine Elite der französischen Bürokratie», schrieb mein Vater in seinen für die Familie bestimmten Erinnerungen, «stand uns Deutschen gegenüber. Sie gestaltete ihr Gericht als ein ‹instrument de victoire›, als Revanche für 1870/71, soweit dies rechtlich möglich war.»

Die französischen Forderungen beliefen sich damals auf 7,2 Milliarden Francs. «Wir Deutschen hatten uns für einen juristischen Nachkrieg zu wappnen.»

Die Gemischten Schiedsgerichte bestanden bis 1928. Fast zehn Jahre dauerte also die Abwicklung von insgesamt mehr als 25 000 Verfahren. In dieser Zeit lebte mein Vater, wie alle Deutschen, die dort tätig waren, allein in Paris. Denn daß ein Deutscher mitsamt seiner Familie in Paris Wohnung nahm, war in den ersten Jahren nach dem verlorenen Weltkrieg völlig undenkbar: Gerade damals machte sich das seit Generationen auf beiden Seiten aufgebaute Feindbild in besonders krasser Weise bemerkbar.

Die Wohnung meines Vaters lag in der Avenue de la Bour-
donnais, die zum Eiffelturm führt. Sie war mit Louis-XVI-Mö-
beln und vielen Spiegeln ausgestattet, ganz so, wie es die großbürgerlichen Familien von Paris liebten. Zuvor hatte darin der
deutsche Botschafter, Herr von Hoesch, gewohnt. Meine Mutter
erhielt vom Auswärtigen Amt die Erlaubnis, einmal im Viertel-
jahr meinen Vater in Paris zu besuchen.

Als Madame de la Barre ihren Auftrag erfüllt hatte und nach
Frankreich zurückgekehrt war, kam uns das Haus in Kassel öd
und leer vor. Ohne meinen Vater wollte meine Mutter mit uns
Kindern nicht länger in Kassel bleiben. Nun gehörte mein Vater
ja dem Auswärtigen Amt an, das in Berlin seinen Sitz hatte, und
er reiste dorthin auch oft zu Besprechungen. Deshalb zogen wir
im Sommer 1921 um nach Berlin-Schlachtensee, in eine altmodische Villa in der Sophienstraße.

Nach den Hungerjahren in Kassel ging es uns in der Hauptstadt besser als der übrigen Bevölkerung, die weiter hungerte.
Wir hatten einen großen Garten mit Obstbäumen und -sträu-
chern, wir hielten in der früheren Wagenremise Kaninchen und
Hühner, und der Onkel aus Mecklenburg, auf dessen Gut wir oft
die Sommerferien verbrachten, schickte uns zentnerweise Kartoffeln, die wir einlagerten.

Doch sofort, nachdem wir eingezogen waren, beschlagnahmte
das Wohnungsamt das Souterrain und das Dachgeschoß. In das
oberste Stockwerk wurde das Ehepaar Neumann einquartiert; er
war Beamter im mittleren Dienst. In den Keller zog Großvater
Michalski mit seiner Enkelin. Meiner Mutter paßte das zwar
ganz und gar nicht, aber «So sind eben die Zeiten!» meinte sie.

Die wachsenden politischen Unruhen verstärkten allerdings
ihr Mißtrauen und ihre Berührungsängste gegenüber den «nie-
deren Ständen» mehr und mehr. Klingelte ein Mann mit einer
Schiebermütze am Gartentor, wies sie die Köchin an: «Nicht
aufmachen, sicher ein Sozi!»

Daß gerade ich später Mitglied der Sozialdemokratischen
Partei wurde und 1962 als erste Frau in das Eschborner Stadt-
parlament gewählt wurde, fand sie «unmöööglich»: Sie reagierte
mit völligem Unverständnis; denn die in ihrer Jugendzeit erworbenen Vorstellungen hat sie bis zu ihrem Lebensende beibe-
halten.

Eines Abends brach bei den Michalskis im Keller Feuer aus,

so daß die Feuerwehr anrücken mußte. Die Enkelin hatte die Wäsche zu nah an den Bullerofen gehängt, den man ihnen in den feuchten Keller, ihren einzigen Wohnraum, gestellt hatte, und war dann zur Arbeit gegangen. Meine Mutter fand es unerhört, wie «diese Leute» das Haus in Gefahr gebracht hatten. Ich hätte dem Großvater Michalski gern einen der alten Uniformmäntel meines Vaters geschenkt als Ersatz für seine verbrannte Kleidung, doch das kam gar nicht in Frage.

Die ruhige Villengegend in Schlachtensee war unsicher. Häufig wurde eingebrochen. Zum Schutz hatte meine Mutter in der Nachttischschublade eine geladene Pistole liegen. Eines Nachts hörte sie Geräusche und sah, daß im unteren Stockwerk Licht brannte. Sie ergriff die Pistole, öffnete das Fenster und schoß hinaus. Dann nahm sie den Airedaleterrier am Halsband und ging mit ihm die Treppe hinunter. Nichts. Sie selbst hatte vor dem Schlafengehen vergessen, das Licht zu löschen.

Am nächsten Morgen begegnete ihr Frau Neumann im Treppenhaus.

«Haben Sie heute nacht den Schuß gehört?»

«Ach, mein Mann hat gesagt: ‹Frau Geheimrat wird sich doch wohl kein Leids angetan haben?› Dann hat er sich umgedreht und weitergeschlafen.»

Wenn meine Mutter später mit großem Vergnügen diese Geschichte wiedergab, tat sie es nicht nur wegen der geschraubten Ausdrucksweise – «kein Leids angetan» –, über die sie sich mokierte, sondern es schwang auch der Stolz mit, sich tapfer verhalten zu haben. Und tatsächlich konnte sie in außergewöhnlichen Situationen von einer Resolutheit sein, die, kannte man sie nicht näher, niemand bei ihr vermutet hätte.

In der Nachbarvilla lebte im Keller eine Buchdruckerfamilie mit drei kleinen Mädchen. Bleich und hohlwangig standen sie am Gartenzaun. Sie waren in meinem Alter. Sehnsuchtsvoll sahen wir uns durchs Gitter an. Wie gern hätte ich mit ihnen gespielt! Aber meine Mutter erlaubte es nicht.

Die Kinder hießen Aranka, Benina und Veronika. So schöne Namen hatten sie – ich dagegen: Clara Minna Martha!

Meine Mutter sah das anders. Sie meinte, der Buchdrucker hätte diese Namen sicher aus einem Kitschroman bezogen. Damit war der Fall für sie erledigt.

Ich kam in die Lehwess'sche Privatschule in Nikolassee. Das war eine kleine Schule, in die die Villenbesitzer ihre Töchter schickten. Fräulein Lehwess, eine etwa vierzigjährige Dame hatte die Schule gegründet und leitete sie. Von ihr ging eine sanfte Autorität aus. Sie trug einen Mittelscheitel mit Knoten und war stets schwarz gekleidet. Sie unterrichtete protestantische Religion und hielt allmorgendlich die Andacht. Die Klassen hatten höchstens zwölf Schülerinnen, und wir saßen zwanglos an frei beweglichen Tischen und Stühlen, also nicht mehr wie sonst üblich in Schulbänken, im Sommer sogar oft im großen Garten der Villa.

Die Lehrkräfte an dieser Schule waren vorzüglich und außergewöhnlich. Unser Zeichenlehrer war Professor Sandkuhl von der Kunstakademie. Damit seine Zwillingstöchter diese teure Privatschule kostenlos besuchen konnten, unterrichtete er uns. Bei ihm lernte ich die moderne Malerei verstehen, die meine Mutter als Krakelei ablehnte: das Prinzip der Abstraktion, die zunehmende Vereinfachung und Reduzierung auf das Wesentliche, ausgehend von der formalen Beherrschung zeichnerischer Techniken. Unter seinem Einfluß zeichnete, malte und bastelte ich auch zu Hause. Er mochte mich gern, zumal ich seinen Töchtern Nachhilfeunterricht in Mathematik und deutscher Grammatik gab und deshalb mehrmals in der Woche in sein Haus kam.

Unter den Lehrerinnen waren viele Baltinnen, die wegen der politischen Lage 1918 aus dem Baltikum geflohen waren. Ihre Unterrichtsweise war souverän und frei. Zum Beispiel war der Geschichtsunterricht so lebendig, daß wir, während wir auf den Tischen sitzen durften, begeistert zuhörten. Fräulein Müthing, die wir alle anschwärmten, hatte es nicht nötig, Disziplin zu fordern.

Einzig die Französischlehrerin Klara Battke war eine Lehrerin «alten Schlages», stets hochgeknöpft und streng. Mit dem Zeigefinger klopfte sie auf das Pult und rief: «Da stört mich ein Kind!» Schrieben wir eine Klassenarbeit, mahnte sie jedesmal: «Hütet eure Augen, meidet auch den Schein!» Natürlich äfften wir sie gern nach und hatten keinen großen Respekt vor ihr. Nachdem sie pensioniert war, lud sie uns, die wir ihr das Leben so schwer gemacht hatten, zu sich nach Hause zu Kaffee und Kuchen ein. Hier erlebten wir sie plötzlich als reizende und gütige alte Dame. Wir waren erfreut und beschämt zugleich.

Die Familie der Schulleiterin wohnte in der Nachbarvilla. Ihr Bruder war Architekt, er hatte auch die Schule erbaut. In meine Klasse ging Ruth Lehwess, eine der Töchter des Architekten. Sie war zart und zierlich, hatte große, strahlende Augen und war uns allen geistig weit voraus. Alle Mädchen wollten mit ihr befreundet sein. Sie beneideten mich, denn Ruth hatte mich zu ihrer besten Freundin erkoren.

Und dann, nach etwa einem Jahr, passierte das Unglück: Es waren Sommerferien, die Ruth auf dem Lande bei Verwandten verlebte. Gewöhnlich setzten am Abend nach der Heimkehr vom Feld die Knechte zum Spaß die Kinder auf die Ackergäule. Eines Abends rutschte Ruth dabei ab und stürzte so unglücklich auf das Hofpflaster, daß sie einen Schädelbruch erlitt und auf der Stelle tot war.

Die Beerdigung fand auf dem kleinen Waldfriedhof der Nikolasseer Kirche statt. Es war dieselbe Kirche, in der ich konfirmiert und später auch getraut wurde. Am Grab sprachen wir Worte aus dem *Deutschen Requiem* von Brahms: «Denn alles Fleisch ist wie Gras und alle Herrlichkeit des Menschen wie des Grases Blume. Das Gras ist verdorret und die Blume abgefallen ... Selig sind, die da Leid tragen, denn sie sollen getröstet werden.»

Hier war ich nun wieder dem Tod begegnet, aber nicht wie in Kassel im Lazarett am Sterbebett eines mir unbekannten Soldaten, sondern einem Tod, der mir meine beste Freundin entrissen hatte.

Ruths Mutter war die Tochter von General Litzmann, wie Mackensen oder Hindenburg eine der Heldenfiguren aus dem Ersten Weltkrieg. Er hatte an der Spitze seiner Truppen bei Lodz in Polen die russische Front durchbrochen und sich damit den Beinamen «Löwe von Lodz» erworben. Im Zweiten Weltkrieg wurde Lodz in «Litzmannstadt» umbenannt und zu einem der unrühmlichen Orte, in dessen Ghetto systematisch polnische Juden gesammelt und umgebracht wurden.

General Litzmann wohnte in Neuglobsow in einem hübschen Häuschen am See. Jeden Morgen fütterte er, auf seinen Krückstock gestützt, die Schwäne am Ufer. Familie Lehwess besuchte ihn dort häufig.

Bei einem Schulausflug lernte ich ihn selbst kennen. Als ich zehn Jahre später als junge Frau auf das Gut nach Zernikow kam, das nur wenige Kilometer entfernt liegt, lebte er noch. Mein Mann, dem der Heroenkult um die Ordensträger aus dem Ersten Weltkrieg zuwider war, lehnte jeden Kontakt zu ihm ab.

Während des Dritten Reichs spielte plötzlich eine Rolle, was uns Kindern damals in der Schule gar nicht zu Bewußtsein gekommen war: Lehwess waren Juden. Geschützt durch den mit ihnen verwandten General, lebten sie dennoch im Dritten Reich weiterhin unbehelligt in Nikolassee. Das einzige, was geschah, war, daß Fräulein Lehwess ihre Schule schließen mußte.

Zu Weihnachten desselben Jahres studierten wir in der Schule das erste richtige Theaterstück mit Kulissen, Beleuchtung und Kostümen ein. Es hieß *Marias Traum* und erschien uns jungen Mädchen als hohe Poesie. Heute – ich habe das Textbuch noch – kann ich es nur als unerträglichen Kitsch bezeichnen. Maria ist noch ein junges Mädchen und träumt, was sich in ihrem Leben später einmal ereignen wird. Diese Maria hätten alle meine Freundinnen gerne gespielt. Mich, als ehemalige Freundin von Ruth, erkoren Fräulein Lehwess und Ruths Mutter zur Hauptdarstellerin.

MARIA: Ach, das Stroh. Oh, hab Erbarmen, seine Glieder sind so zart, so göttlich schön geformt. Sieh, welch ein Glanz aus seinen Augen bricht, das herrlich Himmelslicht.
JOSEF: Du kannst nicht deine Mutterhände auf dieses Knäblein immer schützend legen.
HERODES: Fragst du noch? Die Krone glänzet auf geweihtem Haupt, der Purpurmantel deckt die Glieder. König bin ich, Herr und Gott.
MARIA: Herodes, sei mir gnädig, Herr! (kniet nieder)
HERODES: Weib, du – –

Diese Maria spielte ich, so lautete die einhellige Meinung, mit einer für mein Alter erstaunlichen Reife.

Wie alle höheren Töchter bekamen meine Schwestern und ich Klavierunterricht. Ich lernte dabei genug, um später bei Hausmusik die flötenden und singenden Kinder auf dem Flügel begleiten zu können.

Zur Klavierstunde kam wöchentlich einmal Fräulein Binder ins Haus. Fräulein Binder war als Herrnhuterin durch ihren

Glauben so in sich gefestigt, daß sie immer fröhlich war. In der Kirche der Herrnhuter Brüdergemeinde spielte sie jeden Sonntag die Orgel. Daher war ihr Anschlag auf dem Klavier sehr statiös. Ich liebte und bewunderte Fräulein Binder. Meine Mutter lud sie manchmal mitleidvoll zum Essen ein. Fräulein Binder wohnte im Haus der Brüdergemeinde in der Wilhelmstraße. In ihrem Zimmer stank es fürchterlich; denn sie lebte mit sieben Katzen zusammen. Sie spielte später auch bei meiner Hochzeit in der Nikolasseer Kirche und bei der Taufe meiner Kinder. 1944 ist sie, während eines Bombenangriffs, im Nachthemd auf die Straße gelaufen, wo man sie aufgriff und in ein Krankenhaus brachte. Dort starb sie in geistiger Verwirrung.

Durch Fräulein Binder hatte ich das Elend von Musiklehrerinnen kennengelernt, die sich ihr Brot verdienten, indem sie von Haus zu Haus gingen und im Alter ohne soziale Versorgung blieben. Dies nahm ich zwanzig Jahre danach als Stadtverordnete in Eschborn zum Anlaß, dort eine Musikschule mitzugründen, die Musiklehrer anstellt, versichert und bezahlt. Die Schule macht es darüber hinaus möglich, daß auch Kinder wenig begüterter Familien Musikunterricht erhalten können.

Zum Unterrichten kam auch Frau Büttner, deren Tochter Thordis meine beste Schulfreundin war, ins Haus. Sie brachte meiner Mutter und mir die Mensendieck-Gymnastik bei. *Die Körperkultur des Weibes*, das Lehrbuch von Bess Mensendieck, lag auf dem Toilettentisch meiner Mutter. Vor ihrer Ehe war Frau Büttner eine bekannte Opernsängerin gewesen, doch hatte sie bei der Geburt von Thordis ihr Gehör verloren. Da ihr Mann als Privatgelehrter Bücher über mittelalterliche Mystik schrieb, die niemand kaufte, mußte seine Frau das Geld für den Unterhalt der Familie verdienen. Kurz entschlossen reiste sie nach New York zu Bess Mensendieck, um deren speziell für den weiblichen Körper entwickelte Gymnastik zu erlernen. Danach ging sie in Nikolassee von Haus zu Haus und gab den Damen der Gesellschaft Unterricht im Mensendiecken. – Wenige Jahre später wurde Frau Büttner auf dem Weg zu einer Kundin beim Überqueren der Gleise von der Kleinbahn erfaßt und zu Tode geschleift. Sie hatte das Herankommen der Bahn und ihr schrilles Pfeifen nicht gehört.

Mit Thordis besuchte ich den Konfirmandenunterricht bei einem engherzigen, intoleranten und frauenfeindlichen Pfarrer, für den noch immer der altrömische Grundsatz galt: «Das Weib schweige in der Gemeinde.»

Thordis besprach ihre Glaubensprobleme mit ihren Eltern und ließ sich nicht konfirmieren. Ich hatte damals niemanden, mit dem ich mich aussprechen konnte. Mein Vater wehrte meine Fragen ab: «Ich stehe jetzt so im tätigen Leben – später einmal.» Tatsächlich besuchte er nach seiner Pensionierung als Gasthörer an der Universität theologische Vorlesungen. Meine Mutter interessierte sich nicht für Kirchliches. Sie ging «mit Goethe durch das Jahr», las zu der Zeit Sir Galahads esoterisches Buch *Die Kegelschnitte Gottes* und war von der Indienbegeisterung angesteckt. In bezug auf mich beschäftigte sie nur das Problem: Was ziehe ich dem Kind zur Konfirmation an? Denn 1924 gab es in Berlin noch nichts Vernünftiges zu kaufen. Mein Vater schickte daher aus Paris einen Ballen schwarzen Taft. Daraus nähte mir die Hausschneiderin das Konfirmationskleid.

An meinem Konfirmationstag durfte ich erstmals zum Tee im Salon bei den Erwachsenen sitzen. Plötzlich hörte ich meine Tante Lisbeth, eine Schwester meines Vaters, sagen: «Die Reformation war das größte Unglück für Deutschland.»

Ich weiß noch, wie ich erstarrte. Die Reformation – ein Unglück? Wieso denn das? Die Reformation war doch das Höchste! Luther kommt gleich nach Jesus Christus, hatte uns der Pfarrer gelehrt. Tante Lisbeth meinte natürlich die politische Spaltung, die die Reformation hervorgerufen hatte, aber mein Himmel war jetzt leergefegt. Woran konnte ich mich überhaupt noch halten? Ich hätte es doch wie Thordis machen und die Konfirmation ablehnen sollen. Allerdings kann ich mir nicht vorstellen, daß meine Eltern dies gebilligt hätten.

Meine Mutter war Mitglied eines privaten Zirkels geworden, dem etwa dreißig Damen angehörten. Die Gründerin und Leiterin, Elisabeth von Grimm, hatte sich, als sie verwitwet war, die Aufgabe gestellt, Damen der Berliner Gesellschaft aus ihrem häuslichen Abseits herauszuholen und sie dazu zu bringen, sich ernsthaft mit Kunst und Literatur zu beschäftigen. Sie arrangierte Vorträge, die in vierwöchentlichem Abstand wechselweise in einem der großen Häuser der beteiligten Damen stattfanden, und lud die bedeutendsten Professoren der Berliner Universität dazu ein. Ihre mit mir gleichaltrige Tochter und ich durften als Zaungäste an diesen Veranstaltungen teilnehmen, wobei wir gehalten waren, den Gästen den Tee zu servieren und Plätzchen herumzureichen.

Frau von Grimm, eine geborene Gräfin Posadowsky-Wehner, die im Posenschen auf dem Land aufgewachsen war – ihr Aussehen erinnerte etwas an den Alten Fritz –, verkörperte noch die altpreußischen Tugenden Schlichtheit und Aufrichtigkeit, verbunden mit einer umfassenden Bildung – Tugenden, die im wilhelminischen Deutschland zunehmend verlorengegangen waren. Von meiner Mutter unterschied sie sich vor allem dadurch, daß sie sich nicht scheute, einem Menschen die Wahrheit ins Gesicht zu sagen. Sie tat es allerdings auf eine Weise, daß es nie verletzend wirkte. Dafür ein Beispiel:

Sie führte ihren Kunstkreis auch im Dritten Reich fort, und weiterhin gehörten ihm jüdische Damen an. Eines Tages kam eine Teilnehmerin des Kreises zu ihr, um «etwas Delikates» zu besprechen. Sie habe gewiß nichts gegen Juden, begann sie, aber man könne den Chauffeuren nicht länger zumuten, vor jüdischen Häusern zu parken. Frau von Grimm schwieg einen Augenblick, dann sagte sie: «Wie Sie meinen. Dann werden wir von jetzt an eben alle mit der Untergrundbahn fahren.»

Wenn im Winter der Schlachtensee zugefroren war, nahm auch ich am allgemeinen Wintervergnügen teil, am Schlittschuhlaufen. Solange ich noch im Wachstum war, lief ich in den Stiefeln meines Vaters, die vorn mit Watte ausgestopft waren und an die man die Schlittschuhe anschnallen mußte. Eines Sonntags nahm mich mein älterer Vetter Dieter von Arnswaldt mit, der sich mit seinen Freunden verabredet hatte. Für die Läufer waren auf dem See Bahnen freigefegt. Wir fuhren in einer langen Kette. Ich als Jüngste bildete den Schluß.

Plötzlich ließ mich mein Vordermann los, und ich schleuderte gegen einen der zusammengefegten harten Schneehaufen am Rande des Eises. Mit zusammengepreßten Lippen erhob ich mich, ließ mir von den erschrockenen Freunden des Vetters die Schlittschuhe abschnallen und mich nach Hause bringen. Von dort wurde ich zum Arzt gefahren, der den Arm röntgte. Er war gebrochen.

Am folgenden Tag erhielt ich vom Vetter und seinen Freunden einen großen Strauß roter Rosen, weil ich so tapfer gewesen war. Das waren die ersten roten Rosen, die ich geschenkt bekam.

Der zweite Strauß roter Rosen, den ich erhielt, steckte zum Entsetzen meiner Mutter an meinem fünfzehnten Geburtstag im Briefkasten. Dabei lagen Verse von Hans Ungetüm, einem Primaner, der in der Nachbarschaft wohnte und mir oft die Schultasche nach Hause trug. Wenn er nachmittags unser Erkennungszeichen, das Hauptthema aus der *Unvollendeten* von Schubert, pfiff, büxte ich von zu Hause aus und wir trafen uns heimlich, spazierten in den nahen Kiefernwald, setzten uns dort in die Bäume und diskutierten über Gott und die Welt. Es war eine schöne platonische Jugendfreundschaft.

Meine Mutter fand Hans Ungetüm «unmööglich», nicht nur seines Namens wegen: In ihren Augen hatte er auch «kein Elternhaus». Der Vater war ein kleiner Steuerbeamter. Mein jüngerer Bruder Hans Karl dachte offenbar genauso. Als er konfirmiert wurde, fragte ich ihn: «Und was wünschst du dir von mir?»

Seine Antwort lautete: «Daß du mit dem Hans brichst!»

Natürlich erfüllte ich ihm diesen Wunsch nicht. Erst als Hans sein Abitur bestanden hatte, verschwand er aus meinem Gesichtskreis. Ich sah ihn nie wieder.

Die Wandervogelbewegung war nach dem Ersten Weltkrieg in ganz Deutschland wieder aufgelebt, allerdings nunmehr aufgesplittert in weltanschaulich und politisch unterschiedlich orientierte Gruppen. Bei uns in Nikolassee gab es eine wilhelminisch gefärbte Variante, die sich Jung-Nationaler Bund nannte. Er wurde von der älteren Schwester einer Klassenkameradin geleitet. Ich wollte gern mit anderen Mädchen dort singen und wandern und trat mit Erlaubnis meiner Eltern ein. Über meinem Bett an der Wand hing jetzt eine Klampfe, ich sammelte bunte Bänder, knüpfte sie daran und sang Schuberts «Meine Laute hab ich gehängt an die Wand».

Ein Jahr lang hatte ich für dieses Instrument gespart und anderen Schülerinnen Nachhilfeunterricht gegeben, damit ich es mir von eigenem Geld kaufen konnte. Aber als ich glaubte, am Ziel meiner Wünsche zu sein, mußte ich feststellen, daß das von mir so mühsam ersparte Geld nur so viel wert war, daß es gerade reichte, um damit eine Karte für die Straßenbahn zu bezahlen. Während in dieser Zeit Millionen um ihren ganzen Besitz ka-

men, erlebte ich die Inflation nur in Form dieser kindlichen Enttäuschung. (Mein Vater hat schließlich aber doch helfend eingegriffen und mir die Gitarre gekauft.)

Mit dem «Junabu» zogen wir Pfingsten 1924 auf den Hohen
Meißner. Rührend um mein Wohlergehen besorgt, hatten mich
meine Eltern mit dem ausgestattet, was sie dafür als notwendig
erachteten. Mein Vater lieh mir seine Stiefel und suchte aus seinen alten Militärsachen ein Etui aus rotem Saffianleder heraus,
das ein schweres Silberbesteck enthielt. Meine Mutter packte
mir ein weißes Nachthemd dazu.

Wie schwer war dann der Rucksack, den ich bei dem Marsch
auf den Hohen Meißner schleppte! Nach kurzer Zeit bekam ich
Blasen an den Füßen. Denn vernünftige dicke Wollsocken hatte
ich damals noch nicht, und meine dünnen Strümpfe waren sofort
durchgescheuert. Ich konnte das Tempo der Gruppe beim Wandern nicht mithalten. Irgendwann nahm mir zu meiner großen
Beschämung einer der älteren Jungen den Rucksack ab und
setzte ihn auf seinen.

Auf dem Hohen Meißner, der alten Kultstätte, trafen die
Wandervogelgruppen aller Schattierungen zusammen. Mit Begeisterung wurden die Lieder aus dem *Zupfgeigenhansl* gesungen und am Abend die Sonnwendfeuer entfacht. Aber ich, die
ich mir den Rucksack hatte tragen lassen und erschöpft oben angekommen war, konnte mich der allgemeinen Begeisterung
nicht anschließen. Freundinnen fand ich im «Junabu» nicht und
trat bald wieder aus, weil mir die Freizügigkeit, die in dem Verein herrschte, unheimlich war. Ich fühlte mich noch zu jung für
das, was die da trieben.

Im Sommer 1924 entschloß sich meine Mutter, mich für vier
Wochen nach Paris mitzunehmen. Ich bekam dafür eigens au-
ßerhalb der Schulferien frei. Paris! Noch nie war ein Mädchen
meiner Schule im Ausland, geschweige denn in Frankreich gewesen. Vom Auswärtigen Amt bekam ich dafür sogar einen eigenen Kinderpaß.

Auf diesen Parisaufenthalt bereitete ich mich eingehend vor.
Ich las kunsthistorische Werke, vor allem Karl Schefflers *Geist
der Gotik* und ein Buch über Paris, das die ganze Stadt als Kunst-
werk begriff. Und dann war ich mittendrin in diesem Kunst-
werk: Ausgehend von dem mittelalterlichen Kern auf der Isle de

la Cité, ließen sich von einem Stadtviertel zum anderen ganze historische Epochen erwandern, überall traf man auf Spuren großer Persönlichkeiten aus Geschichte, Literatur und Kunst. Mein Vater führte mich und ließ mich alles neu entdecken. Worüber ich zuvor nur gelesen hatte, hier stand es greifbar vor mir. Dies war zugleich eine zweite wichtige Begegnung zwischen mir und meinem sonst so fernen Vater – wie damals, als er mir im Kasseler Museum die Rembrandts erläutert hatte.

Eines Tages nahm uns Madame Geyer, die meinem Vater den Haushalt führte, mit zu ihrer Arbeitsstelle, dem Musée Rodin. Sie arbeitete als Kassiererin in dem Gebäude, das als Hotel Biron Rodins letzte Wohnstätte gewesen war und nun ein vom französischen Staat unterhaltenes Museum. Er war noch fast alles so, wie es der Künstler hinterlassen hatte. In einem großen, weiß ausgekalkten barocken Saal standen Arbeitsentwürfe und fertige Skulpturen nebeneinander. Mein Vater wies auf eine Statue von Balzac hin, von dem er wußte, daß ich ihn aus der Schullektüre kannte. Ich war überrascht: Das war nicht so eine Statue, wie ich sie von der Berliner Siegesallee her kannte: ein stämmiger Mann in einem langen Umhang, der etwas zurückgeworfene Kopf, die gewaltige Haarmähne, die expressive Geste, mit der er den Mantel um sich geschlagen hält – ganz der Schöpfer eines menschlichen Universums, der *Comédie humaine.*

Nun sah ich Madame Geyer mit anderen Augen. Etwa sechzig Jahre alt war sie, rücksichtsvoll, höflich und von großem Feingefühl im Umgang mit Menschen. Mit ihrer Tochter – und staunend erfuhr ich, daß es dazu keinen Vater gab – lebte sie hoch oben unter dem Dach des Hauses, in dessen erstem Stock mein Vater wohnte. Einmal hatte sie meinen Vater hochgebeten. Irritiert berichtete er, daß sie dort weder fließendes Wasser noch eine Heizung habe.

Natürlich besuchten wir auch mehrmals den Louvre. Damals hingen Leonardos «Anna Selbdritt» und «Mona Lisa» allein in Augenhöhe in einem kleinen Raum, wo man sie in aller Ruhe betrachten konnte. Als ich sie vor drei Jahren meiner Enkelin zeigen wollte, sah ich zu meinem Entsetzen die Mona Lisa unter Panzerglas in einem von lärmenden, fotografierenden Touristengruppen überfüllten Saal hoch oben an der Wand hängen.

Wir fuhren auch in die Umgebung. Es gab ja so viel zu besichtigen. Natürlich das Versailler Schloß, aber auch noch viele andere Schlösser rund um Paris. Unsere Pferdebegeisterung führte uns nach Longchamps zu einem Rennen. Schließlich hatte mein Vater auch noch eine Rundreise zu den Loire- Schlössern vorbereitet.

In den prächtigen Sälen dieser Châteaus ergötzten wir uns daran, wie die Fremdenführer mit größtem Pathos auch auf die unscheinbarsten Sehenswürdigkeiten hinwiesen: *«Voici le salamandre de François Premier!»* – *«Voyez le porc-épic de Louis Douze!»* – «Und hier die Blutflecken - das ist die Stelle, wo der Herzog von Guise ermordet wurde.» Da verging uns allmählich das Lachen. Bei der x-ten Schloßbesichtigung wurden wir immer tiefer eine besonders steile Wendeltreppe hinabgeführt, die in ein unterirdisches Verlies mündete. Der Kastellan löschte die Lampe. *«Attention!»* rief er, «*Messieurs-dames*, bewegen Sie sich keinen Schritt weiter! Vor Ihnen befindet sich der Schacht des Schloßbrunnens. Früher wurden in dieses Verlies die zum Tode Verurteilten hinabgestoßen. Wenn sie in der Finsternis nach einem Ausgang suchend herumtappten, fielen sie in den Schacht und ertranken.» Aufseufzend meinte da meine Mutter: «So, jetzt haben wir aber genug Kaschöttchen gesehen!»

Einmal, als wir ein WC benutzten, schaute uns die Toilettenfrau neugierig an. «Sind Sie aus Holland?» Mein Vater hatte uns ermahnt, in Frankreich um Gottes willen nicht als Deutsche aufzufallen. «Flüstert nur, wenn ihr deutsch sprecht!» Aber meine Mutter mochte ihre Nationalität nicht verleugnen und sagte tapfer: «Wir sind Deutsche!» Da meinte die Frau: *«Ne vous-en faites pas, Madame, c'est le ‹Kaiser›, qui a fait la guerre!»* – «Machen Sie sich nichts draus, Madame. Schuld am Krieg war der Kaiser.»

Ganz Paris wimmelte von russischen Emigranten. Eines Tages klingelte es an unserer Haustür. Ich öffnete, und ein schönes junges Mädchen überreichte mir einen weißen Karton. Als meine Mutter ihn erblickte, sagte sie: «Ach, das ist das Kleid von meiner Schneiderin, der Fürstin Demidoff!» und entnahm der Schachtel ein reinseidenes, cremefarbenes Gewand. Die Überbringerin war, wie ich erfuhr, eine russische Prinzessin gewesen.

Mein Vater führte uns in ein Café in einer Seitenstraße der Champs Élysées. Hier bedienten ehemalige russische Großfürsten und Prinzessinnen. Am Klavier stand, auf einen Krückstock gestützt, ein einbeiniger Sänger, ein ehemaliger Fürst. Mir als vierzehnjährigem Backfisch machte das großen Eindruck. Es erschien mir wie ein Märchen. Die russische Revolution kannte ich vom Hörensagen als grauenhafte Katastrophe. Die dieser Katastrophe entronnen waren, hatte ich nun leibhaft vor mir. Sie übten ganz praktische Tätigkeiten aus. Mein Vater wollte mir zeigen, daß sie dennoch ihre Würde zu bewahren wußten.

Nach meiner Rückkehr aus Paris war ich, erfüllt von den Eindrücken einer neuen Welt und dem Stolz, zum ersten Mal das Ausland gesehen zu haben, aufs höchste begierig, mich anderen mitzuteilen. Da bekam ich eine kalte Dusche. Gerade hatten die Sommerferien begonnen. Statt in Berlin meinen Freundinnen alles erzählen zu können, fuhr ich mit meiner Mutter, den Geschwistern und dem Kinderfräulein nach Stolpmünde, einem kleinen Badeort an der Ostseeküste. Er lag in Hinterpommern in der Nähe des Gutes Rumbske, das einer Freundin meiner Mutter, der Gräfin Krockow, gehörte. Nach zwei Tagen zog sich meine Mutter dorthin zurück.

So saß ich nun tagsüber am Strand, wo ich mit den jüngeren Geschwistern Burgen bauen mußte. Ich war enttäuscht und zutiefst unglücklich. Mit niemandem konnte ich über Paris sprechen, über die vielen drängenden Eindrücke. Ich griff zu Agnes Günthers rührendem Buch *Die Heilige und ihr Narr*. Das Elend des Seelchens tröstete mich, und meine Tränen über ihr Schicksal erleichterten mir meine Einsamkeit.

Ein Vierteljahrhundert später führte mich der Zufall an den Schauplatz dieses Romans: den Ort Langenburg im Hohenloher Land. Einmal die Woche behandelte ich dort als Krankengymnastin neben anderen Patienten die Fürstin Hohenlohe-Langenburg. Wenn ich mit der Fürstin anschließend auf der Altane des herrlichen Renaissance-Schlosses Tee trank, mußte ich lächelnd daran zurückdenken, welche Tränen ich vergossen hatte über das Seelchen, das auf eben dieser Altane sein Leben ausgehaucht hatte.

Im Sommer 1925 mieteten meine Eltern in Berlin-Nikolassee ein schöneres und moderneres Haus mit großem Grundstück. Hier entdeckte meine Mutter ihre Freude am Garten und abonnierte Karl Foerster-Bornims Zeitschrift *Die Gartenschönheit*, die er seit 1920 herausgab. Daraus bezog sie für sich die Devise: «Das Leben ohne Phlox ist ein Irrtum.»

Leider führte meine geliebte Lehwess-Schule nur bis zur Obertertia. Um die mittlere Reife machen zu können, wechselte ich deshalb mit meinen Freundinnen auf das Elisabeth-Lyzeum in Lichterfelde. Obwohl wir im nahe gelegenen Zehlendorf eine öffentliche Schule hätten besuchen können, nahmen wir den langen Weg zu der weit von der nächsten Bahnstation abgelegenen Schule auf uns, weil dieses Lyzeum eine Reformschule war. Besonders wichtig war für uns, daß wir im Sommer wieder im Garten unterrichtet wurden.

Unser Schulgebäude war die ehemalige Sommervilla von Herman Grimm und seiner Frau Gisela, der jüngsten Tochter der Bettine von Arnim. Herman Grimm hatte diese Villa 1868 als eines der ersten Häuser in Lichterfelde erbauen lassen. Besonders Gisela liebte dieses über drei Morgen große Anwesen mit dem Garten und dem angrenzenden Kiefernwald, weil es sie an das elterliche Wiepersdorf erinnerte, wo sie viele Tage ihrer Kindheit verbracht hatte.

Nach dem Tode von Herman Grimm wurde hier im Jahre 1906 die zehnklassige private Elisabeth-Reformschule für Mädchen eröffnet. Ich besuchte sie nur ein Jahr lang. Fräulein von G., Offizierstochter, war die Direktorin und meine Klassenlehrerin. Sie unterrichtete uns in Deutsch und Geschichte. Ich hatte zwei jüdische Mitschülerinnen. Eine, pummelig und schwarzhaarig, war eine interessierte und gute Schülerin, die sich oft meldete. Aber Fräulein von G. überging sie stets. Die andere behandelte sie besser. Sie war keine gute Schülerin, aber ihr Vater war Professor und in Berlin sehr bekannt, während der Vater der anderen als Kaufmann gesellschaftlich nichts galt. Ich empfand die Ungerechtigkeit dieser Lehrerin täglich aufs neue. Aber ich nahm sie hin, wie wir alle damals.

Nach der mittleren Reife in der Lichterfelder Schule wechselte ich 1925 mit meinen Freundinnen auf das Städtische Lyzeum in Zehlendorf über. Ein Jahr zuvor hatte die Schule eine Oberstufe eingerichtet, um Mädchen die Möglichkeit zu geben, das Abitur zu machen. Ein Fräulein Dr. Engelhardt übernahm unsere Obersekunda als Klassenlehrerin. Sie gehörte als Freundin von Helene Lange und Alice Salomon zu der ersten Generation der Frauenrechtlerinnen, die sich ihre gesetzliche Gleichstellung noch erkämpft hatten. Im Sinne von Helene Lange suchte sie «den Kultureinfluß der Frau in der Gesellschaft zu vergrößern». Aber nicht nur deshalb war sie in ihren Anforderungen an uns ehrgeizig und unerbittlich, sondern auch, weil sie die Aufgabe übernommen hatte, mit dem Abitur unserer Klasse die staatliche Anerkennung der Schule zu erringen. Denn unter ihrem Vorgänger war es schiefgegangen: Das Ministerium hatte die Leistungen der damaligen Abiturklasse in der Prüfung als «nicht den Ansprüchen genügend» bewertet.

Einunddreißig Schülerinnen waren wir auf der Obertertia, fünf beim Abitur. Alle anderen hatten aufgegeben oder waren von Fräulein Dr. Engelhardt herausgegrault worden. Konsequent arbeitete sie nur mit den Schülerinnen, die es verstanden, sich den Lehrstoff selbständig zu erarbeiten, anstatt fertige Lehrmeinungen mechanisch auswendig zu lernen.

Trotz vollgepacktem Schulalltag hatte ich fast jeden Nachmittag oder Abend etwas vor.

Meine Tante Cornelie, stellvertretende Vorsitzende des Deutschen Roten Kreuzes, führte einen Salon, in dem sich freitags nachmittags Diplomaten und Wissenschaftler trafen.

Ihr Mann, Professor Otto Hoetzsch, war Osthistoriker, der, obwohl ein deutschnational Konservativer, die Allianz mit der Sowjetunion befürwortete, in der Tradition von Bismarcks Rußlandpolitik. Er war mit meiner Tante sogar in der Sowjetunion gewesen. Ich erinnere mich, wie sie milde lächelnd erzählte, sie habe ein Spruchband gesehen mit der Aufschrift: «Es gibt nur einen Adel, den Adel der Arbeit!»

Für mich war es eine große Ehre, auf diesem Jour-fixe-Tee einschenken zu dürfen. Natürlich schaute ich mir die Gäste genau an und spitzte die Ohren. Ich sah André François-Poncet, den charmanten französischen Diplomaten, Graf Schulenburg, den späteren deutschen Botschafter in Moskau, Wilhelm Solf, den Botschafter in Japan. Nuntius Eugenio Pacelli, den späteren Papst Pius XII., hörte ich einmal lächelnd erzählen, daß er gerade im Tiergarten die Eichhörnchen gefüttert habe. Den damaligen Staatssekretär im Reichsverkehrsministerium, meinen Onkel Gustel Koenigs, hörte ich sagen: «Die Arbeitslosigkeit, ja, dagegen können wir sofort etwas tun. In meiner Schublade liegen die Pläne für den Bau von Autobahnen fix und fertig.»

Der Bruder meiner Mutter, Gustav Ratjen, der als junger Mann als Teilhaber in das Bankhaus Delbrück eingetreten war, führte in Dahlem ein großes Haus. Die Bank Delbrück war die

Nachfolgebank von Splitgerber und Daum. Gottfried Adolf Daum (1697–1743) war der Urgroßvater des Dichters Ludwig Achim von Arnim. Was die Fugger für Kaiser Maximilian I. waren, war Daum für Friedrich den Großen. Er finanzierte seine ersten Schlesischen Kriege. Er besaß eine Messing- und Gewehrfabrik in Brandenburg/Havel. Gustav Ratjen sollte Ende der zwanziger Jahre Finanzminister werden. Aber er starb überraschend im Alter von 43 Jahren bei einer Blinddarmoperation. Tante Martha, seine Witwe, führte das Haus weiter. Sie förderte die jungen «Brücke»-Maler.

Der Kunsthistoriker und spätere Generaldirektor der Berliner Museen, Professor Leopold Reidemeister, der zum Kreis meiner Jugendfreunde gehörte, schrieb darüber in seinem Buch *Erinnerung an das Berlin der zwanziger Jahre* (1987):

Die einzigartige Symbiose von Museum, engagierten Sammlern und fähigen Kunsthändlern hat keine Früchte getragen. Die Saat, die wir legten, hat ein Wahnsinniger zertrampelt. Die Berliner Sammlungen sind in alle Winde zerstoben. Geblieben sind nur die bunten, kaleidoskopartigen Erinnerungen: an … [und nun läßt er die Aufzählung einer Reihe von Sammlern, die Reidemeister gekannt oder die mit ihm befreundet waren, folgen und schließt:] … und an Martha Ratjen in der Pücklerstraße, die eine kleine Revolution heraufbeschwor, als sie erstmalig die damals noch jungen Expressionisten provozierend über Louis-Quinze-Kommoden in den Salon hängte, in dem wir tanzten; und damit haben wir wenigstens ein Zipfelchen dieser Erinnerungen in die heutige Zeit hinübergerettet, denn Erich Heckels «Blick auf Orange» aus der Pücklerstraße hängt heute als Leihgabe im Brücke-Museum.

Auf der Hochzeit von Tante Marthas Tochter sah ich unter anderen Prominenten Wilhelm Furtwängler mit seiner schwedischen Frau. Für Furtwängler hatte ich als Kind bereits geschwärmt. Mein Kinderfräulein Roda stammte aus Lübeck. Furtwängler war 1911 als junger Dirigent unter 93 Kandidaten als Kapellmeister nach Lübeck berufen worden. Wenige Jahre später gab er in der Kasseler Stadthalle ein Konzert. Roda, die ihn aus Lübecker Lokalpatriotismus sehr verehrte, nahm mich mit. Kaum war das Konzert zu Ende, rannte sie mit mir zum Bühnenausgang, wo bereits eine schwarze Kutsche für Furtwängler bereitstand. Da habe ich, das kleine Clärchen mit dem Pagenkopf, die Droschkentür für den Herrn Dirigenten aufgehalten. Wie klopfte mir damals das Herz! Seit dieser Zeit war ich Furtwängler-Anhängerin. In Berlin waren wir auf alle seine Konzerte abonniert, auch, als ich längst schon auf dem Lande lebte.

Ich tanzte leidenschaftlich gern und durfte, als ich sechzehn Jahre alt wurde, die Hausbälle von befreundeten Familien, die großen Adelsbälle und andere Berliner Feste besuchen. Mein Vetter, der Jurastudent Dieter von Arnswaldt, inzwischen zum Vizebruder avanciert, weil er beim Ausgehen gern meinen Chaperon spielte, war mein Begleiter. Dabei lernte ich ganz unterschiedliche Welten kennen. Als Tochter eines im Auswärtigen Amt beschäftigten hohen Beamten wurde ich sogar zu dem alljährlich im Reichspräsidentenpalais in der Wilhelmstraße stattfindenden Ball bei Hindenburg eingeladen. Als wir uns gerade fertigmachten, schnitt sich Dieter beim Rasieren und verdarb sein Frackhemd. Er mußte sich noch einmal umziehen, und wir kamen atemlos als letzte Gäste an.

An der Freitreppe stand ein riesiger Mann mit einer tressengeschmückten Uniform und einem Dreispitz auf dem Kopf. In der behandschuhten Rechten hielt er einen Stab mit einem großen goldenen Knauf. Dreimal stieß er kräftig damit auf den Boden, zum Zeichen, daß die letzten Gäste eingetroffen waren. Wir stürzten die Treppe hinauf. Oben stand Reichspräsident von Hindenburg im Kreis von Adjutanten neben seiner Schwiegertochter. Wir begrüßten sie als Dame des Hauses, und auch vor Hindenburg versank ich in einen tiefen Knicks. Als er sah, daß ich wie eine Tomate glühte, klopfte er mir auf die Schulter und sagte begütigend: «Nicht so ängstlich, Kleine!»

Das Zeremoniell war wie bei einem Hofball der Kaiserzeit. Die jungen Herren mußten sich eine «Führkarte» holen und die darauf verzeichnete Dame suchen, um sie zu Tisch zu führen, zu mit Rosen geschmückten Tafeln für jeweils zwölf Personen. Nach dem Essen spielte die Militärkapelle Walzer und Quadrilles à la cour.

Der achtzigjährige Hindenburg stand wegen seiner Kniearthrose während aller Tänze aufrecht wie eine Säule an der Seite des Ballsaals. Beim Damenkotillon wurden blau-weiße Schleifchen – die Hindenburgschen Wappenfarben – verteilt. Alle jungen Damen eilten, um sie dem alten Herrn anzustekken. Man erzählte sich, daß sein Frack zu jedem Fest mit neuen Aufschlägen versehen wurde.

Der Anblick dieses statuenhaft dastehenden alten Mannes, dem wir Schleifchen an die seidenen Frackaufschläge steckten, brachte mir ein Bild aus meiner Kindheit im Ersten Weltkrieg in den Sinn. In Kassel gab es damals wie in vielen Städten die hölzerne Statue eines Generals – sie mag jemand anderen dargestellt haben, doch für uns Kinder gab es nur einen berühmten General, und das war Hindenburg –, und neben dieser Statue war ein Spendentisch aufgestellt. Man konnte sich nun für einen Geldbetrag, der für vaterländische, das heißt für Kriegszwecke bestimmt war, einen Nagel kaufen. Dieser Nagel wurde in die Statue eingeschlagen, bis sie vor Eisen starrte.

Um Mitternacht wurde ein letzter Walzer gespielt, darauf folgte – von allen im Stehen absolviert – der feierliche große Zapfenstreich, der widersinnig mit dem pietistischen Choral endetet: «Ich bete an die Macht der Liebe».

Ganz anders der Ball bei Stresemanns. Mein Vater schätzte Stresemann sehr. Damit ich eine seiner berühmten Reden hören konnte, nahm er mich mit ins Auswärtige Amt, wo Stresemann in einem kleinen holzgetäfelten Saal vor geladenen Gästen sprach. Eigentlich fand ich ihn ziemlich häßlich mit seinen verquollenen Augen und seiner Glatze. Bei den ersten vier, fünf Sätzen nahm ich nur seine hohe Fistelstimme wahr, aber dann riß mich seine Rede mit.

Die Stresemann-Villa war ein großer, flacher Bau, geradlinig, im Bauhausstil mit zeitgenössischen Bildern an den Wänden, wie ich sie von meiner Tante Martha her kannte. Es war ein absoluter Kontrast zum Reichspräsidentenpalais mit seinen Stukkaturen in Weiß und Gold, den Säulen, dem königlich-preußischen Manufaktur-Porzellan und dem vielen Silber. Hier gab es keinerlei Zeremoniell oder Zwang – und einen großen Wintergarten, in den sich Paare hineinverzogen. Frau Stresemann war eine liebenswürdige, souveräne Gastgeberin. Sie spielte im Laufe des Abends für ihre Gäste auf dem Flügel. Irgendwann schritt Stresemann mit umschatteten Augen zwischen den Tanzenden hindurch und zog sich bald wieder zurück.

Ein Korpsbruder meines Vaters war der damalige Chef des Hauses Borsig. Deshalb erhielt ich Einladungen zu den Borsigschen Hausbällen, wo ich wiederum eine andere Welt kennenlernte, die der Großindustriellen. Hier trat mir leibhaftig entgegen, was mir literarisch aus der Schilderung des «Untergangs einer Familie» in den *Buddenbrooks* vertraut war: wie sich das Band zwischen einem Familienunternehmen und der Familie, die es in Besitz hält, allmählich löst, in dem Maße, wie sich das Unternehmen vergrößert und der ursprüngliche Impetus des Firmengründers bei den Nachfahren verlorengeht.

Der Begründer der Dynastie, August Borsig, hatte noch eine Villa auf dem Industriegelände der Lokomotivfabrik neben den Häusern der Arbeiter bewohnt. Die Familie Ernst von Borsigs – inzwischen waren die Borsigs vom Kaiser geadelt worden – hatte eine Villa aus der Gründerzeit bezogen, einen riesigen Kasten im Pseudorenaissancestil, mit Skulpturen antiker Philosophen, in einem weitläufigen Park in Berlin-Tegel gelegen, der sich bis zur Havel erstreckte.

Der älteste Sohn, raunte man sich zu, sei Edelkommunist. Das war damals die Bezeichnung für jemanden, der nicht aus Arbeiterkreisen, sondern aus einem reichen Elternhaus stammte, es also eigentlich nicht nötig hatte, Kommunist zu sein. Daß dieser Sohn sich auf den Hausbällen nie blicken ließ, war nicht weiter verwunderlich.

Die zwei Töchter waren sehr stattlich, und die damalige Mode, nach der sie die Mutter gekleidet hatte, mit rosa und blauen Schärpen auf dem rundlichsten Teil des Körpers, wirkte bei ihnen sehr unvorteilhaft. Dazu trugen sie Leinenschuhe, stets frisch mit Kreide eingerieben, so daß sie beim Tanzen auf den Hosenbeinen der Smokings ihrer Tanzpartner weiße Spuren hinterließen. Die Jünglinge machten sich über sie lustig und benannten sie, wenn sie unter sich von ihnen sprachen, nach den Modellen der Borsig-Lokomotiven. Arme, reiche Mädchen! Ich tanzte mich durch diese Gesellschaft frei und unbeschwert hindurch, in dem Gefühl, hier die einzige zu sein, der es keine Mitgift abzujagen gab.

Auch der jüngere Sohn Borsig, wiederum ein Ernst, war offensichtlich nicht dazu ausersehen, die Firma weiterzuführen. Sein Vater kaufte ihm, wie man es damals in großbürgerlichen Kreisen häufig tat, ein Rittergut. Zwischen mir und ihm entspann sich ein Flirt, der sich dann zu einem gutnachbarlichen Freundschaftsverhältnis weiterentwickelte, als mein Mann und ich später bei ihm und er bei uns auf Jagden zu Gast waren.

Spaß aber machte mir der alte Herr von Borsig, als er mich, statt mich zum Tanzen aufzufordern, fragte, ob ich seine Dahlienzucht sehen wolle, die, wie ich wußte, in Berliner Kreisen als bedeutend galt. Mit meinen silbernen Stöckelschuhen zog ich also hinter dem alten Herrn her, weit hinaus bis ans Havelufer, wo die Anlage mit ihren weißen, gelben, roten und lila Feldern leuchtete. Ich konnte danach zu Hause berichten, daß er mich in sein Herz geschlossen habe, weil ich seine Leistung als Blumenzüchter aufrichtig bewundert hatte.

Ein gerngesehener Gast in meinem Elternhaus war mein Vetter Carl-August von Gablenz. Er hatte als Flieger im Weltkrieg den Pour le mérite bekommen und baute als einer der Pioniere der Luftfahrt in den zwanziger Jahren die Lufthansa auf. Ich mochte ihn sehr. Bereits als Kind war ich auf seinen Schultern durch das elterliche Treppenhaus in Kassel getobt, als er dort die Kriegsschule besuchte. Wenn dieser Vetter mich, die kleine, zwanzig Jahre jüngere Cousine abends ausführen wollte, erlaubten es meine Eltern ohne Zögern. Wenn sie allerdings gewußt hätten, wohin er mit mir ausging, hätten sie zweifellos doch Bedenken gehabt: in eine Revue, wo die Girls untergefaßt in einer Reihe ihre Beine hochwarfen; oder in eine hochelegante Tanzbar, deren Fußboden gläsern und von unten rosenrot beleuchtet war. Wir schwangen unsere Beine im Takt des Charleston «Wenn die Elisabeth nicht so schöne Beine hätt, dann hätt sie viel mehr Freud an ihrem langen Kleid».

Eines Tages fragte mich Carl-August, ob ich nicht Lust hätte, mit ihm in seiner Sportmaschine zu fliegen. Welch ein Abenteuer für mich! In dieser Zeit war ja Fliegen noch etwas ungeheuer Aufregendes. Wir bekamen einmal extra schulfrei, nur weil ein Zeppelin über Berlin kreiste. Und um Udets Loopings ganz aus der Nähe sehen zu können, pilgerten die Berliner sonntags in Scharen, mit Kartoffelsalat und Würstchen versorgt, zum Tempelhofer Feld hinaus.

An einem sonnigen Sonntagvormittag fuhren auch wir nach Tempelhof zum Flugplatz, wo Carl-Augusts zweisitzige offene Sportmaschine stand, der Rumpf nicht größer als ein Rennwagen.

Ich stieg in einen seiner Overalls, stopfte Watte in die Ohren, setzte eine Fliegerbrille auf und eine Fliegerkappe und kletterte in den Sitz hinter ihm. Angst hatte ich nicht, dazu war mein Vertrauen in seine Flugkünste zu groß. Als wir abhoben, verschlug der Luftdruck mir den Atem, der Lärm der Maschine dröhnte trotz der Watte in meinen Ohren.

Wir umkreisten das Tempelhofer Feld. Plötzlich sah ich auf der Erde den Schatten, den die kleine Maschine warf: die Flügel, zwei Köpfe. Unter der Fliegerkappe hervor, die mir viel zu groß war, flatterte mein langes Haar im Wind – es sah aus wie die Reklame für Wella-Shampoo.

Die mündliche Abiturprüfung fand in der großen Aula der Zehlendorfer Schule statt. Um uns fünf Abiturientinnen zu examinieren, rückte fast das gesamte Kultusministerium an, und auch das ganze Lehrerkollegium hörte zu. Einzeln wurden wir hereingerufen, erhielten unser Thema, über das wir zunächst frei referieren mußten, und wurden dann von den Lehrern befragt.

Ich wurde in Geschichte und Geographie geprüft. Mein Erdkundelehrer war ein junger Mann, ein moderner Lehrer, der uns nicht mehr Namen von Flüssen und Hauptstädten der Erde auswendig lernen ließ, sondern uns die wirtschaftlichen Probleme und kulturellen Eigenarten der einzelnen Länder vermittelte. Mich interessierte sein Unterricht, und er gab mir lange Zeit immer die Note «sehr gut». Bis zu dem Augenblick, als ich ihn einmal auf dem Wannseebahnhof traf und dachte: «Er ist ein Mann, er muß mich zuerst grüßen.» Ich grüßte nicht. Das nahm er mir übel. Von da an hatte ich nur noch eine Drei in Geographie.

Das Thema, das er mir in der mündlichen Abiturprüfung gab, hieß «Das Erwachen der Völker Asiens». Unmittelbar zuvor war ein asiatischer Potentat in Berlin gewesen, und ich fing also meinen improvisierten Vortrag vor dem Auditorium mit diesem Besuch an, um die Bedeutung des «Erwachens» zu illustrieren und dann rasch auf Japan überzuwechseln. Über dieses Land wußte ich eine Menge. Er unterbrach mich: «Darüber haben Sie ja bereits einmal einen Vortrag gehalten, das brauchen Sie nicht nochmals zu erzählen.»

Nun stand ich einen Augenblick ratlos da.

Er hatte sich gerächt.

Trotzdem bestand ich das Abitur als Beste. Doch nun kam für mich die Frage: Was mache ich jetzt? Wofür bin ich wirklich begabt?

Für Abiturientinnen standen damals nur wenige Ausbildungsmöglichkeiten zur Wahl: Lehrerin, das war das Nächstliegende. Aber waren die meisten von ihnen nicht dazu verurteilt, ihr Leben als alte Jungfern zu fristen? Ich wußte nur eines: Ich wollte unbedingt selbständig werden, unabhängig vom Elternhaus in einem Beruf arbeiten, der mich erfüllen und mir Freude bereiten würde.

Während meiner Schulzeit hatte ich viel gezeichnet und gemalt, und so dachte ich daran, Zeichenlehrerin zu werden. Professor Sandkuhl bestärkte mich in diesem Wunsch. Er erlaubte mir, zwei Monate in seinem Atelier zu arbeiten, und griff gelegentlich korrigierend in meine Arbeiten ein. Als ich die vorgeschriebene Anzahl von Studienblättern fertig hatte, stellte ich mich in der Hochschule für bildende Künste vor.

Meine Mutter begleitete mich. Der Professor und Leiter der Hochschule schaute meine Bilder durch, lächelte dann und meinte zu meiner Mutter: «Es gibt schon genug brotlose Künstler. Ihre Tochter sollte lieber etwas anderes machen.»

Schluchzend stieg ich mit der Mappe meiner Bilder die scheußlich graue Treppe der Akademie herunter. Ich fühlte mich völlig vernichtet. Meine sonst so sparsame Mutter nahm mich am Arm und führte mich zum Trost in eine Konditorei, wo sie mich mit Sahnetorte stärkte. Dreißig Jahre später legte meine Tochter an derselben Hochschule eine Mappe mit ihren Studien vor. Mit zehn anderen Abiturientinnen wurde sie unter dreihundert Bewerbern angenommen.

Zunächst lernte ich jetzt bei unserer Hausschneiderin «richtig» nähen. Auf der großen Nähmaschine hatte ich als Kind bereits Puppenkleider genäht und später dann für mich, um mein Taschengeld zu strecken, alle meine Blusen, Röcke und Kleider. Das half mir zwar für mein späteres Leben, eröffnete mir jedoch keine neue Berufsperspektive.

Inzwischen hatte sich Großmutter Minna eingeschaltet. Unbedingt mußte ich ihrer Meinung nach kochen lernen, und zwar dort, wo es zuvor meine Cousine Gerda gelernt hatte. Großmutter bezahlte deshalb für mich als ihrer Lieblingsenkelin den teuren Kursus in Samaden/Engadin für vier Monate, wo uns in einem Patrizierhaus «feine Küche» beigebracht werden sollte. Obgleich wir nur zehn Kursteilnehmerinnen waren und von drei Lehrerinnen betreut wurden, lernte ich nicht, richtig zu kochen, daß heißt, mehrere Gerichte gleichzeitig warm auf den Tisch zu bringen. Dafür nahm ich zwanzig Pfund zu, weil wir immer alles aufessen mußten, was wir kochten.

Danach verbrachte ich mehrere Ferienwochen im großen Sommerhaus der Coulons in der Nähe von Bordeaux, inmitten von Weinbergen. Ich war hauptsächlich mit den vier Kindern zusammen. Die älteste Tochter war zehn Jahre jünger als ich, der kleinste Sohn, Choupy, konnte gerade an meiner Hand zum Strand laufen. Er brachte mir das Lied «Au clair de la lune» bei. Er sang es als «O Claire de la lune», denn in Frankreich wurde ich natürlich «Claire» genannt.

Am Abend kam Monsieur. Mit großen Netzen in der Hand gingen wir mit ihm Krabben fischen oder fuhren mit dem Motorboot hinaus. In den Küstenfelsen waren Grotten, in denen sich die Hugenotten einst verborgen gehalten hatten. Coulons waren Protestanten, und Monsieur schilderte die Leiden seiner Vorfahren so dramatisch, als habe er sie selbst erduldet.

Die Freundschaft mit der Familie Coulon, vom Großvater begonnen, von meinem Vater weitergetragen, wurde von mir fortgesetzt. 1938 besuchte uns die älteste Tochter auf unserem Gut in Zernikow. Nach dem Krieg versuchte ich, die Verbindung zu den Coulons wiederaufzunehmen. Aber es kam eine Absage. Madame wollte keine Deutschen mehr sehen. Choupy, der kleine Junge von damals, war als Widerstandskämpfer gefallen. Die freundschaftliche Kette über drei Generationen war zerbrochen.

Fräulein Dr. Engelhardt hatte mich immer für ein Jurastudium motivieren wollen, ihrer Meinung nach sollte ich die erste deutsche Diplomatin werden. Ihr schwebte als Vorbild Alexandra Kollontai vor, die durch die russische Revolution als erste Frau Botschafterin geworden war.

Clara als Reiterin im Berliner Reitinstitut Beermann (1928).

Für ein Jurastudium war auch mein Vater, aber aus ganz anderen Gründen: weil wir eine alte Juristenfamilie waren. Deshalb immatrikulierte ich mich im Wintersemester 1928/29 an der Berliner Universität. Meine Eltern erlaubten mir zwar zu studieren, jedoch nicht dort, wo es mir Spaß gemacht hätte: in einer netten kleinen Universitätsstadt wie Freiburg oder Heidelberg. Nein, ich mußte zu Hause bleiben. Mein Vater stellte mir anhand des Vorlesungsverzeichnisses sogar zusammen, was ich im ersten Semester zu hören hatte.

Womit fängt man ein Jurastudium an? Mit römischem Recht natürlich! Das las Professor Ernst Rabel. Er war ein Mitarbeiter meines Vaters bei den Gemischten Schiedsgerichten gewesen und inzwischen hochberühmt. Seine Vorlesungen waren entsetzlich überfüllt. Nur vom Gang aus konnte ich seine ferne Stimme vernehmen. Es war todlangweilig! Ich ging nur noch hin, um ein Testat zu bekommen, aber bald schon, wenn auch zunächst mit schlechtem Gewissen, wechselte ich über zu den Vorlesungen, die mich wesentlich mehr interessierten, ja begeisterten: denen von Friedrich Meinecke, dem großen Historiker, zu kunstgeschichtlichen Vorlesungen und zu Emil Dovifat, dem ersten Zeitungswissenschaftler.

«Du darfst zum Ausgleich Tennis spielen oder reiten», erlaubten mir die Eltern. Beide Sportarten waren für höhere Töchter üblich, allerdings sehr teuer. Nach ein paar Trainerstunden merkte ich, daß mir Tennis nicht lag – aber Reiten! Im Tiergarten lag der Tattersall Beermann. Die Mitglieder dieses bekannten Instituts hatten gerade einen «Studentischen Reiterverein» gegründet. Sie wollten Nachwuchs heranziehen und fördern. Ich wurde Mitglied und ritt nun, bis zu meiner Heirat, fast täglich. Nach einiger Zeit durften die Fortgeschrittenen unter uns sogar Remonten reiten, das heißt, die vierjährigen Pferde, die erst lernen mußten, unter dem Sattel zu gehen.

Ein Reiterfreund, Otto H., wohnte in Potsdam. Dorthin fuhr ich fast jeden Sonntagmorgen, um mit ihm auszureiten. Im Reitstall von Rittmeister Meier-Housselle liehen wir uns die Pferde aus. Mit Vorliebe galoppierten wir in rasantem Tempo über das Bornstedter Feld, den Exerzierplatz bei Potsdam. Ich durfte eine Vollblutstute reiten, weil ich eine leichte Hand hatte. Natürlich konnten wir die Pferde nicht feucht in den Stall zurückbringen. Wir mußten sie jedesmal lange abreiten. Der alte Meier-Housselle musterte uns stets mißtrauisch. Wir sagten: «Alles in Ordnung. Die Pferde sind ganz trocken.»

Und er: «Haben aber unruhige Augen.»

Meinen Reiterfreund Otto traf ich öfter als meine anderen Verehrer. Er war vier Jahre älter als ich und studierte im zwölften Semester an der Landwirtschaftlichen Hochschule, ohne daß er Aussicht hatte, je ein Gut zu besitzen.

Immerhin besaß er ein Paddelboot. Damit fuhren wir manchmal auf den Potsdamer Seen. Mein Verehrer hatte am Weltkrieg nicht teilgenommen, weil er dafür noch zu jung gewesen war, aber das erschien ihm als ein Manko, unter dem er litt. Er kompensierte es durch seine Schwärmerei für kriegsverherrlichende, zum Teil schwülstige Literatur, und beim Picknick am Seeufer las er mir daraus vor: Rilkes *Cornet*, Ernst Jüngers *In Stahlgewittern*, Walter Flex' *Wanderer zwischen beiden Welten*, Spenglers *Preußentum und Sozialismus*, Moeller van den Brucks *Das Dritte Reich* und *Der Preußische Stil*. Seine Ideale lösten in mir ein Unbehagen aus, das ich jedoch nicht zu artikulieren vermochte.

Einmal führte uns beim Reiten der Weg durch eine enge Schlucht, die rechts und links mit Fliederbüschen bestanden war. Wir jagten im Galopp hindurch, mein Verehrer vorneweg. Da verfing sich meine Reiterkappe in einem der Sträucher – und mein Begleiter versuchte die günstige Gelegenheit zu nutzen: Er kam auf mich zugeritten und wollte mich abknutschen.

Nicht nur als wohlerzogene Tochter war ich darüber aufgebracht, mir mißfiel auch diese paramilitärische Eroberungstaktik. Ich wies ihn erbost zurück, und er entschuldigte sich. Als ich meinen späteren Mann kennenlernte, der zehn Jahre älter war als Otto H., stellte ich einen entscheidenden Unterschied zwischen den beiden fest: ersterer hatte am Ersten Weltkrieg teilgenommen und sprach von Dingen, die er aus eigener Anschauung kannte. Von Schwärmerei konnte bei ihm keine Rede sein ...

Als ich Otto mitteilte, daß ich mich verlobt hätte, fühlte er sich so gekränkt, daß er krank wurde. Aber die Erinnerung an die Episode mit ihm im «Fliederweg» brachte mich noch einmal zum Lachen, und zwar als ich von meiner Verlobung auch einer meiner Patientinnen erzählte. Da reckte die sich aus dem Bett hoch und fragte mich: «Wat, Frollein? Ham Se denn schon sieben Männer jeküßt?»

Vizebruder Dieter stand im juristischen Staatsexamen. Er galt in der Familie als besonders begabt. Jetzt war er kaum ansprechbar vor lauter Büffelei und Examensangst. Das erschreckte mich sehr. Was wirst du für ein Mensch, fragte ich mich, wenn du das aushältst? Du büffelst, um das Referendar- plus Assessorexamen als Volljuristin zu machen, und wirst so eine alte Schachtel wie Fräulein Dr. Engelhardt, oder du heiratest, statt dein Studium zu beenden . . . Als ich anfing, Jura zu studieren, hatte ich die Vorstellung, später einmal als Stadträtin für soziale Fragen tätig zu sein. Sechsunddreißig Jahre, also ein halbes Menschenleben später, wurde ich dann tatsächlich zur Stadträtin gewählt. Das war jedoch eine ehrenamtliche Tätigkeit, die keine akademische Vorbildung voraussetzte.

Zunächst war ich also mit guten Vorsätzen ans Jurastudium gegangen. Doch nun wurde mir klar, daß ich es nicht durchhalten würde. Wieder stand ich vor derselben Frage wie ein Jahr zuvor: Was mache ich?

Da kam eine gute Freundin und forderte mich auf: «Komm doch mal raus nach Eichkamp zu Dr. Kohlrausch, und sieh dir an, was ich da mache. Ich glaube, das ist auch etwas für dich.»

Krankengymnastik – damals hieß es noch Heilgymnastik – war ein neuer Beruf, der sich von dem der Masseure, die nur Volksschulabschluß benötigten, abgrenzte. Viele «höhere Töchter» ergriffen ihn. Ansätze zu dieser neuen Heilmethode waren als finnische und schwedische Gymnastik und Massage in Skandinavien entwickelt worden und von dort nach Deutschland gekommen. Die ersten Schulen waren in Kiel und Dresden entstanden. Der Begründer der Berliner Schule war Geheimrat Professor August Bier. Er war *die* herausragende Persönlichkeit an der Berliner Charité der zwanziger Jahre. Mit seiner Auffassung von Medizin stand er im Gegensatz zum allgemeinen Trend der Zeit, der auf medikamentöse Behandlung setzte und Krankheiten als isolierte Phänomene behandelte, weil der ganze Körper als reparaturbedürftiger Mechanismus gesehen wurde.

Professor Bier dagegen vertrat theoretisch und praktisch die heraklitische Philosophie des *panta rhei* («alles fließt») und die antike Vorstellung der Leib-Seele-Einheit. In seinem Buch *Die Seele* spricht er davon, daß auch die Pflanzen «beseelt» seien, daß Leben und Wachstum in Wärme und Geborgenheit entstünden.

Er hatte sich das Gut Sauen in der Mark Brandenburg gekauft

und versuchte hier in der Fortwirtschaft das, was er in der Medizin lehrte, zu erproben. Sein Gut hatte ganz leichten Sandboden und einen mageren Kiefernwald, den die Bauern über Jahre hinweg für ihre Stallstreu leergefegt und ihn so seines natürlichen Düngers beraubt hatten. Diesen Wald ließ August Bier mit schnell wachsenden Akazien und Dornengebüsch einfassen. So entstand durch den Windschutz ein biotopisches Klima, und nun grünte es im Innern, es entstand Naturverjüngung, ein forstliches Wunderwerk.

Die große Rolle, die im klassischen Griechenland der Gymnastik in der Erziehung der Jugend eingeräumt worden war, hatte Bier in sein Konzept der «Ganzheitsmedizin» übernommen. Die Kranken und Operierten sollten durch Bewegungstherapie, Atmung und Massage behandelt und regeneriert werden. Sein Schüler und Assistent Dr. Kohlrausch leitete in Berlin-Eichkamp die gymnastische Ausbildung. Die Disziplinen der Leichtathletik wurden auf dem nahe gelegenen Reichssportfeld – dort, wo 1936 die Olympischen Spiele stattfanden – geübt. In Eichkamp gab es auf einem eingefriedeten Waldgelände Baracken mit Gymnastikräumen. Der theoretische Unterricht fand in der Charité statt. Es mußte ziemlich viel gepaukt werden, fast wie fürs medizinische Physikum.

Das Neue an der Bierschen Methode leuchtete mir besonders deswegen ein, weil ich als Sechsjährige mit der traditionellen Orthopädie Schlimmes erlebt hatte: Der Kinderarzt hatte bei mir eine Verkrümmung der unteren Wirbelsäule festgestellt und mich in ein orthopädisches Institut überwiesen. Schon der Saal mit den vielen Marterinstrumenten flößte mir Angst ein. Ich wurde eine Viertelstunde auf ein Brett geschnallt und auseinandergestreckt. Dann bekam ich breite Ledergurte um den Kopf geschnallt und wurde an diesen hochgezogen. Zur Kräftigung meiner Muskeln sollte ich mit eisernen, viel zu schweren Hanteln üben. Ich wurde immer dünner und schlapper. Stets verließ ich das Institut, dieses Schrebersche Gruselkabinett, heulend. Nach einigen Wochen erlöste mich meine Mutter. Ich erhielt Gymnastikunterricht bei einer Schwedin. Das machte mir großen Spaß, und diese erste Freude an Gymnastikübungen hielt dann für mein ganzes weiteres Leben vor.

Ich fuhr also nach Eichkamp, schaute mich dort um, war begeistert und meldete mich zum nächsten Kursus an. Wir waren nur fünf Mädchen, daher war der Unterricht sehr intensiv. Schon nach acht Wochen machten wir in der Gynäkologischen Poliklinik von Professor Bumm ein Praktikum: Lange Gänge mit Terrazzofußböden, kalt und scheußlich – hochschwangere Frauen in blau-weiß gestreiften Kitteln mußten helfen, die Flure zu reinigen, um sich den kostenlosen Aufenthalt zu verdienen. Meine Aufgabe war es, jeden Morgen um acht Uhr in einem großen Saal zehn Wöchnerinnen Atemgymnastik beizubringen. Sie schauten mich aus ihren Betten völlig verständnislos an. Was sollten sie mit Atemgymnastik? Am dritten Tag nach der Entbindung machte ich mit ihnen Schwangerschaftsgymnastik – etwas ganz Neues damals –, am fünften Tag wurden sie entlassen. Ich erinnere mich an eine fünfzehnjährige Tänzerin, die kein Wasser lassen konnte. Ich vibrierte sie – eine besondere Technik –, und sie war befreit. Daneben eine kräftige Frau, Mutter von fünf Kindern. Ich sagte zu ihr: «Frau Müller, nun heben Sie mal Ihr Becken!» Darauf Frau Müller: «Aber Frollein, ick hab doch jar keens unter.»

Ein anderes Praktikum machten wir in einem Säuglingsheim. Es war erschütternd zu sehen, wie Halbjährige teilnahmslos in ihren Bettchen lagen und manche nur mechanisch den Kopf bewegten. (Man nennt das Hospitalismus.) Wir waren in der Säuglingsgymnastik ausgebildet, die nach dem Weltkrieg der Major Neumann-Neurode entwickelt hatte, und wandten sie nun erstmals an. Nach einer kurzen Zeit des Übens wurden die Kleinen lebendig, lachten und turnten mit. Die Griffe – für den Ausübenden sehr anstrengend – können auch als Vorbeugung gegen Skoliosen, Bindegewebsschwächen u. a. m. angewendet werden, und ich habe sie in meiner späteren Praxis auch oft den Müttern beigebracht.

Auch in der Poliklinik der Charité in der Ziegelstraße durften wir schon am Patienten arbeiten. In unserer Freizeit versuchten wir natürlich, uns in die Vorlesungen von Geheimrat Bier einzuschleichen. Der Hörsaal war wie ein Trichter gebaut; auf den oberen Bankreihen beachtete uns keiner. Tief unten, unter einer riesigen Lampe wurde die Operation durchgeführt. Nur schemenhaft sahen wir den Professor und seine Mitarbeiter sich bewegen.

Eines Tages war ich im Strom der Studenten unten in den Operationssaal hineingeraten. Eine Kniegelenksoperation stand an. Wir Schülerinnen trugen Schwesterntracht und Häubchen, nur war auf diesen «GA» eingestickt, für «Gymnastische Abteilung», was natürlich nicht auffiel.

Einer der Ärzte drückt mir ein Gefäß mit Jod und einen Pinsel in die Hand: «Pinseln Sie das Knie ein!» sagt er.

Ich fange an zu zittern. «Reißen Sie sich zusammen, Schwester!»

Was sollte ich machen? Ich jodete das Knie ein.

Das Kniegelenk, eines unserer wichtigsten und kompliziertesten Gelenke, nun von innen zu sehen, seinen Aufbau, mit den vielen Sehnen, den Meniskusknorpeln, der Kniescheibe, ließ mich meinen Schrecken vergessen. Es war mir zwar in dem Augenblick nicht gerade nach «Lobe den Herren» zumute, dennoch kam mir diese Gesangbuchstrophe in den Sinn, die mit den Worten weitergeht:

«... der künstlich und fein dich bereitet».

Daß ich diesmal die für mich richtige Berufsausbildung gewählt hatte, spürte ich bald. Ich lernte, von vornherein gemeinsam mit den Patienten zu arbeiten. Wenn es dann gelang, einen Gesundungsprozeß bei ihnen einzuleiten oder ihre Selbsttätigkeit zu fördern, damit sie mit ihrer Behinderung besser fertig wurden, ihnen leiblich und seelisch zu helfen, so gab mir das schon damals eine tiefe Befriedigung. Und genauso verhielt es sich, als ich nach dem Zweiten Weltkrieg fünfundzwanzig Jahre als freiberufliche Krankengymnastin arbeitete.

Aber zuvor sollte erst einmal alles ganz anders kommen.

«WOLLEN SIE
MIT MIR ZUSAMMEN
MEINEN WALD
PFLEGEN?»

Ich denke, wenn ein Herz recht ernsthaft liebt,
so liebt man die ganze Welt,
und sie wird nur ein Spiegel für das Geliebte,
wie der Strom für seine Ufer.

Bettine an Arnim am 31. 1. 1808

Die Gelegenheit, bei der ich meinem zukünftigen Mann zum ersten Mal begegnete, war ebensowenig bemerkenswert, wie der
erste Eindruck, den er bei mir hinterließ, für mich ein Anlaß war,
viel über ihn nachzudenken. Es war keiner der zahllosen Hausbälle, die in den heute «golden» genannten zwanziger Jahren in
den großen Häusern in Dahlem, Grunewald oder Wannsee an
der Tagesordnung waren. Es war auch keiner der großen öffentlichen Bälle in den Gesellschaftsräumen des Berliner Zoos mit
den Kapellen von Barnabas von Gézy, dem eleganten Ungarn,
oder von Bernhard Eté, der gleichfalls berühmt war und eigentlich schlicht «Sommer» hieß. Es war nichts weiter als der Abschlußball einer Reihe winterlicher Abendveranstaltungen für
ledige Töchter des Landadels, die im Winter im Berliner Lette-
Haus Kurse in Hauswirtschaft oder Sekretariatsarbeit absolvierten. Arrangiert wurden sie von einem Fräulein von Besser, einer
Dame mittleren Alters aus Schlesien, die, da sie selbst auf dem
Lande ohne Mann geblieben war, sich der jungen Mädchen annahm, um ihnen die Möglichkeit zu verschaffen, jemand Stan-
desgemäßen kennenzulernen.

In Begleitung ihrer Schützlinge – von den Berliner Jünglin-
gen spöttisch «die Eierbrötchen» genannt – war die stattliche
Erscheinung des Fräuleins von Besser, unverkennbar mit dem

71

kleinen Diadem, das sie in ihrer blonden Hochfrisur zu tragen pflegte, auch auf solchen Bällen wie dem Adelsball, dem Kurmärkerball oder dem Skagerrakball (letzterer für die Angehörigen der Marine) zu finden. Schirmherren der Bälle waren Hohenzollernprinzen, der Großherzog von Mecklenburg oder sonst ein ehemals regierender Potentat. Nach einer Liste lud sie ausgewählte junge Herren auch für ihre eigenen Veranstaltungen ein: vornehmlich dreiundzwanzig- bis fünfundzwanzigjährige Landjunker, Offiziere, Attachés aus dem Auswärtigen Amt, Referendare und Assessoren.

An einem Tag im März sollte nun der Abschlußball der Wintersaison 1929/30 stattfinden, und zwar im Hotel «Prinz Albrecht». Mit der gleichnamigen Straße bleibt für mich die beklemmende Vorstellung verbunden, daß sich nur wenige Jahre später in den Häusern, an denen ich damals unbeschwert vorüberging, die Gestapo-Dienststellen und -gefängnisse befanden.

Zu diesem Ball war auch mein Vetter Dieter eingeladen. Da einige der «Eierbrötchen» bereits nach Hause zurückgekehrt waren, bestand Damenmangel. Und so hatte Fräulein von Besser zu ihm gesagt: «Bringen Sie doch Ihre reizende Cousine mit.» Damit war ich gemeint. Ich sagte zu, im letzten Augenblick jedoch wieder ab, denn ich hatte am Morgen des betreffenden Tages in der Berliner Charité ein Teilexamen meiner krankengymnastischen Ausbildung mit «sehr gut» bestanden und wollte dieses Ereignis am selben Abend noch mit meinen Eltern feiern. Dann aber stellte ich fest, daß die Eltern den Examenserfolg als selbstverständlich vorausgesetzt hatten und gar nicht auf den Gedanken gekommen waren, mit mir zu feiern. Sie hatten bereits eine andere Einladung angenommen.

Allein wollte ich den Abend nun auch nicht verbringen, und so rief ich meinen Vetter noch einmal an, um ihm zu sagen, daß ich doch mitgehen wollte. Krächzend und hustend antwortete er mir: «Ich kann nicht, bin zu erkältet.» Darauf beschloß ich, allein hinzugehen. Ich zog das «kleine Abendkleid» an, das heißt, mein ehemaliges Konfirmationskleid aus schwarzem Pariser Taft. Für die Tanzstunde und die späteren Feste war es von der Hausschneiderin umgeändert worden. Sie hatte die Ärmel entfernt, den Ausschnitt vergrößert und ihn mit rosa Georgette eingefaßt. Mit der Wannseebahn, damals noch eine Kleinbahn mit rauchender Lokomotive und erster, zweiter und dritter Klasse – die erste und zweite gepolstert –, fuhr ich im Zweiter-Klasse-Abteil zum Anhalter Bahnhof.

Im «Prinz Albrecht» war in einem kleinen Saal eine Hufeisentafel für das Abendessen gedeckt. Ein Freund meines Vetters, ein Heidelberger Korpsstudent, forderte mich gerade auf, ihn zur Tafel zu begleiten, da stürzte sich ein mir unbekannter Herr dazwischen, ergriff einfach meinen Arm und entführte mich ganz zum äußeren Ende der festlich gedeckten Tafel. Es war ein Herr von Arnim.

Mein Tischherr hatte glatt gegen die Etikette verstoßen; aber seine Entschlossenheit imponierte mir. Und er fiel auch in einer anderen Beziehung völlig aus dem Rahmen: Er wirkte entschieden älter und reifer als die übrigen Jünglinge. Seine Koteletten, das Oberlippenbärtchen und der altmodische Smoking wiesen ihn als «Provinzler» aus, wie er sich selbst verschmitzt bezeichnete. Er erzählte, daß er Gutsbesitzer sei, und sprach vom Reiten. Ich redete über meine Ausbildung als Krankengymnastin und darüber, daß ich gerade das Sportabzeichen gemacht hätte. «Und ich spiele mit meinen Leuten da draußen jeden Sonntag Fußball.»

Diese Bemerkung hatte er, wie er mir später gestand, schon gegenüber zwei oder drei anderen jungen Damen gemacht. Aber die hatten überhaupt kein Verständnis gezeigt oder sogar die Nase gerümpft. Fußball war damals ein Sport für Arbeiter, für die Plebs. Einen Gutsherrn, der mit seinen Leuten Fußball spielte, gab es in der Mark und in Pommern sonst nicht. Deshalb wurde er auch in der ganzen Gegend der «rote Baron» genannt.

Naiv, wie ich damals war, erwiderte ich: «Das finde ich einfach großartig! Das ist eine Lösung der sozialen Frage, die Ihnen andere nachmachen sollten.»

Meine Antwort schlug bei ihm wie der Blitz ein. Ich merkte es jedoch nicht. Ich war auf das Fest des Tanzens wegen gekommen und weil ich nicht allein zu Hause bleiben wollte. Ich tanzte gern und gut, hatte auch schon auf einem Turnier einen Preis gewonnen. Wie ich dann nach Tisch beim Wiener Walzer merkte, tanzte mein Tischherr sehr schlecht. Ich dachte, viel älter als die andern ist er auch, und außerdem hat er eine falsche Weste an. Zum Frack gehört ja eine weiße Weste, er hatte aber eine dunkle an wie ein Oberkellner. Das fand ich alles sehr sonderbar.

So überlegte ich: Wie wirst du diesen miserablen Tänzer bloß los? Um ihn abzuwimmeln, versuchte ich, die mondäne Städterin zu spielen, schlug die Beine übereinander und zündete mir eine Zigarette an. Ich hoffte, er würde dies abscheulich finden, und dann wäre ich ihn los gewesen. Es nützte aber nichts, er tanzte mit niemandem außer mit mir, und meine Allüren schien er zu ignorieren.

Ich hatte erwartet, daß er mich nach Hause bringen wollte, aber da gestand er mir, er sei zu dem Ball eigentlich nur gekommen als Begleiter seiner beiden unverheirateten Schwestern, und zu denen zog er sich dann auch zurück. Die eine war so frisiert wie die Bettine von Arnim als alte Frau; beide wirkten auf mich recht altjüngferlich. Er fragte mich aber noch, ob er mich wiedersehen könne und ob er mir schreiben dürfe. Ich erwiderte: «Meine Eltern geben in nächster Zeit ein Fest. Wenn Sie eingeladen werden wollen, müssen Sie erst Besuch machen.» Das war die übliche gesellschaftliche Form.

Als es für mich Zeit war, mich um meinen letzten Zug zu kümmern, sah ich noch, wie er mit den Schwestern abzog, mit einem ganz unmöglichen Hut auf dem Kopf und einem noch komischeren Mantel. Und ich sagte mir: Das war ein lustiges Erlebnis, wieder mal ein neues «Gänseblümchen». Meine Eltern nannten nämlich meine Verehrer «die Gänseblümchen».

Das kam daher: Es lief damals im Deutschen Theater ein Salonstück von Shaw, *Der Kaiser von Amerika*. Werner Krauss spielte darin die Titelrolle und seine spätere Frau, Maria Bard, ein junges Mädchen, das er für sich gewinnen wollte. Er saß am Flügel, und sie rutschte den ganzen Flügel herunter bis hin zu ihm auf den Schoß. Und als sie auf seinem Schoß sitzt, sagt er zu ihr: «Ich pflückte dich wie ein Gänseblümchen.»

Eine Woche später hielt plötzlich vor unserem Haus in der stillen Villenstraße ein Ungetüm von einem Motorrad. Ein männliches Wesen mit Schutzbrille, Kappe und Lederkleidung stieg ab, nahm die Kappe herunter, ging zur Haustür und läutete. Ich stand im ersten Stock hinter der Gardine und beobachtete, wie die Köchin öffnete und wahrheitsgemäß erklärte: «Die Herrschaften sind nicht zu Hause.»

Herr von Arnim übergab ihr seine Visitenkarte, setzte sich wieder auf das Motorrad und fuhr zurück in die «Provinz».

Von da an trafen seine Briefe ein. Im Gegensatz zu den Briefen eines früheren Verehrers, die meine Mutter an den Absender hatte zurückgehen lassen, weil sie diese Beziehung unpassend fand – er war bürgerlich und noch ohne Examen! –, gelangten nun die Briefe tatsächlich zu mir. Der Ton meiner Antworten war schlichtweg hochnäsig. Zwar pflegte ich mit meinen übrigen Verehrern auch etwas von oben herab zu verkehren, weil sie mir so vorkamen, als könnte ich sie nicht wirklich ernst nehmen. Hier aber war mein schnippischer Ton eher ein Zeichen meiner Unsicherheit, wie ich mich diesem merkwürdigen Herrn gegenüber verhalten sollte. Er ging durchaus auf meine neckische Ausdrucksweise ein, und später, als wir verlobt waren, redete er mich manchmal an mit: «Mein kleines, aber doch so gestrenges Clärchen.»

Er war sich seiner Sache von Anfang an sicher und beobachtete mit humorvoller Gelassenheit, wie die Dinge sich zu seinen Gunsten entwickelten.

Anfang Mai fand das Tanzfest bei meinen Eltern statt. Zur Villa gehörte ein Waldgrundstück. Es war schönes Wetter. Wir hatten an den Kiefern Drähte gespannt, Lampions darangehängt und im Hintergrund eine Kapelle plaziert. Meine Eltern hatten die Assessoren meines Vaters eingeladen, einige Offiziere vom Regiment 9 Potsdam, Attachés vom Auswärtigen Amt, meine Freundinnen und auch den Herrn von Arnim.

Er stand während der ganzen Zeit an der Rasenfläche und guckte zu. Das heißt, er verfolgte mich mit seinen Blicken, aber er tanzte wenig mit mir. Es wurde dunkel. Ich ging im Gespräch mit ihm noch einmal ums Haus. Da hatte ich plötzlich das Gefühl, das ist schon zuviel. Denn so war ich von meinem Vater erzogen worden: «Du kannst so viele Verehrer haben, wie du willst, aber immer ‹Schranke›!» Meine Mutter bangte ständig, ich könnte mich mit irgendeinem, der nicht in die Familie paßte, verloben.

Pingpong war gerade große Mode. Wir verabredeten uns zum Pingpongspielen, Treffpunkt Bahnhof Zoo, Normaluhr, Sonnabend 4 Uhr. Ich kam mit der S-Bahn aus Eichkamp, meiner Ausbildungsstätte. An der Normaluhr wartete niemand. Wütend darüber, daß ich versetzt worden sei – das war mir noch nie passiert –, wollte ich sofort nach Hause fahren. Da kam jemand hinter mir hergelaufen. Ich hatte nicht gewußt, daß es zwei Uhren gab: Er hatte an der «falschen» Uhr gewartet.

Wir gingen zu seinem neuen Wagen, einem Mercedes, den er

Friedmund von Arnim, der dritte Sohn des Dichters Ludwig Achim,
mit seinen Söhnen Erwin (Claras späterer Schwiegervater), Annois und Ottmar.

sich gerade angeschafft hatte – meinetwegen, aber das ahnte ich nicht. Ein Motorrad hatte er für mich als seine zukünftige Frau nicht gerade als passend empfunden. Herr von Arnim schlug vor, in das sogenannte Luna-Bad im Osten Berlins zu fahren. Weder er noch ich waren jemals zuvor dort gewesen. Sein Schwager hatte es ihm empfohlen, weil man da Pingpong spielen konnte. Verschwiegen hatte er, daß das erste Wellenbad Berlins für wohlerzogene junge Damen ein recht unpassender Ort war. Kaum hatte ich mich zum Baden umgezogen, wurde ich von einem frechen Kerl angetatscht. Daraufhin verließen Herr von Arnim und ich diesen Ort schleunigst wieder und setzten uns ins Café Miericke an der Kaiser-Wilhelm-Gedächtniskirche. Das war damals neben dem Café Kranzler Unter den Linden das beliebteste. Ein großer, stattlicher, weißgekleideter Mann mit hoher Konditormütze trat an uns heran.

«Guten Tag, Herr Baron!»

Sie wechselten ein paar Worte, dann ging er zurück hinter die Theke.

Fragend sah ich meinen Begleiter an: «Wer war denn das?»

«Herr Miericke. Er ist mein Jagdpächter.»

«Jagdpächter?» staunte ich.

«Ja, mein Jagdpächter in Schulzenhof. In Zernikow habe ich meine Jagd auch verpachtet, und zwar an einen Berliner Schlachtermeister. Ich würde ja lieber selber auf die Jagd gehen wie meine Vettern, aber das kann ich mir zur Zeit noch nicht leisten. Zuerst muß ich meine Güter wirtschaftlich wieder in Ordnung bringen.»

Dann erzählte er mir von den Schwierigkeiten, mit denen zu jener Zeit die Gutswirtschaften zu kämpfen hatten:

«Mein Vater hat noch nach althergebrachten Vorstellungen gewirtschaftet, nämlich nach dem Prinzip: ‹Keine Maschinen, keine Schulden.› Er war ein passionierter Forstmann, aber auch da arbeitete er eher frei nach dem Motto von Wilhelm Busch: ‹Am besten hat's die Forstpartie, die Bäume wachsen ohne sie.› Nun stehe ich vor einer großen Aufgabe. Mein Vater ist vor zwei Jahren tödlich verunglückt, und ich muß jetzt den Besitz allein verwalten. Aber ich kann nicht im alten Stil weitermachen. Heutzutage muß der Gutsbesitzer rechnen können, muß Pläne machen, Investitionsentscheidungen treffen usw. Dazu sind die meisten nicht in der Lage, es fehlt ihnen oft auch die Ausbildung.»

«Ja, und Sie», fragte ich, «haben Sie denn eine spezielle Ausbildung gehabt?»

«Ich hatte Glück», erwiderte er. «Die meisten Gutsbesitzer kommen über ihren eigenen Gutshof nicht hinaus, außer beim Militärdienst, und das ist ja etwas anderes. Aber ich habe bei meinem Falkenhagener Onkel in Hinterpommern lernen können, und der verstand was von der Land- und Forstwirtschaft, denn er hatte anfangs kein eigenes Gut. Er mußte sich erst einmal als Inspektor auf verschiedenen Gütern umtun, und dabei hat er viel Erfahrung gewonnen. Als er vierzig war, hatte er so viel Geld gespart, daß er sich ein eigenes Gut hat kaufen können.

Ich werde Ihnen eine Geschichte von ihm erzählen, die Sie vielleicht schockiert: Er hatte gerade einen neuen Inspektor eingestellt. Eines Tages kommt er aufs Feld und sieht, wie der Inspektor einem unbeholfenen Knecht die Drillmaschine abnimmt und selbst hinter der Maschine herläuft. Da sagt mein Onkel: ‹Mein Lieber, wenn Sie nur siebzig Pfennig in der Stunde verdienen können, dann sind Sie als Inspektor fehl am Platz. Ich muß Sie entlassen.› Dabei ist mein Onkel ein grundgütiger Mensch. Das jedenfalls habe ich von ihm gelernt: daß man rechnen muß und auch wissen, wie man seine Leute am besten einsetzt.»

Ich fragte ihn nach der sogenannten Osthilfe. Nach dem New Yorker Börsenkrach von 1929 waren viele Gutsbesitzer, deren Ernten bei den Banken verpfändet waren, in Zahlungsschwierigkeiten geraten. Daraufhin beschloß die Weimarer Regierung, den Gutsbesitzern Subventionen zu zahlen, um sie vor dem Bankrott zu retten, die sogenannte Osthilfe. Die Osthilfe war damals schon allgemein im Gerede. Aber daß daraus aufgrund massiver Veruntreuungen der Skandal entstehen würde, in den dann auch der Sohn und Adjutant des Reichspräsidenten, Oskar von Hindenburg, verwickelt war, und daß dieser Skandal für die Nazis eine Handhabe bieten würde, um den Reichspräsidenten Hindenburg zu erpressen, Hitler zum Reichskanzler zu ernennen – all das sah damals natürlich keiner von uns voraus. Um so erstaunlicher erscheint mir heute in der Rückschau seine Antwort, die mich damals nur rein sachlich interessierte.

«Die Osthilfe möchte ich nicht in Anspruch nehmen. Ich halte sie für unehrenhaft. Denn es werden nur die Bankschulden übernommen, aber die Kleingläubiger, etwa die Handwerker, werden nicht berücksichtigt.»

Er gebrauchte den Ausdruck unehrenhaft, nicht, wie man heute sagen würde, ungerecht. Das entstammte den alten preußischen Moralvorstellungen.

Es ist den Nazis gelungen, den preußischen Ehrbegriff («Meine Ehre heißt Treue») so zu pervertieren, daß er für die jüngeren Generationen zutiefst suspekt geworden ist, und Teile des preußischen Adels waren, wie das Beispiel des Osthilfe-Skandals zeigt, nicht unschuldig daran.

Vom Ursprung her war die preußische Ehrauffassung der nazistischen Ideologie genau entgegengesetzt, jedoch nur die weitblickenden unter den Männern von aristokratischer Haltung, wie Carl von Ossietzky, hatten das schon lange vor der «Machtergreifung» erkannt. Erst allmählich entwickelte sich unter ihnen der Loyalitätskonflikt, der dann in der Aktion vom 20. Juli 1944 zum Ausbruch kam.

«Und meinen Sie, daß man mit modernen Maschinen die Landwirtschaft wieder rentabel machen könnte?» setzte ich das Gespräch fort.

«Die Maschinen allein bewirken gar nichts. Falsch eingesetzt, können sie den Ruin eher noch beschleunigen. Im Gegensatz zu meinem Vater, der alles Maschinenwesen verabscheute, hat sich sein Bruder Ottmar, der ein großer Maschinennarr war, auf den Landwirtschaftsausstellungen von den redegewandten Firmenvertretern viel zu teure Maschinen aufdrängen lassen. Die konnten sich auf seinem Gut Blankensee in so kurzer Zeit gar nicht amortisieren. Und bald stand er vor dem Bankrott.

Mein Vater hat dann, weil er seinen Bruder nicht im Stich lassen wollte, helfend eingegriffen. Er hat ihm den literarischen Nachlaß der Dichter Ludwig Achim und Bettine von Arnim, meiner Urgroßeltern, der ihm als Erbe zugefallen war, zur Verfügung gestellt. Dieser Nachlaß wurde dem Auktionshaus Henrici zur Versteigerung übergeben, um mit dem Erlös die Schulden für das Gut Blankensee abzuzahlen. Es ist übrigens nicht alles versteigert worden, ein Teil des Dichtererbes ist an die Familie zurückgegangen und befindet sich jetzt wieder in Wiepersdorf. Wollen Sie sich dieses Wiepersdorf nicht einmal ansehen?»

Selbstverständlich wollte ich das! Der Dichter Ludwig Achim von Arnim war mir bekannt als Mitherausgeber der berühmten Liedersammlung *Des Knaben Wunderhorn.* Aber mehr noch interessierte mich die Bettine, denn auf deren große Bedeutung für die spätere Frauenbewegung hatte uns in der Schule natürlich das emanzipierte Fräulein Dr. Engelhardt hingewiesen. Als wir Goethes *Dichtung und Wahrheit* durchnahmen, erfuhren wir von ihr auch, daß es die Bettine gewesen sei, die dem Verfasser das Material für die Beschreibung seiner Kindheit geliefert habe, nachdem sie seine Mutter, die Frau Rat, danach ausgefragt hatte. Wir verabredeten uns also zum nächsten Sonntag für eine Besichtigung in Wiepersdorf.

«Aber zum Tee bist du pünktlich wieder zurück», mahnte meine Mutter, als am Sonntagmorgen um neun Uhr Herr von Arnim in Nikolassee vorfuhr, um mich abzuholen. Sonntags um fünf hatte sie nämlich ihren *jour fixe*. Da trafen sich zwanglos Verwandte, Freunde und Bekannte in meinem Elternhaus.

Hinter Potsdam ging es Richtung Süden. In Jüterbog mit seinem mittelalterlichen Stadtkern bewunderte ich die große gotische Backsteinkirche. Als wir danach durch das guterhaltene alte Stadttor hinausfuhren, hielt Herr von Arnim an und wies auf die daran angebrachte Tafel, neben der eine eiserne Keule hing. Auf der Tafel stand:

Wer seinen Kindern gibt das Brot
Und leidet nachmals selber Not,
Den schlagt mit dieser Keule tot.

Das war ein alter wendischer Bauernspruch. Mir kam er damals sehr grausam vor, aber ich habe später Situationen erlebt, wo ich an diesen Spruch zurückdenken mußte und ihn erst richtig verstand.

Hinter dem Tor breitete sich vor uns eine weite, flache Landschaft aus, wir kamen an ächzenden Windmühlen vorbei; alte Bäume säumten die Chaussee, und blühender Ginster leuchtete am Rande der Kiefernwälder. Plötzlich sagte Herr von Arnim zu mir:

«Da oben fliegen meine Krähen.»

«Wie meinen Sie das?» fragte ich erstaunt, denn daß jemand Krähen sein eigen nennt, das hatte ich bis dahin noch nie gehört.

«Ja», sagte er, «die habe ich von meinem Onkel Annois übernommen. Unserem langjährigen Verwalter von Wiepersdorf, Moritz von Baumbach, ist es gelungen, hier Saatkrähen anzusiedeln. Sie sind im Gegensatz zu den gewöhnlichen Nebelkrähen sehr scheu, aber äußerst nützlich, denn sie suchen den Ackerboden nach Insekten und Würmern ab. Und weil der alte Fürst Bismarck gern Kiebitzeier aß, schickte Onkel Annois ihm jedes Jahr zum 30. April, als Huldigung zu seinem Geburtstag, ein Schock Kräheneier, denn die sind etwa gleich groß und schmecken genauso gut.»

Der «Krähenhorst», uralte Kiefern, auf denen die Saatkrähen nisteten, wurde nach 1945 abgeholzt. Auf dem Gelände wurden zwei Flüchtlingssiedlungen angelegt. Die Saatkrähen gingen ein.

Nach einer Weile hatten wir Wiepersdorf erreicht. Linker Hand lag das Dorf, einzelne Bauernhöfe rund um einen Teich angeordnet, in dem Enten schwammen; rechts eine lange rote Ziegelmauer, die das Parkgelände abschirmte. Wir bogen in die Einfahrt ein. Zur Linken nun Wagenremisen und Kutschpferdeställe. Die Allee führte auf das Haupthaus zu, das hinter mächtigen Kastanien und Linden verborgen lag.

Stille ringsum. Außer dem leisen Rauschen der Bäume, die das Gebäude überragten, hörte man von fern nur die Unken vom Schloßteich. Kein Mensch war zu sehen. Wie verzaubert schien mir dieses Schlößchen.

Rechts davor stand eine große, altertümliche Pumpe.

«Das ist der Märchenbrunnen», erklärte mir Herr von Arnim. «Weil die Brüder Grimm meine Urgroßeltern in Wiepersdorf mehrmals besucht haben, heißt es, sie hätten sich hier einige Märchen aufgeschrieben. Es gab hier einen alten Förster, August Zickert, der ‹Wolf› genannt wurde. Er ist hundert Jahre alt geworden, ich habe ihn noch gekannt. 1920 ist er gestorben und liegt im Nachbarort Meinsdorf begraben. Der Alte war voller merkwürdiger Geschichten. Beispielsweise hat er behauptet, er selbst habe den Brüdern Grimm das Märchen vom Rotkäppchen erzählt. Da er aber erst 1820 geboren ist, kann das kaum stimmen. Vielleicht hat er diese Behauptung von seinem Vorgänger übernommen, der Förster bei meinem Urgroßvater Ludwig Achim war und auch voller toller Geschichten steckte. Der hieß mit Familiennamen wirklich Wolf, Gottlob Wolf, und der hat die Grimms persönlich gekannt. Sie haben sich von ihm zeigen lassen, wie man schießt, ohne mit den Augen zu blinkern. Nun ist eine der Gestalten im Märchen vom Rotkäppchen ja ein

Förster. Offenbar hat der Besuch der Brüder Grimm hier so stark die Phantasie der Leute beschäftigt, daß für sie Wiepersdorf selbst zum Ort des Märchengeschehens wurde. Und sehen Sie hier, an dieser Eichentür, da schaut jemand heraus. Das ist mein Onkel Achim, ein Enkel des Dichters. Er war Maler und hat sich hier einen Seitenflügel ans Schloß anbauen lassen – als Atelier. Damit ihn die Dorfkinder nicht bei der Arbeit störten, malte er sich selbst als grimmigen Kinderschreck auf die Tür.»

Das beobachtende Auge, die hohe Stirn und der Zigarettenstummel zwischen den Lippen wirkten zwar sehr lebendig; abschreckend fand ich das Porträt jedoch nicht.

Wir stiegen die Freitreppe zum Mittelbau hinauf und betraten die Halle, die mit roten Sandsteinfliesen ausgelegt war. Links das Treppenhaus, gegenüber eine Doppeltür, flankiert von zwei bronzenen Kranichen, darüber das rot-weiße Arnimsche Wappen. Neben der Tür befand sich ein Glasschrank mit lebensgroßen, in den wendischen Trachten der Gegend gekleideten Figuren: die Spreewaldtracht mit der Flügelhaube, der Mann daneben im mit Goldknöpfen besetzten Männerrock und mit Filzhut; und die Flämingtracht, die in Wiepersdorf getragen wird; der handgewebte rotwollene Rock mit vielen Bordüren, mit einer grünseidenen Schürze für den Sonntag und blumendurchwirkten schwarzen Tüchern um Kopf und Schultern.

Durch die Mitteltür gelangten wir in den Gartensaal. Er wirkte wie unbewohnt, etwas verstaubt, aber dennoch hübsch mit seinem eingelegten Parkett, dem großen Kronleuchter, den Kaminen in den abgeschrägten Ecken, den Spiegeln darüber in vergoldeten Rokokorahmen. An den Wänden hingen in Lebensgröße Porträts der preußischen Könige. Das Schönste jedoch waren für mich die feinen holzgeschnitzten Supraporten mit verschiedenen Emblemen wie Sichel, Erntegarben, Sonne, Mond und Früchten.

Im Nebenraum mit vielen vom Maler Achim gemalten Bildnissen fiel mir der schöne Kopf Clemens Brentanos auf, eine Büste des Bildhauers Friedrich Tieck. Im anschließenden Zimmer nahm den meisten Platz ein großes Renaissancebett mit Baldachin und Vorhängen ein. Darin schlief ich später oft, und die Kinder hatten großen Spaß, wenn sie zu mir ins Bett krabbeln und die Vorhänge auf- und zuziehen durften. Wegen seines blauen Baldachins, zu dem man, wenn man im Bett lag, hinaufblickte wie zu einem Sternenhimmel, nannten sie es das «Himmelbett».

An der Wand hing ein Kolossalgemälde des Malers Achim. Er war Meisterschüler des Münchner Historienmalers Karl von Piloty gewesen. Im Historienstil malte er dann auch das Bild mit dem Titel «Das letzte Lied»: Auf einem prächtigen Bett liegt ein bleicher Jüngling, halb aufgerichtet, von einem anderen Jüngling gestützt. Davor, in rotsamtenem Renaissancekostüm ein dritter Jüngling, Geige spielend. Der liegende Jüngling, der sterbensbleiche, lauscht seinem «letzten Lied».

Die muffige Luft in diesem Raum und die schwüle Atmosphäre des Bildes nahmen mir fast den Atem. Da öffnete mein Begleiter das Fenster, und Fliederduft strömte herein. Wir gingen weiter in ein blauweiß gehaltenes Eßzimmer im Rokokostil mit einem Porzellanofen und davor einem mit Blumenbuketts bemalten Schirm. Durch das sogenannte Rauchzimmer, einen gemütlich eingerichteten Raum mit einer dunkelgrünen, rotgemusterten Ledertapete, gelangten wir dann über ein paar Stufen in das Atelier des Malers, einen großen, düster wirkenden Raum, dessen Kassettendecke von Holzbalken getragen wurde, auf die Märchenmotive gemalt waren. In einer Ecke der sogenannte Luthertisch, dem mächtigen Eichentisch auf der Wartburg nachgebildet; daneben ein ebenso riesiger Frankfurter Schrank und an den Wänden große Gobelins. In der Mitte des Ateliers blickte von einer Staffelei auf uns herab der Maler selbst als lebensgroßes Selbstporträt im schwarzen Johannitermantel mit dem weißen achtspitzigen Herrenmeisterkreuz des Ordens auf der Brust.

Als einziger Nachkomme des ältesten Dichtersohnes Freimund hatte der Maler Achim von Arnim (1848–1891) das «Ländchen Bärwalde», auch das «blaue Ländchen» genannt, mit den Gütern Wiepersdorf und Bärwalde geerbt. Er ließ sie von seinem Vetter Moritz von Baumbach verwalten und widmete sich ganz der Malerei. Seine Bilder verkaufte er nicht, sondern verwahrte sie in Wiepersdorf: Porträts, Selbstporträts, Blumenstücke, so eine riesige Rhabarberstaude, Stilleben, Interieurs; ein umfangreiches Œuvre. Da er kinderlos starb, fiel das Erbe an seinen Vetter Erwin, den Vater meines Gastgebers.

Wir gingen zurück in den Gartensaal und von dort über die

Terrasse in den Park. Auf der Freitreppe spazierten Pfauen und Perlhühner. In der Mitte war im Stil der Barockgärten ein *parterre de fleurs* gepflanzt, links war die Orangerie zu sehen, die der Maler für die Überwinterung der vielen Blumenstauden, die, in Steingefäße gesetzt, zwischen grazilen Götterfiguren standen, hatte erbauen lassen. Mit der reichen Erbschaft seiner Stiefmutter Claudine von Arnim, geb. Brentano, einer Nichte der Bettine, hatte er auf seinen ausgedehnten Studienreisen durch Italien Vasen und Statuen gekauft und Park und Schloß damit verschönern lassen.

Die Gutskirche von Wiepersdorf mit den Arnimschen Gräbern.

Der sonnige Teil des Parks im italienischen Stil ging über in einen halbschattigen englischen Park und dieser in einen Wald von Kiefern und Birken. Wir wandten uns der Gutskirche zu, die hinter hohen Bäumen versteckt lag. An ihrer Außenwand, von Efeu überwachsen, befanden sich die Arnimschen Gräber: Ludwig Achim gleich an der Mauer, daneben seine Frau Bettine, dann alle Nachkommen bis zum Vater meines Begleiters.

Als der Maler Achim die alte Fachwerkkirche in neuromanischem Stil hatte umbauen lassen, brachte er an der Wand oberhalb der Gräber eine helle Sandsteintafel mit dem Gebet aus des

Dichters Roman *Die Kronenwächter* an, das Bettine ursprünglich für das Grab Ludwig Achims vorgesehen hatte:

Gieb Liebe mir und einen frohen Mund,
Daß ich dich, Herr, der Erde thue kund.
Gesundheit gieb bei sorgenfreiem Gut,
Ein frommes Herz und einen festen Muth;
Gieb Kinder mir, die aller Mühe werth,
Verscheuch die Feinde von dem trauten Heerd;
Gieb Flügel dann und einen Hügel Sand,
Den Hügel Sand im lieben Vaterland,
Die Flügel schenk' dem abschiedschweren Geist,
Daß er sich leicht der schönen Welt entreißt.

Als der sonst eher nüchtern wirkende Herr von Arnim mir mit bewegter Stimme die Verse seines Urgroßvaters vorlas, spürte ich zum ersten Mal, daß Literatur mehr sein kann als nur Bildungsgut. Diese Worte erschienen mir wie der Nachhall eines erfüllten Lebens.

Immer wieder habe ich nach dem Krieg an diesen Augenblick denken müssen: Die in dem Gebet ausgesprochenen Wünsche erfüllten sich in den anderthalb Jahrzehnten, die wir gemeinsam auf den Arnimschen Gütern lebten – bis auf einen. Mein Mann starb in einem sowjetischen Lager südlich von Tula mit 48 Jahren, vorzeitig aus dem Leben gerissen wie sein Urgroßvater. Der Hügel Sand im lieben Vaterland war ihm nicht vergönnt.

Wir kehrten ins Haus zurück und begaben uns wieder in das Rokoko-Eßzimmer. Plötzlich stand vor uns ein Mädchen in blauem Kleid und weißer Schürze. Sie hieß Emma und fragte knicksend:

«Guten Tag, Herr Baron, was wünschen Herr Baron?»

Herr von Arnim schaute auf die Uhr. «Das gnädige Fräulein möchte gern in den Wald fahren. Sagen Sie Ehrenberg Bescheid.»

Ehrenberg war der Kutscher.

Wir gingen die Treppe hinauf. Über dem Gartensaal befand sich ein ähnlich großer Saal mit einem Flügel und schönen alten Möbeln. Von einer kleinen Altane hatte man einen weiten Blick in den Park. Über den Türen waren Ansichten von Wiepersdorf und Bärwalde aus dem 18. Jahrhundert angebracht, vom Maler

Achim nach alten Vorlagen gemalt. Über dem Sofa hing das bekannte Bild der Bettine, eine von dem Maler Achim, ihrem Enkel, angefertigte, großformatige Kopie der Miniatur, die sie einst ihrem Verlobten geschenkt hatte.

Da war sie nun persönlich! Und es kam mir die Szene in den Sinn, wie sie der Frau Rat Goethe, ihrer Wahlmutter, auf dem «Schawellchen» zu Füßen sitzend, zuhörte und die Geschichten mitschrieb, die sie ihr über Johann Wolfgangs Kindheit erzählte.

Daneben führte eine Tür in das Bibliothekszimmer des Dichters, mit einer Bibliothek ähnlich der von Goethes Vater im Frankfurter Haus am Hirschgraben, nur um einiges größer, etwa fünftausend Bände umfassend.

Bereits als Schüler hatte Ludwig Achim begonnen, alte, wertvolle Bücher zu sammeln. Sie standen in Wandschränken hinter Drahtgittern.

In der unteren Reihe fielen mir voluminöse Schweinslederbände auf. Ich fragte meinen «Fremdenführer», was für Bücher das seien, und er antwortete:

«Inkunabeln.»

«Und was sind Inkunabeln?»

«Wiegendrucke.»

Davon wurde ich auch nicht schlauer, aber ich wagte nicht, weiterzufragen.

Unten in der Halle wartete Emma auf uns und meldete: «Ehrenberg ist noch nicht rasiert.»

«Also gut, dann fahren wir erst mit dem Auto nach Bärwalde», entschied Herr von Arnim.

Wir stiegen in den Mercedes, außer Emma war kein Mensch auf dem Anwesen zu sehen. Erst später erfuhr ich, daß hinter den Gardinen des Inspektorflügels und denen des Forsthauses die Bewohner äugten. «Wer ist die wohl, die der Baron da mitgebracht hat?»

Ich hatte geglaubt, vor mir hätte er schon öfter jemandem Wiepersdorf gezeigt. Aber es war das erste Mal, daß er eine junge Dame mitgebracht hatte. Dabei wartete seine Familie seit dem Tode des Vaters darauf, daß er endlich eine Frau wählen würde.

Das Schlößchen Bärwalde hatte im Leben der Bettine eine nicht unbedeutende Rolle gespielt, da sie dort alljährlich den Sommer und Herbst verbrachte, als nach ihres Mannes Tod dessen älterer Bruder Carl, «Pitt» genannt, Wiepersdorf verpachtet

hatte. Clemens Brentano, der von Eigennamen oft zu den reiz-
vollsten Einfällen inspiriert wurde, hatte in seinem Märchen
Fanferlieschen Schönefüßchen das Fräulein Ziegesar als eine ver-
zauberte Ziege auftreten lassen. Nach der Heirat seiner Schwester mit seinem Freund Ludwig Achim von Arnim am 11. März
1811, durch die Bettine zur Herrin von Bärwalde geworden war,
machte Brentano aus dem Fräulein Ziegesar ein Fräulein Ursula
(von lateinisch *ursus*, der Bär) von Bärwalde.
Das Schloß war zu Bettines Zeit zur Hälfte abgebrannt. Der
übriggebliebene Teil dieser gotischen Ritterburg, von Albrecht
dem Bären, Markgraf von Brandenburg, im 12. Jahrhundert erbaut – daher «Bär»walde –, wurde von einem Inspektor bewohnt. Eine Allee führte den Hügel zur Burg hinauf, der Verlauf
des ehemaligen Wassergrabens war noch zu erkennen. Auf der
rechten Seite lagen die beiden großen Säle mit den gotischen
Spitzbögen, von den Leuten «Spitzbubensäle» genannt. Der untere Saal, ursprünglich eine Kapelle, diente als Kornspeicher.
Beim Einmarsch der Russen wurde, um jede Erinnerung an die
ehemaligen Gutsherren auszulöschen, das Schloß gesprengt.
Im Wald zeichnete sich deutlich ein «Wendenring» ab. Er war
dicht überwachsen von Büschen und Bäumen. Hier suchten im
frühen Mittelalter die hier siedelnden Sorben, ein slawischer
Volksstamm, von den Eroberern Wenden genannt, mit Vieh,
Wagen, Hab und Gut Zuflucht vor ihren von Westen hereinbre-
chenden Feinden, den Sachsen und Welfen.
Vom Wald blickten wir auf ausgedehntes Wiesen- und Weideland.
«Hier gibt es noch Trappen», erklärte Herr von Arnim.
Später hatte ich Gelegenheit, diese großen, sehr selten gewordenen Riesenhühner selbst zu beobachten. Im Morgengrauen
erschienen sie mir wie Gespenster.
Bei unserer Rückkehr nach Wiepersdorf fand ich im Rokoko-
Eßzimmer ein Tischleindeckdich vor. (Die Inspektorsfrau, die
ich gar nicht zu Gesicht bekam, hatte inzwischen gekocht.) Zuerst einmal schob ich die Gedecke auseinander, die wie bei
einem Brautpaar dicht nebeneinander plaziert waren.
Als Herr von Arnim hereinkam, fragte ich: «Kann ich mir mal
die Hände waschen?»
Worauf er sich an Emma wandte: «Das gnädige Fräulein
wünscht sich die Hände zu waschen.»

Das Schlößchen Bärwalde um 1780 . . .

. . . und was davon nach der Sprengung 1945 übrigblieb.

Emma nahm es wörtlich. Sie kam wieder mit einer rosenverzierten Waschschüssel und einem Handtuch über dem Arm und führte mich in ein Fremdenzimmer. Es war eines der Zimmer, die Wilhelm Grimm, als er Ludwig Achim während seiner schweren Krankheit 1816 besuchte, so beschrieb: «Arnims Haus ist geräumig, der Garten daran und der Wald von Birken schön. Doch ist es inwendig ziemlich verfallen, war aber mit Pracht und eigentlich fürstlich eingerichtet. Zimmer mit purpurseidenen Tapeten und reichen Goldleisten und getäfelter Boden.»

Ich wusch mir also nur die Hände. Emma nach dem «stillen Ort» zu fragen, wagte ich nicht, obgleich es ihn am Ende des mit Arabesken und Blumengirlanden ausgemalten Flures gab: darin ein Holzpodest mit Loch und Holzdeckel und außerdem eine große Messingkanne zum Nachgießen.

(Erst auf der Rückfahrt, in Jüterbog, sollte es mir gelingen, «die Hände zu waschen», wie ich es verstand. «Bitte halten Sie vor dem nächsten Gasthaus an», sagte ich. Das eine hatte ich nun mitbekommen: daß man auf dem Lande, wenn man sein Ziel erreichen will, sich nicht in vornehm zurückhaltenden Andeutungen ergehen darf, wie ich das von meiner Mutter gelernt hatte.)

Nach dem Essen fuhr Ehrenberg vor, nunmehr rasiert, mit einem offenen Landauer, schönen Pferden und elegantem Geschirr mit Kronen drauf. An die zwei Stunden fuhren wir durch die Forsten. Schon als Kind hatte ich mich im Wald geborgen und glücklich gefühlt. Der Habichtswald meiner Geburtsstadt Kassel war mein Lieblingsaufenthalt gewesen. So interessierte mich alles sehr, was mir mein Begleiter mit dem Wissen eines Forstmannes zeigte: die Kiefernbestände und die Wasserheide, ein Hochmoor, in dem schon der Dichter mit seinen Söhnen Enten jagte.

Am späten Nachmittag trafen wir rechtzeitig zum Tee bei meiner Mutter ein. Ich war erfüllt von den Erlebnissen des Tages: dem verzauberten Schloß mit den Spuren aus dem Leben des Ludwig Achim und der Bettine und der Märchensammler Grimm, dem Park mit den Gräbern, den herrlichen Wäldern.

Herr von Arnim überließ mich beim Tee weitgehend mir selbst und widmete sich dafür um so eingehender meinen Eltern: Er unterhielt sich sehr angeregt mit meinem Vater, sehr höflich mit meiner Mutter, die erfreut zur Kenntnis nahm, daß er, was die gesellschaftlichen Umgangsformen betraf, keineswegs ein «Provinzler» war, sondern vollendete Manieren hatte.

Ich war noch immer ahnungslos hinsichtlich der Person dieses Herrn von Arnim und was sie mir später bedeuten sollte. Doch mein Vetter Dieter, mein Vizebruder und Chaperon auf den Festen, hatte die richtige Spürnase, er raunte meiner Mutter zu: «Tante Ilse, du kriegst 'nen Schwiegersohn!»

Einige Tage darauf schrieb Herr von Arnim, wenn mir die erste Tour gefallen habe, so würde er mich das nächste Mal gerne zu einer «Fahrt ins Blaue» abholen. Wir verabredeten uns für den folgenden Sonnabend in Eichkamp, wo meine krankengymnastische Ausbildung stattfand.

«Clärchen, beeil dich!» riefen meine Mitschülerinnen. «Dein Mercedes wartet schon.»

An der Straßenecke wartete Herr von Arnim auf mich, mit einer Kornblume im Knopfloch. Ich schaute verwundert die Blume an. Ich fand, sie paßte nicht zu dem Bild, das ich mir von ihm gemacht hatte.

Verlegen sagte er: «Ich habe nämlich heute Geburtstag.»

Wir fuhren nun keineswegs ins Blaue, sondern nach Zernikow.

Zernikow hatte im Leben des Dichters Ludwig Achim von Arnim keine geringere Rolle gespielt als Wiepersdorf. Es war neben Berlin der Ort seiner Kindheit. Seine Großeltern, der Kammerherr Hans Labes, den Kaiser Franz I. in den Freiherrnstand erhoben hatte, und seine Ehefrau Caroline, geb. Daum, die in erster Ehe mit dem Kämmerer Friedrichs des Großen, Michael Gabriel Fredersdorff, verheiratet war, waren Gutsherren von Zernikow gewesen. Unmittelbar nach seiner Thronbesteigung hatte Friedrich II. das Landstück in der Nähe von Rheinsberg seinem Vertrauten Fredersdorff zum Geschenk gemacht, und dieser hatte dann durch einen Schüler des Sanssouci-Architekten Georg von Knobelsdorff in Zernikow ein barockes Herrenhaus errichten lassen.

Des Dichters Großvater Hans Labes war ein rechter Lebemann: «Seine Trinkgelage wurden von allen Großen des Reiches besucht», schreibt der Enkel später über ihn. Er war mit der Dichterin Anna Luise Karsch befreundet, die Arnim als den Prototyp einer Volksdichterin im romantischen Sinne bewunderte.

Er schrieb einen Huldigungsartikel für sie und edierte ihre Briefe an seinen Großvater.

Labes war es auch, der in Ludwig Achim früh das Interesse für Bücher geweckt hatte, zum Teil dadurch, daß er von jedem seiner Freunde forderte, ein Buch zu seiner Bibliothek beizutragen. Die Mutter des Dichters war bei dessen Geburt gestorben. Deshalb wurden er und sein älterer Bruder «Pitt» von der Großmutter Labes erzogen. Während der Sommermonate lebten sie in Zernikow, im Winter in Berlin. Da sie eine strenge, aber sehr rührige Frau war, war die Erinnerung an sie in den Erzählungen der Dorfbewohner in Zernikow noch lange lebendig.

Aber auch das Andenken an Fredersdorff und seinen «Freund, den König» lebte unter den Leuten fort, zum einen, weil ganz in der Nähe von Zernikow Schloß Rheinsberg liegt, zum anderen, weil mit dem Herrenhaus in Zernikow selbst in seinem typisch friderizianischen Stil dieser Freundschaft ein Denkmal gesetzt war.

Als wir vor dem Barockgebäude hielten und auf dessen eichene Eingangstür zugingen, durchzuckte mich plötzlich der Gedanke: «Jetzt könntest du deiner zukünftigen Schwiegermutter begegnen.» Ich hatte mir dabei vorgestellt, es müsse so eine statiöse, hühnerzüchtende, gestrenge Gutsherrin sein, wie ich einige davon in meinen Schulferien bei Verwandten auf dem Lande bereits kennengelernt hatte.

Doch es kam mir eine kleine, eher rundliche Dame entgegen, mit einnehmend gütigem Gesicht, und begrüßte mich in ihrem mir ungewohnten, aber anheimelnden süddeutschen Tonfall.

Ich machte einen tiefen Knicks und küßte ihr die Hand. Aber die Atmosphäre war gar nicht so förmlich: Es entstand gleich eine lebendige Nähe und Wärme zwischen Frau Agnes von Arnim und mir.

Wir traten in die große Halle des Herrenhauses. Da wartete ein Schuljunge, Heinz Wollitz, der gescheiteste von allen, schon seit zwei Stunden darauf, dem Herrn Baron sein endloses Geburtstagsgedicht, natürlich in märkischem Platt, aufsagen zu dürfen.

Für zwölf Uhr war das Essen angerichtet worden. Da der Baron aber so lange ausblieb, hatte sich die Familie mit den Gästen bereits zur Tafel begeben.

Nun kam für mich die eigentliche Prüfung: Die jüngste der

Schwestern, Gudrun, saß mit am Tisch. Sie war eine mikrozephal Behinderte, das heißt, ihre Hirnschale war seit ihrer Kindheit nicht mehr mitgewachsen. Im Alter von fünfundzwanzig Jahren, mittelgroß, rundlich, trug sie noch kleine Zöpfchen und befand sich auf dem Entwicklungsstand einer Dreijährigen. Neben ihr saß ihre Pflegerin. Gudrun war der umhegte Schützling der Familie, und deren Fürsorge sollte sie dann auch später vor dem Zugriff der Nazischergen bewahren. Sie saß wie stets am Kopfende der Tafel, neben ihrer Mutter. Das Köpfchen hielt sie gesenkt. Fremden mußte sie für gewöhnlich als ein erschreckender Anblick erscheinen. Aber für die Familie galt ein ungeschriebenes Gesetz: Nur derjenige war in ihrem Kreis willkommen, der von Gudrun angenommen wurde, den sie anlachte oder dem sie sogar die Hand reichte.

Als angehender Krankengymnastin war mir der Anblick behinderter Menschen aus dem täglichen Umgang vertraut. So erschrak ich weder, noch verzog ich mein Gesicht, sondern begrüßte Gudrun ebenso unbefangen wie alle anderen.

Und sie strahlte und gab mir die Hand!

Vom Vorwerk Schulzenhof traf gerade der alte Förster Fülster mit Fischen vom Schulzenhofer See ein. Auch er gratulierte dem Herrn Baron zum Geburtstag. Später befragt, wie ihm die junge Dame gefallen habe, die der Baron da mitgebracht hatte, schüttelte er den Kopf:

«Nee, die jefällt mir jarnich. So 'ne Dünne aus der Stadt.»

Das Schönheitsideal auf dem Dorf waren nun mal rundliche Frauen.

Frau Agnes begann gleich, mir von Fülster zu erzählen: Er war ein wegen seiner urkomischen Aussprüche beliebtes Original. Frau Agnes' zwei Jahre zuvor verunglückter Mann hatte ihn zum Förster ausbilden lassen. Er war von Haus aus Schäfer, denn Schulzenhof war ursprünglich eine Schäferei gewesen, mit ausgedehnten Weiden und Wiesen.

Als dann in den neunziger Jahren der Schafstall abbrannte, ließ Erwin von Arnim die Schafe nach Zernikow bringen und in Schulzenhof in einem gewaltigen Kraftakt fünfhundert Morgen auf einmal aufforsten. Damals gab es noch keine Baumschule in Zernikow, die wurde erst zu meiner Zeit von meinem Mann eingerichtet. Sein Vater also ließ sich für diese Aufforstung junge Kiefern aus den Baumschulen von ganz Deutschland kommen.

Da war dann natürlich auch einiger Ausschuß dabei. Fülster erzählte das dann so:

«Wir mußten so viele Kiefern pflanzen, da konnten die in Deutschland det nich allet liefern, und da mußten wir dann auch Franzosen nehmen!»

Das war natürlich Jägerlatein. Krummgewachsene Kiefern nennt man – der Geist von Sedan ist da noch lebendig – Franzosen, und davon gab es eine ganze Menge in Schulzenhof.

Fülster war der ungekrönte Souverän des kleinen Schulzenhof und fühlte sich allen überlegen, nur «seinen» Herrn Baron respektierte er als Vorgesetzten, verkehrte aber mit ihm auf vertrautem Fuß.

Als einmal Erwins Bruder Ottmar, Gutsherr auf Blankensee, und seine Frau Amöne zu Besuch kamen, immerhin schon ein betagtes Ehepaar, denn Ottmar war nicht viel jünger als sein Bruder Erwin, wollten sie auf dem Thärensee in Schulzenhof Kahn fahren, mit Fülster am Ruder. Baron Ottmar fing plötzlich an, das Boot zu schaukeln. Amöne ängstlich: «Ottmar, laß das!»

Und Fülster brummt: «Ottmar hat Flausen im Kopf!»

Fülster konnte sich auch recht pathetisch ausdrücken. Man durfte dabei nur ja nicht lachen; er hatte seine Würde.

«Mein Vater», so erzählte Frau Agnes, »hatte einmal an einem Apfelbaum eine große grüne Raupe entdeckt und sagte es Fülster. Der ging hin, um nachzusehen, und meldete, als er wiederkam: ‹Ick habe ihr erschlagen!› – Im Frühjahr sagte er, wenn es höchste Zeit zum ersten Mähen war, zu meinem Mann: ‹Herr Baron, das Gras hat sich schon mächtig empört.›»

Bettina, Frau Agnes' älteste Tochter, hatte von Fülster ein Porträt gemalt. Es hing im Jagdhäuschen von Schulzenhof. Einmal kamen zwei Herren aus der Stadt zu Besuch, und Fülster führte sie herum. Als er keinerlei Kommentar zu hören bekam, sagte er: «'s sind auch Bilder da!»

Die Herren reagierten prompt und wunschgemäß: «Das sind ja Sie, Fülster! Da sehen Sie aber sehr streng aus!»

Darauf das hagere, gutmütige Männchen: «Det wollt ick ja jrade, so richtig barsch aussehn.»

Einmal kam meine Schwester Elisabeth von Weiler aus Württemberg nach langer Zeit wieder zu uns zu Besuch. Sie begrüßte Fülster und sagte leutselig: «Tja, Fülster, man wird alt!»

Worauf der sie scharf anblickte und sagte: «Man sieht's!»

Als er sich dann mit der Zeit doch auch selber alt fühlte, wollten wir ihn einmal trösten und sagten zu ihm: «Ach, Fülster, Sie sind doch noch gar nicht so alt. Denken Sie doch an Hindenburg, der ist ebenso alt wie Sie und ist Reichspräsident!»

Da meinte er: «Na ja, der Hindenburg, der hat auch nich soviel Knochenarbeit jehabt wie ick.»

Aus den Gesprächen bei Tisch und dem allgemeinen Umgangston merkte ich, daß hier in Zernikow das Verhältnis der «Herrschaft» zu den «Leuten» ein ganz anderes war als in Berlin das Verhältnis der «Gnädigen Frau» zu ihren Dienstboten. Meine Mutter zum Beispiel behandelte ihre Dienstboten zwar durchaus mit Höflichkeit, aber wo und wie sie ihre Zeit nach dem Dienst verbrachten – davon hatte sie keine Ahnung.

Nach dem Essen – es war ein furchtbar fettes Mahl, danach noch Sahnetorten, Kunstwerke der Mamsell – schlug mir Herr von Arnim vor, nun auch den Zernikower Wald zu besichtigen.

Das erste Waldstück, in das wir kamen, hieß der Tiergarten. Mein Begleiter erörterte die Namen: «In der Zeit, bevor Zernikow Fredersdorff gehörte, war hier eine ‹Hütung›. Sie sehen noch die schönen, alten Eichen. Eicheln sind, wie Sie wissen, hervorragendes Mastfutter. Hier hat man deshalb die Schweine gehütet. Die Frau von Labes hat dann Birken und anderes Unterholz zwischen die Eichen pflanzen lassen und das Ganze in einen Tiergarten umgewandelt.»

Dahinter öffnete sich der Wald zu einem rechtwinklig ausgelichteten freien Gelände.

«So, das ist nun der Fußballplatz, von dem ich Ihnen erzählt habe. Hier spielen wir am Sonntagnachmittag Fußball mit den Vereinen aus den Orten der Umgebung. Die kommen in Lastwagen, mit Kind und Kegel angefahren. Die Leute vom Dorf schauen natürlich alle zu.»

«Dieser Kiefernbestand hier», erklärte Herr von Arnim, als wir ein Stück weiter waren, «heißt der Menschenfang.»

«Menschenfang?»

«Ja, zur Zeit von König Friedrich Wilhelm I., dem Soldatenkönig, war dies hier eine preußische Enklave in Mecklenburg. Der König holte sich bekanntlich die Soldaten für seine Armee, vor allem für seine ‹langen Kerls›, wo er sie nur kriegen konnte. Wenn sich nun ein junger Mecklenburger beim Blaubeerensammeln oder Holzholen auf dieses Gelände verirrt hatte, wurde er von den Häschern des Königs, die hier lauerten, für die preußische Armee eingefangen. Von daher heißt dieses Waldstück noch immer der ‹Menschenfang›. Es ist den Leuten aus dem Dorf, obwohl sie ja Preußen sind, auch heute noch nicht ganz geheuer.»

Jetzt waren junge Kiefernpflanzungen zu sehen, die man zum Schutz vor dem Wild mit Holzgattern eingezäunt hatte. Plötzlich sprang über eine schadhafte Stelle des Gatters ein Hirsch mit mächtigem Geweih genau auf uns zu. Einen Augenblick verharrte er, dann wandte er sich zurück ins Gebüsch und verschwand. Staunend blickten wir ihm nach, ganz gebannt vom Anblick dieses majestätischen Tieres.

Erst viel später las ich, was Bettine erlebt hatte, als sie einmal mit dem alten Großherzog von Weimar auf der Jagd war.

«Er hatte eine Wette gemacht», schreibt sie, «daß er kein Wild verfehlen wolle, was ihm begegne; ich sollte Zeuge sein, er führte mich bei der Hand.

Der großsinnige, freundliche Fürst, er scharrte mit dem Fuß den Schnee weg, wo ich stehen sollte. Da lauerten wir eine Weile. Es kam ein Hirsch. Er legte an. Plötzlich ward sein Gesicht feierlich ernst. Er zog das Gewehr an, beiseite und dann bei Fuß und legte die Hand auf den Kopf seines Hundes. So blieb er feierlich und unverwandten Blickes stehen, während das prächtige Tier mit vollem Geweih ruhig an ihm vorüberging.

Ich sah ihn verwundert an, daß er nicht geschossen habe. Er sagte: ‹Wen nicht Ehrfurcht ergreift, wenn er einen solchen Hirsch aus dem Wald hervortreten sieht, wer ihn verletzen könnte, der würde nicht verdienen, Jäger zu sein; ich zum wenigsten habe zuviel Respekt, um ein solches Tier zu beleidigen.›»

Wir erreichten die sogenannte Moorkultur, Wiesen am Waldrand, durch die das hier vor Zeiten begradigte Flüßchen Polzow floß. Dann stiegen wir auf einen Hügel.

«Hier beginnen die Rehberge. Die stattlichen Kiefern, die Sie da sehen, sind hundertzwanzig Jahre alt. Bevor sie gepflanzt wurden, stand hier schon einmal ein prächtiger, ausgedehnter Wald. Der wurde abgeholzt, als Hans von Labes, der Onkel des Dichters Ludwig Achim, den dieser mehr als seinen Vater liebte, eine Gräfin Schlitz heiratete. Das Holz war sozusagen seine Aussteuer. Es wurde mühsam auf Pferdewagen zur hundertzwanzig

Kilometer entfernten Burg Schlitz nach Mecklenburg transportiert und zu deren Neuaufbau verwendet.

Hans von Labes wurde von seinem Schwiegervater adoptiert, wie das damals üblich war, wenn man das Aussterben eines Namens verhindern wollte, und nannte sich von da an Graf Schlitz. Er war der rechtmäßige Erbe der Fredersdorffschen Güter, während dem Dichter das Ländchen Bärwalde mit Wiepersdorf zufiel. Aber im Jahre 1855 starb seine Enkelin, die Gräfin Bassewitz-Schlitz, ohne Nachkommen, und so fiel das Erbe von Zernikow zurück an die übrige Nachkommenschaft der Frau von Labes, und das war eben die Arnimsche Familie.

Der Hügel, auf dem wir jetzt stehen, heißt bei uns der Pfennigberg. Als wir kleine Kinder waren, führte uns mein Vater gern hierher. Er ließ dann heimlich ein paar Pfennige aus seiner Hosentasche fallen und machte uns weis, die Pfennige wüchsen hier auf den Bäumen.»

Auf dem Rückweg – wir gingen streng voneinander getrennt, er auf der linken, ich auf der rechten Straßenseite – wurde Herr von Arnim plötzlich ganz ernst:

«Wollen Sie mit mir zusammen meinen Wald pflegen?» fragte er mich.

Ich blieb stehen und antwortete verblüfft: «Aber wir kennen uns doch gar nicht.»

«Richtig», sagte er. «Deshalb muß man sich ja verloben, damit man sich besser kennenlernt.»

«Ich kann Ihnen heute darauf keine Antwort geben, ich muß es mir überlegen. Geben Sie mir Bedenkzeit.»

«Gut, nächsten Donnerstag ist Himmelfahrt. Da haben Sie frei. Darf ich Sie dann wieder abholen?»

«Ja.»

Der Tag nach dem ersten Besuch in Zernikow war ein Sonntag. Meine Eltern, mein Bruder Hans Karl und ich waren nach Schwanenwerder eingeladen, einer Halbinsel, die in den Wannsee hineinragt.

Schwanenwerder gehörte einem der damaligen Direktoren der Deutschen Bank namens Solmssen. Seine Frau war Engländerin. Im Dritten Reich wurde Schwanenwerder enteignet. Solmssens gingen rechtzeitig nach England. Später nistete sich in der Villa Goebbels ein.

Wir verbrachten dort draußen den ganzen Tag, fuhren mit dem Boot hinaus auf den See und badeten. Es gab nicht einen Augenblick, wo ich meinen Eltern etwas Vertrautes hätte mitteilen können, und dabei zitterte ich schon den ganzen Tag vor Aufregung.

Endlich, am Abend – es war bereits sehr spät, als wir wieder zu Hause waren – kam der erhoffte günstige Moment, und ich bat meine Eltern:

«Kommt noch einmal ins Wohnzimmer, ich habe etwas mit euch zu besprechen.»

Mein Vater verstand sofort und holte eine Flasche Wein aus dem Keller. Dann erzählte ich, daß mir der Herr von Arnim einen Heiratsantrag gemacht und ich mir Bedenkzeit ausgebeten habe. Meine Eltern hatten sich offensichtlich schon seit jenem Teebesuch ihre Gedanken gemacht. Sie fragten mich, ob ich den Herrn von Arnim gern habe.

«Er ist so anders als meine übrigen Verehrer», erwiderte ich, «er ist so ernst und zurückhaltend, mir scheint, er hat sehr viel mehr im Leben durchgemacht als sie, und dann finde ich: Er hat einen ganz eigenen Charakter. Er bemüht sich nicht angestrengt, irgendeine Rolle zu spielen. Er ist jemand, der den Mut hat, sich so zu geben, wie er ist.»

«Hast du das Gefühl, daß er dich liebt?»

«Ich weiß nicht – aber wissen möchte ich es.»

Wir beschlossen, ihn auf die Probe zu stellen, ihn zur Prüfung mit der Tatsache zu konfrontieren, daß ich eine jüdische Urgroßmutter hatte. Wenn er mich wirklich sehr gern hatte, dann dürfte er sich daran nicht stören. Wenn er daran Anstoß nehmen würde, nun ja, um meine Zukunft brauchte ich mir keine allzu großen Sorgen zu machen. Vor mir stand ja noch mein Examen als Krankengymnastin, und ich hatte mir in einem Sanatorium bereits eine Arbeitsstelle gesichert.

Der Tag unserer Verabredung, der Himmelfahrtstag, spielte in Berlin als «Vatertag» eine große Rolle. Unter der Parole «Weg von Muttern!» mieteten sich die «kleinen Leute», die Berliner Arbeiter und Handwerker, gemeinsam Lastautos, die sie mit Blumen und Fahnen schmückten, und fuhren hinaus ins Grüne, in irgendeine Gastwirtschaft, wo getrunken und gesungen wurde. Die große Ausfallstraße nach Osten, die Heerstraße, war voller blumengeschmückter Autos mit singenden Männern, die ihre bunten Hüte schwenkten. Wir überholten sie mit unserem Mercedes und winkten zurück.

Auf einer kleinen Anhöhe im Fehrbelliner Luch, bekannt durch die siegreiche Schlacht des Großen Kurfürsten, die Schlacht bei Fehrbellin, einer einsamen, etwas anmoorigen Gegend, hielten wir. Am Rand eines Kiefernwäldchens fanden wir eine Wiese, wo wir unser Picknick ausbreiten konnten, das meine Mutter für uns vorbereitet hatte. Schweinskotelett und Gurkensalat, «etwas Nahrhaftes», wie sie meinte.

Herr von Arnim begann das Gespräch ohne Umschweife mit der Frage: «Warum haben Sie sich nicht gleich entschlossen, mir ‹ja› zu sagen? Ist es etwa wegen des Geredes, meine Urgroßmutter Bettine sei jüdischer Abstammung gewesen? Das stimmt aber nicht.»

Ich schüttelte den Kopf.

«Was war dann der Grund?»

«Es ist das Gegenteil: *Ich* habe eine jüdische Urgroßmutter.»

Ehe ich ihn prüfend anschauen konnte, schloß er mich fest in seine Arme und küßte mich.

Er hatte es längst gewußt. Sein deutsch-national gesinnter Onkel Annois hatte ihm, in französischer Sprache, damit es die Dienstboten nicht lesen konnten, einen Brief geschrieben und ihn vor dieser Hagensschen Familie gewarnt, wegen ihres jüdischen Blutes. Er wußte davon aus der Zeit, als mein Großvater Hagens, aus Betroffenheit über die Dreyfus-Affäre in Frankreich, seine Berufung zum Kammergerichtspräsidenten in Berlin abgelehnt hatte, was damals durch die ganze Presse gegangen war.

Ich muß aber gleich hinzufügen, daß später, nachdem ich durch meine Heirat Mitglied der Arnimschen Familie geworden war, auch nicht der geringste Schatten auf das Verhältnis zwischen mir und Onkel Annois fiel. Wer nicht weiß, wie sehr schon vor dem Dritten Reich die Atmosphäre vergiftet war mit dem Gedankengut der «Sünde wider das Blut», dem wird ein solcher «Test» wohl unverständlich sein.

Und wie steht es nun mit der Bettine? Jüdischer Abstammung war sie wohl nicht, aber hat sie sich nicht öffentlich zu ihrer Geistesverwandtschaft mit den Juden bekannt? In ihren Gesprächen mit dem Juden Ephraim heißt es:

Er sagte: «Die sichtbare Welt ist trüb, aber mit hellem Blick braucht einer nicht lange zu forschen; in wenig Zügen erkennt er, was ihm verwandt ist.»

Ich sagte: «Aber wie erlangt man einen hellen Blick?»

Er: «Man muß allein die Natur anschauen und kein Vorurteil zulassen, das gibt einen hellen Blick.»

Ich frag: «Traut Ihr mir das zu, daß ich die Natur mit hellem Blick anschau und ohne Vorurteil?»

«Ja», sagt er, «und ich weiß, daß ich mich nicht irre – und daß Sie scharfsichtig sind.»

«So hab ich also recht, wenn ich in Euch einen begeisterten Mann erkenne?»

«Zum wenigsten sind Sie dem Wahren näher als andre, die den Juden für einen gedrückten Mann halten; innerlich quillt die Freiheit, und ein Tropfen ist genug, über alle Verachtung uns zu heben.»

Von dieser Seite der Bettine hatte ich damals freilich noch keine Ahnung.

BROT UND SALZ

Ich erinnere aller guten Stunden auf dem Lande, Du
gingst mit mir spazieren und lagst stundenlang bei mir
im Gras – ich sag es nicht nur so, sondern es ist mein
innigster Ernst, daß Du der beste, der großmütigste bist
von der ganzen menschlichen Gesellschaft, die ich
durchwandert bin; also diesen Herrlichsten hätt ich bei
mir in der Einsamkeit; die Eva hatte ja im Paradies
auch nur ihren Adam, vielleicht grade darum war es
ein Paradies.

Bettine an Arnim am 12.8.1818

Nach unserer Rückkehr ins Elternhaus begab sich Herr von Arnim zu meinem Vater ins Herrenzimmer und hielt um meine
Hand an. Es bedurfte nur eines kurzen Gesprächs, denn mein
Vater hatte bereits alles Wissenswerte über Friedmund von Arnim im Gothaer Adelskalender nachgeschlagen, und dieser
brauchte ihm nur noch die Lebensumstände der Familie zu er-
läutern.

Am Abend riefen mich zwei meiner Verehrer an, um anzufra-
gen, ob ich zu Pfingsten mit ihnen auf dem Wannsee segeln
wolle. Zaghaft eröffnete ich ihnen: «Ich kann nicht. Ich habe
mich nämlich verlobt!»

Beide waren wie vom Donner gerührt. Sie hatten sich als Hei-
ratskandidaten Nummer eins betrachtet.

Bis zu meiner Verlobung hatte ich nicht gewußt, wie Herr von
Arnim mit Vornamen hieß. Selbst bei meinem ersten Besuch in
Zernikow an seinem Geburtstag hatte ich es nicht erfaßt. Ich
hörte nur immer etwas wie «Fried...». Hieß er vielleicht Fried-
rich? Ich wäre nie auf den Gedanken gekommen, daß jemand
Friedmund heißen könnte.

Dieser Name aber war ein Vermächtnis des Dichterehepaares
Ludwig Achim und Bettine. Deren Kinder hießen: Freimund,
Siegmund, Friedmund, Kühnemund, Maximiliane, Armgard,

101

Gisela. Die älteste Tochter Maximiliane, genannt «Maxe», schreibt dazu in ihren Erinnerungen:

> Man deutet es meist als Caprice der Mutter, daß die Namen ihrer Söhne auf «-mund» endigen – sie sind aber vom Vater gewählt worden, der in dem Namen jedes seiner Söhne die Hoffnung, den Wunsch ausdrückte, die sich aus der jeweiligen Lage des Vaterlandes ergaben. So nannte er seinen erstgeborenen 1812 Freimund, den im Jahr der Leipziger Völkerschlacht geborenen Siegmund, den 1815 im Jahr des Pariser Friedens geborenen Friedmund und den 1817, als die Reaktion einsetzte, geborenen Kühnemund.

Mein Verlobter mochte seinen Vornamen nicht – er war, wie er sagte, in der Schule oft damit gehänselt worden –, und da ich meine Vornamen auch nicht mochte, redeten wir uns, auch noch nach der Heirat, fast nie mit unseren Vornamen an, sondern mit den verschiedensten Spitznamen.

Am Pfingstsonntag fuhr ich mit meinen Eltern und meinen Brüdern Hans Karl und Werner, letzterer war gerade erst neun Jahre alt, nach Zernikow. Die beiden Familien sollten sich kennenlernen. Am Bahnhof Dannenwalde wurden wir im Kutschwagen vom Kutscher Brehmer abgeholt. Nach herzlicher Begrüßung führte man uns zum Essen. Bevor wir uns aber zur Tafel setzten, schauten wir uns die Wände des Eßzimmers genauer an. Sie waren nämlich vom Dichter Ludwig Achim und seinem Bruder «Pitt» in der Zeit, als sie noch junge Leute waren, ausgemalt worden. Die beiden hatten die holländische Küche ihres Urgroßvaters Daum in Potsdam gesehen, es fehlte ihnen aber das Geld, um sich ebenfalls Delfter Kacheln zu kaufen, und so behalfen sie sich damit, daß sie die weißgekalkte Wand des Eßzimmers in kleine Quadrate einteilten und sie in blauer Farbe ausmalten. Sie wählten dafür Motive aus Sagen und Märchen, z. B. die Haimonskinder, das Gänseliesel, die drei Brüder und den Mann mit der Keule.

Als Friedmunds Vater Erwin 1891 Zernikow aus der Pacht übernahm, war diese Wand schon stark beschädigt und einiges verblichen. Deshalb kopierten die künstlerisch begabte Schwester von Friedmund, Marielies, und eine Cousine die Motive auf eine Tapete und ließen diese dann über die Originale auf der

Wand spannen. Malermeister Diercks aus Neuglobsow half ihnen dabei. Wo die Motive nicht mehr zu erkennen waren, malten sie Menschen aus ihrer Umgebung hin, z. B. den dicken Malermeister selbst oder Oma Brehmer, das Zernikower Faktotum, von der ich noch erzählen werde.

Den Mokka nach Tisch tranken wir unter den beiden großen Kastanien, die unmittelbar hinter dem Haus standen, da, wo wir vom Eßsaal aus in den Park traten. Sie hatten eine so dichte Krone, daß man, von ihrem Blätterdach geschützt, noch lange nachdem der Regen eingesetzt hatte, darunter sitzen bleiben konnte. Unter diesen Bäumen saßen wir dann auch später oft mit unseren Gästen; hier palten wir Erbsen aus, entsteinten Kirschen, rührten Erdbeermarmelade kalt usw.

Nach dem Mokka begaben wir uns zur Besichtigung der Zernikower Sehenswürdigkeiten. Meine Mutter, eine große Fontane-Verehrerin, hatte bereits das Kapitel «Zernikow» in den *Wanderungen durch die Mark Brandenburg* nachgelesen. Aber auch für sie gab es, auf den Spuren von Fontane, noch manches ihr bis dahin Unbekannte zu entdecken.

Von den Kastanien aus führte der Weg in den Park durch einen Laubengang von Hainbuchen. Frau von Labes, die Groß-

Das Gutshaus von Zernikow im Jahre 1932.

mutter des Dichters, hatte ihn anlegen lassen. Er endete an einer uralten Linde, deren Stamm hohl war, weshalb später die Kinder gern darin spielten und sich versteckten. Es ging die Sage, daß sie noch aus der Zeit des Dreißigjährigen Krieges stammte, was wir nicht so recht glauben wollten. Aber ein Baumdoktor, den wir einmal herbeiholten, um sie zu stützen und auszumauern, damit sie nicht zusammenbrach, hat uns das Alter bestätigt. Leider ist die Linde nicht mehr da, denn der Park ist nach dem Krieg in zwei Siedlungsstellen aufgeteilt worden.

Den von kantig geschnittenen, halbhohen Hecken eingefaßten Mittelweg hatte Frau Agnes, Friedmunds Mutter, durch parallel dazu laufende Staudenrabatten belebt: Phlox, Akelei, Rittersporn, Eisenhut, Malven, Tränendes Herz, Pfingstrosen, Kornblumen, Kaiserkronen – eine Blumenpracht, die ich als neue Gutsherrin weiterpflegte. Frau Agnes und meine Mutter waren auf ein Gesprächsthema gestoßen, das ihnen beiden sehr am Herzen lag: Frau Agnes war allerdings mit der Gartenarbeit schon von Kindesbeinen an vertraut, während meine Mutter sich ihre Kenntnisse erst aus Büchern und Zeitschriften hatte erwerben müssen.

Im Park waren viele interessante Bäume zu bewundern. Friedmunds Vater Erwin war ein begeisterter Dendrologe gewesen und hatte 1891, als er Zernikow übernahm, die verschiedensten Bäume, auch exotische, pflanzen lassen, unter anderem einen Ginkgo biloba, den heiligen Baum der Buddhisten.

Auf einem Grundstück, das früher einmal zum Park gehört hatte, aber nunmehr abgetrennt worden war, stand ein Bienenhaus, das zwölf Bienenvölker beherbergte. Sie wurden von einem Kriegsinvaliden betreut, Albert Schwiertz. Daneben befand sich der Wäscheplatz zum Trocknen und Bleichen.

Durch ein Gartentor in der Nähe der alten Kastanien gelangten wir auf die kopfsteingepflasterte Dorfstraße. Gegenüber lag der Gemüsegarten, darin ein Gewächshaus und ein paar Frühbeete zur Anzucht von Pflanzen für den Gutshaushalt. Der besondere Stolz von Frau Agnes war ihr Kräuterbeet: Das Rezept für die «Grüne Soße» hatte sie aus der Heimat der von Baumbachschen Familie, aus Nordhessen, mitgebracht. Ich freute mich mit ihr an den poetischen Namen der Kräuter, die so klangen, als habe sie Clemens Brentano eigens für seine

Märchen erfunden: Neben dem Liebstöckel hatten es mir vor allem die Pimpernelle und die Trippmadam angetan.

Wir gingen nun ins Dorf. Zernikow war ursprünglich eine alte sorbische Siedlung. «Czarny-kowa», das heißt «Schwarze Erde». Mehrere Dörfer in der Mark heißen so. Hier im Ruppinschen war nachweislich seit 1400 auch eine Familie dieses Namens ansässig.

Im Dreißigjährigen Krieg wurde der Ort durch Pest und Brandschatzung völlig zerstört. Mein Mann zeigte mir später einmal im Wald die noch vorhandenen, überwachsenen Reste der alten Ziegelsteinfundamente.

Marie Margarethe von Knoblauch, Hans Heinrich von Zernikows Witwe mit ihren sieben Kindern, so berichtet eine alte Pfarrchronik, die ich noch besitze, bat den Herzog von Mecklenburg um Hilfe, als ihr Mann im Duell gefallen war. Aber sie wurde 1667 aus Zernikow «exmitiret». Der Herzog kaufte das Gut.

Als der bereits genannte Kämmerer Fredersdorff 1740 Zernikow übernahm, ließ er ein neues Dorf anlegen, ganz im Stil der friderizianischen Soldatensiedlungen: eine schnurgerade Dorfstraße, nur auf der einen Seite Häuser, auf der anderen Seite der Straße, in der Mitte des Dorfes, ein Ziehbrunnen, von den Leuten «Pütten» genannt.

Noch bis in die Zeit nach dem Zweiten Weltkrieg konnte man an diesem Pütten die Dorfbewohner stehen sehen, wie sie ihre Wassereimer an einem Flaschenzug, der an einer Holzstange über dem Brunnen hing, in den Brunnen hinunterließen und dann wieder heraufzogen. Erst 1950 erhielten die Häuser Wasserleitungen.

Wir gingen die Dorfstraße entlang, dann am Schulhof vorbei bis zur Kirchhofsmauer und zum «Erbbegräbnis». Das war ein von einem Eisengitter eingefriedetes kleines, aus einem Raum bestehendes, efeuumranktes Häuschen. Fontane beschreibt es so:

Ein mit Geschmack und Munifizenz [Großzügigkeit] hergestelltes Grabgewölbe, das Frau von Labes bald nach dem Tode ihres zweiten Gemahls errichten ließ. Es trägt an seiner Front die Inschrift: «Fredersdorffsches Erbbegräbnis, errichtet von dessen hinterlassener Witwe, geborene Caroline Marie Elisabeth Daum, nachmals verehelichte von Labes. Anno 1777.» Darunter in goldenen Buchstaben folgende verschlungene Namenszüge: MGF (Michael Gabriel Fredersdorff) und CMED

(Caroline Marie Elisabeth Daum). Sofort nach der Vollendung dieses Grabgewölbes nahm Frau von Labes in dasselbe die sterblichen Überreste ihrer Ehegatten Fredersdorff und von Labes auf, welche sich bisher in einer Gruft unter der Kirche zu Zernikow befunden hatten. – Der mit Leder überzogene und mit vergoldeten Füßen und Handhaben versehene Sarg Fredersdorffs, auf dem sich noch die Patronentasche befindet, die derselbe während seines Militärdienstes im Schwerinschen Regiment getragen hat, steht an der rechten Seitenwand, der Sarg des Freiherrn von Labes unmittelbar dahinter.

Vier Jahre später gesellte sich zu diesen beiden Särgen ein dritter. Noch nicht zwanzig Jahre alt, war die mehrgenannte Freifrau Amalie Karoline von Arnim, einzige Tochter der verwitweten Frau von Labes, im Januar oder Februar 1781 zu Berlin gestorben und wurde von dort nach Zernikow übergeführt. Ihr Sarg, in dessen Deckel ein kleines Fenster befindlich ist, steht an der Hinterwand des Gewölbes, und noch jetzt liegen auf demselben Kränze und Gedichte, welche letzteren von der Hand der Mutter geschrieben sind.

Am 10. März 1810 entschlief Frau von Labes selber und nahm, ihrem Letzten Willen gemäß, nach Freud und Leid dieser Welt, ihren letzten Ruheplatz an der Seite derer (der Tochter), die ihr das Teuerste gewesen war. Auch auf dem Deckel ihres überaus prachtvollen Sarges ist ein kleines Fenster angebracht, durch das man die entseelte Hülle der alten Freifrau erblickt.

Friedmund von Arnim schloß das schmiedeeiserne Gitter des Erbbegräbnisses auf, um uns die Särge zu zeigen. Ich schaute durch das Fensterchen im Deckel des Sargs der Frau von Labes, dessen Glas zerbrochen war, und sah die Mumie, gekleidet in glänzend weiße Seide, auf dem Kopf eine Spitzenhaube, die gefalteten Hände in Glacéhandschuhen. Ein Finger des Handschuhs war aufgerissen.

«An diesem Finger hat ein Ring gesteckt», erfuhren wir. «Er ist vor ein paar Jahren von einem Hochstapler gestohlen worden.»

«Ein Hochstapler?» fragten wir verwundert.

«Na ja», erwiderte Friedmund, «Sie kennen ja sicher den Fall des falschen Hohenzollern-Prinzen, der sich dann schlicht als ein Mann namens Harry Domela entpuppte. Wir hatten hier 1927 einen ähnlichen Fall. Da tauchte bei uns in der Gegend ein ‹Arno von Fredersdorff› auf, der von sich behauptete, er sei ein direkter Nachkomme vom Kämmerer Friedrichs des Großen, Fredersdorff. Zwar hatte der nachweislich keine Kinder und war, obwohl ihm sein König das Rittergut Zernikow geschenkt hatte, nie geadelt worden. Aber das focht unseren Hochstapler nicht an. Er tischte dem Publikum die unglaublichsten Geschichten auf. So soll Caroline Elisabeth Daum, nachmals Frau von Labes, in erster Ehe nicht mit Michael Gabriel Fredersdorff selbst, sondern mit einem sonst nirgends erwähnten Bruder von ihm verheiratet gewesen sein und den Kämmerer vergiftet haben, um das Erbe von Zernikow an sich zu reißen. Mit dieser und anderen Geschichten machte sich unser Herr von Fredersdorff, in Marineuniform ausstaffiert, an die Bauern des Nachbarorts Großwoltersdorf heran, von denen er annahm, daß sie auf die Gutsherrschaft von Zernikow nicht gut zu sprechen seien, und brachte tatsächlich einige dazu, daß sie ein paar Banknoten unter dem Kopfkissen hervorholten als Unterstützung für den Prozeß, den er gegen die Arnimsche Familie führen wollte.

Dann ging er zu unserem Dorfschullehrer Peters, um sich die Schlüssel zum Erbbegräbnis zu holen. Der warf ihn aber achtkantig hinaus. Bei unserem damaligen Pfarrer in Großwoltersdorf hatte er mehr Glück. Dieser Pfarrer mußte später vom Amt suspendiert werden, weil er Pfarrgelder veruntreut und mit einigen Konfirmandinnen geschäkert hatte. Daraufhin sagte ein Bauer aus der Gemeinde zu mir:

‹Nä, nä, wat is dat för ne Welt: De Köster geit uns bei det Holz un de Pastor bei det Jeld.›

Also zu dem ging jener Herr Arno und bekam tatsächlich von ihm den Schlüssel zum Erbbegräbnis ausgehändigt. Da stahl er dann den Ring der Frau von Labes.

Er suchte auch überall nach Dokumenten und ließ einen Dachdecker auf den Kirchturm klettern, um aus der Turmkapsel das vermeintlich dort verwahrte Testament der Frau von Labes zu holen. Es fanden sich aber nur alte Rechnungsbücher darin, wie man sie seinerzeit in Kirchturmkapseln zu verwahren pflegte als Dokumente über die Lebensumstände und Wirtschaftsverhältnisse, zum Beispiel Angaben über die Korn- und Viehpreise.

Der angebliche Fredersdorff-Nachkomme fuhr nach Berlin, um mehr Geld für seinen Prozeß zu sammeln, und lancierte seine Geschichte in der *Deutschen Illustrierten,* die in einem Sensationsartikel von einem Streit um ein Hundertfünfzig-Millionen-Erbe berichtete. Den Artikel ließ er als Flugblatt drucken und stellte sich damit auf den Kurfürstendamm, vor den Ufa-Palast, wo gerade der Film *Fridericus Rex* lief.»

Mein Mann zeigte mir den Artikel später, und eine Fotokopie davon besitze ich noch. Er erschien am 12. Juli 1927 unter der Überschrift «Das Geheimnis von Zernikow. Das Dokument im Kirchturmknopf – Ein erbitterter Erbschaftsstreit». Am Schluß heißt es:

Ein Urenkel derer von Fredersdorff fand jetzt durch einen glücklichen Zufall die richtigen Spuren. Im Turmknopf der Kirche von Zernikow, den er unter größter Lebensgefahr bestieg, fand er ein Dokument, das ihm die entscheidenden Beweise brachte. Es enthielt eine Lebensbeichte der Daum. Dieses wichtige Schriftstück gab ihm durch Hilfe von Chemikern und anderen Gelehrten Aufschluß über eine Reihe von Fälschungen.

Es soll, so behauptet nun A. v. Fredersdorff, gestützt auf seine Forschungen, ein gefälschtes Dokument des Kämmerers, eine gefälschte Eintragung über die Eheschließung des Kämmerers mit der Daum, einen gefälschten Totenschein und eine Reihe von Fälschungen wichtiger Grundbucheintragungen geben. Beide Gegner bereiten sich nun auf den letzten erbitterten Kampf vor, geht es doch um ein enormes Vermögen.

Dazu kam es jedoch gar nicht. Friedmunds Vater veranlaßte durch seinen Rechtsanwalt eine einstweilige Verfügung gegen den Schwindler. Seitdem hat man nichts mehr von ihm gehört.

Wir gingen hinüber zur Kirche, einer alten Wehrkirche, die zur Hochzeit Fredersdorffs mit Caroline Elisabeth Daum barockisiert worden war. Aus den schmalen Schießscharten wurden große Bogenfenster. Der Turm erhielt eine mit Holzziegeln gedeckte Dachhaube, und auf dieser sahen wir eine Messingkugel, also besagten Kirchturmknopf, auf der ein Turmhahn saß.

Als ich nach Abschluß der Ostverträge Zernikow zum ersten Mal wieder besuchte, erzählten mir die Dorfbewohner, daß die

Särge des Erbbegräbnisses durch die Russen feierlich an der Friedhofsmauer beigesetzt worden seien. Denn zuvor hatten ihren Sieg feiernde betrunkene Soldaten die Grabkapelle geöffnet und die Gebeine aus den Särgen geworfen. Der verantwortliche Offizier sei danach am Ort des Geschehens aufgetaucht und hätte gemeint: «Diese deutschen Barbaren! Nicht einmal ihre Toten begraben sie richtig, überall liegen noch die Gebeine herum.»

Daraufhin habe er angeordnet, sie einzusammeln und in den Särgen feierlich an der Kirchhofsmauer beizusetzen. Bevor aber die Särge in der Erde verschwanden, hatte einer der Kleinbauern noch schnell die schweren barocken Messingbeschläge abmontiert und auf seinem Dachboden versteckt, wo ich sie 1974 durch Zufall gesehen habe.

Wieder zurück zum Dorfrundgang mit meinen Eltern:

Wir betraten die Kirche. Der Altar, im Barockstil, trug rechts und links die goldenen Embleme der Stifter CMED und MGF auf großen blauen Medaillons. Schranken, Säulen und Empore waren aus Holz, aber grau angestrichen und marmoriert, um die Illusion zu erwecken, sie wären aus Stein, ganz nach Gepflogenheit des achtzehnten Jahrhunderts. An der dem Altar gegenüberliegenden Schmalseite des Raums die Orgelempore mit dem Patronatsgestühl darunter, abschließbar wie eine Loge, vermutlich, damit man es separat beheizen konnte. Es hat an Lederschlaufen eingehängte Fenster, die man nach Wunsch hochziehen oder herunterlassen kann, «wie in der Eisenbahn», stellte mein jüngerer Bruder Werner entzückt fest.

«Hier», sagte Friedmund zu mir halb scherzend, halb im Ernst, «wirst du jeden Sonntag beim Gottesdienst sitzen. Denn *ein* Familienmitglied muß immer im Patronatsgestühl zu sehen sein.»

Später vereinbarten wir tatsächlich, daß zu meinen Aufgaben als Gutsherrin der sonntägliche Kirchenbesuch und die Teilnahme an allen Hochzeiten und Beerdigungen im Dorf gehören sollten.

An der Orgelempore hingen vier Porträts: Fredersdorff, von dem Berliner Hofmaler Antoine Pesne gemalt, ganz ähnlich dem bekannten Jugendbildnis von Friedrich dem Großen, nur nicht so prächtig; ein Altersbildnis seiner Frau, der späteren Frau von

Labes, das sehr streng wirkt, wohl auch das geheimnisvolle Nachleben der Frau von Labes in der Phantasie der Leute begründet hat, möglicherweise ein Werk der Anna Dorothea Therbusch; ein Bild ihres zweiten Gatten, des Herrn von Labes, als rundlich-freundlicher Lebemann; zwischen beiden, sehr zart, ihre Tochter, Amalie Karoline von Arnim, mit einer Rose am Busen und einer Rose im Haar, umhüllt von einem schwarzen Schleier, schwarz vermutlich deshalb, weil das Bildnis erst nach dem Tod der hier konterfeiten Mutter des Dichters entstanden ist.

Beim Hinausgehen wies uns Frau Agnes auf einen großen Findling an der Friedhofsmauer hin.

«Zernikow liegt in einem Endmoränengebiet. Dieser Gesteinsbrocken heißt der ‹Heidenstein›. Es geht die Sage, daß ein Riese ihn aus dem zwölf Kilometer weit entfernten Gransee hierher geschleudert habe, um die Kirche zu zerschmettern. Aber er verfehlte sie. Und hier, diese Vertiefung an der oberen Kante, das soll der Daumenabdruck des Riesen sein.»

Die Dorfstraße weiter entlanggehend, erblickten wir einen Ziegelbau mit der Inschrift: «Zernikowsches Hospital». Hier handelt es sich aber nicht um ein Hospital im heutigen Sinne, nicht um ein Krankenhaus. Es war aufgrund einer Stiftung der Frau von Labes für diejenigen Gutsarbeiter gebaut worden, die fünfundzwanzig Jahre auf den Zernikower Gütern gearbeitet hatten. 1930, zur Zeit unserer Besichtigung, bestanden noch Reste aus dem Kapital dieser Stiftung, und diejenigen Gutsarbeiterfamilien, die im «Hospital» eine Altenwohnung bezogen hatten, erhielten aus diesem Kapital eine monatliche Rente. – Unter den heutigen Bewohnern des Hospitals sind noch zwei, die einst bei mir als Hausangestellte im Zernikower Gutshaushalt gearbeitet haben.

Der große Dachboden des Hospitals wurde zur Seidenraupenzucht genutzt, die Fredersdorff in Zernikow eingeführt hatte. Überhaupt hat der Kämmerer, wie bei Fontane geschildert, viel für die wirtschaftliche Entwicklung von Zernikow getan. Wo einst die Brauerei für das seinerzeit berühmte «Fredersdorffsche Bier» und die Ziegelei gestanden haben, die ihm die Ziegel lieferte für den Bau des Gutshauses, war nicht mehr bekannt. Und «ob er seine alchemistischen Künste und Goldmacherversuche auch in ländlicher Zurückgezogenheit geübt hatte, ist nicht zu ermitteln gewesen, übrigens nicht wahrscheinlich», schreibt Fontane.

1926 war jedoch ein Buch mit den Briefen Friedrichs des Großen an Fredersdorff veröffentlicht worden, in denen die herzliche Anteilnahme des Königs am täglichen Leben seines Kämmeres zum Ausdruck kommt. Die Briefe sind allesamt in dem Deutsch abgefaßt, das der König einzig beherrschte, seinem berühmten Kutscherdeutsch. In einem Schreiben aus dem Sommer 1753 verspottet er Fredersdorff liebevoll wegen seiner Goldmacherversuche und schickt das ihm zugedachte «Rezept zum Goldmachen» zurück.

Ich danke Dihr vohr Deine Schöne Sachen; ich Schike Dihr alles zurüke. gesundtheit ist besser, wie alle Schätze der Welt. flege Dihr erst, daß Du besser wirst, dann Könen wihr goldt und Silber Machen. und wann Du ja quaksalbern wilst, So Mache liber Proben mit goldt und Silber, als wie mit allerhandt verfluchte Medicinen auf deinen leib! es ist Kein Schertz damit; und wenn Man einmahl toht ist, so kömt Keiner, Der einem Wieder auf-Wäket.
Die arme bische [der Windhund Biche] mus schon toht bleiben, weil sie 10 Docters hincuriret haben, mene [Alkmene] Sol nichts innehmen, als wie petit lät, und Kein hunde-Docter sol sie nicht angreifen!
Gottbewahre Dier, Sei Einmahl gescheit und nim Dihr inacht, wie ein Mensch, der nicht Schuldt an seinem Toht Seindt will.

Fch.

Mehr als achttausend Maulbeerbäume soll Fredersdorff, Fontane zufolge, für seine Seidenraupenzucht in Zernikow haben pflanzen lassen. Bei unserer Besichtigung war davon nur noch eine Allee erhalten, die hinab zu einer Mühle führte, am Ufer eines idyllischen Flüßchens, der Polzow, gelegen. Hier soll das Lied *In einem kühlen Grunde* entstanden sein. Es gibt jedoch noch andere Mühlenplätze, von denen das behauptet wird.

Die Maulbeerbäume, die im Tal standen, waren stark und groß gewachsen. Aber oben auf der Ebene hatte sie der Wind zu grotesken Formen verkrüppelt. Im Zweiten Weltkrieg, als man alles Nahrhafte verwertete, dessen man habhaft werden konnte, verkochten wir die Beeren dieser Bäume zu Marmelade. Sie schmeckten undefinierbar süß und muffig.

Auf dem Rückweg durch den «Tiergarten» der Frau von Labes besichtigten wir zwei rechteckige Teiche, die sie hatte anlegen lassen, den sogenannten Englischen Teich und den Karpfenteich, in dem bis in unsere Tage Karpfen gezogen wurden und in dessen Mitte die Überreste eines Teehäuschens zu sehen waren. Hier pflegte Frau von Labes mit dem Pfarrer «Kaffeedo», wie die Dorfbewohner sagten, das heißt einen *café à deux* zu trinken. In den Abhang am Englischen Teich war ein Ziegelhäuschen eingemauert.

«Was ist denn das für ein Haus?» wollte mein kleiner Bruder Werner wissen.

«Das ist ein Eiskeller», erklärte Friedmund. «Hier lagert man das Eis, das im Winter in Blöcken aus dem Teich geschnitten wird. Es hält sich darin bis in den folgenden Herbst. Jede Woche holen Gutsarbeiter einige rechteckige Blöcke heraus, für die Kühltruhe in der Speisekammer des Herrenhauses.»

Das taten sie noch bis 1938, als in Zernikow endlich Stromleitungen verlegt wurden und wir damit elektrisches Licht und einen elektrischen Kühlschrank bekamen.

Die Landschaft in der Umgebung von Zernikow war stark von dem Wirken der Frau von Labes geprägt, die, dem barocken Landschaftsideal ihrer Zeit folgend, mehrere Alleen anlegen ließ und dadurch in einem überdimensionalen Quadrat das ganze Gelände zu einem Park gestaltete: eine Birkenallee, eine Kastanienallee, eine Pappelallee und eine Lindenallee. Wenn sie nach dem Tode Fredersdorffs den König in Berlin aufsuchte, so erzählen sich die Leute, sei sie in einem Sechsspänner gefahren, was sonst nur Mitgliedern des Königshauses erlaubt war. In den Dörfern sei ein Läufer vorausgeeilt mit dem Ruf: «Jetzt kommt die Frau von Labes!»

Gegen Abend fuhr wieder der Zernikower Kutschwagen vor, allerdings nicht so prächtig wie der von Frau von Labes, und Kutscher Brehmer brachte uns zur Bahnstation Dannenwalde. Zu Hause angekommen und nachdem die Geschwister zu Bett waren, setzte ich mich mit meinen Eltern zusammen, um eine Bilanz des Tages zu ziehen. Ich fragte:

«Nun, wie hat euch Zernikow gefallen?»

Mein Vater war vor allem vom historischen Hintergrund des

Ortes beeindruckt, meiner Mutter hatte es Frau Agnes mit ihrer wunderschönen Staudenrabatte besonders angetan.

«Und was sagst du?»

«Da möchte ich gern leben», antwortete ich.

Nach den Pfingstferien bereitete ich mich in Eichkamp auf mein krankengymnastisches Abschlußexamen vor. Am ersten Unterrichtsmorgen konnte ich mich verständlicherweise nicht konzentrieren. Ich flüsterte meinen Nachbarinnen zu: «Ich habe mich verlobt.» Natürlich war ihnen das nun auch viel wichtiger. Schließlich unterbrach Doktor Kohlrausch seinen Vortrag: «Meine Damen, Sie sind nicht aufmerksam!»

«Fräulein von Hagens hat sich verlobt», platzte eine meiner Nachbarinnen heraus.

Dr. Kohlrausch kam auf mich zu, gratulierte und sagte: «Sie sind die erste Schülerin, die ich an den Mann gebracht habe.»

Anfang Juli bestand ich dann das staatlich anerkannte Abschlußexamen in Krankengymnastik. Daraufhin wurde ich eingeladen, mich in Scharnitz in Tirol, wo meine Tante Martha Ratjen ein schönes Berghaus besaß, zu erholen. Ihre Tochter Gerda war auch jung verlobt, während ich aber alle zwei bis drei Tage an den Meinen schrieb und auch in entsprechenden Abständen eine Antwort erhielt, was doch durchaus annehmbar ist, bekam Gerda täglich Post, und sie neckte mich damit, mit welchem Vorzug sie behandelt werde.

Ich gab die Neckerei gleich weiter an meinen Verlobten und versuchte, ihn mit einer Briefstreikandrohung zu provozieren. Er aber schrieb zurück: «Das ist mein achter Brief, und wenn Du keinen wieder schreibst, dann kennst Du mich noch schlecht, dann schreibe ich Dir noch viel mehr.» Und, typisch Landwirt: «Ich wünsche Dir weiter gutes Wetter. Schick mir dafür ein bißchen Gewitter, ich glaube schon, Du behältst sie alle für Dich.»

Am nächsten Tag konnte ich auf einmal gegenüber meiner Cousine auftrumpfen: Es war für mich ein Telegramm angekommen! Das war in jenem einsamen Bergdorf eine wahre Sensation. Friedmund teilte mit, er sei auf dem Weg zu mir, wolle mich abholen und mit mir ein paar Tage in München verbringen.

Als man mir sagte, daß ein Telegramm für mich eingetroffen sei, hatte ich jedoch zunächst einen großen Schreck bekommen:

Was mochte Friedmund wohl zugestoßen sein? In München entschuldigte er seinen telegrafischen Überfall mit der «Arnim-schen Plötzlichkeit», und auf die Frage, was das denn sei, sagte er, das sei ein Charakterzug, den er von seinem Vater und Groß-vater geerbt habe.

All die Eigentümlichkeiten des vom Dichterehepaar begrün-deten Zweigs der preußischen Adelsfamilie, im Genealogischen Handbuch des Adels der Zweig Blankensee genannt, sollten mir erst nach und nach aufgehen und aus Erzählungen und schriftli-chen Darstellungen verständlich werden.

Der Großvater meines späteren Mannes, von dem er, wie ge-sagt, den Vornamen Friedmund geerbt hatte, war der dritte Sohn des Dichterehepaares. Mit seinem Interesse für die Natur-wissenschaften hatte er seinem Vater Ludwig Achim, in seinen politischen Anschauungen der Mutter, also der Bettine, am nächsten gestanden. Er hatte in Paris mit den Saint-Simonisten verkehrt und dort unter einem Pseudonym die sogenannte *Po-lenbroschüre* der Bettine herausgegeben, die wegen der Zensur in Deutschland nicht hatte erscheinen können. Bei seinen Recher-chen in Schlesien für Bettines *Armenbuch* sammelte er auch Märchen mit zum Teil sozialkritischem Einschlag, die er 1844 im Verlag seines Freundes Egbert Bauer erscheinen ließ: *Hun-dert neue Mährchen, im Gebirge gesammelt.* Diesem Band ent-nahm dann Wilhelm Grimm einige Märchen als Vorlagen für seine erweiterte Neuauflage der *Kinder- und Hausmärchen.*

Der Dichtersohn Friedmund erbte das Gut Blankensee in der Uckermark. Nach dem Tode seiner Mutter 1859 zog er sich dorthin zurück mit Marie von Trott zu Solz, seiner Cousine, die er kurz zuvor geheiratet hatte. Sie hatten drei Kinder, Erwin, der der Vater meines Mannes wurde, Ottmar und Annois. Bei der Geburt des dritten Sohnes starb die Mutter.

Der Witwer Friedmund versuchte nun, seine von Rousseau geprägten, heute würde man sagen, «grünen» Vorstellungen bei der Erziehung seiner Kinder zu verwirklichen. Sein Wahlspruch war: «Dummheit ist des Menschen größte Sünde, aber das Dümmste ist es, keinen Rat von Gottes Natur anzunehmen.»

War sein Vater durch die Volksliedersammlung *Des Knaben Wunderhorn* berühmt geworden, so wandte sich Friedmund dem Sammeln von Rezepten der Volksmedizin zu und veröffent-lichte 1868 eine *Neue Heillehre.* Er arbeitete mit seinem Apotheker in der Kreisstadt Templin zusammen und ließ sich von diesem nach seinen im eigenen Laboratorium erprobten naturheilkundlichen Rezepten spezielle Arzneien anfertigen.

Eine dieser Arzneien war noch zu meiner Zeit in der Arnimschen Familie in Gebrauch. Einmal, als mein Mann Halsschmerzen hatte, sah ich, wie er vom Waschtisch eine Flasche mit einer bräunlichen Flüssigkeit nahm und damit gurgelte. Auf der Flasche las ich: «Arnimscher Leberteer. Zum Gurgeln und Einnehmen.» Dieser Arnimsche Leberteer wurde auch den Gästen des Hauses bei allen passenden und unpassenden Gelegenheiten als Wunderheilmittel verabfolgt oder zumindest empfohlen. Kommentar eines skeptischen Gastes: «Föhrt ab und stoppt ook!»

Über die Erziehung seiner Kinder schrieb Friedmunds Schwester Maxe in ihren *Erinnerungen*:

«Die Kinder läßt er wild aufwachsen. Es sind prachtvolle Jungen, echt Arnimsche Naturen. Aber Friedmund will gar nicht, daß sie erzogen werden, sondern sie sollen sich in Freiheit à la Rousseau entwickeln, und so streichen sie mit ungeschnittenen Haaren, die ihnen bis über die Nase hängen, herum wie wilde Füllen.»

Er selbst vermittelte seinen Söhnen Kenntnisse in den Wissenschaften und alten Sprachen. Oft nahm er seine langhaarigen, in selbstgewebte Stoffe gekleideten Jungen mit auf tagelange Wanderungen, so auch von Blankensee zu dem hundertfünfzig Kilometer entfernten Wiepersdorf. Dabei machte er sie mit geschichtlichen Ereignissen vertraut oder stellte ihnen mathematische Aufgaben, deren richtige Lösung er mit Nüssen belohnte.

Wenn er mit der Bahn verreisen wollte, erkundigte er sich nie vorher nach der Abfahrtszeit des Zuges, sondern ließ sich vom Kutscher zur Bahnstation bringen und wartete dort so lange, bis der Zug eintraf. Er wollte sich von niemandem und nichts das Gesetz des Handelns vorschreiben lassen. Das war wohl auch der Ursprung der «Arnimschen Plötzlichkeit», das heißt, der Neigung zu unvermittelt auf die Umwelt herabblitzenden Entschlüssen. (Welch ein Gegensatz zu meinem Vater und Großvater, den Juristen, deren größtes Vergnügen es stets war, ihren Gästen die passenden Zugverbindungen nach allen Orten Deutschlands herauszusuchen!)

Den drei Jungen wurde, wie mir mein Mann erzählte, die naturverbundene Erziehung, die ihnen ihr Vater angedeihen ließ, nicht immer ganz leicht. So sei zum Beispiel sein Vater Erwin, der sich der Abhärtung wegen nicht mit einem Federbett, sondern nur mit einer Decke zudecken durfte, im Winter immer unter die Matratze gekrochen, weil er so fror. Aber er hielt, wie auch seine Brüder, zeitlebens auf Sportlichkeit. Auf dem Dachboden des Gutshauses in Zernikow fand ich noch seine alten Skier und sein Hochrad.

Auch mein Mann war sehr sportlich, nicht nur als Fußballer. In München sagte ich im Scherz zu ihm: «Also wenn du dir einmal so einen Schmerbauch wachsen läßt wie die anderen Männer, dann stelle ich eine spanische Wand zwischen uns.» Denn ich war der Ansicht: Warum verlangt man immer von den Frauen, daß sie sich schlank und hübsch halten sollen für ihre Männer, und die können so speckig herumlaufen, wie sie wollen? Bei Friedmund war diese Befürchtung zum Glück überflüssig.

Seine Gleichgültigkeit in Kleiderfragen hatte Friedmund ebenfalls vom Vater geerbt, der jahraus, jahrein das gleiche zu tragen pflegte. Ich sagte in München zu meinem Verlobten: «Du sagst, du seist nicht eitel. Dabei bist du in Wahrheit so eitel, daß du meinst, in jedweder Kleidung seist du schön.»

Zu meinem Erstaunen nahm Friedmund meine Garderoberatschläge an, und er erlaubte mir, etwas für seine Verschönerung zu tun. Denn die Schiebermütze, die er mitgebracht hatte, stand ihm überhaupt nicht. Er hatte ja so gar nichts von einem rauhbeinigen Landjunker an sich, sondern glich, wenn ich ihn schon einer Kategorie zuordnen sollte, eher dem Typ eines österreichischen Barons. Wir gingen zu Loden-Frey, und er kleidete sich in einen braunen Jagdanzug mit Breeches und grünen Aufschlägen an der Jacke und ließ sich dazu einen runden, grünlichen Filzhut verpassen.

Wenn also Friedmund nicht nur von mir Ratschläge annahm und in der ganzen Zeit unserer Ehe sich in allen wichtigen Fragen mit mir beriet, sondern auch im Umgang mit anderen sich betont unautoritär verhielt, so tat er das, wie ich meine, im bewußten Gegensatz zu seinem Vater, der seine Familie wie ein Autokrat regiert hatte.

Aus Scharnitz hatte ich ihm in einem Brief geschrieben: «Denke nicht, daß ich mich so bald unter den Pantoffel begeben und Dich immer erst mal um Rat fragen werde. Vorläufig bleibe ich meinem alten Grundsatz treu: ‹Selbst ist die Frau!›» Das nahm er schmunzelnd zur Kenntnis, aber es war ganz in seinem Sinne. Er hatte miterlebt, wie seine ältere Schwester Bettina sich gegen ihren Vater hatte durchsetzen müssen, als sie in Berlin bei Leo von König Malerei studieren wollte, und auch als sie einen Bürgerlichen, Friedmunds Regimentskameraden und Jugendfreund Walter Encke, heiraten wollte, unterstützte er sie gegenüber dem Vater. Überhaupt war er darauf bedacht, nach Möglichkeit das, was er bei seinem Vater als Untugenden erlebt hatte, zu vermeiden. So trat auch die «Arnimsche Plötzlichkeit» bei ihm nur noch relativ selten und zumeist in gemilderter Form auf. Jedenfalls gab es keinen Fall von so abnormer Plötzlichkeit wie bei Vater Erwin: «Morgen fahren wir nach Norwegen», hatte der einmal beschlossen. Mutter Agnes hatte gerade das fünfte Kind geboren, und die große Wäsche hing auf dem Dachboden. Aber er wollte fahren, und sie mußte mit.

Ausgesprochen autokratisch sei der Vater indes nur in der Familie gewesen. Anderen gegenüber konnte er sehr rücksichtsvoll sein. So wollte er einmal, passionierter Forstmann, der er war, Herrn von Kalitsch in Bärenthorn besuchen, zu dessen Gut damals alle deutschen Waldgutbesitzer, die forstlich interessiert waren, fuhren.

Bärenthorn war ein kleines Waldgut in der Lausitz, wo Herr von Kalitsch seit Jahrzehnten Versuche mit einer natürlichen Generationenfolge des Waldes angestellt hatte. Er galt als Pionier für den sogenannten «Dauerwald», den er im Gegensatz zu den bereits überall vorherrschenden Monokulturen angelegt hatte. Die zahlreichen Besucher des eher bescheidenen Gutes Bärenthorn ließen sich wie selbstverständlich durch den Kutschwagen des Herrn von Kalitsch vom Bahnhof abholen und zum Gut bringen.

Erwin von Arnim dagegen lieh sich an der Bahnstation einen Handwagen, packte sein Gepäck hinein und zog damit zu Fuß nach Bärenthorn.

Mit seinem grenzenlosen Individualismus galt er in der ganzen Gegend als ein Original. Eine weitere von ihm überlieferte Geschichte, die davon Zeugnis gibt: Zu seiner Zeit gab es in den Zügen noch Abteile 4. Klasse, mit Brettersitzen an den

Wänden und in der Mitte einem freien Raum für Lasten aller Art. Nach einem Besuch in Berlin kaufte sich Erwin von Arnim einmal für die Rückfahrt eine Fahrkarte 4. Klasse und einen Sessel. Den ließ er sich ins 4.-Klasse-Abteil stellen, und dann setzte er sich, der mit seinem weißen Bart und seinem wallenden Lodenumhang eine große Würde ausstrahlte, darauf. Die Mitreisenden sagten bewundernd: «Der alte Herr ist aber praktisch!»

Auch in seinen politischen Ansichten war Erwin von Arnim gelinde gesagt sehr unkonventionell. Sohn Friedmund war zwar in seinem Verhalten nicht so extrem wie sein Vater, aber gewiß hat ihm dessen unerschrockene Art, seine Meinung zu vertreten, dabei geholfen, auch für sich selbst eine große Unabhängigkeit im politischen Urteil herauszubilden.

Friedmund hatte von seinem Vater gelernt, Menschen nicht danach zu beurteilen, was sie sagen, sondern danach, was sie tun. Für politischen Opportunismus hatte Friedmund stets nur größte Verachtung übrig, und seine menschliche Solidarität erstreckte sich später, als sie gefordert wurde, nämlich im Nazireich, auch auf Sozialdemokraten und Kommunisten, obwohl er selbst durchaus konservativ eingestellt war.

Sein Vater Erwin war ein entschiedener Pazifist gewesen. Er leistete, wie alle jungen Adligen der damaligen Zeit, als Einjährig-Freiwilliger seinen Militärdienst ab, und zwar beim 1. Potsdamer Garderegiment. Aber er weigerte sich, Offizier zu werden. Nach Ablauf seines Dienstjahres kehrte er nach Zernikow zurück. Während des Ersten Weltkrieges hielt er sich, obwohl er mit Sozialismus oder gar Marxismus nicht das geringste im Sinn hatte, eine Zeitlang den *Vorwärts*, um damit seinen Protest gegen den Krieg kundzutun. 1918/19 spielte er mit dem Gedanken, auszuwandern nach Dänemark oder in die Schweiz, weil er meinte, diese kleinen Staaten seien friedliebender als ein Deutsches Reich, das immer wieder leicht einen Krieg auslösen könnte. Dieser Idee stand aber wiederum sein grundkonservatives Verbundenheitsgefühl mit dem angestammten Besitz entgegen, und so blieb er doch dort, wo er nun einmal war.

Erwin von Arnim wurde schließlich ein Opfer der Technik, die ihm besonders in seinen letzten Lebensjahren so verhaßt geworden war. Im Januar 1928, zwei Jahre bevor ich Fried-

mund kennenlernte, war er zur «Grünen Woche», also zur
Landwirtschaftsausstellung, nach Berlin gereist. Die «Grüne
Woche» verdiente damals tatsächlich diesen Namen: Überall
sah man die Straßen Berlins voller Grün – dem Grün der Lo-
denkleidung, die von den aus der Provinz herangereisten
Land- und Forstwirten getragen wurde.

Auf dem Potsdamer Platz, wo der Verkehr für die damaligen
Verhältnisse sehr lebhaft war, wurde er von einer Auto-
droschke angefahren und verletzt. Anstatt den Arzt aufzusuchen, fuhr er wie geplant mit dem Zug nach Dannenwalde zurück, wo der Zernikower Kutscher bereits wartete, um ihn
abzuholen. Der Knüppeldamm durch den Wald nach Zernikow war acht Kilometer lang. Der Kutscher hörte den Herrn
Baron zuweilen stöhnen; wenn er sich aber besorgt nach ihm
umschauen wollte, erhielt er einen Rüffel. Zu Hause legte sich
Erwin ins Bett, ließ aber noch immer keinen Arzt kommen.
Eigentlich war nur eine Rippe gebrochen, aber die war in die
Lunge eingedrungen. Er starb an inneren Blutungen, sechsund-
sechzig Jahre alt.

Mit solchen Familiengeschichten verbrachten wir unsere
Zeit in dem Münchner Hotel. Von der Stadt und ihren Sehenswürdigkeiten sahen wir so gut wie nichts. Und als wir uns endlich einmal ins Restaurant begaben, konnte ich mir nicht
schlüssig werden, was ich trinken wollte. Da riet mir der Kellner:

«Nehmen Sie Kaffee Hag, er schont das Herz!»

Das wurde für uns zum geflügelten Wort.

Kurz nach unserer Rückkehr meldete sich Friedmund bei meinen Eltern zum Tee an mit der Bitte, seinen Förster mitbringen zu dürfen. Am verabredeten Tag erschienen beide, neben
Friedmund also Förster Erich Sommerfeld in seiner grünen
Uniform. Der war recht verlegen, und auch meine Eltern zeigten sich etwas verwundert, daß der Herr von Arnim so großen
Wert darauf legte, ihnen diesen jungen Förster vorzustellen.
Nach einer Weile – wir saßen, da es schönes Wetter war, auf
der Veranda – redete Friedmund den schweigsamen Sommerfeld an:

«Na, dann ziehen Sie doch mal aus der Tasche, was wir mitgebracht haben.»

Sommerfeld holte aus seiner Aktenmappe eine Rolle mit Siegel und Band und breitete sie feierlich aus. Sie erwies sich als eine schön gemalte Urkunde des Inhalts, daß hiermit Fräulein Clara von Hagens zum Ehrenmitglied des Zernikower Fußballvereins ernannt werde.

Allgemeines, etwas verständnisloses Lächeln verbreitete sich in der Runde. Sommerfeld erklärte nun, er sei der Schriftführer des Fußballvereins von Zernikow und die Leute vom Klub hätten Angst gehabt, daß die junge Frau aus der Stadt womöglich dem Herrn Baron seinen Fußball ausreden würde, und da habe

Der Zernikower Fußballverein mit seinem Mannschaftskapitän
Friedmund von Arnim (links vorn).

er den Vorschlag gemacht, man könne sie ja zum Ehrenmitglied ernennen, und wenn sie akzeptiere, sei nichts zu befürchten.

Ich erwiderte, die Furcht sei zwar unbegründet gewesen, aber die Urkunde ehre mich dennoch sehr.

Die Hochzeit sollte nach der Getreideernte stattfinden. Meine Eltern rieten mir, zuvor auf dem Gut unserer Mecklenburger Verwandten noch zu lernen, wie man einen Gutshaushalt führt.

Meine Tante Paula, die Schwester meines Vaters, war mit dem Gutsbesitzer Werner von Arnswaldt verheiratet. Von ihrem Gut Toddin berichtete ich Friedmund: «Ich laufe wie ein Hundchen hinter Tante Paula her und sehe mir alles an, Räuchern, Backen etc. Dazu gibt sie mir viele gute Ratschläge, und ich schreibe mir einiges unter ihrer Anleitung auf.» Aber kurz darauf mußte ich schon vermelden: «Gestern habe ich nur noch 120 Eier verpackt, heute morgen wurde gebacken. Meine Tante weiß bald gar nicht mehr, was sie mit mir anfangen soll, denn wir haben das Haushaltsprogramm jetzt durch.»

Das war kein Wunder. Zwar erschien Mamsell bei ihr einmal in der Woche, und gemeinsam besprachen sie den Küchenzettel. Trotzdem gab es Woche für Woche dasselbe. Viel zu lernen war da also nicht.

Aber etwas anderes war zu lernen, und zwar bei Onkel Werner: wie man seinen ländlich-mecklenburgischen Humor parieren konnte. Ich schrieb an Friedmund: «Nachmittags zog Onkel Werner mit seinem neuen Eleven durch die Felder und lehrte ihn den Unterschied zwischen Bratkartoffeln und Pellkartoffeln und andere nützliche Dinge. Dann brachte ich mit ihm Hühner, Puten und Gänse zu Bett. Es macht ihm einen Heidenspaß, mich ordentlich anzuführen. Heute nachmittag holte er Ameiseneier, um seine jungen Fasanen zu füttern. Da sollte ich eigentlich auch helfen. Ich zog mich aber damit aus der Affäre, daß ich sagte, unter meiner Regie werde in Zernikow bestimmt keine Fasanenzucht aufgemacht.»

Eine Woche später besuchte uns Friedmund, um sich bei den Verwandten vorzustellen. Eine Ausfahrt im Jagdwagen durch den Wald nutzte Onkel Werner gleich zu einem Test: «Na, Friedmund, hol mir doch mal ein paar Ameiseneier.»

Der sprang vom fahrenden Wagen, steckte seine Hand mutig in einen Ameisenhaufen und brachte die gewünschten Eier.

Damit war Friedmund akzeptiert. Ich konnte ihm kurz darauf schreiben: «Onkel Werner sprach sich noch mehrmals anerkennend über Dich aus, er scheint Dich als tüchtigen Landwirt gelten zu lassen; na, und wenn Du erst die versprochene Rübenerde schickst?!» (Die «Rübenerde» war natürlich auch wieder ein von den beiden ausgekochter Unsinn.)

Daß ausgerechnet Onkel Werner Friedmund in Agrarwirtschaft examinieren wollte, war grotesk: Der Onkel gehörte nämlich zu jener Sorte Landwirte, von denen Friedmund spöttisch sagte, daß sie die Steine von ihren Äckern selber auflesen. Wie viele Gutsbesitzer verstand er recht wenig von Landwirtschaft. Er war aktiver Dragoneroffizier gewesen.

Allmählich rückte der Hochzeitstermin näher. Meine Mutter und ich berieten über meine Aussteuer. Bei der Bielefelder Firma Strunckmann & Meister bestellten wir Wäsche – für uns feines Leinen, Halbleinen für die höheren Angestellten und karierte Baumwolle für das Personal –, bei der Berliner Kunsttischlerei Wokatsch & Jaenicke weiße Eßzimmermöbel. Von meinem Schwiegervater war das Eßzimmer in Zernikow mit verschnörkelten Möbeln im Spätbarock aus dunklem Holz eingerichtet worden. Das verbannten wir nun auf den Dachboden. Das Schlafzimmer ließen wir aus abgelagerter Zernikower Eiche anfertigen. Silber schenkten die Verwandten, die Großeltern und die Paten. In einem großen Raum im elterlichen Haus in Berlin-Nikolassee stapelten sich Aussteuer und die eintreffenden Geschenke.

Unser Polterabend wurde in meinem Elternhaus auf besondere Weise gefeiert. In unserer Familie war es Tradition, an diesem Abend lustige Begebenheiten aus dem Vorleben der Braut und des Bräutigams darzustellen, auch eventuell die Szene, wie die beiden sich kennengelernt hatten.

Friedmunds Schwester Marielies hatte für jede der dargestellten Szenen meterhohe Tafeln gemalt, Gedichte und Dialoge stammten von meiner Mutter, meinem Vater, meinem Vetter Dieter und meinem Schwager Walter Encke. Von ihm war die Szene im Münchner Restaurant mit dem weisen Rat des Kellners literarisch aufbereitet worden:

Ihr seid verliebt, man sieht's an beiden Oogen,
Es rast der Puls, das Herzchen bibbert fein –
Drum müßt Ihr Euch vor Mokka double hüten:
Nur die entrauschte Brühe flößt Euch ein!
Sie bannet den Kummer, sie mindert den Schmerz:
Trinkt Kaffee Hag, der schont das Herz!

Für diejenigen, die meinen, die Frauenrechtsdiskussion habe hierzulande erst mit dem Augenblick begonnen, als einige Frauen in den sechziger Jahren den SDS-Vorstand mit Tomaten

bewarfen, möchte ich einen kurzen Ausschnitt anführen aus einer Szene, die mein juristisch versierter Vetter Dieter verfaßt hatte.
Sie spielt in der Abiturklasse meiner Mädchenschule, dargestellt werden Fräulein Dr. Engelhardt, eine Mitschülerin und ich.

(Es klingelt. Das Licht in der Mädchenschule geht an. Clärchen kommt zu spät.)

Frl. Dr. Engelhardt: Kein Wunder, Fräulein von Hagens, daß Sie zu spät kommen, Sie sind doch von Ihrem Mathematiklehrer gestern nacht um drei mit einem jungen Mann im Omnibus gesehen worden! Setzen Sie sich!

Clärchen (beiseite): Gott, das war mein Vetter!

Frl. Dr. Engelhardt: Wir hatten in der vorigen Stunde die notwendigen Reformen des Eherechts besprochen; Fräulein Sempell, tragen Sie kurz vor.

Lotte Sempell: Das BGB hat im vierten Buch, ersten Abschnitt, fünften Titel, über die Wirkungen der Ehe im allgemeinen Bestimmungen getroffen, die den völlig veralteten Ehebegriffen des BGB entsprechen, die bekanntlich auf das römische Recht und damit auf das Jahrhundert vor Christus zurückgehen: Die Frau ist rechtlos; sie erhält den Familiennamen des Mannes; der Mann entscheidet in allen, das gemeinschaftliche eheliche Leben betreffenden Angelegenheiten. Er bestimmt insbesondere Wohnort und Wohnung. Das Gesetz gibt der Frau nur Pflichten: so die, das gemeinschaftliche Hauswesen zu leiten und Arbeiten im Hauswesen und im Geschäft des Mannes zu verrichten.

Frl. Dr. Engelhardt: Gut! Setzen Sie sich. – Sie sehen, meine Damen, trotz Artikel 119 der Reichsverfassung ist die Frau im Deutschen Reich Sklavin in der Ehe wie im Orient! Machen Sie's wie ich – heiraten Sie nie!

Wir kommen nun zum Ehegüterrecht, in dem es nicht weniger traurig aussieht. Fräulein von Hagens, schlafen Sie nicht! Die Nacht ist zum Schlafen da und nicht zum Tanzen! Die Schule ist fürs Leben, auch für Sie! Sie werden die erste sein, die einem Manne ins Joch der Ehe folgt! Also das Ehegüterrecht: Das Vermögen der Frau wird durch die Eheschließung der Verwaltung und Nutznießung des Mannes unterworfen. Ohne Zustimmung der Frau kann der Mann über Geld und andere verbrauchbare Sachen der Frau verfügen. Die Frau bedarf zur

Verfügung über ihr eingebrachtes Gut – also über *ihr* Eigentum, meine Damen! – der Einwilligung des Mannes. (Es klingelt.)

Aus Friedmunds Schulzeit wurde die Szene gezeigt, wie er als Tertianer in Neustrelitz so heftig Fußball spielte, daß der Ball dem spazierengehenden Großherzog von Mecklenburg empfindlich gegen das Schienbein prallte.

Eine weitere Szene aber war für mich geradezu verblüffend: Darin wurde eine Stelle aus Bettines Briefsammlung *Clemens Brentanos Frühlingskranz* zitiert, worin sie, Bettine, ihrem Bruder schreibt, wie sie der Günderode zur Aufmunterung das ungleiche Freundespaar, Clemens und seinen Freund Ludwig Achim von Arnim, geschildert habe.

Ich war bei der Günderode, als ich von Eurer Begleitung nach dem Mainzer Schiff zurückkam, ich lachte, und sie lächelte, wie ich ihr die Beschreibung machte von Euch zwei, wie *Arnim* so schlampig in seinem weiten Überrock, die Naht im Ärmel aufgetrennt, mit dem Ziegenhainer, die Mütze mit halb abgerissenem Futter, das neben heraus sah, Du so fein und elegant, mit rotem Mützchen über tausend schwarzen Locken, mit dünnstem Röhrchen, einen lockenden Tabaksbeutel aus der Tasche, und wie *Arnim* unterwegs die Bemerkung machte, die Mädchen sähen Dir mit Wohlgefallen nach.

Und ich fragte mich: Ist Gleichgültigkeit in Kleiderfragen wohl auch ein Erbgut, das sich durch Generationen fortpflanzt?

Als besonders gelungener Spaß wurde eine von meiner Schwägerin Marielies gemalte Tafel belacht, die die barocke Eingangstür des Zernikower Gutshauses zeigte, daneben ein Namensschild: «Clara von Arnim – Krankengymnastin», und über dem Ganzen eine Ziehglocke wie bei einer Landhebamme. Wer konnte ahnen, daß ich siebzehn Jahre später, mit sechs Kindern als Flüchtlingsfrau nach Württemberg verschlagen, auf diesem Beruf meine und meiner Kinder Existenz zu begründen gezwungen sein würde?

Am folgenden Tag, am Mittwoch, dem 17. September 1930, fand die Trauung in der kleinen Kirche zu Berlin-Nikolassee statt.

Das Hochzeitspaar Friedmund und Clara von Arnim am 17. 9. 1930
vor dem Elternhaus der Braut in Berlin-Nikolassee.

Ich trug ein atlasseidenes Kleid mit einer drei Meter langen Schleppe und einem Schleier, auf den Blumen appliziert waren. Friedmunds Frack hatte der Schneider meines Vaters angefertigt. Nach der Trauung fand für den engsten Familienkreis ein Festessen im elterlichen Hause statt. Die Speisenfolge hatte meine Mutter mit dem Stadtkoch nach ihrem eigenen Hochzeitsmenü von 1907 zusammengestellt. Diesmal fiel es jedoch einfacher aus: Es gab nur noch vier Gänge statt elf und keine Tafelmusik mehr. Mein Vater hatte die Weine ausgesucht: Eine 1859er Marcobrunner Auslese aus dem Herzoglich Nassauischen Cabinetskeller bildete den Abschluß.

Am Tage darauf traten wir unsere Hochzeitsreise an. Das Ziel war ungewöhnlich: Friedmund wollte mir die Kriegsschauplätze in Elsaß-Lothringen zeigen, auf denen er als Soldat gekämpft hatte.

Bei Ausbruch des Ersten Weltkrieges war Friedmund Unterprimaner in Neustrelitz. Noch sechzehnjährig, meldete er sich als Einjährig-Freiwilliger. Sein Vater, obwohl selbst entschiedener Pazifist, schickte ihn zu dem Regiment, das er für das vornehmste hielt, zu den Parchimer-Dragonern. Dort war Friedmund ständigen Schikanen der Unteroffiziere ausgesetzt und stellte eines Tages fest, daß die anderen Fahnenjunker ihren Unteroffizieren jeden Monat eine Kiste Zigarren zukommen ließen, in der unter dem Deckblatt ein Hundertmarkschein verborgen lag. Das schrieb er seinem Vater, der daraufhin sofort angereist kam und den Regimentskommandeur zur Rede stellte. Man kann sich denken, daß das nicht das geringste bewirkte. Aber zwei Vettern von Friedmund, die bei den Gardeschützen dienten, konnten Vater Erwin dazu bringen, seinen Sohn zu den Gardeschützen überwechseln zu lassen.

Das Gardeschützen-Bataillon ist Anfang des vorigen Jahrhunderts in Neuchâtel in der Schweiz als Gebirgtruppe entstanden, als Neuchâtel-Neuenburg noch eine preußische Enklave war. Von diesem Ursprung leitet sich der liberale Geist her, der auch später noch in dieser kleinen militärischen Einheit herrschte. Sie ist nicht zu verwechseln mit der berüchtigten Gardekavallerie-Schützendivision, deren konterrevolutionäre Reste als Meuchelmörder von Rosa Luxemburg und Karl Liebknecht in die Geschichte eingegangen sind.

Das erste Ziel unserer seltsamen Hochzeitsreise war natürlich Straßburg, wo es der Sehenswürdigkeiten und Kunstschätze genug zu besichtigen gab. Dann aber brachen wir auf nach Mailly in Lothringen, wo Friedmund mir ein Flüßchen zeigte, durch das er als Patrouillenführer bei Tagesanbruch, vom Morgennebel geschützt, geschwommen war bis zu der Stelle, von der aus er auskundschaften konnte, ob noch Franzosen auf der anderen Seite die Mühle und das Schloß besetzt hielten. Er zeigte mir einen Graben am Abhang, aus dem er einen Schwerverwundeten durch die Feuerlinie getragen und geborgen hatte. In einem kleineren Schloß hatte er als achtzehnjähriger Kompanieführer mit seinen Männern Quartier bezogen. Außer einer alten Frau mit ein paar Hühnern wohnte dort jetzt niemand mehr. Mit Kreide stand noch an den Türen zu lesen: Gardeschützenbataillon 1. Abteilung, so, wie es zwölf bis vierzehn Jahre zuvor angeschrieben worden war – als wären die deutschen Truppen eben erst abgezogen.

Schweigend stiegen wir auf den Hartmannsweilerkopf, den großen Berg, um den die heftigsten Kämpfe getobt hatten, furchtbare, blutige Nahkämpfe. Er war dabeigewesen. Vor uns dehnten sich unendliche Gräberfelder.

Für mich war diese Reise entsetzlich. Nachts, wenn Friedmund schlief, weinte ich heimlich in meine Kissen. Mein Mann sollte nicht merken, wie sehr mich die Eindrücke vom Tage weiter verfolgten. Ich begriff jetzt, weshalb er soviel ernster war als andere junge Leute und warum er mir nicht Rilkes *Cornet* oder Ernst Jüngers *In Stahlgewittern*, sondern ein Buch von Bertha von Suttner, *Die Waffen nieder!*, zu lesen gegeben hatte. Ich ahnte zugleich, daß meine Unbeschwertheit, meine natürliche Lebensfreude und Heiterkeit für ihn von großer Bedeutung waren. Friedmund hatte seine Unbeschwertheit in Lothringen verloren.

Nach der Rückkehr von unserer Hochzeitsreise wurden wir am Bahnhof von Großwoltersdorf von Kutscher Brehmer abgeholt, der in einem mit einer großen Girlande umwundenen Halbcoupé vorgefahren war. An der Kastanienallee erwarteten uns die Dorfkinder mit Blumen im Haar und in den Händen und sangen. Als wir die Dorfstraße entlangfuhren, standen dort die Leute Spalier – die Fußballer natürlich in ihrem Dreß –, winkten mit Taschentüchern und warfen uns Blumen zu. Ganz langsam fuhren wir zum Gutshaus, hinter uns die Kinder mit dem Lehrer. Es war noch der Lehrer Peters, einer vom alten Schlag, der im Sommer die Kinder seiner einklassigen Dorfschule die Schafe hüten und sie nach den Bienen schauen ließ. Durch die girlandengeschmückte Eingangstür des Gutshauses traten wir in die Halle, wo meine Schwiegermutter, meine Schwägerinnen und einige Hausangestellte auf der barocken Eichentreppe schon auf uns warteten. Und wieder folgten die Kinder mit dem Lehrer.

In der Mitte der Halle nahmen wir Aufstellung, die Familie hinter uns, die Schulkinder traten vor uns hin, und dirigiert vom Lehrer sangen sie: «Gott grüße dich, Gott grüße dich, kein andrer Gruß gleicht dem an Innigkeit!»

Dann stellte sich einer der Schuljungen, der gescheite Heinz Wollitz, vor uns auf und trug ein langes Gedicht vor. Er wünschte Glück und Segen und überreichte Brot und Salz. Das war ursprünglich ein alter slawischer Brauch. Brot und Salz, die dem Gast zum Willkommen gereicht werden, sind bei den Slawen Inbegriff der Hausnahrung und Sinnbild der Gastfreundschaft und Treue. Aus Rußland ist noch die Sitte überliefert, hohen Persönlichkeiten Salz und Brot zu überreichen mit den Worten: «Ohne Brot und Salz ist schlechte Unterhaltung», oder: «Iß Brot und Salz und sprich die Wahrheit.»

Zum Abschluß sangen die Kinder *Im schönsten Wiesengrunde*. Über die Strophe, mit der das Lied endet, mokierten sich meine Schwägerinnen:

> Sterb ich, im Talesgrunde
> Will ich begraben sein,
> Singt mir zur letzten Stunde
> Im Abendschein.

Das schien ihnen zur Begrüßung eines jungen Paares unpassend. Mich überkam die noch frische Erinnerung an die Gräber der sinnlos Gefallenen, und mir traten die Tränen in die Augen.

Doch schnell wurde ich in die Realität zurückgerufen und an meine Aufgaben als neue Gutsherrin erinnert. Friedmund zupfte mich am Ärmel und sagte:

«Bewirte du die Kinder mit Kakao und Kuchen. Ich muß nach den Pferden sehen.»

LÄNDLICHER KALENDER

Wie aber jeder Mensch nicht bloß innerlich etwas
erstrebt, sondern auch äußerlich eine Bestätigung
seines Daseins sucht, so fühle ich mein Wirken, wenn
ich hier selbst wirtschafte, würdig, einflußreich und
belohnend; es verknüpft sich mit der Welt meiner
Gedanken, während ich mich in Berlin jeden
Augenblick als überflüssig finde.

Arnim an Bettine am 31. 5. 1821

Ich war also nicht Krankengymnastin, sondern Gutsherrin geworden. Wider Erwarten früh, mit einundzwanzig Jahren, hatte
ich das erreicht, was ich mir immer gewünscht hatte: eine verantwortungsvolle Tätigkeit unter Menschen und für Menschen.
Das streng abgezirkelte Dasein einer höheren Tochter lag hinter
mir. Nun begann mein eigentliches Leben. Ich stand fortan an
der Seite eines Mannes, dem als Erbe eine große Aufgabe zugefallen war und der beschlossen hatte, diese Aufgabe mit mir zu
teilen. Alle wichtigen Entscheidungen besprach er mit mir; soweit denkbar, hielten wir nichts voreinander verborgen.

In Friedmunds Zuständigkeit, das war klar, fiel die Verwaltung der Land- und Forstwirtschaft der drei Güter Zernikow,
Wiepersdorf und Bärwalde. Meine Arbeitsbereiche waren der
Gutshaushalt, der Garten, die Wahrnehmung der gesellschaftlichen Verpflichtungen, sowohl nach außen hin, also gegenüber
den Gästen aus Berlin und anderswoher, als auch gegenüber der
Dorfgemeinschaft, und die Fürsorge für die Familie in Wiepersdorf und Zernikow.

«Zwei Herrinnen in einem Hause tun nicht gut.» Dieser Erfahrung eingedenk hatte meine Schwiegermutter beschlossen,
mit ihren Töchtern Zernikow zu verlassen und nach Wiepersdorf umzuziehen. Es muß ihr sehr schwer gefallen sein. Noch

sehr jung, gerade achtzehnjährig, hatte sie das Land ihrer Kindheit, Württemberg, nach der Heirat verlassen und Zernikow zu ihrer zweiten Heimat gemacht. Ihren einzigen Sohn glücklich zu sehen, erleichterte ihr den Abschiedsschmerz.

Aller Anfang ist schwer. Meine Schwierigkeit war, daß ich gleich mit der Autorität einer Gutsherrin aufzutreten hatte, es aber für mich doch noch so viel zu lernen gab. Die Menschenkenntnis von Friedmund half mir da oft bei der Handhabung schwieriger Situationen.

Die Umgewöhnung von der Stadt aufs Land war für mich schon deswegen nicht so einfach, weil ich in den Winter hineingeheiratet hatte. In Zernikow lebte man unter den Bedingungen des 19. Jahrhunderts: kein elektrisches Licht, kein fließendes Wasser und keine Zentralheizung. Eisig kalt empfand ich es in den viereinhalb Meter hohen Räumen des barocken Gutshauses.

Schwiegervater Erwin hatte 1891 das Haus restaurieren und neue Kachelöfen in den Wohnräumen setzen lassen. Sie reichten vom Boden bis zur Decke und hatten einen Empirefries als Abschluß. Die neuen Öfen heizten nicht so gut wie die aus der Rokokozeit, von denen es noch einige gab. Diese waren ähnlich konstruiert wie die im Frankfurter Goethehaus. Ihre gelblichweißen, mit Kronenmustern verzierten Kacheln stammten aus der Rheinsberger Manufaktur Friedrichs des Großen. Aus dem nahen Städtchen Gransee kam jedes Jahr der Ofensetzer, um die Öfen «umzusetzen». Das hieß, die Kacheln wurden vorsichtig abgelöst und der Innenbau des Ofens aus Schamotteziegeln erneuert: ein anspruchsvolles, schwieriges Handwerk, das inzwischen ausgestorben ist.

Alle Öfen wurden von außen, von den Fluren her eingefeuert. Halbwüchsige Dorfjungen schleppten in Körben das Holz herbei. Morgens und abends war ein Mädchen damit beschäftigt, einzuheizen, nachzulegen und die Ofentür zur rechten Zeit zu schließen. Ich genoß es manchmal, noch im Bett liegenbleiben zu können und es rumpeln zu hören, wenn morgens das Mädchen Feuer machte und Friedmund um sechs Uhr früh aus dem Bett sprang und auf den Hof ging, um seine Anweisungen für das Tagesprogramm zu geben. Bald hatte ich auch eine Entschuldigung dafür, daß ich länger liegenblieb: zuerst die Schwangerschaft, dann das Wochenbett.

Im Wohnzimmer im ersten Stock mit der dunkelgrünen rotgeblümten Ledertapete gab es einen besonders schönen Kachelofen. Er stand auf stark profilierten Füßen und war kunstvoll konstruiert. Damit man die abstrahlende Wärme optimal nutzen konnte, war in den oberen Teil dieses sogenannten Portalofens eine Art von Tunnel gebaut, in den man Wassergefäße stellen konnte. Dorthinein setzte Friedmund später oft die zwei- bis dreijährigen Buben und ließ sie da oben etwas zappeln.

Im Eßsaal stand dem Eingang gegenüber in einer Nische ein zierlicher eiserner Rokokoofen mit Messingbeschlägen. Er wurde vor jeder Mahlzeit angeheizt. Unsere weiße Dogge mit den schwarzen Flecken setzte sich während der Mahlzeiten stets vor diesen Ofen und sah dann aus wie eine Statue.

Als ich 1974 Zernikow zum ersten Mal wieder besuchte, wohnten nicht weniger als siebzehn Flüchtlingsfamilien im Gutshaus. Durch die extreme Beanspruchung waren sämtliche Öfen geplatzt. Nur der alte Portalofen aus dem Wohnzimmer wurde noch benutzt.

«Er heizt aber auch nicht mehr gut», meinte die Frau, die dort jetzt wohnte.

Gern hatte ich mich im ersten Winter mit dem Rücken an diesen Ofen gestellt, denn ich fror wie nie zuvor in meinem Leben. Friedmund trug drinnen und draußen dasselbe Jackett und nur bei schwerer Kälte einen Lodenmantel darüber. Ich aber bekam Frostbeulen an Händen und Füßen. Er wunderte sich: «Ihr Städter, was seid ihr doch empfindlich!»

Der Hausarzt meiner Eltern, den ich daraufhin konsultierte, fragte mich: «Haben Sie eigentlich immer solche dünnen Strümpfe an?»

«Ja», erwiderte ich, «ich besitze keine anderen.»

«Dann würde ich Ihnen dringend raten, sich eine ganz andere Kleidung anzuschaffen, wollene Strümpfe, wollene Wäsche.»

In Zernikow mußte ich auch erst einmal lernen, mit Petroleumlampen zu leben. Zwar gab es 1930 überall sonst bereits elektrisches Licht. Anfang des Jahrhunderts waren schon die ersten Überlandleitungen mit Hochmasten gebaut worden. Die Landbevölkerung wußte die großen Vorteile der Elektrizität zwar zu schätzen, doch zur ständigen Angst vor allem, was Brände verursachen konnte – Blitzeinschläge, Selbstzündung des Heus,

Brandstiftung usw. –, kam nun noch die Gefahr von Kurzschlüssen hinzu, und die Löschvorrichtungen waren meist sehr primitiv. In Zernikow zum Beispiel wurde das Löschwasser aus einem modrigen Dorftümpel gepumpt, der im Sommer fast ganz austrocknete.

Im Jahre 1909 war eines Nachts ein Brand ausgebrochen, und alle Zernikower Stallungen mit dem ganzen Vieh wurden vernichtet. Bevor das Feuer auf das Gutshaus übergreifen konnte, hatte Friedmunds Schwester, die geistig behinderte, dafür sehr sensible Gudrun, den Widerschein des Feuers in ihrem Spiegel erblickt und die Familie alarmiert. Noch Jahre später zeigte man den Gästen voll Ehrfurcht den Spiegel, der, in einen schweren, mit aufgemalten Wasserrosen verzierten Goldrahmen eingefaßt, an der Wand ihres Schlafzimmers hing.

Nach dieser Katastrophe wollte Vater Erwin auf dem Gutshof keine elektrischen Leitungen legen lassen, und so gab es zu der Zeit, als ich nach Zernikow kam, noch nicht die vielen elektrischen Geräte für den Haushalt, die uns heute selbstverständlich sind, wie elektrisches Bügeleisen, Staubsauger, Kühlschrank usw. Vor die Wahl gestellt, was ich lieber wollte, fließend Wasser oder elektrisches Licht – nur für eine dieser beiden Einrichtungen war Geld vorhanden –, entschied ich mich für fließendes Wasser. Zwar mußte das Wasser nicht mehr wie früher aus dem großen Schöpfbrunnen auf dem Gutshof geholt werden, es gab eine eiserne Pumpe in der Küche, aber fließendes Wasser bedeutet doch eine große Erleichterung im Haushalt.

Die Nachteile der Petroleumlampen lernte ich erst nach und nach kennen. Friedmunds Vater hatte zwar behauptet, sie seien für die Augen viel gesünder als das grelle elektrische Licht und sie zögen auch nicht den Blitz an. Aber sie waren doch recht düster, und zum Lesen brauchte jeder seine eigene Lampe.

Am Abend zündete man kleinere Leuchten im Treppenhaus an, in den Zimmern stellte man größere Lampen auf die Tische. Für draußen gab es windgeschützte «Stallaternen». Mit der Arbeit, all diese Lampen zu warten, war ein Mädchen den ganzen Nachmittag beschäftigt. Die Zylinder mußten sauber sein, der Docht mußte beschnitten, das Petroleum nachgefüllt werden, jedoch nicht zuviel, sonst platzte das Glas. Wenn dies alles nicht sorgfältig getan worden war, stanken die Lampen und blakten, das heißt, es entstieg ihnen ein feiner Ruß und setzte sich im Raum fest.

Beim Besuch der ersten Übernachtungsgäste, die zu dem jungen Paar nach Zernikow kamen, wurden wir wegen dieser Petroleumlampen in großen Schrecken versetzt. Es waren Friedmunds Patenonkel Friedhelm aus Falkenhagen in Hinterpommern, der Onkel, bei dem Friedmund in die landwirtschaftliche Lehre gegangen war, und seine Frau Ellen. Letztere war geliebt und gefürchtet zugleich, denn sie war Hofdame bei der Kaiserin gewesen und strahlte eine solche Autorität aus, daß man meinte, einen tiefen Hofknicks vor ihr machen zu müssen.

Sie trafen gegen Abend ein. Das Gästezimmer war frisch tapeziert, alle Möbel weiß lackiert, duftende Tüllgardinen mit Volants hingen vor den Fenstern. Im blau-weißen Eßsaal gab es bei Kerzenschein ein festliches Souper. Zum Mokka gingen wir hinauf ins Wohnzimmer. Nach einer Weile klopfte es an die Tür: Frau Baronin möchte doch bitte einmal herauskommen.

In der Halle standen alle Mädchen, einschließlich der Mamsell, einer stämmigen Schlesierin, mit ihrem festen Freund, schreckensbleich.

Die Tante hatte, um beim Frisieren besser sehen zu können, den Docht der Petroleumlampe hochgeschraubt und danach den Raum verlassen. Als nun das Stubenmädchen nach dem Abendessen ins Gästezimmer ging, um die Betten aufzuschlagen, das Wasser im Waschkrug zu wechseln und frische Handtücher hinzuhängen, schlug ihr dicker schwarzer Ruß entgegen. In Schwaden hing er im Raum. Die Gardinen, die neue Tapete, alles war rußgeschwärzt.

Ich sah mir das voller Entsetzen an, gab mich aber eingedenk meiner Rolle als Gutsherrin gefaßt. Was war zu tun? Wir berieten.

«Entweder wir richten schnell ein anderes Zimmer her» – aber keins der anderen war schon so recht bewohnbar und jedenfalls keines geheizt – «oder, wenn Frau Baronin die Gäste so lange unterhält, wir putzen.»

«Gut.»

Ich gab schnell neue Wäsche heraus, Friedmund wurde verständigt, als er Wein aus dem Keller holte, und wir unterhielten die Gäste, bis die Mädchen fertig waren, und geleiteten sie zurück in ihr nunmehr wieder tadelloses Fremdenzimmer.

Onkel Friedhelm und Tante Ellen haben von diesem Unglück nichts bemerkt.

Lampenzylinder besorgten wir uns anfangs in einem Kramladen im Städtchen Gransee. Mit der Zeit wurde es jedoch immer schwieriger, etwas so Altmodisches zu beschaffen. Außerdem mußte bei wachsendem Familienanhang – es kamen Säuglingsschwester, Kinderfräulein und Hauslehrerin hinzu – der Lampenbestand vergrößert werden. Auch da gab es Schwierigkeiten. Doch Berlin war ja nicht allzu weit, und dort, im Warenhaus Wertheim etwa, gab es eigentlich so ziemlich alles, was der Mensch braucht. Ich ging also eines Tages hin, um nach Petroleumlampen zu fragen.

«Die führen wir leider nicht mehr. Aber fragen Sie einmal in der Sportabteilung», riet man mir.

Ich fragte in der Sportabteilung. Dort gab es tatsächlich welche, eine größere und eine kleinere Sorte.

«Wie groß ist denn Ihr Bootshaus?» fragte die Verkäuferin.

Es gab also nur deswegen noch Petroleumlampen zu kaufen, weil sie in den Bootshäusern an der Havel und am Wannsee gebraucht wurden.

Lachend erwiderte ich: «Na ja, ziemlich groß!»

Natürlich wollte ich einiges im Haus verschönern und im Haushalt verbessern. Dazu brauchte ich allerdings Geld. Das Geld des Gutes aber wurde verwaltet von Heinrich Rust, dem Rentmeister. Bei jeder auch noch so geringen Ausgabe mußte man zu ihm ins Büro gehen und sich das Geld holen. Meine Schwiegermutter ging sogar zu ihm, wenn sie nur eine Briefmarke brauchte. Für viele auf dem Gut war Heinrich Rust ebenso wichtig wie der Herr Baron – wenn nicht gar wichtiger.

Heinrich Rust war, als ich nach Zernikow kam, schon über dreißig Jahre auf dem Gut tätig. Zwar war die Patrimonialgerichtsbarkeit in Preußen nach der Revolution von 1848 abgeschafft worden, aber bis 1919 bestand wohl für die Gutsherren noch die Möglichkeit, eine Art Friedensrichter einzusetzen. Jedenfalls hatte mein Schwiegervater, so erzählte mir Friedmund, Rust juristisch ausbilden lassen, und dieser übte in Zernikow in Bagatellfällen richterliche Funktionen aus. Auch nach der Revolution von 1918/19 blieb Heinrich Rust bis zum Ende seines Lebens so etwas wie eine juristische Autorität für die Leute in der ganzen Gegend. Sie kamen, um sich bei ihm Rat zu holen, wenn sie irgendeinen Streit hatten, etwa wegen eines Gartenzauns oder dergleichen. Mein Mann sagte im Spaß: «Rust geht mit dem Gesetzbuch unterm Arm spazieren.»

In seinem Büro standen dicke juristische Schinken, selbstverständlich das BGB, Tariftabellen, aber auch die Jahrgangsbände des Gesetz- und Verordnungsblattes, auf das er abonniert war. Heinrich Rust war es, der anhand der Tarifordnungen die Löhne und Gehälter festsetzte, auch die der höheren Angestellten einschließlich der Inspektoren. Wenn jemand neu eingestellt werden sollte, wurde das mit Herrn Rust besprochen. Friedmund legte von nun an jedoch Wert darauf, daß ich an den Besprechungen, die im sogenannten Herrenzimmer stattfanden, teilnahm. So gewann auch ich allmählich Erfahrung in Personalfragen.

Heinrich Rust machte die Bilanzabschlüsse für alle drei Güter. Er ging aber nie selbst nach Wiepersdorf oder Bärwalde. Für jedes Gut, auch für Zernikow, gab es jeweils noch einen Sekretär – die «Nullenschreiber», wie mein Mann sie nannte –, der dem Rentmeister zuarbeitete. Er war es, der dann die Verhandlungen mit dem Finanzamt führte. Der wesentlich ältere Rust, der Friedmund schon als kleinen Jungen gekannt hatte, war in vielen Dingen der Berater meines Mannes. Wer Friedmund nicht näher kannte, wußte nicht, was die Antwort bedeutete, die man für gewöhnlich zu hören bekam, wenn man ihn um etwas bat. Er pflegte zu sagen: «Wollen mal sehen.» Das hieß nichts weiter als: «Ich will es erst einmal mit Herrn Rust besprechen.»

Für manche war es unangenehm, wenn sie nicht gleich ein klares Ja oder Nein zu hören bekamen, sondern zuerst dieses «Na ja, wollen mal sehen». Selbst meine Schwiegermutter oder meine Schwägerinnen haben mich gelegentlich gefragt: «Was meint er denn jetzt?» Mit der Zeit konnte ich es schon am Tonfall abschätzen und dem Betreffenden sagen: «Das scheint Aussicht zu haben, warte nur ein bißchen.»

Heinricht Rust war klein und dick, hatte ein verschmitztes Lachen und war, was man in der Gegend «schluußuhrig» nannte, also ein Schlitzohr. So führte er auch die Verhandlungen mit dem Finanzamt zwar durchaus ehrlich, aber mit großer Geschicklichkeit und in absoluter Loyalität gegenüber dem Gutsherrn. Doch es gab Gelegenheiten, da mußten wir uns über seine Knauserigkeit ärgern, denn das Billigste ist nicht immer das

Zweckmäßigste; er aber versuchte stets, eisern zu sparen. Als auf meinen Wunsch 1930 auf dem Gutshof fließendes Wasser installiert werden sollte, wählte Heinrich Rust dafür das billigste Angebot. Aufgrund dessen wurden die Röhren nur einen Meter tief verlegt. Als im Krieg dann ein kalter Winter kam und der Frost anderthalb Meter tief ging, platzten die Wasserleitungen. Der ganze Hof mußte aufgerissen und alle Rohre mußten neu verlegt werden.

Heinrich Rust starb 1944, und seine Beerdigung wurde gewissermaßen zu einem ländlichen Staatsbegräbnis. Der Zug der Trauergäste aus der ganzen Gegend war länger als das sich weit hinziehende Straßendorf Großwoltersdorf.

Zu Rusts Zeiten waren Frauen im Gutsbüro nicht zugelassen – er hatte die Weiblichkeit immer verachtet. Für ihn galt die Buchhaltung immer noch als eine Domäne der Männer. Frauen, zumal meine Schwiegermutter und ihre Töchter, verstanden, seiner Meinung nach, einfach nichts von Geld; womit er zweifellos nicht unrecht hatte. Nun aber mußte Rusts Stelle neu besetzt werden, und männliche Kräfte standen mitten im Krieg natürlich nicht zur Verfügung. Ein anderes Problem machte uns allerdings weit größere Sorge: Der Posten des Rentmeisters war eine Vertrauensstellung, die einen absolut ehrlichen und zuverlässigen Menschen erforderte. Was wäre geschehen, wenn sich ein Nazispitzel bei uns eingeschlichen hätte?

Auf unsere Annonce meldeten sich unzählige Bewerberinnen. Die erste, die dann zur Vorstellung kam, versetzte uns einen Schock: Mit hochgerecktem rechtem Arm und dem Ruf «Heil Hitler!» betrat sie den Eßsaal. Wir warfen uns einen heimlichen Blick zu, der bedeutete: Die nehmen wir auf keinen Fall!

Beim Gespräch im Herrenzimmer – das war für Besprechungen der sicherste Ort, vor Abhörwanzen brauchte man sich damals noch nicht zu fürchten – kam die Überraschung: Elisabeth Pretschner hatte bis vor kurzem eine hohe Stellung im Reichsarbeitsdienst innegehabt. Sie war zunächst eine begeisterte Anhängerin der Partei gewesen, darüber sprach sie ohne Beschönigung. Nach und nach hatte sie sich jedoch aus der Verstrickung in das unmenschliche System gelöst.

Sie hatte den Mut gehabt, von einem Tag auf den anderen ihre gutbezahlte Stellung aufzugeben, ohne die Sicherheit, eine andere passende Arbeit zu finden. Schnell hatte sie erfaßt, daß sie ganz offen mit uns sprechen konnte, und gewann dadurch ebenso schnell unser Vertrauen. Wir stellten sie ein und brauchten es nicht zu bereuen: Niemals hätte sie daran gedacht, uns zu denunzieren, obwohl sich dazu die vielfältigsten Möglichkeiten geboten hätten.

Als ich nach Zernikow kam, war die Haushaltsführung in den Händen einer Mamsell. Zum Abendessen setzte sie uns jeden Tag das gleiche vor. Das paßte mir zwar nicht, aber ich konnte es nicht Knall auf Fall ändern, weil ich die Mamsell von meiner Schwiegermutter übernommen hatte. Auch Mamsell brauchte nicht zu rechnen, denn es gab ein kleines Lädchen im Dorf, da konnte sie anschreiben lassen, ließ dabei gelegentlich wohl auch einiges in ihre eigene Tasche wandern, aber Herr Rust, das heißt, die Gutsverwaltung, bezahlte.

Besagtes Lädchen war ein Tante-Emma-Laden wie aus dem Bilderbuch. Da gab es alles, von der Schmierseife bis zu Holzpantinen, Gurken aus dem Glas, Heringe aus der Tonne, Zahnpasta und Malzkaffee. Als Schönstes für die Kinder gab es in kleinen Tütchen Brauselimonadenpulver, das man sich auf den mit Spucke befeuchteten Handrücken streute und dann ableckte – das prickelte so schön auf der Zunge. Und Daumenkinos: streichholzschachtelgroße, dicke Büchelchen, auf deren Seiten Figuren gezeichnet waren, von Blatt zu Blatt leicht abgewandelt, so daß sie, wenn man das Büchlein mit dem Daumen rasch durchblätterte, sich zu bewegen schienen, genau wie im Kino! Es war ein ganz kleines Lädchen und gehörte Frau Drews, die zugleich Besitzerin eines Gartens war, mit Ställen für Hühner und Schweine. Und dort befand sie sich meistens. Wenn man in den Laden ging, mußte man rufen: «Frau Dreeews!»

Dann kam die Antwort von weit her, in den höchsten Flötentönen – mein Mann pflegte das gern nachzuahmen: «Ich komme gleich – ich komme!»

Dann kam sie aber noch lange nicht.

Die finanzielle Abhängigkeit von der Gutsverwaltung, von Herrn Rust, ließ mir also wenig Handlungsspielraum für eigene Initiativen zur Verschönerung des Hauses und zur Modernisierung der Hauswirtschaft. Ich mußte sehen, wie ich mir eine eigene Einnahmequelle verschaffen konnte.

Ein Ansatz dazu war vorhanden: Es gab zwei oder drei Eierkunden in Berlin, alte Damen, die einmal bei meiner Schwiegermutter zu Besuch gewesen waren und dabei festgestellt hatten, daß keine anderen Eier so gut schmeckten wie die von Zernikow. Meine Schwiegermutter hatte ihnen daraufhin regelmäßig Eierpakete geschickt. Das führte ich nun fort, aber es gelang mir, in relativ kurzer Zeit den Kundenkreis beträchtlich zu erweitern. Für den Versand gab es feste graue Kartons mit Einsätzen für sechzig Eier; dazu wurde die Rechnung gelegt: Das Ei zu acht Pfennigen, zwei Pfennig teurer als auf dem Berliner Markt.

Der Hühnerstall, den ich von meiner Schwiegermutter übernehmen konnte, war geräumig, aber er war mit nichts weiter ausgestattet als mit drei Sitzstangen. Es wurde ein bißchen Häcksel eingestreut, die Hühner scharrten im eigenen Mist. Die Eier fand man auf gut Glück dort, wo sie die Hühner gerade hatten fallen lassen.

Nun ließ ich mir vom Stellmacher Fallnester bauen, übereinander in drei Etagen jeweils zehn Nester. Die Falltür wurde mit einer Lederschlaufe angenagelt, und sie fiel herunter, wenn das Huhn sich ins Nest setzte, um ein Ei zu legen.

Um eine genaue Kontrolle zu haben über die Legeleistung eines jeden Huhnes, gingen wir dazu über, jeden Tag die zweihundert Hühner durchzutasten, um festzustellen, bei welchem Huhn eine Eiablage gerade bevorstand. Diese Hühner wurden dann ins Nest gesetzt, Klappe zu, das Huhn legte sein Ei, und die Eier wurden am Morgen eingesammelt. Wir führten Listen darüber, welches Huhn wie viele Eier legte, um von den besten Hennen die Küken zu züchten.

Wir waren mächtig stolz auf unsere Perfektion, bis eines Tages Friedmund zu mir sagte: «Es wird dich betrüben, aber ich muß es dir mal sagen: Früh um vier Uhr gehen die Pferdeknechte als erstes in den Hühnerstall und trinken die Eier aus, die in der Nacht gelegt worden sind.»

Das warf unsere ganze Statistik um, aber ganz erfolglos waren meine Bemühungen um die Modernisierung der Hühnerzucht denn doch nicht. Ich ließ einen Auslauf anlegen, schaffte Gefäße an, durch die die Hühner stets mit frischem Trinkwasser und mit Futter versorgt wurden, das nun nicht mehr einfach über den Boden verstreut wurde, und mit der Zeit ergab sich ein ganz schönes Nebeneinkommen.

Natürlich kann man sagen, von der Gutswirtschaft her gesehen war es eine Milchmädchenrechnung, die Hühnerzucht als meine eigene Einnahmequelle zu betrachten, denn das Futter, die Stallung, die Wartung der Hühner, das ging alles auf Kosten des Guts, und der Gewinn schlug ja nicht in der Gutskasse zu Buche. Aber besser, als Rust das Geld Mark für Mark abzuluchsen, war es allemal. Nun konnte ich also daran gehen, das Haus zu verschönern.

In der Eingangshalle des Gutshauses stand ein schlichter Schrank, darauf ein Schließkorb mit Lederecken und durchgefaultem Boden.

«Frag erst Herrn Rust», sagte Friedmund, als ich ihn herunterholen lassen wollte. «Da sind nämlich die wichtigsten Gutsdokumente drin, die in Sicherheit gebracht werden müssen, wenn es brennt.»

«Gut», sagte ich, «ich werde Herrn Rust fragen. Aber raustragen bei Feuer? Der Korb ist doch ganz morsch!»

Wir brachten die Dokumente im Büro unter, holten den Schrank heraus und stellten einen Barockschrank an seine Stelle. Im Fremdenzimmer stand ein eisernes Bett neben einem hölzernen, und es gab nur einen alten Marmorwaschtisch mit einem fast völlig blinden Spiegel darüber. Ich stattete mehrere Räume neu aus, unter anderem mit Möbeln und Truhen aus der Erbschaft von meinen Urgroßeltern Mevissen. Nach und nach ließ ich in jedem Frühjahr weitere Gästezimmer herrichten. Dazu kam aus Neuglobsow Meister Diercks, der Malermeister, der auch bei der Restaurierung des Eßsaals geholfen hatte, ein zwei Meter großer, korpulenter Mann. Er stieg auf seine Stehleiter und strich die Decke neu. Wenn die ihm erreichbare Fläche fertig war, brauchte er nicht wieder von der Leiter herunterzusteigen, um sie zu verrücken. Ich sah zu meinem Erstaunen, wie er die zwei Seiten der Stehleiter als Stelzen benutzte und wieselflink in vier Metern Höhe durch den Raum stelzte.

Bei meinem ersten Besuch in Neuglobsow nach dem Kriege sah ich ihn wieder. Er saß vor seinem Häuschen und malte auf präparierte Plastikteller, die man an die Wand hängen konnte, den Stechlinsee mit hineinhängenden Birkenzweigen. Als er mich erkannte, umarmte mich der Achtzigjährige mit Tränen in den Augen und schenkte mir einen seiner Teller. Er erzählte mir voll Stolz, daß er diese Teller für zehn Mark das Stück an die Feriengäste verkaufe und mit seiner Kunst beträchtlich zum Unterhalt seiner Familie beitrage.

Im Jahre 1934 sollte sich die Hühnerzucht über meinen Nebenerwerb hinaus als nützlich für die Gutswirtschaft erweisen. Es war nämlich ein Maikäferjahr, und die Krabbeltiere wurden für uns zu einer rechten Plage. Wenn wir draußen unter den hohen Kastanien saßen, krabbelte es im Nacken, in den Haaren, und oft plumpste ein Käfer ins Essen. Das Baby konnte nicht in den Park gestellt werden. Aber das war natürlich nicht das schlimmste. Alle Blätter der Laubbäume wurden abgefressen, ganz schwarz sahen manche Bäume aus vor lauter Käfern. Die Bäume erholen sich allerdings nach einer solchen Plage wieder, sie haben dann nur einen schmäleren Jahreszuwachsring.

Die eigentliche Gefahr, die von den Maikäfern ausgeht, ist aber ihre Nachkommenschaft. Nachdem die Käfer die Laubbäume kahlgefressen haben, legen die Weibchen im Boden ihre Eier ab, aus denen sich im Laufe von vier Jahren die dicken, fetten Larven, die Engerlinge heranfressen, und die sind es, die den größten Schaden anrichten. Hat man im Garten junge Salatpflanzen gesetzt oder Kohlrabi und sie werden plötzlich welk und fallen um – was ist der Grund? Buddeln Sie ein wenig nach, und Sie werden sehen: Ein Engerling hat die Wurzel angefressen, denn das ist seine Nahrung. Viel größer noch ist der Schaden in der Forstwirtschaft: Die Engerlinge fressen die Wurzeln der jungen Kiefernpflanzen erbarmungslos auf. Der Verlust dieser Pflanzen verursacht nicht nur enorme Kosten, er zögert eine vorgesehene Neuaufforstung gefährlich hinaus.

Schon die Bettine hat – in *Dies Buch gehört dem König* – die Probleme einer Maikäferplage drastisch dargestellt. Sie läßt die Frau Rat Goethe sagen: «Wären die Sperlinge nicht getötet worden, weil sie Korndiebe waren, so wären die Engerlinge nicht gekommen, die dem Gras unterirdisch die Wurzeln abfraßen, und dann wären nicht so viele Maikäfer ausgekrochen, die das grüne Mailaub wegzehren, und dann hätten wir keinen so dürren Sommer ohne Laub und ohne Gras.»

Wir hatten zwar Sperlinge in Zernikow, aber die hatten offensichtlich ihre Schuldigkeit nicht getan. Also mußten die Hühner ran!

Mein Mann kaufte kurzerhand einen ausrangierten Omnibus, ließ ihn auf Kufen setzen, so daß daraus eine Art Schlitten wurde, und in diesen wurden die Hühner hineingetrieben, zu den Waldschonungen transportiert und dort freigelassen. Da haben sie dann überall die Engerlinge aus dem Boden gepickt. Aber auch unsere Schweine wurden an dieser Jagd beteiligt, da für die Schweine die Engerlinge Leckerbissen darstellen, die sie mit ihren Schnauzen aus dem Boden wühlen. Aber was tun mit den Maikäfern selbst? Heutzutage denkt jeder sofort an Giftspritzen. Friedmund hatte eine viel bessere Idee: Nicht nur die Engerlinge, auch die Maikäfer sind ein hervorragendes, eiweißreiches Mastfutter. Allerdings durfte man nicht zuviel davon auf einmal verfüttern, das vertragen weder die Hühner noch die Schweine. Friedmund ließ einen Trupp vom Arbeitsdienst aus Neuruppin kommen. Die jungen Leute wurden mit langen Stangen und mit Ernteplanen ausgerüstet. Das sind große Zelttücher, mit denen man, wenn es gerade regnet, während man beispielsweise das Heu einfahren will, die Heuwagen abdecken kann. Frühmorgens um vier zogen sie mit dem Förster hinaus in den Junkerbusch, das nächste große Buchenrevier, eine halbe Stunde zu Fuß vom Gutshof entfernt. Da saßen die Maikäfer zu Abertausenden auf den Bäumen am Rande des Waldes; vom Laub war kaum noch etwas zu sehen.

In der Morgenfrühe sind die Tierchen steif und fliegen nicht. Die jungen Männer breiteten die Planen aus und «stökerten» mit ihren Stangen in den Bäumen. Wie ein schwarzer Regen fielen die Käfer herab. Die Planen wurden zusammengerafft und so die Käfer zentnerweise zum Gutshof gebracht. Ich glaube mich zu erinnern, daß es insgesamt sechsunddreißig Zentner waren!

Was nun damit? Nur einen Bruchteil konnte man davon sofort verfüttern, die restlichen Käfer würden aber wach werden und wieder davonfliegen! Da ließ der Gutsherr ein großes, leeres Benzinfaß herbeischaffen, ließ durch seine Längsachse eine eiserne Stange ziehen und es mit Maikäfern füllen. Dann wurde das Faß über ein Holzkohlefeuer gebracht und unter ständigem Rotieren erhitzt. Schließlich wurden die gerösteten Käfer in einer Schrotmühle gemahlen. So war das Viehfutter für längere Zeit konserviert.

Die Dorfjugend ergötzte sich an der Veranstaltung – doch die Sommergäste, die «Städter», mußten ferngehalten werden, denn die armen Maikäferchen taten ihnen ach so leid.

Nachmittags um zwei meldeten sich die Frauen vom Dorf, die

sich etwas Haushaltsgeld dazuverdienen wollten, beim Gärtner. Es gab viel zu tun: die Instandhaltung des Parks, aber vor allem die Arbeit im Gemüsegarten. Dieser diente zwar nur der Versorgung des Gutshaushalts, war daher an Bedeutung nicht zu vergleichen mit der Gärtnerei in Wiepersdorf, die auch für den Verkauf produzierte und deshalb von einem Berufsgärtner geführt wurde. Aber immerhin war unser Eigenbedarf an Obst, Gemüse und Salat nicht gering.

Als Gärtner stand mir zunächst Erich Sommerfeld zur Seite, den ich schon in meiner Brautzeit kennengelernt hatte, als dieser als Schriftführer des Zernikower Fußballvereins zusammen mit Friedmund bei meinen Eltern aufgetaucht war. Schon damals trug er eine Försteruniform, und Friedmund war in der Tat gerade dabei, ihn zum Förster auszubilden.

Ich aber protestierte: «Hast du jetzt einen Förster oder ich einen Gärtner?»

Das sah Friedmund ein und delegierte für mich August Schmidt, einen älteren Waldarbeiter, ab, dem die Arbeit im Forst zu schwer geworden war. Der übernahm nun die Gutsgärtnerei und war, obwohl längst im Rentenalter, ungeheuer fleißig. Seine dicke Frau dagegen schaute fast den ganzen Tag über zum Fenster hinaus, die verschränkten Arme auf ein Kissen gebettet, und sagte zu jedem Vorübergehenden, der es hören oder auch nicht hören wollte: «August Schmidt, min Mann, unser Vadder, der muß sich ook so väl ploagen!»

Friedmund hatte für die Forsten in Wiepersdorf und Bärwalde einen akademischen Forstmeister eingesetzt, wie es vom Gesetz vorgeschrieben war. In Zernikow aber wollte er sich selbst um die Wälder kümmern. Dafür hatte er sich besagten Erich Sommerfeld, einen intelligenten jungen Burschen, der eine Gärtnerlehre absolviert hatte, zu seinem Assistenten gewählt.

Auch mich lernte Friedmund als Hilfsförster an. Wir zogen zu dritt, Sommerfeld links, ich rechts, durch die zur Durchforstung anstehenden Jagen. Friedmund zeigte mir das «Auszeichnen», das heißt, er erklärte mir, welche Bäume geschlagen werden mußten und welche man stehenlassen sollte.

Auf einem dieser Waldgänge wies mich Friedmund auf eine Halbinsel an der Polzow mit einem wunderschönen Bestand astreiner, einhundertfünfzigjähriger Kiefern hin. Diese hatte er nach Berlin verkaufen müssen. Früher wurden solche Stämme als Masten für die Segelschiffe verwendet. Die unseren wurden als Rammpfähle für den Bau des Columbus-Hauses am Potsdamer Platz gebraucht, des ersten Hochhauses von Berlin, das im Schwemmsand ein besonders solides und tiefes Fundament erhalten mußte. Der Preis, der Friedmund damals für diese herrlich gewachsenen Kiefern geboten wurde, war eigentlich ein Hohn: acht Mark pro Festmeter. Aber wenn wir später an dem berühmten Bau von Erich Mendelsohn vorbeigingen, konnten wir sagen: «Er steht auf Zernikower Kiefern!»

Wenn Friedmund abends zu Hause war, gab er mir und Förster Sommerfeld Unterricht in Bodenkunde und Forstwirtschaft. Dieser Unterricht fand nach dem Abendessen beim Schein der Petroleumlampe im Wohnzimmer statt. Dann kam Erich Sommerfeld und klopfte an die Haustür, zog in der Halle die Stiefel aus und stieg auf seinen dicken Wollsocken die Eichentreppe hinauf. Gelegentlich besprachen wir die Artikel, die Friedmund für die forstwissenschaftliche Fachzeitschrift geschrieben hatte. Gemeinsam nahmen wir teil an Tagungen der Forstvereine und der Dendrologischen Gesellschaft.

Wie in der Gutsverwaltung Heinrich Rust, so nahm im Gutshaushalt Oma Brehmer die beherrschende Stellung ein. Sie war die Witwe des früheren Stellmachers, der im Dorfe eine allseits geachtete Persönlichkeit gewesen war und Menschen und Pferde besprechen, das bedeutet, ihr Blut stillen konnte, wenn sie sich verletzt hatten. Oma Brehmer war für alle eine Vertraute. Sie hatte meinen Mann, als er noch ein Kind war, auf den Armen getragen und liebte ihn mehr als ihren eigenen Sohn. Auch zu mir war sie mütterlich, und ich tat gut daran, auf ihre Ratschläge zu hören.

Ich sehe sie noch vor mir, wie sie, einen Dutt auf dem Kopf, in ihren Holzpantinen und dicken Wollstrümpfen, mit einem Tablett in der Hand, über das holprige Pflaster des großen Gutshofes in die Küche gewatschelt kam. So war sie auch von meiner Schwägerin Marielies auf einer der «Tapetenkacheln» im Eßsaal festgehalten worden. Die Gelegenheit, ihre Rechte als Herrscherin des Gutshaushaltes auszuüben, ergab sich für sie insbesondere an den Tagen, wo gewaschen oder geschlachtet wurde.

Das Waschen fand alle vier Wochen statt. Dann kamen aus dem Dorf fünf Frauen zusammen, die, unter Aufsicht von Oma

Brehmer, sechs Tage mit Waschen und danach sechs Tage mit Plätten beschäftigt waren. Morgens tranken sie stets erst einmal gemeinsam Kaffee in der sogenannten Plättstube, einem großen Raum hinter der Küche. In der Mitte der Waschküche stand ein großer Bottich mit schmalem Rand. Da stellten die Frauen ihre Waschbretter hinein, standen dahinter auf Holzrosten, wuschen und unterhielten sich dabei unentwegt. In der darauffolgenden Woche fand in der Plättstube eine gleiche Frauenversammlung statt. Am großen Tisch wurde geplättet. Die Plättbolzen wurden im Herd erhitzt und mit einer Zange in die Plätteisen geschoben.

Die erste «Neuerung», die ich im Waschbetrieb einführte, war ein alter Kinderwagen, den ich aufgetrieben hatte, damit die Frauen darauf die nasse Wäsche auf den in einigen hundert Metern Entfernung, am anderen Ende des Parks gelegenen Wäschetrockenplatz transportieren konnten, statt sie in schweren Körben hinauswuchten zu müssen.

Diese Arbeitserleichterung akzeptierten die Waschfrauen. Doch ein paar Jahre später gab es fast einen Aufstand. Da hatte ich eine sogenannte Miele-Trommel angeschafft, weil mir das Auswringen der Wäsche mit der altmodischen kleinen Wäschepresse als zu mühselig erschien.

Oma Brehmer kam zu mir und sagte: «Is ja janz schön, Ihre Miele-Trommel, aber lassen wir lieber allens, as west is.»

Eine Waschmaschine aufzustellen wagte ich danach nicht mehr.

In der Waschküche befanden sich die großen Kessel, in denen beim Schlachten das Wellfleisch und die Würste gekocht wurden. Und im Herbst das Pflaumenmus, das zwei Stunden gerührt werden mußte. Ein paar grüne Nüsse wurden untergemischt, das gab dem Mus einen ganz eigenen Geschmack und machte es schön braun.

Bei den Schlachtfesten, die in der Winterzeit viermal stattfanden, hatte Oma Brehmer das Sagen. Es war stets ein großes Ereignis für das ganze Dorf. Zunächst wurden zwei Schweine von Meister Eggeling, dem Schlachter aus Großwoltersdorf, der jedesmal mit all den erforderlichen Gerätschaften ankam, geschlachtet und zerlegt. Dann teilte Oma Brehmer die Frauen ein, die feine Speckstreifen zu schneiden und die Würste abzubinden hatten.

Wenn Meister Eggeling gerade mit einer Arbeit beschäftigt war, die seine Aufmerksamkeit ganz in Anspruch nahm, machten sich die Küchenmädchen einen Spaß daraus, ihm ein Schweineringelschwänzchen hinten an die Hose zu heften. Der Meister, der sehr gutmütig war, ließ sich nichts anmerken und lief, den Umstehenden zur Freude, den ganzen Tag über mit dem Ringelschwänzchen herum.

Am Abend des Schlachtfestes kamen die Dorfkinder mit Milchkannen, die mit Wurstbrühe gefüllt wurden. Unter dem Schlachtruf des Kuhschweizers: «Auf, Kameraden von der Westfront!» erschienen die Knechte zum «Wurststökern». Sie steckten eine lange Stange durch die Küchentür, stökerten damit nach den Würsten und sagten dazu einen Vers auf. Dann wurden ihnen von den Küchenmädchen ein Paar Leberwürste und ein Paar Blutwürste an die Stange gehängt.

Die verschiedenen Wurstsorten wurden nach den Rezepten von Oma Brehmer hergestellt. Zum Abschmecken, vor allem der feinen Leberwurst, wurde ich von ihr feierlich hinzugebeten. Ich habe mir mein Lebtag nichts aus Wurst gemacht, und so hatte ich auch keine Ahnung, worauf es bei ihrem Geschmack ankam. Aber ich tat natürlich so, als verstünde ich etwas davon, denn das wurde von einer Gutsfrau nun mal erwartet.

Im Keller befand sich ein großer Räucherschrank, in dem der Schinken und die Dauerwürste geräuchert wurden. Von einer der Frauen, die beim Schlachten mithalfen, wurde mir später erzählt, daß sie jeweils am Abend, bevor sie nach Hause ging, sich einen Kranz Wurst um den Hals legte und darüber sorgsam ihr wollenes schwarzes Tuch wand, wie es die älteren Frauen zu tragen pflegten. Ihre Devise war: «Det is so'n jroßet Jut, da kommt det nich drauf an.»

Oma Brehmers Sohn Ernst war unser Kutscher. Er war ein vorzüglicher Pferdepfleger und hat auch nach dem Kriege bis ins hohe Alter die noch in Zernikow verbliebenen Pferde versorgen dürfen. Zu seinen Pflichten gehörte es, die Besucher aus der Stadt spazierenzufahren. Denn eine Kutschfahrt war unabdingbarer Bestandteil eines Ausflugs aufs Land. Ernst Brehmer putzte die Kronen auf dem Pferdegeschirr und machte sich und die Kutschen fein. Gegenüber den städtischen Damen, die er spazierenfuhr, war er jedoch stets kurz angebunden, und ihre romantische Schwärmerei für die Idyllen des Landlebens ließ ihn kalt.

Als er eines Sonntags eine ältere Dame aus Berlin durch die Landschaft kutschierte und diese enthusiastisch ausrief: «Ach, Brehmer, die wogenden Kornfelder, der herrliche Wald, ist das nicht wundervoll?», da kam es von ihm zurück: «Ach, gnä's Frollein, det is mir allens sooo över!»

Ein andermal kutschierte er zwei Damen aus der Stadt an einem Kartoffelacker vorbei, als die eine sich zu ihm vorneigte und ihn fragte: «Ach, Brehmer, sagen Sie doch, warum sind die einen Kartoffeln so herum gepflanzt und die andern anders herum?»

Wenn er die Kartoffelreihen pflügt, zieht der Landwirt, weil er so den Pflug leichter wenden kann, immer auch einige Querreihen. Brehmer jedoch erklärte: «Also, gnä's Frollein, det eene, det sint die Siedekartoffeln, und det andre, det sint die Bratkartoffeln.»

Worauf sich ihr die andere Dame verwundert zuwandte: «Und das wußtest du nicht, Luise?»

Als Anfang der dreißiger Jahre die Politisierung auch aufs Land übergriff, besuchte Ernst jeden Abend die Versammlungen im Dorfkrug von Zernikow. Es gab ja achtundzwanzig Parteien. Friedmund fragte ihn einmal: «Na, Ernst, wie war es denn gestern abend?»

Ernst achselzuckend: «Wenn se reden, ham se alle recht.»

Die Tochter von Ernst und Lottchen Brehmer, Ilse, kam zu mir schon als Dreizehnjährige ins Haus; zuerst als Hilfe für die Kinderschwester, später wurde sie Erstes Hausmädchen. Bei Kriegsende vergruben Ilse und ich gemeinsam die Berliner und Meißner Porzellanservice der Familie im Park. Später hat sie sie dann allein wieder ausgebuddelt. Als ich sie 1978 in Zernikow besuchte, wurde gerade die Jugendweihe eines ihrer Söhne gefeiert und ich war zum Festessen eingeladen. Da war die Tafel mit unserem KPM-Geschirr von 1820 gedeckt. Gern hätte sie mir das Geschirr jetzt wieder zurückgegeben, aber es war und ist ja streng verboten, wertvolle Gegenstände über die deutschdeutsche Grenze zu transportieren. Sie verstaute aber dennoch zwei Teller mit durchbrochenem Rand (blau-weiß-gold) in meinem Koffer. Bis dahin war ihr gar nicht so recht klar gewesen, welch kostbares Geschirr sie da «geerbt» hatte.

Noch viele andere Menschen gab es in Zernikow, die in meinem

Leben eine wichtige Rolle gespielt haben, und selbst wenn ich mich darauf beschränkte, nur von denen zu erzählen, mit denen ich bis heute in Verbindung stehe, würde das viele Seiten füllen. Nur von einem dieser vielen Menschen möchte ich hier noch berichten, weil die Geschichte in ihrer Eigenart stellvertretend für die aller anderen stehen kann. Es ist die Geschichte meiner «nie vergessenen Grete». Warum ich sie so nenne, wird sich aus der Erzählung selbst ergeben.

Grete Schulz kam 1932 zu uns in den Gutshaushalt von Zernikow als Küchenmädchen und blieb bis 1934, das heißt, bis sie heiratete. Ein Küchenmädchen war das letzte Rad am Wagen einer ländlichen Hauswirtschaft. Sie hatte abzuwaschen, Kartoffeln zu schälen, den Boden zu wischen und die Hühner zu versorgen. Meist nahm man dazu das am wenigsten intelligente Mädchen bzw. das mit der geringsten Schulbildung.

Grete war strohblond, blauäugig, pausbackig – und sie war sehr fleißig. Gewiß, eine gute Schulbildung war ihr nicht vergönnt gewesen, und so schreibt sie noch bis heute völlig unorthographisch, aber dumm – das war und ist sie wirklich nicht! Sie hat mir einmal von ihrer Herkunft und Kindheit erzählt: Sie war ein uneheliches Kind aus dem Berliner Wedding. Ich habe mit Grete 1975 ihre Mutter in Ost-Berlin besucht, in einer sehr bescheidenen Wohnung im Hinterhaus. Noch immer schminkte sich diese dürre, alte Frau und hatte kohlschwarz gefärbte Haare. Als die Mutter seinerzeit hatte heiraten wollen, war der künftige Ehemann nicht bereit, das uneheliche Kind mit in die Ehe zu übernehmen. So kam Grete in ein Waisenhaus.

Sie erzählte weiter, wie man sie in einem Schlafsaal unterm Dach untergebracht hatte – die Schlafstellen darin waren durch einen Bretterverschlag voneinander abgeteilt. Jeden Sonntag mußten sich die Kinder in Reih und Glied aufstellen. Dann kamen die Leute, die sich ein Kind aussuchen wollten. Sie stellte sich trotzig und machte stets ein böses Gesicht. So war sie schon recht groß, so zehn oder elf Jahre alt, als sich schließlich jemand fand, der sie mitnehmen wollte. Es waren Herr und Frau Kedzierski aus Zernikow. Sie ein kleines, wuseliges Frauchen, er ein freundlicher alter Mann, der noch immer täglich unsere Milch im Kastenwagen zur nächsten Bahnstation, nach Großwoltersdorf fuhr. Meine beiden ältesten Söhne durften mitfahren und lernten bei ihm kutschieren.

Der alte Kedzierski hatte zwei Söhne, Paul und Edmund. Paul hatte Autoschlosser gelernt und «versorgte dem Chef sein Auto». Edmund war unser Kuhschweizer. Er brachte abends die Milch in die Küche und unterhielt die dort versammelte Weiblichkeit mit seinen Späßen. – Also, die Kedzierskis hatten zwei Söhne. Da nun aber Frau Kedzierski kränklich war, wünschte sie sich eine Tochter als Hilfe für den Haushalt, und so holten sie sich Gretchen aus dem Waisenhaus. Als sie vierzehn Jahre alt war und aus der Schule kam, ging sie mit der Kolonne auf den Acker: Rüben hacken, im Frühjahr in den Forst Kiefern pflanzen, Heu machen, bei der Getreideernte mithelfen oder Kartoffeln buddeln. 1932 nahmen wir sie «ins Schloß», also ins Zernikower Gutshaus, als Küchenmädchen. Ich hatte damals meine städtischen, haushaltsplanerischen Ideen in den Gutshaushalt einzubringen versucht: einen Arbeitsplan erstellt und in der Küche ausgehängt. Jedes Mädchen bekam seine bestimmte Arbeit zugeteilt und hatte eine feste Arbeitszeit. Auch einen freien Nachmittag pro Woche – das gab es bis dahin nicht. Für das Hausmädchen stand an: Geschirr abtrocknen, Silber putzen etc. Für das Küchenmädchen: Abwaschen, Bodenwischen etc.

Eines Tages war das Hausmädchen krank. Die Mamsell befahl Grete, das Geschirr abzutrocknen und in den Eßsaal zu fahren. Grete: «Nee, det is mine Arbeet nich!» Als ich ihr dann gut zuredete, schien der Streit geschlichtet, aber sie blieb stolz und selbstbewußt – und schließlich: Wozu gab es den Arbeitsplan, wenn sich die Herrschaft nicht dran hielt?

Am Freitagvormittag stand für Grete auf diesem Plan, den roten Fliesenboden in der Eingangshalle zu wischen. Als ich in Zernikow ankam, war er grau und unansehnlich gewesen. Aber ich hatte gehört, daß in Holland die Leute immer rote Farbe ins Spülwasser taten, damit die Fliesen schön rot blieben.

Eines Freitags – es war Winter und zehn Grad unter Null – hatte Grete wieder planmäßig die Eingangshalle gewischt. Aber, o Schreck! Man konnte sie nicht mehr betreten: Es war eine Eisbahn geworden! Mein Mann lachte: «Da siehst du nun, was dabei herauskommt, wenn die Mädchen genau nach deinem Plan arbeiten!»

Grete heiratete dann nach Rheinsberg, das vierzehn Kilometer von Zernikow entfernt liegt – das Rheinsberg, dessen Name sich für die einen mit der Kronprinzenzeit Friedrichs des Großen verbindet, für die anderen mit der Liebesidylle Kurt Tucholskys. Aber ihre Heimat blieb Zernikow, und sie kam regelmäßig, nicht nur, um ihre Adoptiveltern und -brüder, die Kedzierskis, zu besuchen, sondern auch, um am Gemeinschaftsleben des Dorfes teilzunehmen.

Da ich zu den Leuten in Zernikow auch nach dem Krieg Verbindung hielt, bekam ich sehr bald auch Post von Grete Schulz aus Rheinsberg. Sie schrieb zwar, wie gesagt, unorthographisch, aber oft und ausführlich, und sie bestand darauf, daß ich ihr ebensooft antwortete.

In den Jahren der Sowjetischen Besatzungszone und den ersten Jahren des Aufbaus der DDR mußte ich befürchten, daß die Leute, die mit mir korrespondierten, als «Junkerknechte» gebrandmarkt wurden und Schwierigkeiten bekommen konnten. Deshalb schrieb Grete – und schreibt bis heute – auf den Briefumschlag «An Tante Clara Arnim» (ohne das verräterische «von») und am Ende ihres Briefes stets «Ihre nie vergessene Grete».

Ich habe schon von der Mamsell erzählt, die ich im Zernikower Gutshaushalt vorfand, als ich diesen übernahm. Sie hieß Maria, war kräftig wie ein Mann, dick und resolut. Alle Mädchen hatten Angst vor ihr, auch ich.

Maria pflegte auf die Frage: «Was gibt es heute zum Abendessen?» stereotyp zu antworten: «T'jifft Raju!» Also Ragout und Bratkartoffeln und danach Wurstbrote, tagaus, tagein. Ich hatte zwar auch schon munkeln hören, daß sie nicht ganz ehrlich sei, konkrete Beweise gab es jedoch nicht.

Nach der Geburt meines ersten Sohnes mußte ich noch drei Monate bei meinen Eltern in Berlin bleiben, um eine Sepsis auszukurieren. Inzwischen trieb es Maria mit ihren Unterschlagungen so weit, daß es auffiel. Früher hatte sie alle vier Wochen einmal ein großes Paket nach Hause geschickt. Aber nun, da die Gutsherrin nicht da war, verschickte sie fast täglich Pakete. Der Postmeistersfrau von der kleinen Poststelle des Dorfes kam das nicht geheuer vor. Sie wußte zwar etwas vom Postgeheimnis, aber in diesem Fall fand sie, daß man dem Rentmeister des Gutes, Herrn Rust, ruhig einmal Bescheid geben sollte.

Als ich mit dem Baby nach Zernikow zurückkam, noch geschwäch und elend, sagte mein Mann zu mir: «Wir müssen mit dir eine ernste Angelegenheit besprechen. Ich lasse Herrn Rust herüberkommen.»

Wir setzten uns also ins Herrenzimmer, Friedmund und Herr Rust waren sehr förmlich, fast feierlich. Herr Rust berichtete, was ihm die Postmeistersfrau erzählt hatte.

«Nun ja», sagte ich, «das mindeste, was man tun kann, ist ja wohl, sie zu entlassen.»

«Nein», sagte Herr Rust, «das ist es eben, so geht das nicht. Ich habe mich nämlich inzwischen über sie bei der Verwaltung des Gutes erkundigt, wo sie früher angestellt war. Als man ihr dort gekündigt hatte, hat sie aus Rache alle Gummiringe der Weckgläser des Haushalts angestochen; sämtliche Vorräte sind verdorben. So etwas wollen wir hier nicht riskieren!»

Nun wußten wir, daß, was das Postgeheimnis betraf, Mamsell noch weit unbekümmerter war als die Postmeistersfrau. Sie las, wenn wir unterwegs waren, alle Briefe, die sich auf meinem Schreibtisch befanden. Die neuesten, auch die von meinen Eltern, lagen in meinem roten ledernen Schlüsselkörbchen.

Wir unterrichteten meinen Vater in Berlin von der Angelegenheit, der entsprechend unseren Anweisungen daraufhin folgenden Brief an uns schrieb:

Wir haben mit Entsetzen gehört von den Vorkommnissen mit Eurer Mamsell. Ich möchte Euch als Jurist darauf aufmerksam machen, daß das, was sich die Mamsell hat zuschulden kommen lassen, nicht einfacher Diebstahl ist, der nach § xy StGB zu bestrafen wäre, sondern, da die Mamsell eine Vertrauensstellung innehat und ihr junge Mädchen zur Ausbildung anvertraut sind, einen schweren Vertrauensbruch darstellt, der nach § xyz mit Zuchthaus nicht unter soundsoviel Jahren zu bestrafen ist.

Als der Brief eintraf, legte ich ihn wie gewöhnlich ins Schlüsselkörbchen, wobei ich mir die Faltung genau merkte. Friedmund und ich gingen in den Wald.

Zwei Stunden später, als wir zurückkamen, standen in der Halle die Küchen- und Stubenmädchen versammelt, weinten und waren sehr aufgeregt: «Mamsell is so krank, die will sich umbringen!»

Der Brief hatte also seine Wirkung gezeitigt. Die Mädchen erwarteten nun, daß ich ins Mamsellenzimmer gehen würde, das hinter der Küche lag, um der Mamsell Beistand zu leisten. Ich mußte aber erst einmal an mich halten, Friedmund ebenfalls, damit wir nicht herausplatzten vor Lachen. Wir stürzten die Treppe hinauf, gingen ins Wohnzimmer, schlugen die Tür zu und lachten, bis uns der Atem ausging. Ich habe der Mamsell dann eine Wärmflasche bringen lassen, zu ihr hingegangen bin ich aber nicht.

Am nächsten Morgen erschien sie mit verheulten Augen. «Meine Oma in Schlesien ist gestorben. Ich muß sofort zur Beerdigung hin.»

Wir ließen einen Kutschwagen vorfahren, der sie zur Bahnstation bringen sollte. Keiner zeigte Verwunderung, daß Maria mit ihrer ganzen Habe abreiste, einem großen Schließkorb und einem Vulkanfiberkoffer. Niemand winkte ihr nach. Und nie wieder haben wir von ihr gehört.

Die Mamsell hatte den Mädchen, die über Marias Unterschlagungen genau Bescheid wußten, immer wieder gedroht: «Ich schlaach euch doot, wenn ihr wat saacht.»

Das konnte man sogar glauben, denn wenn sie mit dem Kochlöffel zugeschlagen hätte, hätte man eine ganz schöne Gehirnerschütterung abbekommen.

Selbst Oma Brehmer hatte mir nichts erzählt. Sie hatte sich bewußt zurückgehalten, so nahe sie der Gutsherrschaft auch stand. Das beeindruckte mich, es war für mich ein Zeugnis ihres geradlinigen Charakters. Nun, als die «Wurstmadam», wie wir sie nannten, das Weite gesucht hatte, konnte ich mit Oma Brehmer die ganze Sache durchsprechen, und sie riet mir, eine jüngere Kraft einzustellen.

Daraufhin mußte ich hintereinander drei Reinfälle erleben: Die neunzehnjährige tüchtige Erna Kiekhäfer wurde mir nach kurzer Zeit weggeheiratet. Darauf wollte ich es mit einer anderen Erna versuchen, Erna Brinkmann, die als Küchenmädchen zu uns gekommen war und sich als sehr intelligent und geschickt erwiesen hatte. Es gelang ihr beispielsweise, mit leichter Hand sechzig Entchen aufzuziehen und sie bis zum Herbst zur Schlachtreife zu bringen. Das ist schwer, weil Enten sehr empfindlich sind und, im Gegensatz zu Hühnern, sehr eigen. Als ich sie nun zur Wirtschafterin beförderte, ging das sehr bald schief, was jedoch nicht an ihr lag. Sie wurde von den anderen Hausangestellten einfach nicht anerkannt.

«Wat will denn die, det is doch die Erna aus Burow, wo der Vater säuft; und überhaupt, die war ja man bloß Küchenmädchen.»

Es ging also nicht, sie mußte gehen. Leider.

Ich empfahl Erna an eine Arnimsche Familie weiter, die in Sachsen ein großes Gut hatte. Dort wußte niemand, daß sie vorher nur Küchenmädchen gewesen war. Diese Arnims waren sehr reich und besaßen ein stattliches Barockschloß, darin herrschten noch feudale Sitten. Es gab einen ganz alten Kammerdiener und einen jungen, der mußte jeden Morgen beim Herrn antreten und sagen: «Untertänigsten guten Morgen, Herr Kammerherr!»

Erna schrieb mir dies in Klagebriefen, und auch davon, daß es dort zwei Küchen geben, eine, in der für die Herrschaft, eine andere, in der für das Gesinde gekocht wurde. Und, was Erna besonders empörte, nicht nur das Essen, auch das Geschirr mußte streng getrennt werden. Trotzdem blieb sie dort drei Jahre als Wirtschafterin und heiratete später einen Herrn Glattki, und 1973 sah ich sie als Leiterin des Kindergartens von Neuglobsow am Stechlinsee wieder.

Mit meinem Plan, mir eine Mamsell oder Wirtschafterin heranzuziehen, die den Gutshaushalt nach meinen Vorstellungen hätte führen können, war ich also nicht weit gekommen. Ich mußte neue Überlegungen anstellen. Von der bürgerlichen Frauenbewegung angeregt, hatte mich früh schon der Gedanke beschäftigt, daß die Führung eines Haushalts, ob groß oder klein, zu Unrecht von der Allgemeinheit als eine Privatsache betrachtet und unterschätzt wird, die sich durch die Überlieferung der Kenntnisse der Großmutter an die Mutter und die Enkelin im engen Familienkreis wie von selbst regelt, woraus dann der Schluß gezogen wird, wie es in Goethes Idylle *Hermann und Dorothea*, die ich sonst sehr liebe, in dem Vers ausgedrückt ist: «Dienen lerne beizeiten das Weib nach seiner Bestimmung.»

Man hatte angefangen, sich klarzumachen, daß die Tätigkeit einer Hausfrau ein Beruf ist, den man erlernen muß, ja, daß ihre Arbeit eigentlich zwei Berufe ausfüllt: Da ist erstens all das, was speziell mit den Kindern zu tun hat, von der Säuglingspflege bis zur Erziehung, und zweitens die Verwaltung des Haushaltsgel-

des und die Versorgung der Hauswirtschaft, was Grundkennt-
nisse in Buchhaltung, Vorratswirtschaft, Ernährungskunde,
Textilpflege, häuslicher Hygiene, Beschaffung und Pflege des
Haushaltsinventars wie auch Fertigkeiten im Kochen, Backen,
Nähen, Waschen, Bügeln usw. erfordert.

1930, zu der Zeit, als ich heiratete, gab es verschiedene Einrichtungen, wo man dergleichen lernen konnte: das Lettehaus
in Berlin und die Zimmerschen Anstalten, so genannt nach
dem protestantischen Theologen Friedrich Zimmer, dem
Gründer des Diakonievereins für höhere Töchter, sowie die sogenannten Maidenschulen. Aber der Besuch dieser Einrichtungen kostete Geld, war also den Mädchen aus einigermaßen be-
güterten Familien vorbehalten.

Den Gutshaushalt führte also gewöhnlich, wie ich es am Beispiel Zernikow geschildert habe, die Mamsell oder Wirtschafterin. Deren Vorbildung bestand in den meisten Fällen allein
darin, daß sie in einer anderen Gutsküche als Kochlehrling gearbeitet hatte. Die Schwierigkeit war, daß die Gutsmamsell
eine Art Zwitterstellung einnahm: Zu den übrigen Angestellten hatte sie Distanz als deren Vorgesetzte, zur Gutsherrschaft
aber gehörte sie auch nicht. In der Küche führte sie ein fast
uneingeschränktes Regiment, im Grunde aber war sie sehr einsam.

Nun hatte ich mich durch den Landwirtschaftlichen Frauenverein, dem ich mich gleich nach meinem Einzug in Zernikow
angeschlossen hatte, darüber informiert, daß ein neuer, umfas-
sender Ausbildungsweg für die Führung eines Landhaushalts
geschaffen worden war.

Junge Frauen konnten in einem größeren bäuerlichen Betrieb eine zweijährige ländliche Hauswirtschaftslehre absolvie-
ren und sich, nach dem Examen, auf einer Fachschule zur
Hauswirtschaftsleiterin oder zur Gutssekretärin ausbilden lassen. Letzteres war namentlich in Ostdeutschland ein recht ge-
fragter Beruf.

Ich sagte mir: Was auf einem Bauernhof möglich ist, sollte
auch auf einem mittelgroßen Gutsbetrieb durchführbar sein.
Allerdings würde ich nicht wie die Bäuerin den Unterricht
selbst halten und die Anweisungen geben, dazu fehlten mir die
Voraussetzungen. Aber statt einer Mamsell wollte ich nun eine
Hausbeamtin mit Lehrberechtigung einstellen. Frau Dr. Wolf,

Arbeitsbesprechung in der Zernikower Gutsküche
mit Schwester Nanni und Tante Irma (links), der Hausbeamtin
Frau von Möller (rechts am Tisch) und Lehrlingen.

die Vorsitzende des Landwirtschaftlichen Frauenvereins, begrüßte meine Idee, und so wurde im Zernikower Gutshaushalt
eine Lehrwirtschaft eingerichtet.

Die neu eingestellte Hausbeamtin saß nun nicht, wie vorher
die Mamsell, sozusagen zwischen allen Stühlen. Sie hatte ihren
Platz an der Familientafel und wurde voll in die Familie inte-
griert. Zur Ausbildung hatten wir jeweils zwei Lehrlinge, die
wechselweise für den Innen- und Außendienst zuständig waren.
Sie wurden unterstützt von zwei Mädchen aus dem Dorf, die mit
im Hause wohnten und weitgehend die täglichen Routinearbei-
ten wie Geschirrspülen, Bodenwischen usw. übernahmen.

Wer von den Lehrlingen für den Küchen- und Hausdienst
eingeteilt war, mußte die Mahlzeiten anrichten und aß mit dem
übrigen Personal in der Küche; wer Außendienst hatte, das
heißt im Garten, bei den Hühnern, im Stall arbeitete, aß mit an
der Familientafel.

Außendienst mußten die «ländlichen Hauswirtschaftslehrlinge» – so lautete ihre offizielle Bezeichnung – machen, weil sie
außer in den häuslichen Disziplinen auch in Hühnerzucht,
Milchwirtschaft und Gartenbau ausgebildet wurden. Sie hatten

über ihre Tätigkeiten Tagebuch zu führen, und die Hausbeamtin erteilte ihnen auch theoretischen Unterricht.

Als nach zwei Jahren die ersten Zernikower Lehrlinge ihr Examen mit «gut» bestanden hatten, wurde auch mir persönlich von der Landwirtschaftskammer die Lehrbefähigung zuerkannt. Ich übernahm für die theoretische Ausbildung die Durchsicht der Tagebücher und den Unterricht in Hygiene und Wäschepflege, denn davon verstand ich etwas. Kochen dagegen hatte ich nie gelernt, trotz meines nach dem Abitur in der Schweiz absolvierten Kochlehrgangs – ein Fiasko, von dem ich schon erzählt habe. Kartoffeln zu kochen lernte ich erst als Flüchtlingsfrau. Die schweren Töpfe der Zernikower Gutsküche zu wuchten war mir auch gar nicht möglich. Im übrigen brauchte ich nur so zu tun, als ob ich über alles Bescheid wüßte.

Die Arbeit mit den Lehrlingen machte mir große Freude, denn sie waren mit Eifer bei der Sache. Sie beteiligten sich begeistert an meiner Frauenarbeit im Ort, an den Krankenbesuchen, den Kursen über Ernährung oder Säuglingspflege und an den Aufführungen auf der Festwiese und im Dorfkrug.

So ernst ich all diese organisatorischen und pädagogischen Aufgaben auch nahm – es gab doch eine andere Pflicht, die für mich im Vordergrund stand: die Mutterpflicht. Oft hatte mir meine Schwiegermutter erzählt, wie schwer es für sie und ihren Mann zu ertragen gewesen sei, im Weltkrieg ihren einzigen Sohn und Erben an vorderster Front zu wissen. Mein Mann und ich waren uns darin einig, daß wir den Fortbestand der Familie durch mehr als nur ein Kind sichern wollten. Die Freude war groß, als das erste ein Junge war. Friedmund wünschte sich danach immer wieder Jungen und ich mir wenigstens eine Tochter.

Unsere Wünsche wurden erfüllt, und auch diese Bitte aus Ludwig Achims «Gebet» aus den *Kronenwächtern*: «Gib Kinder mir, die aller Mühe wert . . .»

KINDERSEGEN

Ein jedes Kind ist neu erfunden
Und überrascht das Mutteraug'.
Verborgne Zukunft wird entbunden
In seinem ersten Lebenshauch.

Die Mutter freut sich nun der Erde,
Von der sie schon der Schmerz erhob,
Und schnell vergessen ist Beschwerde
In dieser Schöpfung erstem Lob.

Ludwig Achim von Arnim

Die Geburt meiner sechs Kinder fiel in die Zeit der Naziherrschaft, bis auf die meines ersten Sohnes, der noch anderthalb
Jahre zuvor geboren wurde, im August 1931.

Das Leben eines Menschen, sofern er nicht von Beruf Politiker ist, vollzieht sich nie im Gleichtakt mit dem Leben einer Nation, und so läßt sich ein Lebenslauf nicht in die Chronologie der
politischen Ereignisse pressen, die man nachträglich in den Ge-
schichtsbüchern findet. Aber wenn auch meine Pflichten als
Gutsfrau und als Mutter von sechs Kindern mich ganz in Anspruch nahmen und mich mit dem Gefühl des Glücks erfüllten,
so habe ich doch die Barbarei, die zunächst in Deutschland,
dann in Europa in immer verheerenderem Maße um sich griff,
als bedrohliche Gegenwelt erfahren.

Es fehlten mir alle Voraussetzungen dafür, daß ich aktiv Widerstand geleistet hätte. Aber ich denke, es ist mir wenigstens,
nicht zuletzt dank der Unterstützung meines Mannes, gelungen,
den Nazis durch mein Handeln nicht entgegenzukommen. Der
Sturz des Nazireichs war denn auch für mich nicht ein Fall in das
Nichts, obgleich er das Ende der Jahre des persönlichen Glücks
bedeutete. Das, was ich aus jener Zeit über den Zusammenbruch
habe hinüberretten können in die Zeit danach, war kein mate-
rieller Besitz. Der war ein für allemal verloren. Es waren meine

Kinder, und das Bewußtsein, daß ich ihnen gegenübertreten konnte, ohne ihnen aus meiner Vergangenheit etwas verbergen zu müssen.

Der Arzt, den meine Schwiegereltern in Zernikow riefen, wenn es notwendig war, lebte in Rheinsberg, vierzehn Kilometer von uns entfernt, während ganz in der Nähe, in Menz, die Praxis eines anderen, dazu sehr guten Arztes lag, die von Dr. Gundermann, dem eine tüchtige Hebamme zur Seite stand, Schwester Johanna. Aber dieser Doktor war für die Arnimsche Familie tabu. Friedmunds Vater hatte noch zu jenem Schlag von Gutsbesitzern gehört, die sich als Hüter der Sitte des ganzen Gutshauses verstanden, und seine Moralauffassung war von viktorianisch-puritanischer Strenge. Dr. Gundermann war für Vater Erwin ein moralisch Verworfener, denn er führte eine sogenannte wilde Ehe. Das hatte einen ganz einfachen Grund: Seine ihm angetraute Frau war geisteskrank und lebte in einem Sanatorium, aber sie war, im juristischen Sinne, noch so weit aktionsfähig, daß sie eine Scheidung zu verhindern vermochte. So lebte Dr. Gundermann ohne gesetzlichen Segen mit besagter Schwester Johanna zusammen, einer klugen, umsichtigen Frau. Für Vater Erwin war das aber Grund genug zu dekretieren, daß Dr. Gundermann das Arnimsche Haus nicht betreten dürfe, und Mutter Agnes und auch Friedmund hatten sich ohne Widerspruch an diese Anordnung gehalten.

Als die Geburt meines ältesten Sohnes, Achim, näher rückte, fuhr ich also sicherheitshalber nach Berlin-Zehlendorf ins Haus meiner Eltern. Diese Geburt war insofern nicht einfach, als der Kopf des Kindes sehr groß war – die Arnimschen Köpfe sind alle sehr groß –, es mußte ein Dammschnitt gemacht werden. Danach wurde ich vom Hausarzt meiner Mutter, die ihn für einen fabelhaften Mediziner hielt, dazu verurteilt, vierzehn Tage mit zusammengebundenen Beinen still dazuliegen.

Nach Zernikow zurückgekehrt, ergab sich eine weitere Komplikation, die mit der mangelnden Hygiene auf dem Lande zusammenhing: Wenn man ein Kind stillt, sind die Brustwarzen sehr empfindlich, und es tut sehr weh, wenn sie kleine Risse bekommen. Um das zu verhindern, benutzte man eine bräunliche Salbe, die mit Tupfern aufgetragen wurde. Die Wochenpflegerin deponierte die gebrauchten Tupfer auf dem

Tisch und bereitete mit der Salbe neue Tupfer vor, wusch die Brüste mit verdünntem Alkohol ab und legte die neuen Tupfer auf.

Es gab damals in Zernikow entsetzlich viele Fliegen, weil den Gutshof ein modriger Tümpel zierte, auf dem Enten schwammen. Zur Bekämpfung der Fliegen hatten meine Schwiegermutter und meine Schwägerinnen Fliegenfänger aufgehängt, diese klebrigen Papierstreifen, die, mit einer süßlich-zähen Masse getränkt und in kleinen Döschen eingerollt, damals noch zum Sortiment eines jeden Krämerladens gehörten. Auch hatten sie Gläser mit Honig aufgestellt, in welche die Wespen und Fliegen hineinspazieren sollten. Aber mich ekelte es vor dieser Art von Fliegenfängerei, und viel nützte sie sowieso nicht. Jedenfalls mußte sich eine Fliege auf einem meiner Salbentupfer niedergelassen und diesen infiziert haben, denn ich bekam eine eitrige Entzündung an der einen Brust. Ich wurde trotzdem angehalten weiterzustillen, bis ich hohes Fieber bekam. Friedmund brachte mich, das Baby und die Wochenpflegerin schleunigst wieder nach Berlin. Drei Monate lang lag ich dort und hatte am Anfang jeden Abend vierzig Grad Fieber. Der Arzt kam täglich, aber erst nach geraumer Zeit konnte er sich dazu durchringen, einen Eingriff vorzunehmen, damit der Eiter abfloß. Danach legte sich das Fieber allmählich, aber man kann sich leicht vorstellen, was für ein Häufchen Elend ich inzwischen war.

Bis ich nach Zernikow zurückkam, hatte mein Mann für das ganze Gutshaus Fliegenfenster anfertigen lassen, die den Sommer über vorgesetzt wurden. Später wurden Doppelfenster, das eine Teilfenster davon mit feiner Gaze überspannt, eingesetzt. Vor allem aber wurde der Tümpel beseitigt.

In früheren Generationen waren viele junge Frauen bei einer Geburt gestorben. In der Arnimschen Familie beispielsweise die zwanzigjährige Mutter des Dichters Ludwig Achim bei dessen Geburt; Marie von Trott, die Frau des Dichtersohnes Friedmund, nach der Geburt ihres dritten Sohnes, Annois, im Alter von vierundzwanzig Jahren. Wie die Bettine die Geburt ihrer sieben Kinder überstanden hat, verdient noch heute Bewunderung.

Meine erste Geburt war nicht ohne Schwierigkeiten abgelaufen, aber wieviel schwerer noch hatten es oft die Arbeiterfrauen! Sie mußten nicht nur den Säugling stillen und versorgen, sondern auch noch die anderen Kinder, die ganze Familie und, sobald es eben ging, wieder zur Feldarbeit gehen. Ich dagegen hatte eine Säuglingspflegerin, Frauen, die die Wäsche für den Säugling wuschen, später auch Erzieherinnen für die älteren Kinder usw.

Auch der junge Vater wurde gleich zur Säuglingspflege mit herangezogen, und zwar bei der Erziehung zur Reinlichkeit. Seine Aufgabe war es, abends um zehn das Kind noch einmal zu topfen. Er hat sich nie darum gedrückt, aber als ihn ein spaßhafter Gast ins Gästebuch gezeichnet hatte, wie er das Baby über den Topf hält, da war ihm das doch peinlich: Er hat den Topf ausradiert.

Meinen ersten Besuch bei den Leuten des Dorfes, als ich wieder bei Kräften war, machte ich bei einem Waldarbeiterehepaar auf dem Vorwerk Schulzenhof, den Zeitners. Denn bei diesen war am gleichen Tag wie bei mir der Erstgeborene zur Welt gekommen. Als ich in ihre Stube trat, durchfuhr mich ein Schreck: Ich sah den Kinderwagen aus Wachstuch gleich neben dem Ofen stehen, darin das Kind gebettet auf ein Federbett, zugedeckt mit einem Federbett, dazwischen ein fahles Gesichtchen. Zwei große braune Augen schauten mich an, Schweißtropfen perlten dem Kind von der Stirn. Mir war klar, hier mußte sich etwas ändern.

Ich war schon kurz nach meiner Ankunft in Zernikow im Winter 1930/31 in den Landwirtschaftlichen Frauenverein eingetreten. Auf einer Tagung in Berlin hörte ich eine promovierte Referentin aus dem Landwirtschaftsministerium sagen, die Technisierung auf dem Lande sei in der Außenwirtschaft schon weit fortgeschritten, «doch wie zu Karls des Großen Zeiten sieht es noch immer in der Küche aus».

Ich dachte: Sie hat vollkommen recht, auch in der Zernikower Küche ist es nicht anders. Keine Wasserleitung. Zum Abwaschen ein Spülstein aus Terrazzo, ein Material, aus dem in Berlin die Küchenböden der Armenwohnungen hergestellt wurden. Ganz ungesunde und unrationelle Arbeitsbedingungen für das Küchenpersonal. Ich konnte bei Herrn Rust erreichen, daß ein großer Spültisch mit einem Nierosta-Spülbecken angeschafft wurde. Er kam aus Süddeutschland und war sehr teuer, kostete zweitausend Mark. Das war damals sehr viel Geld.

Nach dem Besuch bei Zeitners aber war mir klar, daß ich auch etwas für die Frauen im Dorf tun mußte. Ich wandte mich an den Landwirtschaftlichen Frauenverein, der mir zusagte, eine ausgebildete Krankenschwester zu schicken. Daraufhin forderte ich die Frauen des Dorfes auf, sich am Abend in der Schenke zu versammeln, und die Schwester hielt dort eine Woche lang Unterricht: wie man eine Matratze stopft mit wenig Mitteln, nämlich mit Holzwolle, wodurch man eine schön feste Unterlage erhält, die dem Kind einen guten Halt gibt, im Gegensatz zu den weichen Federkissen; wie man das Kind badet, wickelt, zudeckt, alles demonstriert an einer Puppe. Sie erklärte auch, wie wichtig es sei, daß die Kinder viel frische Luft bekommen.

Die Frauen hatten voll Entsetzen gesehen, wie ich mein Baby immer im Kinderwagen draußen im Park unter den Kastanien stehenließ, auch bei Frost. Im Kinderwagen lag eine Wärmflasche, das Kind war schön warm angezogen, der große Hund lag daneben und ließ niemanden an den Kinderwagen heran. Kopfschüttelnd gingen die Dorfbewohner daran vorbei. Nun erklärte ihnen die Schwester, weshalb die Stubenhockerei auch für Kleinkinder schädlich ist.

Aber so ganz überzeugt schienen die Frauen nicht gewesen zu sein. Am Tage machte die Schwester Hausbesuche und schaute sich die Säuglinge an. Einmal kam ich gerade mit ihr aus dem Haus, da sah ich einen kleinen Jungen die Dorfstraße hinunterlaufen und die Vorwarnung rufen: «Kinners rut, de Schwester kimmt!»

Als Krankengymnastin hatte ich bei meinen Gängen durchs Dorf auch bald bemerkt, daß mit der Ernährung der Leute etwas nicht stimmte, denn viele Kinder waren rachitisch.

Mein Mann erzählte mir, daß die Sorben, die in den Siedlungen im Ländchen Bärwalde in der Umgebung von Wiepersdorf lebten, äußerst gesund seien, obwohl ihre Armut sprichwörtlich war. Ihre Kost schien kärglich und wenig abwechslungsreich, enthielt aber offenbar alles an Nährstoffen und Vitaminen, was der Körper braucht: Sie aßen Pellkartoffeln, Quark und Leinöl. Dagegen war bei den Frauen in Zernikow die Gewohnheit aufgekommen, beim Bäcker einzukaufen, der täglich mit seinem Wagen bimmelnd durch das Dorf fuhr. Da kauften sie vor allem die sogenannten «Süßstücke», Schnecken aus Hefeteig mit Zuckerguß, mit denaturiertem Weizenmehl als Grundsubstanz. Die Kinder bekamen das in den Mund gestopft, damit sie Ruhe gaben.

Die Folgen waren verheerend: Rachitis. Das heißt, der Knochenaufbau bei den Kindern hielt nicht Schritt mit dem Wachstum der Muskeln, denn zuviel Zucker in der Nahrung verursacht Kalkmangel. Dann entstehen körperliche Verbildungen, die besonders als O-Beine sichtbar sind.

Im nächsten Winter richtete ich einen Kursus für Ernährung ein. Daran nahmen die Frauen mit Begeisterung teil, die Kurse brachten Abwechslung in ihr eintöniges Leben und bedeuteten geistige Nahrung für ihre brachliegende Intelligenz. Die Gutsarbeiterfrauen waren das letzte Rad am Wagen. Als junge Mädchen hatten sie es noch ganz gut, da gingen sie aufs Feld und abends dann und wann zum Tanzen. Aber wenn sie geheiratet und Kinder bekommen hatten, kamen sie nicht mehr aus dem Haus, es sei denn, sie waren so kräftig, daß sie auch noch auf Arbeit gehen konnten.

Der Landwirtschaftliche Frauenverein war in Zernikow bald eine feste und beliebte Institution geworden. Da erfuhren wir im Juni 1934 ganz beiläufig: Landwirtschaftliche Frauenvereine gibt es nicht mehr, das heißt jetzt «NS-Frauenschaft».

Ich erinnerte mich daran, wie im Sommer zuvor der «Stahlhelm», die Organisation der Kriegsveteranen, in die SA überführt worden war. Die Leute des Stahlhelms im ganzen Kreis wurden auf Lastwagen eingesammelt und auf dem Paradeplatz in Neuruppin wieder abgeladen. Mein Mann und ich fuhren hin, um uns das Schauspiel anzusehen. Es waren ja einige Leute darunter, die er kannte. An der Stirnseite des Paradeplatzes war ein Riesenlautsprecher aufgestellt, aus dem dröhnte der Vereidigungssermon für die SA über den Platz. Einige Schlauberger hatten sich bereits in die umliegenden Schenken verdrückt und damit begonnen, ihren Durst zu löschen. Aber da dies ein Massenaufwaschen war, kam es gar nicht darauf an, ob einer dabei war oder nicht. Friedmund sagte spöttisch: «Die trinken in Ruhe ihr Bier und sind trotzdem vereidigt.»

Unser Frauenverein wurde nicht einmal nach Neuruppin beordert zum allgemeinen Handhochheben, es kam einfach das Dekret: Sie sind jetzt der NS-Frauenschaft eingegliedert. Und von mir, als der Vorsitzenden des Ortsvereins, erwartete man wohl, daß ich in die Partei eintrat.

Ich fuhr sofort nach Neuruppin zur «Kreisfrauenschaftsleiterin», Frau Studienrätin Lampe. Ich sagte zu ihr: «Ich kann den Frauenverein nicht als eine NS-Organisation weiterführen. Ich habe eine jüdische Urgroßmutter!»
Sie bat mich inständig, den Verein trotzdem weiterzuführen. «Aber in die Partei trete ich nicht ein, und mein Mann auch nicht.»
Sie meinte: «Ich will sehen, was sich machen läßt.»
Einer der berühmtesten Flüsterwitze im Dritten Reich war, daß man sagte: «Ein Mensch kann von dreierlei Dingen nur zweierlei zugleich sein: anständig, Nazi und intelligent. Denn wer anständig und intelligent ist, ist nicht Nazi; wer Nazi und intelligent ist, ist nicht anständig usw.» Ich will nicht den Intelligenzgrad von Frau Lampe beurteilen, dazu kannte ich sie zu wenig, es mag einfach Ahnungslosigkeit gewesen sein, die sie zu einer Anhängerin der Nazis werden ließ. Immerhin gehörte sie zu denjenigen, die sich einen gewissen Fonds an Menschlichkeit bewahrt hatten.
So hat sie mich nicht als Nazigegnerin denunziert, sondern sie sagte, sie wolle mit dem Kreisleiter sprechen, und derweil solle ich die Frauenarbeit weitermachen. Und da ich zunächst gar nichts mehr von der Sache hörte, tat ich dies ein volles Jahr lang. Dann wurde unser alter, braver Dorfschullehrer Peters pensioniert, und seine Stelle übernahm ein Herr Müller, ein hundertprozentiger Nazi. Damals waren viele Volksschullehrer auf dem Lande Nazis, sie versuchten durch ihren nationalen Fanatismus die Verachtung zu kompensieren, der sie von seiten der Akademiker ausgesetzt waren.
Wieder fuhr ich zu Frau Lampe nach Neuruppin. «Die Frau des Lehrers Müller ist in der Partei. Sie sollte die Frauenschaft übernehmen», schlug ich ihr vor.
«Nun ja», seufzte Frau Lampe. «Wenn nichts anderes übrigbleibt.»
Frau Müller hat dann als erstes einheitliche Trachtenröcke eingeführt, keine Uniform, aber so etwas Ähnliches. Die Frauen gingen weiter zu den Veranstaltungen, und auch ich, wobei ich mich jetzt allerdings im Hintergrund hielt. Einmal ließ uns Frau Müller nach der Melodie von «Der Gott, der Eisen wachsen ließ» den «rebellischen» Text singen: «Ich lasse mich nicht gnädige Frau, nicht Frau Geheimrat nennen!»

Als ich einmal, auf dem Heimweg vom sonntäglichen Kirchgang, etwas bei Frau Müller abzugeben hatte, fand ich sie in ihrer guten Stube vor einer Kommode sitzen, auf der in klotzigem Rahmen ein Hitlerbild stand. «Schauen Sie, Frau Baronin», sagte sie, «dies ist mein Altar, und hier halte ich meinen Gottesdienst.»

Ein Jahr war Frau Müller Frauenschaftsleiterin in Zernikow, dann wurde ihr Mann versetzt. Der neue Lehrer war zwar auch ein Obernazi, aber unverheiratet. Frau Lampe kam nun selbst zu mir nach Zernikow und bat mich: «Ach, übernehmen Sie doch die Frauenarbeit wieder!» Als sie wiederum meine Bedingung akzeptierte, daß ich nicht in die Partei eintreten würde, willigte ich ein.

Habe ich dann noch etwas für die Emanzipation der Landfrauen in Zernikow tun können, wie es meine Absicht war? Oder habe ich im Gegenteil dabei mitgeholfen, wenn auch nur in geringfügigstem Maß, der Fassade eines unmenschlichen Systems den falschen Schimmer eines menschlichen Anstrichs zu geben?

Es gibt eine Frage, die ich mir bislang nicht gestellt habe, die mir aber jetzt bei der Abfassung meiner Erinnerungen in den Sinn kommt: Was hätte ich getan, wenn ich bei den Versuchen der Nazis, mich «gleichzuschalten», nicht meine jüdische Urgroßmutter hätte vorschützen können? An Leib und Seele war ich dadurch nicht gefährdet, es war für mich nur eine bequeme Ausrede. Sie genügte in diesem wahnwitzigen System als Argument für die Untauglichkeit zur Parteimitgliedschaft, und das ersparte Friedmund und mir die Suche nach weiteren Begründungen für unsere Verweigerungshaltung. Auf die Frage, ob ich bei stärkerem Druck nicht doch Parteimitglied geworden wäre, habe ich keine Antwort, aber ich meine, sie stellt sich auf andere Weise auch für jeden Jüngeren: Wie hättest du gehandelt, wenn du damals gelebt hättest – in einem anderen Zernikow?

Das Gesichtsfeld eines Menschen, das heißt das, was er an Ereignissen wahrnimmt, und die Art und Weise, wie er sie wahrnimmt, ist bestimmt durch das Milieu, in dem er aufgewachsen ist. Ich stammte aus einem konservativ-bürgerlichen Milieu.

Von den Konservativen wurden die Nazis zwar allgemein verachtet, aber unleugbar haben sich die Vertreter des konservativen Lagers, man denke an Paul und Oskar von Hindenburg oder Franz von Papen, zu Steigbügelhaltern des Naziregimes gemacht, wenn viele Konservative auch zunächst gehofft hatten, daß es sich umgekehrt verhielte, das heißt, daß die Nazis ihnen noch dabei helfen würden, in ihrem von schweren Krisen gelokkerten Herrenreitersattel neuen Halt zu finden.

Für mich, die ich als junge Gutsfrau alle Hände voll zu tun hatte und kurz vor der Geburt meines zweiten Kindes stand, war die Machtergreifung Hitlers am 30. Januar 1933 ein Vorgang im nahen, politisch aber recht fernen Berlin, der mich nicht sonderlich beschäftigte. Allerdings hatte dieses Ereignis in Preußen seine Schatten bereits vorausgeworfen, als am 20. Juli 1932 die sozialdemokratische Regierung Braun-Severing auf Drängen der Nazis von der Regierung Franz von Papen abgelöst wurde und sich kein Widerstand dagegen regte. Der Schwager meines Mannes, Walter Encke, der unter den Sozialdemokraten als Polizeimajor tätig gewesen war, wurde damals seines Postens enthoben und kam zu uns nach Zernikow. Mein Mann sah in diesem Ereignis den ersten Schritt in eine reichsdeutsche Diktatur und das Ende Preußens.

Im Februar 1933 bekamen wir unverhofften Besuch von der SA. Von den Bewohnern Zernikows war niemand dabei, aber es gab eine SA-Gruppe im großen Nachbardorf Menz. Wer von den Leuten des Dorfes zu uns ins Wohnzimmer hinaufkam, zog sich zuerst unten in der Halle die schmutzigen Arbeitsstiefel aus und stieg dann auf seinen handgestrickten Wollsocken die Treppe hoch. Das tat sogar Förster Sommerfeld, der häufigste Besucher. Die SA-Leute aber kamen in ihren Kommißstiefeln und in ihrer braunen Uniform die Treppe heraufgestürmt, klopften heftig an und polterten ins Wohnzimmer.

Ich war noch geschwächt von der Geburt und hatte furchtbare Angst. Ich dachte, sie wollten meinen Mann verhaften. Friedmund ging ganz ruhig an unseren sogenannten Schnapsschrank, holte Gläser heraus und schenkte den Männern erst einmal etwas ein. Er kannte sie zum Teil mit Namen. Sie wollten «nur mal gesagt haben», daß er nun auch bald in die Partei eintreten müsse, und zogen nach einer Weile wieder ab.

Ich fragte: «Woher kennst du die denn?»

Friedmund: «Das sind die Wilddiebe von Menz. Das heißt, der Anführer, der ist kein Wilddieb, sondern er war Inspektor auf einem Gut in Ostpreußen und soll da Gelder veruntreut haben. Jedenfalls war er hier die ganze Zeit arbeitslos, bis er durch die SA mit einem Posten versorgt wurde. Jetzt ist er der große Mann.»

So ging es bei uns los. Das war der Anbruch einer neuen Zeit – auch bei uns in Zernikow. Viele Leute hätten das noch wenige Wochen zuvor nicht für möglich gehalten.

Am 1. Mai 1933 hielt Friedmund zur Maifeier vor den Gutsarbeitern eine Ansprache. Das Konzept zu dieser Rede habe ich aufbewahrt. Er sagte:

Ich bin ein Gegner der Leute, die in schwankenden Zeiten schwankend gesinnt sind. Die heute «Hosianna!» rufen und kurz danach das «Kreuzige ihn!» folgen lassen. Der Leute, die um des Eigennutzes willen sich jetzt noch schnell nationalsozialistisch gebärden. Diejenigen handeln mehr im Sinne Deutschlands, die durch Taten beweisen, daß sie stets an den Gemeinnutz denken, und nicht diejenigen, die sich durch Parteibücher und Abzeichen bei der Regierung anzubiedern versuchen. Auch die Nationalsozialisten müssen den anständigen Gegner achten und ihm erst durch ihre Handlungen zeigen, daß alle Deutschen in die Nationale Front gehören.

Zu Anfang gab es nur zwei Nazis am Ort. Der eine hieß Wandt und war ein recht intelligenter Gutsarbeiter, aber dem Trunk ergeben. Er hatte unzählige Kinder und bekam finanzielle Beihilfe von der NSV, der Nationalsozialistischen Volkswohlfahrt. Allerdings verbrauchte er das Geld für Dinge, die für seine Verhältnisse Luxus darstellten, während es der Familie weiterhin am Nötigsten fehlte. Er kaufte sich zum Beispiel das teuerste Radiogerät, obwohl keine Bettwäsche vorhanden war.

Mein Mann wurde, wegen seiner exponierten Stellung, immer wieder bedrängt, in die Partei einzutreten, aber er hat sich bis zuletzt geweigert. Durch seine Menschenkenntnis konnte er uns einen gewissen Freiraum schaffen. So hat er den anderen Nazi des Ortes, den Schmiedemeister Lemke, der sehr ehrgeizig war – er fing bei seinen Reden immer mit hochtönenden Worten an, brachte seine Sätze aber nie zu Ende –, dazu ermuntert, Ortsgruppenführer zu werden. Zum Dank verhielt er sich meinem Mann gegenüber stets loyal.

Vor Lemkes Frau indessen mußte man sich vorsehen. Sie war früher einmal irgendwo Gutssekretärin gewesen, also «etwas

Besseres», jemand mit «Bildung». Sie verwaltete jetzt die Poststelle des Dorfes. Ein Kind der Lemkes wurde selbst ein Opfer
der Naziverbrecher. Es war in einer Heilanstalt. Eines Tages
bekamen die Eltern die Nachricht, das Kind sei an Grippe gestorben. Alle Leute im Dorf wußten: Das war Mord, die sogenannte Euthanasie.

Der Reichstagsbrand vom 27. Februar 1933 in Berlin mit
dem darauffolgenden, endlos scheinenden Prozeß in Leipzig
ist mir noch insoweit in Erinnerung, als mein Mann die Nazis
für die Brandstifter hielt und sich wünschte, irgendwann einmal die Wahrheit zu erfahren. Dann kam die sogenannte
«Nacht der langen Messer» vom 30. Juni 1934, in der Hitler,
unter dem Vorwand, der SA-Chef Röhm und einige seiner
Freunde hätten einen Putsch geplant, an die tausend Menschen kaltblütig hat umbringen lassen. Unter den Ermordeten
waren aber nicht nur Hitlers Rivalen in der Nazibewegung,
sondern auch Politiker aus dem konservativen Lager, mit denen Hitler oder Göring oder Goebbels eine Rechnung beglei-
chen wollten, wie General von Schleicher (dessen Frau gleich
mit umgebracht wurde). Auch einige völlig unpolitische Menschen wurden ermordet, man erklärte sie später zu «Opfern
eines Irrtums».

Kein Irrtum, sondern gewiß kaltblütig geplant war die Er-
mordung des Herrn von Bose, der als Assessor eine Zeitlang
unter meinem Vater gearbeitet hatte. Er stand als tüchtiger,
begabter junger Jurist vor einer aussichtsreichen Karriere und
saß inzwischen als Oberregierungsrat im Vorzimmer des Vize-
kanzlers von Papen. Dort wurde er hinterrücks erschossen. Es
erging ihm ganz ähnlich wie Dr. Edgar Jung, der Papens Reden verfaßt hatte. Nach dieser Mordnacht war in der Zeitung
zu lesen, daß Reichspräsident von Hindenburg dem «Führer
und Reichskanzler» für sein «mutiges persönliches Eingreifen
seinen besonderen Dank» ausgesprochen habe.

Die Nachricht vom Tod des Herrn von Bose jagte mir einen
tiefen Schrecken ein. Von den Verhaftungen und Verfolgungen
gleich nach der Machtergreifung Hitlers, die sich ja hauptsächlich gegen die Mitglieder der Arbeiterbewegung richteten,
hatte ich auf dem Lande nichts mitbekommen. In der rechtsge-
richteten, konservativen Zeitung, die man las, war darüber
nichts zu finden. Immerhin, mein Mann wußte mehr als ich,

und zwar nicht nur, weil er dreizehn Jahre älter war und dadurch mehr Lebenserfahrung hatte.

Ich habe schon erzählt, daß er beim Gardeschützen-Bataillon mit liberal denkenden Menschen zusammengekommen war. Er war vor allem nicht wie ich unter einem Glassturz behütet und abgeschirmt aufgewachsen, sondern hatte von klein auf Verbindung zu allen Schichten der Bevölkerung auf dem Lande, und diese Verbindung erhielt er als Gutsherr besonders durch seinen Fußballverein aufrecht. So hatte er ständigen Kontakt mit Sozialdemokraten und Kommunisten. Das verschaffte ihm eine größere Distanz zu den politischen Vorgängen und dadurch eine Klarsicht, die mich im nachhinein noch erstaunt.

Einmal kam er sehr blaß und ernst nach Hause und war erst nach einer Weile bereit zu erzählen, was ihn so erschreckt und betroffen gemacht hatte. Er war durch den Nachbarort Großwoltersdorf gekommen. Da sah er einen Mann im Chausseegraben arbeiten, den er von früher kannte. Er war als Kommunist bekannt, und die Nazis hatten ihn in ein KZ geschleppt. Friedmund hielt an, um sich nach seinem Ergehen zu erkundigen. Und der Mann vertraute ihm an, was er im KZ durchgemacht hatte.

Friedmund sagte zu mir: «Ich habe ihm geschworen, daß ich nichts erzähle, auch dir nicht, denn wenn jemand etwas davon erfährt, ist er gleich wieder im KZ – und ich auch.»

Es war das erste Mal, daß Friedmund sich mir gegenüber anmerken ließ, wie genau er die Gefahr erkannte. «Das werden wir alle einmal büßen müssen», sagte er nach dem staatlich organisierten Judenpogrom von 1938.

Da wurden einem Juden, der im benachbarten Städtchen Gransee ein Textilgeschäft führte, die Schaufenster eingeschlagen. Bis dahin hatte mein Mann ihm jedes Jahr Holz geliefert, obwohl ihm das als Gutsherrn untersagt war. Einer unserer Nachbarn, der Büdner und Holzfuhrmann Henning, der nicht in die NSDAP eingetreten war und deshalb 1946 als Bürgermeister tätig werden konnte (aber bald wieder abgesetzt wurde, weil er in die neue Einheitspartei ebenfalls nicht eintreten wollte), hat es bezeugt und mir 1945 zum Dank für diese Hilfe, die mein Mann als selbstverständlich erachtet hatte, einen sogenannten Persilschein für ihn ausgestellt. Darin heißt es: «Trotz ausdrücklichem Verbot der Kreisleitung versorgte Herr von Arnim den

Juden Michaelis in Gransee heimlich mit Holz. Er sagte zu mir im Gutsbüro: ‹Warum soll der arme Mann frieren, weil er Jude ist? Max, ich verkaufe dir das Holz, und du fährst es hin, das merkt niemand.› Und so geschah es Jahre hindurch.»

Zur Geburt meines zweiten Sohnes wollte ich zu Hause in Zernikow bleiben. Alle meine Kinder sind drei Wochen früher zur Welt gekommen als vorgesehen, bei Clemens hing noch die nasse Babywäsche unter dem Dachboden, als die Wehen begannen. Noch nichts war fertig. Deshalb herrschte große Aufregung im Hause. Es wurde der Arzt in Rheinsberg benachrichtigt, und der traf erst nach einer geraumen Zeit ein. Schließlich kam auch noch die schmuddelige Hebamme dazu. Der Arzt mußte erneut einen Dammschnitt machen, das Köpfchen war wieder so groß.

Der Knabe hatte nicht wie der erste einen blonden, sondern einen ganz schwarzen Schopf. Aber als ich das Baby das erste Mal sah, bekam ich einen Mordsschreck: Es hatte sich am Kopf eine große Blase gebildet. Diese Blase, so erschreckend ihr Anblick war, war an sich etwas ganz Harmloses, man nennt sie medizinisch ein Hämatom; sie war entstanden durch die Ungeschicklichkeit der Hebamme.

Wegen der Brustoperation, der ich mich nach der ersten Geburt hatte unterziehen müssen, wurde für mich das Stillen nunmehr schwierig. Es galt jedoch damals als Ehrensache, daß die Mütter unbedingt selbst stillten. Wir fuhren zum Arzt nach Rheinsberg, der nur einmal auf die Brust drückte und, als etwas Milch kam, sagte: «Ist doch alles in Ordnung.»

Als ich seine Praxis verlassen hatte, sagte ich mir: «Da gehe ich nie wieder hin.» Ich hatte dort einen Eimer stehen sehen, da hatten die blutigen Binden offen daringelegen. Dieser Mangel an Hygiene machte mich schaudern.

Die Wochenpflegerin, die ich damals hatte, eine Admiralstochter, wußte mir auch nicht zu helfen. Wir hatten aber schon in der damals am weitesten verbreiteten Hauszeitschrift, in *Daheim*, annonciert, daß wir eine gelernte Säuglingsschwester suchten. Es herrschte noch immer große Arbeitslosigkeit, und es meldeten sich hundertzwanzig Schwestern.

Da kam ein Telegramm, lang und ausführlich – etwas Ungewöhnliches für die damalige Zeit, denn das war sehr teuer –, des Inhalts, wir möchten doch bitte kein Angebot annehmen, bevor wir nicht einen Brief und Unterlagen über Schwester Frieda Bauer bekommen und überprüft hätten. Unterzeichnet war das Telegramm mit Cortois, worauf wir uns keinen Reim machen konnten.

Nach Eintreffen des Briefes wußten wir es: Es war der vom Telegrafisten verunstaltete Name Curtius, und zwar handelte es sich bei dem Unterzeichneten um den Bruder von Julius Curtius, einem Wirtschafts- und Außenminister der Weimarer Republik. Die Familie Curtius besaß einen Gutshof in Südbaden, den Weiherhof, und dort hatte Schwester Frieda Bauer das einzige Kind der Familie gepflegt, den kleinen «Stöff». Der aber war nun schon neun Jahre alt und dem Kinderpflegealter entwachsen, so daß sich seine «Tedda», wie er sie getauft hatte, nach einer anderen Stelle umsehen mußte. Tedda wurde bald ein wichtiges Mitglied unserer Familie. Sie blieb acht Jahre hindurch bei uns, während derer wir sie nur gelegentlich an befreundete Familien zur Wochenpflege «ausliehen». Schon allein ihr Aussehen entzückte uns, als sie bei uns ankam, ein zierliches Persönchen in ihrer badischen Schwesterntracht mit langem schwarzen Schleier über der weißen Haube. Noch bezaubernder aber war ihr Wesen. Sie stammte aus Melanchthons Geburtsstadt Bretten in Baden, und vom Geist der Reformation war auch ihre Frömmigkeit geprägt, die völlig frei war von jeglicher Frömmelei. Sie war von kindlicher Schlichtheit und zugleich großer Bestimmtheit, umsichtig, feinfühlig, geschickt.

Als also 1933 Tedda bei uns eintraf, kam sie für mich wie ein Engel in der Not. Sie sah sogleich, daß mehr noch als der Säugling ich selbst der Pflege bedurfte, denn wenn eine Mutter abgespannt und nervös ist, kann sie nicht richtig stillen.

Sie richtete das Kinderspielzimmer als meine Wochenstube ein und das Zimmer davor als ihr eigenes. Dadurch war ich von allen Störungen abgeschirmt. Wenn Besuch kam, ging sie statt meiner hin, um die Gäste zu begrüßen; aufgrund ihrer Selbstsicherheit und Freundlichkeit verstand sie sich mit allen gut. Besonders verstand sie es, mit meinem Mann umzugehen.

Den Kindern begegnete sie mit sanfter Autorität, ohne Strenge. Für ihre Geschicklichkeit im Umgang mit Kindern sei hier nur ein Beispiel angeführt: Ihr erster Zögling bei uns, Clemens, Menzli oder Männi genannt, war ein äußerst lebhaftes und impulsives Kind. So konnte er leicht in Zorn geraten, wenn er sich zurückgesetzt oder ungerecht behandelt fühlte; er bekam einen Bock. Da stellte sich Tedda mit ihm vor das Fenster, zeigte auf den Gutshof mit seinen Stallungen und forderte das Menzli auf: «Sag zu deinem Bock: Lauf in den Schafstall! Lauf in den Schafstall! Mäh! Mäh!»

Das Menzli rief brav: «Mäh! Mäh!», und kaum hatte er sich's versehen, da lachte er schon wieder.

In der Zeit vor der Geburt meines dritten Sohnes sollte ich schließlich doch die Bekanntschaft von Dr. Gundermann machen, obwohl er für das Arnimsche Haus bis dahin ein Unperson war, und das kam so: Friedmund hatte erfahren, daß im Schloß von Neustrelitz eine Auktion aus den Haushaltsbeständen der Familie des Großherzogs von Mecklenburg stattfinden sollte, und er sagte zu mir: «Da fahren wir hin!»

Mecklenburg-Strelitz war eines der deutschen Duodez-Fürstentümer, deren Dynastien sich nicht durch sonderliche Kultiviertheit auszeichneten. Jedenfalls sprach Friedmund, der in Neustrelitz zur Schule gegangen war, eher mit Verachtung davon. Er erzählte mir, daß die Schwiegersöhne der Familie des Großherzogs, die vom Balkan stammten, sich immer in voller Montur mit Reitstiefeln auf die Betten mit den seidenen Steppdecken gefläzt hätten.

Auf dieser Auktion fand sich ein Sammelsurium von Dingen: Bilder, Porzellan, Möbel, sogar Nachtstühle.

Als wir durch die vielen Räume voll kostbarem und kuriosem Krimskrams wanderten, sagte Friedmund: «Such dir was Nettes aus, etwas, das dir Spaß macht.»

Ich wollte bescheiden sein und suchte mir etwas Kleines aus, aber es war doch sehr hübsch: Ein Wedgwood-Mokka-Service mit einem blauen Tablett und Tassen mit griechischen Göttergestalten in Weiß darauf, dazu ein entzückendes Kaffeekännchen.

Friedmund erklärte: «Das ist die Nummer siebenunddreißig, also wenn die aufgerufen wird, dann hebst du die Hand.»

Ich setzte mich in die Menge und war ganz aufgeregt, denn eine Auktion hatte ich noch nie mitgemacht, und als meine Nummer aufgerufen wurde, hob ich tapfer meine Hand – aber wohl nicht hoch genug. Man schien mich übersehen oder überboten zu haben. Der Auktionator krächzte: «Zum ersten, zum zweiten, zum dritten . . .», schlug mit seinem Hämmerchen aufs Pult – und weg war's, das schöne Service.

Ganz betrübt fuhr ich mit Friedmund wieder nach Hause, mir war ganz elend. Ich dachte zuerst, es käme von der Aufregung und der Enttäuschung. Aber dann stellte sich heraus, daß ich Grippe hatte und hohes Fieber; wir brauchten schnell einen Arzt. Da wurde dann doch der Dr. Gundermann geholt, und der brachte mich bald wieder auf die Beine. Von da an war Dr. Gundermann unser Hausarzt, und wir lachten über die moralischen Bedenken, von denen wir uns hatten leiten lassen.

Drei Wochen später kam ein großes Paket für mich an, mit viel Holzwolle darin und Seidenpapier – und was packte ich aus? Das kleine Wedgwood-Service! Friedmund hatte, wie das üblich ist – ich wußte es nur nicht –, vorher mit dem Auktionator verabredet: «Ich gehe bis zu dem und dem Limit.» Und ich hatte danach ganz umsonst die Hand gehoben. Friedmund hatte einen Riesenspaß, daß ihm die Überraschung geglückt war.

Während meiner dritten Schwangerschaft geriet ich in eine gefährliche Situation. Friedmund und ich besuchten in Wiepersdorf den Feuerwehrball, denn mein Mann hatte eine neue Spritze gestiftet. Nach einigen Tänzen merkte ich, daß ich Fruchtwasser verlor. Friedmund brachte mich sofort zum Auto und, so vorsichtig wie möglich fahrend, zu meinen Eltern nach Berlin – nach Berlin deshalb, weil es auf halbem Weg zwischen Wiepersdorf und Zernikow liegt.

Der Hausarzt meiner Eltern stellte fest, daß die Gebärmutter gegen das Rückgrat geknickt war, es bestand die Gefahr einer Fehlgeburt. Eine Chance gab es, das Kind zu retten: indem durch ständiges Liegen auf dem Bauch das natürliche Wachstum wieder ins Lot gebracht wurde. Daraufhin wurde mir in Zernikow eine Liege gebaut, die so eingerichtet war, daß ich auf dem Bauch liegend lesen konnte. Nun lag ich also fest und durfte mich nicht bewegen, ich, die Krankengymnastin, die sonst so viel Schwangerschaftsgymnastik betrieben hatte!

Durch das konstante Liegen war das Kind sehr groß geworden und ich selbst ziemlich umfangreich. Die letzten Tage durfte ich dann wieder aufstehen. Als es soweit war, kochte Tedda einen starken Kaffee, um die Wehen zu beschleunigen. Dr. Gundermann und der Hausherr saßen wartend im Wohnzimmer, unterhielten sich angeregt und tranken den Kaffee aus. Da ihr das Dämmerlicht unserer Petroleumfunzeln nicht genügte, hatte Schwester Johanna Friedmunds große Stalllaterne aufgestellt,

eine Lampe mit starker Batterie, wie sie sonst auf Schiffen gebraucht wird. Der Neugeborene blickte dann gleich ganz kritisch in eine allzu grell erleuchtete Welt. Obwohl auf den Namen
Christof-Otto getauft, blieb er für die zwei älteren Buben der
«Brüdi».

Ein paar Monate danach liehen wir Tedda an Freunde in Ber-

Die vier Arnim-Jungen bei der Heimkehr des Vaters
aus dem Polenfeldzug.

lin aus. Dort half sie dem prominentesten unter ihren vielen
Pflegekindern ins Leben, Aribert Reimann, der später unter anderem als der Komponist der Oper *König Lear* hervortreten
sollte. Die Musik sog er schon mit der ersten Atemluft ein. Denn

sein Vater war Kirchenmusikdirektor am Berliner Dom, seine Mutter, Irmgard Reimann-Rühle, Altistin. Da sie schon vier Wochen nach der Geburt ihres Sohnes wieder auf eine Konzerttournee ging, brachte Tedda das semmelblonde Baby nach Zernikow mit, wo es einige Zeit als Pflegekind blieb.

Christof-Otto war im November 1934 geboren, danach gönnte ich mir eine Pause von drei Jahren. Aber ich hätte so gern eine Tochter gehabt – Friedmund dagegen wollte lauter Söhne. Das Kind, das im August 1937 zur Welt kam, war wieder ein Junge, ein Baby mit schwarzen Augen und ganz hellblonden Haaren. Wir gaben ihm den Namen Peter-Anton.

Endlich, 1940, kam das ersehnte Mädchen. Oma Brehmer behauptete, sie könne es den Frauen ansehen, ob sie einen Jungen oder ein Mädchen bekämen. Als ich mit dem fünften Kind schwanger ging, prophezeite sie, es werde ein Mädchen. In diesem Fall zumindest behielt sie recht.

Die Nachricht, daß ein Mädchen angekommen sei, verbreitete sich sofort im ganzen Ort. Die Leute nahmen an meiner Freude solchen Anteil, daß auf der Dorfstraße getanzt wurde, was sonst eigentlich nur dann vorkam, wenn bei der Herrschaft ein Stammhalter geboren worden war. – Es war klar, daß dieses Mädchen Bettina heißen mußte.

Vielleicht sollte ich noch etwas zu den Namen unserer Kinder sagen. Die Namengebung ist ja stets eine heikle Sache, denn das betroffene Kind kann noch nicht mitreden, einen Namen muß es aber haben. Die Eltern können indes nicht voraussehen, ob die Kinder später mit ihrem Namen zufrieden sein werden.

Bei uns lag es natürlich nahe, daß wir unsere Kinder nach den Vorfahren benannten, wobei wir wechselweise einmal einen Arnim, das andere Mal einen Brentano als Namengeber wählten. Wer da nun meint, wir hätten damit die Kinder gleich bei der Taufe mit einem zu hohen Anspruch belastet, dem entgegne ich: Taufen die Katholiken ihre Kinder nicht nach ihren Heiligen? Und würde man von jemandem, der auf den Namen Franz getauft worden ist, verlangen, daß er mit den Vögeln oder Fischen zu reden versteht? Oder von einem Joseph, daß er Zimmermann wird?

Der Älteste wurde auf die Namen Achim Erwin getauft: Achim nach dem Ururgroßvater, dem Dichter Ludwig Achim, und Erwin nach dem Großvater. Der zweite: Clemens Walter

Annois – Clemens nach Clemens Brentano, das ist klar; Walter meinem Vater zu Ehren und Annois nach dem noch lebenden Großonkel. Der dritte erhielt den Namen Christof-Otto Alexander. Christof-Otto nach dem Begründer der Gerswalder Linie der Arnimschen Familie, von dem ein überlebensgroßes Porträt in der Eingangshalle des Zernikower Gutshauses hing. Alexander schlicht deshalb, weil mir der Name gefiel. Die Namenspaten des vierten Sohnes, Peter-Anton Friedmund, sind: der Frankfurter Kaufherr Peter Anton Brentano, Begründer des deutschen Zweigs der Familie Brentano und Vater des Clemens und der Bettine, sowie sein Urgroßvater und Vater Friedmund.

Unser einziges Mädchen nannten wir nach der Ururgroßmutter Bettina. Außerdem gaben wir unserer Tochter noch die Namen Agnes und Felicitas: Agnes nach der heißgeliebten Großmutter in Wiepersdorf, Felicitas als Ausdruck des Glücks, das wir bei ihrer Geburt empfanden.

Beim jüngsten Sohn kamen wir in Verlegenheit: Wir wollten ihn Herman taufen, nach Herman Grimm, dem Großonkel meines Mannes, der ihn als kleiner Junge noch kennengelernt hatte und sehr verehrte. Aber wir wären dadurch womöglich in Verdacht geraten, wir hätten ihn nach Hermann Göring benannt, und das lag uns weiß Gott fern. Der berühmte Literarhistoriker Herman Grimm war ein großer Goethe-Verehrer, also nahmen wir die Kurzform von Goethes zweitem Vornamen hinzu und nannten unseren Jüngsten Wolf-Herman, dazu noch Werner nach meinem jüngsten Bruder und Michael nach Michael Gabriel Fredersdorff.

Ja, bei der letzten, sechsten Geburt kam wieder ein Junge. Ich war im siebenten Monat, als an einem heißen Julitag Bienen-Schwiertz mich gerade hatte ins Gesinde-Eßzimmer bitten lassen, weil er vorhatte, Honig zu schleudern. Bienen-Schwiertz war ein Invalide aus dem Weltkrieg. Um seine dürftige Rente aufzubessern, hatte er die Versorgung der zwölf Bienenvölker übernommen, eine geruhsame Arbeit. Das Honigschleudern war für mich ein wichtiges Ereignis, denn Honig war ein schönes Geschenk für Verwandte und Bekannte. Gerade damit beschäftigt, die Kostbarkeit in Gläser abzufüllen, merkte ich wieder einmal, daß Fruchtwasser abging. Und wieder mußte ich, wenn auch nicht ständig, liegen. Ich durfte mich etwas bewegen, aber nur in den Zimmern des oberen Stockwerks, Treppensteigen war verboten.

Eines Tages saß ich mit Friedmund beim Tee im Wohnzimmer, als er mich plötzlich ganz aufmerksam ansah und dann sagte: «Ich fahre jetzt zu Dr. Gundermann.»

Ich fragte: «Warum denn?»

«Weil es bei dir losgeht», war die Antwort.

Er hatte es an meinem Gesicht gesehen. Anscheinend bekommt man kurz vor der Geburt so etwas wie greisenhafte Züge. Glücklicherweise stand gerade ein Fahrzeug zur Verfügung – das war im Krieg nicht immer der Fall –, und Friedmund fuhr wie vom Teufel gejagt nach Menz und holte Dr. Gundermann und Schwester Johanna. Die ergriff mich sogleich bei der Hand, führte mich ins Schlafzimmer und forderte mich energisch auf: «Ausziehen! Ins Bett!»

Sie hatte gar keine Zeit mehr, sich vorschriftsmäßig zu sterilisieren, sie nahm eine Flasche Alkohol, spritzte sich damit über die Hände, legte eine Unterlage aufs Bett, mich darauf, und kaum lag ich, war das Kind schon da! Es hat vielleicht zwanzig Minuten gedauert – eine Sturzgeburt! Und da war er: Wolf-Herman, genannt das Bürschli. Es war ja schon die sechste Geburt, da ist man nicht mehr so verkrampft, es geht alles leichter, man hat keine großen Schmerzen mehr. So habe ich mich nach dieser Geburt auch schnell wieder erholt. Aber nach so vielen Geburten sind die Bänder gelockert. Dr. Gundermann riet mir zu einer Operation, durch die sie wieder gestrafft würden. Ich fragte: «Muß das sein, wo wir doch keine Kinder mehr haben werden?»

Darauf sagte er: «Lassen Sie die Operation vornehmen. Wir wissen nicht, was für schwere Zeiten auf uns zukommen werden. Machen Sie's jetzt gleich, dann haben Sie noch ein Jahr, um sich zu erholen.»

Das war Ende 1942. Die Nachkriegsgeneration kann sich gar nicht vorstellen, welche Bedeutung in so einfachen, aber ahnungsvollen Worten lag. Wir alle waren ja verpflichtet, an den deutschen Endsieg zu glauben. Zweifel daran zu äußern war ein todeswürdiges Verbrechen. Doch viele unter uns wollten schon gar nicht mehr, daß dieses Nazideutschland siegte und damit die Schreckensherrschaft endlos weiterging. Es gab so etwas wie eine stumme Solidarität der «Defätisten». Wenn sich jemand zu äußern wagte wie Dr. Gundermann, war man geradezu dankbar dafür, neben sich einen Menschen zu wissen, der ebenso dachte wie man selbst.

Auch vom Medizinischen her gesehen halte ich heute Dr. Gundermanns Rat für weitblickend. Wahrscheinlich hatte er dadurch, daß Schwester Johanna ihm nicht nur bei der Arbeit zur Seite stand, sondern auch persönlich verbunden war, ein besseres Verständnis für die speziellen Probleme der Frauen gewonnen als mancher andere Arzt.

Ich habe von der Geburt meiner Kinder bisher vor allem unter medizinischen Gesichtspunkten erzählt. Aber es gab etwas viel Wichtigeres: Das Erlebnis des «Stirb und Werde», wie Goethe es formuliert hat.

Meine Kinder waren alle Wunschkinder. Jedesmal genoß ich die besondere Rücksichtnahme und Aufmerksamkeit meines Partners. Die Freude über Werden und Wachsen teilten wir und erst recht die über das Wunder des Erscheinens des neuen kleinen Erdenbürgers.

Auch bei den beiden im Krieg geborenen Kindern war es so, ja, das Gefühl war sogar besonders stark. Zu Weihnachten bastelte ich jedes Jahr einen Kalender für Mutter Agnes und meine Eltern. Ich klebte die neuesten und schönsten Enkelfotos für jeden Monat auf und schrieb darunter Verse von Goethe, Brentano, Eichendorff und anderen. Neulich fiel mir ein solches Kalenderblatt, eins von 1943, in die Hand. Unter dem Bild der beiden Jüngsten standen die Zeilen:

Wenn niemand fröhlich ist in diesen Tagen,
ich will fröhlich sein, denn meine Freude ist
aus einem tieferen Brunnen als alles Leid der Welt.

Natürlich war mir klar, in welch privilegierter Lage ich mich befand. Getragen von der Liebe des Partners, der Eltern, des ganzen Hauses und Dorfes. Auch hatte ich ein Refugium zum Meditieren: den Wald und meinen Bechstein-Flügel, auf dem ich gerade in diesen Zeiten so oft wie möglich spielte, denn ich war überzeugt, daß das werdende Kind an meinem Erleben teilnahm.

Friedmund war von morgens früh um sechs bis abends um zehn für den Gutsbetrieb auf den Beinen. Doch es erging ihm nicht wie den Arbeitern oder Angestellten, die, tagsüber durch ihre Fabrik- oder Büroarbeit von der Familie getrennt, nur abends, wenn sie müde und abgespannt sind, Gelegenheit haben, ihre Kinder zu sehen, die dann womöglich schon im Bett liegen. Er tauchte immer mal wieder plötzlich auf und war so für die Kinder stets präsent. Wenn sein Pferd an der Linde vor dem Gutsbüro angebunden stand, wußten alle: «Jetzt ist er da.» Draußen in Wald und Flur zeigte er den Kindern, wie sie sich bei Mutter Natur mit einfachen Mitteln schöne Spielzeuge zusammenbasteln konnten. Er hatte das von seinem Onkel, dem Forstmeister Kurt von Baumbach, gelernt.

Der Vater zeigte den Kindern zum Beispiel, wie man aus Haselnußzweigen eine kleine Wassermühle baut. Er steckte am Bachrand zwei gegabelte, unten etwas angespitzte Haselnußstöckchen als Stützen in etwa zehn Zentimeter Abstand quer zur Wasserströmung in den Boden. In die Gabelungen legte er dann ein weiteres Haselnußstöckchen, in dessen Mitte das Wasserrad kam. Dieses bastelte er aus drei gleich langen Stäbchen, die er in der Mitte aufschlitzte und auf dem Stöckchen sternförmig aufspießte. Wenn er dann die Enden der Stäbchen etwas einschlitzte und kleine Holzblättchen als Schäufelchen einsetzte, war die Wassermühle perfekt und begann sich bei Berührung mit dem Wasser wie wild zu drehen!

Für die kleineren Kinder verfertigte Friedmund sogenannte «Nickerchen». Dazu nahm er vom Stengel des Kerbels ein etwa acht Zentimeter langes Stück, kerbte es am oberen Ende in einem Abstand von etwa zwei Zentimetern etwas ein, so, daß man es an dieser Stelle knicken konnte. Darauf zog er in die Röhre einen Halm vom Wiesenfuchsschwanz so ein, daß der Schwanz wie ein Kopf im oberen Teil der Röhre steckenblieb. Wenn er dann mit der linken Hand die Röhre hielt und mit der rechten das unten aus der Röhre herausragende Ende des Grashalms abwechselnd hochschob und herunterzog, beugte und erhob das «Nickerchen» sein Köpfchen und sagte «Guten Tag!».

Feste spielen überall auf dem Lande eine große Rolle, und so war es auch in Zernikow. Ich mußte immer staunen, welche Mengen an Essen die Büdner und Landarbeiter bei Hochzeiten oder Konfirmationsfeiern auftischen konnten, wo sie doch sonst so einfach lebten. Es gab wie kahle Bäume aussehende Ständer, die mit Blechkuchen vollgepackt wurden. Von der ersten Gutsmamsell wurden auf Bestellung herrlich verzierte Sahnetorten verfertigt; darin war sie wirklich eine Künstlerin.

Nach dem Festgottesdienst zum Erntedank in der Dorfkirche, deren Altar mit Getreide und Früchten geschmückt war, ging ein Umzug durchs Dorf bis hin zur Festwiese. Wir schmückten dazu den Leiterwagen der Kinder mit Ähren und Blumengirlanden, setzten das jüngste Kind hinein und spannten die älteren Kinder davor, die den Wagen zur Festwiese zogen.

Den Erwachsenen vorbehalten war der «Schwof» am Abend in der Dorfschenke, dem Gasthof Wollitz, und ein solcher fand dort auch bei der Jahresfeier des Fußballvereins von Zernikow statt. Bevor aber das «Schwofen» losgehen konnte, mußte erst die elfköpfige Mannschaft antreten zum Umtrunk. Ein gläserner Stiefel wurde mit Bier gefüllt, dann setzte als erster der Mannschaftskapitän, das war mein Mann, zum Trinken an. Beim elften Mann mußte der Stiefel geleert sein. Dann begann der Tanz. Auf einem restlos verstimmten Klavier spielte ein älterer Arbeiter bekannte Schnulzen und Schlager. Er wurde durch einen zweiten dabei mimisch unterstützt mit einer Baßgeige oder dem, was man dafür halten sollte, nämlich einem Besenstiel, auf dem er mit einem Spazierstock hinundherfidelte. War der Tanz zu Ende, ging ein Tänzer zur «Kapelle» hin und sagte: «Süßer Geiger, noch ein Schwänzchen!», und dann ging's wieder los. Zum Schluß wurde ein Teller herumgereicht: «'nen Jroschen for die Musik!»

Für das Osterfest holten die Kinder Wochen vorher Birkenreiser aus dem Wald und stellten sie im warmen Zimmer in Wassereimer, damit sie bis Ostern grüne Blätter trieben. Frühmorgens zogen dann die Kinder, mit den grünen Birkenruten bewaffnet, in die Wohnungen im Dorf und drangen auch in die Schlafzimmer im Gutshaus ein, schlugen mit ihren Ruten auf die Bettdecken oder, wenn der Betreffende schon aus dem Bett entwischt war, auf dessen Allerwertesten und riefen im Chor: «Stüp, stüp, Osterei! Gibst du mir kein Osterei, schlag ich dir den Rock entzwei!»

Die Meute konnte nur dadurch besänftigt werden, daß man Eier oder Süßigkeiten ins Körbchen legte. Friedmund floh jedesmal ins Badezimmer, und die kleine Bande folgte ihm jubelnd. Wenn wir Gäste hatten, mußten wir sie am Vorabend auf diese Sitte vorbereiten und sie mit kleinen Geschenken ausrüsten, damit sie sich «freikaufen» konnten.

Nach dem Frühstück versteckte der Vater Eier und Süßigkeiten und kleines Spielzeug im Park. Die Hausangestellten und die Kinder mußten diese Dinge suchen. Friedmund machte sich zuvor einen Generalstabsplan, aber trotzdem wurde nicht immer alles entdeckt, so daß der Gärtner im Sommer, wenn er die Hecken schnitt, noch hier und da ein faules Ei oder zermanschte Schokolade fand.

Am Osternachmittag zogen alle Kinder zu einem Hügel im Tiergarten, dem Eierberg. Zuerst wurden die Eier verglichen und erörtert, wer die schönsten Eier hatte. Die der Dorfkinder waren oft viel kunstvoller bemalt als die unserer Kinder. Dann ließen zwei Kinder je ein Ei – auch wenn die Eier noch so schön waren! – um die Wette den Hügel hinunterkullern, so daß sie möglichst aufeinandertrafen und sich anschlugen. Jedes Ei, das dabei einen Knacks bekam, wurde aus dem Verkehr gezogen. Sieger war, wer schließlich ein heiles Ei übrigbehielt.

Zu Weihnachten stellten wir auf dem großen Tisch in der Plättstube eine Tanne auf, darunter Teller mit Gebäck und Äpfeln, Spielzeug und etwas zum Anziehen für jedes der Dorfkinder. Nach dem Nachmittagsgottesdienst kamen die Schulkinder mit dem Lehrer, stellten sich vor dem Weihnachtsbaum auf und sangen. Dann sagte jedes Kind sein Gedichtchen auf, die wiederholten sich meist endlos, denn viel Auswahl an Weihnachtsgedichten war da nicht: «Denkt euch, ick habe det Christkind jesehen!...» oder «Von drauß, vom Walde, komm ick her, ick muß euch saren, et weihnachtet sehr...»

Dann kamen sie zu Friedmund und mir, um die Geschenke in Empfang zu nehmen. Sie waren oft ganz aufgeregt und verwechselten uns bei der Anrede: «Herr Baronin, ick bedanke mir für det schöne Wihnachten!» – «Frau Baron, ick bedanke mir für det schöne Wihnachten!»

Wenn die Dorfkinder abgezogen waren, gingen wir zur Bescherung in den Saal hinauf. In dessen Mitte war eine vier Meter hohe Tanne aufgestellt, am Ende des Saals am mittleren Fenster stand die Weihnachtskrippe, die ich selbst gebastelt und mit Figuren ausgestattet hatte nach dem Vorbild der Krippe in meinem Elternhaus. Ringsum an den Wänden standen die Tische, auf denen die Geschenke für die Eltern, die Kinder und die Hausangestellten aufgebaut waren. Zunächst blieben die Gaben aber unter Tischdecken verborgen. Denn erst einmal wurden wieder Weihnachtslieder gesungen, wobei ich den Gesang auf dem Flügel begleitete. Die Kinder mußten sich noch in Geduld üben. Alle Aufmerksamkeit konzentrierte sich auf den Glanz des Weihnachtsbaumes ...

Warum ich einen Weihnachtsabend beschreibe, der doch ganz ähnlich in Abertausenden von Familien, also vollkommen «normal» verlief? Weil Friedmund Weihnachten 1945 in russischer Gefangenschaft, in der eiskalten, dunklen Krankenbaracke, nachdem sein Bettnachbar die Weihnachtsgeschichte auswendig vorgetragen und sie leise «Stille Nacht, heilige Nacht» gesungen hatten, vom Weihnachtsfest in einem Gutshaus erzählt und seinen Kameraden damit etwas von «zu Hause» vermittelt hat.

Eines der schönsten Feste für Gäste, Angestellte und Kinder war das alljährliche Weinbergfest auf der Insel im Thärensee beim Vorwerk Schulzenhof, acht Kilometer von Zernikow entfernt. Wir fuhren dorthin im großen Leiterwagen.

In Schulzenhof «herrschte» der alte Fülster, von dem ich schon erzählt habe, als Forstaufseher, betätigte sich zugleich aber auch als Fischer und – als Winzer! Mein Schwiegervater hatte sich nach 1870 Rebstöcke vom Rhein kommen lassen und Fülster für einige Zeit auf das Gut Weiler bei Heilbronn geschickt, wo eine Schwester meiner Schwiegermutter verheiratet war. Dort sollte sich Fülster Kenntnisse im Weinanbau und im Keltern verschaffen. Herr von Weiler blieb skeptisch bezüglich der Weinbaumöglichkeiten im nördlichen Preußen und schrieb an seine Schwägerin Agnes: «Trinkt Euren Most süß, bevor er sich in Essig verwandelt.»

Aber Großvater Erwin ließ sich nicht abschrecken. Er war nicht wenig stolz auf seinen Wein.

Inzwischen war Fülster alt geworden, und Friedmund hatte das Spiel mit dem Weinkeltern aufgegeben. Aber noch immer feierten wir jedes Jahr im Herbst ein Weinbergfest. In Fülsters großem Stocherkahn fuhren wir auf die Weinberginsel. Friedmund zündete ein Feuer an und legte Kartoffeln zum Rösten in die Glut. Dann schnitt er Haselnußstecken zurecht, spießte darauf dicke Stücke Schweizer Käse und hielt sie über das Feuer. Wir mußten schnell eine butterbeschmierte Semmel darunterhalten, und dann tropfte der heiße Käse darauf. Dazu aßen wir die Inseltrauben und die gerösteten Kartoffeln. Das schmeckte herrlich! Danach gingen wir baden, und von damals liegt noch ein goldenes Armband von mir auf dem Grund des Sees. Wer weiß, ob's mal jemand findet.

Als ich 1970 die Leitung der Eschborner Stadtbücherei übernahm, fiel mir ein schmales Bändchen in die Hand: *Schulzenhofer Kramkalender* von Erwin Strittmatter. Der Name des Verfassers war mir unbekannt, aber auch der Inhalt des Buches, kleine Prosaskizzen, stand für mich beim ersten Durchblättern in keinem Bezug zu *dem* Schulzenhof, das ich kannte. Ich sagte mir: Vielleicht ist Schulzenhof ein Ortsname, den es mehrfach gibt. Aber als ich drei Jahre später zum ersten Mal in die DDR reiste und auch unsere ehemalige Wirtschafterin Erna Glattki in Neuglobsow besuchte, fragte ich sie, was aus Schulzenhof geworden sei. «Dort wohnt jetzt ein sehr bekannter Schriftsteller, Erwin Strittmatter», war die Antwort. Erna brachte mir gleich ein neu erschienenes Bändchen von ihm aus der Dorfbibliothek: *Damals auf der Farm.*

«Es wird Ihnen aber nicht gefallen», sagte sie dazu. «Es kommen nämlich ein böser Graf und eine böse Gräfin darin vor.»

Die Geschichte spielte in der Gegend von Coburg, auf einer Pelztierfarm, wo Strittmatter in seiner Jugend zur Zeit der großen Arbeitslosigkeit gearbeitet hatte. Ich mußte lachen. Ernas Bedenken waren ganz und gar unbegründet. Warum sollte ich mir die Schuhe einer mir unbekannten Gräfin aus Bayern anziehen? Erna atmete auf und erzählte mir, daß der Spremberger Bäckerssohn Strittmatter in Schulzenhof eine Pferdezucht betreibe und ein großer Reiter sei. Auch das nahm mich für ihn ein.

Später bekam ich aus der DDR ein Kinderbuch von Strittmatter geschickt, das handelte von einer Handpumpe und einem kekken Meisenpärchen. Überrascht stellte ich fest: Diese Erzählung kennst du doch! Ist das nicht eine der Geschichten vom alten Fülster, die mir Mutter Agnes erzählt hat? Ihr Mann Erwin hatte ein Jagdhäuschen bauen lassen, mit Blick auf den Thärensee. Daneben stand eine Handpumpe. Eines Tages entdeckte die Familie, daß die Röhre verstopft war, und dann passierte das einige Male hintereinander. Erwin und Fülster berieten, was zu tun sei. Fülster legte sich auf die Lauer, um einen vermeintlichen Saboteur zu erwischen. Was entdeckte er? Ein Meisenpärchen hatte sein Nest in die Brunnenröhre gebaut und es immer wieder erneuert, sooft es von Fülster auch entfernt worden war.

Eine unscheinbare Geschichte. Kaum anzunehmen also, daß Erwin Strittmatter sie vom Hörensagen kannte und für wert befand, als Stoff für ein Kinderbuch zu dienen. Er muß wohl etwas Ähnliches selbst erlebt haben. Sollte demnach die Pumpe und vielleicht gar das Jagdhäuschen in Schulzenhof noch stehen? Und die Meisen? Waren es etwa die Urur ... enkel der Meisen aus Fülsters Zeit?

Bei meinem zweiten Besuch in der DDR, im Jahre 1978, blieb ich ein paar Tage in Zernikow und machte auch eine Stippvisite in Schulzenhof. Die schmale, sandige Landstraße ist jetzt asphaltiert, aber sonst sieht alles noch wie früher aus. Fülsters Enkel, nun seinerseits schon siebzig, kam aus seinem Haus und begrüßte mich herzlich. Auf meinen Wunsch zeigte er das Bild seines Großvaters, das von meiner Schwägerin, Bettina Encke von Arnim, stammt und auf das er so stolz gewesen war.

Auch am Jagdhäuschen kamen wir vorbei. Und tatsächlich, da stand noch die alte Handpumpe, deren Ausflußröhre die Meisen als ihren Nistplatz erwählt hatten! Ich fragte Fülsters Enkel nach den Strittmatters.

«Ja, die sind da, nette Leute.»

«Ach bitte, begleiten Sie mich hin!»

Ich hatte Angst vor bösen Hunden und ein wenig auch vor den Strittmatters. Würden sie die einstige Besitzerin überhaupt empfangen?

Es kam uns aber nur ein gutmütiger Dalmatiner entgegen. Strittmatters hatten zuerst in einem alten Gehöft gewohnt, dann ganz versteckt dahinter ein neues Haus gebaut. Sehr geschmackvoll, mit viel Holz; schöne Blumen davor, ein herrlicher Blick in die Wiesen. Frau Eva Strittmatter war zu Hause und bat mich hinein. In der Halle viele gute, moderne Bilder. In ihrem Zimmer standen ein paar schöne Biedermeiermöbel. Wir unterhielten uns etwa eine Stunde über Schulzenhof und Zernikow gestern und heute, dann schaute ihr Mann kurz herein, in Reitstiefeln, Lederjacke und Mütze, denn er kam von den Pferden. Eine schmale, sportliche Figur, etwa sechzig Jahre alt. Aber es kam nicht mehr zu einem Gespräch mit ihm, ich mußte aufbrechen. Erst beim Abschied verriet mir Frau Strittmatter, daß auch sie eine Anzahl Bücher veröffentlicht habe, und sie schenkte mir eines mit dem Titel *Briefe aus Schulzenhof* und mehrere Lyrikbände, darunter *Zwiegespräch*.

Darin enthalten ist das Gedicht «Von Schulzenhof». Ich möchte es hier wiedergeben, weil ich meine, daß der Leser daraus und aus dem, was ich zuvor erzählt habe, ersehen kann, was sich geändert hat und was geblieben ist. Auch drückt das Gedicht präzis die Naturstimmung aus, dich mich voll Sehnsucht immer wieder erfüllt hat, wenn ich nach dem Krieg an die Landschaft von Zernikow und Schulzenhof habe zurückdenken müssen.

Von Schulzenhof

In Schulzenhof ist der Winter schön.
Schon in Gransee, der Kreisstadt, ist Schnee
Mehr eine Spezies Dreck. Das Gestöhn
Der Genossen vom Rat und vom Kampfkomitee
Für die besonderen Winteraufgaben,
Das sie gewiß doch gegründet haben,
Kann ich mir vorstelln. Wie umgepflügt,
Knietiefer Schnee grau am Schinkelplatz.
Aber bei uns in Schulzenhof fügt
Sich alles zum Bild. So wie der Satz
Schön ist der Winter. Weiß bleibt der Schnee
Auf den blachen Wiesen. Nur Spuren von Reh
Und Hirsch und Hasen und Mäusen ziehn
Vom Wald übern Weg und die Böschung hin
Durch den Wiesengrund zu den Erlen am Bach.
Und der einzelne Reiher fliegt uns übers Dach,
Von dem die Tränen der Eiszapfen rinnen.
Und das macht es noch schöner. Der Himmel ist klar,
Und die erdnahen Sterne des Januar
Glimmern den Schnee. Der Orion klimmt
Wie ein froststeifer Kerl übern Waldhorizont . . .
Und die Nacht wird gut, denn der Tag hat gestimmt:
Ich hab mit dem Tode leben gekonnt.

FAMILIE – FAMILIE

Nun, so freut euch des Glücks, Ihr Adligen,
Starrt nicht wie andere,
Freut euch, weil es noch währt.
Trauert nicht, wenn es vergeht.
Nur im trockenen Stamm
Da bauen die Bienen sich Nester,
Fresset den Honig jetzt aus,
Denn der Stammbaum ist dürr.

Ludwig Achim von Arnim

Da Friedmund wußte, wie sehr ich Geselligkeit liebte und wie gern ich tanzte, beschloß er Anfang 1933, mit mir am Arnimschen Familientag teilzunehmen, der jedes Jahr im Januar im Berliner Garde-Kavallerie-Klub stattfand. Die Arnimsche Familie hielt seit 1856 Familientage ab, aber mein Schwiegervater Erwin und seine Brüder hatten sich davon aus Protest ferngehalten. Der Grund mag Außenstehenden heute lächerlich vorkommen, aber seinerzeit erhitzte er die Gemüter. Ich erzähle die Geschichte hier, weil sie auf die Bettine zurückgeht und ein Licht wirft auf ihr bekanntlich gespanntes Verhältnis zu den Ministern des preußischen Königs.

Ihrem zweiten Sohn Siegmund wurde, als er 1840 in die Dienste des Preußischen Ministeriums für Auswärtige Angelegenheiten trat, von seinem vorgesetzten Minister, einem Freiherrn von Werther, das Recht bestritten, den Freiherrntitel zu führen. Darauf beantragte Siegmund ein Disziplinarverfahren gegen sich selbst, um die Sache klären zu lassen. Der Minister aber, um zu verhindern, daß er dadurch bloßgestellt werden könnte, machte seinen Einfluß beim König geltend, damit das Verfahren nicht eingeleitet wurde. Der König suchte einen Kompromiß und schlug vor, seinerseits diesem Zweig der Familie den Freiherrntitel zu verleihen.

Das Bettine-Porträt, das ihr Enkel, der Maler Achim von Arnim,
nach der Miniatur malte, die Bettine 1809 ihrem Verlobten geschenkt hatte.

Zwar stand Siegmund, ein schwieriger, eigenbrötlerischer Jung-
geselle, streng konservativ und ein Jugendfreund Bismarcks, der
ihn mit «Bettinowitsch» betitelte, in einem gespannten Verhältnis zu seiner Mutter, doch als sie ihn zu Unrecht in seiner Ehre
angegriffen sah, war ihr der Anlaß nicht zu gering, um sich zu
sagen, wie es in Sarah Kirschs Gedicht über Wiepersdorf heißt:
«Ich sollte / mal an den König schreiben.»
    Bettine vermutete wohl auch mit Recht, daß die Minister des
Königs, das «heraldische Tiervolk», wie sie es nannte, hier wieder mal eine Intrige gegen sie gesponnen hatten. Jedenfalls legte
sie dem König in einem seitenlangen Brief dar, daß man, wenn
sie sein Angebot annehmen würde, der Familie den Freiherrntitel erneut zu verleihen, daraus schließen könnte, er sei von derselben bisher zu Unrecht gebraucht worden.

Was im einzelnen in dem langen, bisher unveröffentlichten Brief der Bettine an Friedrich Wilhelm IV. gestanden hat, weiß ich nicht. Ich kann die Auseinandersetzung um den Freiherrntitel nur so wiedergeben, wie ich sie aus der familiären Überlieferung kenne. Eine wissenschaftliche Untersuchung der Beziehungen zwischen der Bettine und dem König von Preußen, die weit über das hier erwähnte, relativ belanglose Problem des Freiherrntitels ihres Sohnes Siegmund hinaus für das Verständnis der ganzen Einstellung der Bettine und ihrer politischen Aktivitäten von Bedeutung sind, war Anfang des Jahrhunderts von Ludwig Geiger begonnen, dann aber auf infame Weise von seinem Rivalen Steig hintertrieben worden. (Davon mehr am Schluß des Kapitels.)

Nein, es ging der Bettine keineswegs in erster Linie um den Freiherrntitel ihres Sohnes. Hat sie doch sieben Jahre später in einem Brief an den Magistrat von Berlin, der ihr eine Beleidigungsklage mit darauffolgendem Prozeß einbrachte, geschrieben:

Was nun Ihre letzte Bemerkung anbelangt, daß keine Veranlassung vorliege, mir das Bürgerrecht als ein Ehrengeschenk zukommen zu lassen, so gebe ich dieses zu, da ich zumal das Bürgertum höher stelle als den Adel. Damit werden Sie einverstanden sein. – Ebenso stelle ich noch höher die Klasse des Proletariats, ohne dessen ihm angeborne großartige Charakterkräfte, des Ausharrens im Elend, im Entsagen und Beschränken aller Lebensbedürfnisse, wenig Ersprießliches zum Wohl des Ganzen würde befördert werden.

Der Grund also, warum ich den Proletarier am höchsten stelle, ist, weil er der Gemeinheit enthoben ist, als Wucherer dem Weltverhältnis etwas abzugewinnen, da er alles gibt und nicht mehr dafür wieder verzehrt, als er eben bedarf, um neue Kräfte zum Gewinn anderer sammeln zu können. – Und wenn ich dem Bürgertum vor dem Adel den Vorzug gebe aus dem Grunde, weil sein praktischer Charakter dem eingebildeten des Adels gegenübersteht; ich daher die Bürgerkrone dem Ordenssterne vorziehe, so würde ich dem allen noch vorziehen, vom Volke anerkannt zu sein, dessen Verzichtungen heroisch und dessen Opfer die uneigennützigsten sind.

Ludwig Achim von Arnim hatte schon 1806 geschrieben: «Das ganze Volk muß aus einem Zustande der Unterdrückung durch den Adel, zum Adel erhoben werden.»

Auf seinem Grabstein in Wiepersdorf jedoch findet sich die Inschrift mit dem Freiherrntitel:

HIER RUHT
LUDWIG ACHIM
FREIHERR VON ARNIM
GEBOREN
DEN 26. JANUAR 1781
GESTORBEN
DEN 21. JANUAR 1831
DEUTSCHER DICHTER

Der Freiherrntitel war dem Vater des Dichters von Friedrich dem Großen, als er dessen Gesandter am dänischen Königshof war, verliehen worden, im Berliner Adreßbuch von 1802 war sein Name folgendermaßen verzeichnet:

«Herr Achim Erdmann Freyherr von Arnim, Kgl. Kammerherr, Geh. Legationsrat, Ritter des Dänischen Danebrog-Ordens, Domdechant zu Kammin, auch Domherr zu Brandenburg, Erb- und Gerichtsherr auf Beerwalde, Herbersdorf, Kossin, Meinsdorf, Rinow, Weissen, Wiepersdorf und Friedenfelde.»

Siegmund und die übrigen Nachkommen des hier genannten Achim Erdmann führten danach, ohne daß die preußischen Behörden dagegen erneut Einspruch erhoben hätten, den Freiherrntitel weiter. Vom Arnimschen Familienverband wurde ihnen das Recht dazu jedoch immer wieder bestritten, mit dem Argument, es läge keine Verleihungsurkunde vor.

Von den Sitzungen des Familienvorstandes, bei denen dieses und andere Probleme diskutiert wurden, waren die Damen ausgeschlossen, wir waren nur zum geselligen Teil des Familientags geladen. Aber ich besitze noch das Protokoll der Familientagssitzung vom 7. Januar 1933, worin es heißt:

«Der Vetter von Arnim-Suckow bittet festzustellen, daß außer den Nachkommen des Grafen Harry von Arnim [der wegen seines Konflikts mit Bismarck 1871 von Grafen zum Freiherrn ‹degradiert› worden war] kein Mitglied des von Arnimschen Familienverbandes das Recht hat, den Freiherrntitel zu führen.»

Es sei nicht verschwiegen, daß es bis heute ein paar nostalgische Gemüter unter den Arnims gibt, die dieses «Problem» beschäftigt. Mein Mann und seine Vettern sahen allerdings schon damals in dieser Sache keinen Anlaß mehr, den Familientag zu boykottieren. Als wir 1931 zum ersten Mal am Familientag teilnahmen, trug ich mein Hochzeitskleid aus weißem Satin; die Ärmel waren herausgetrennt und eine rote Rose auf der linken Schulter appliziert. Friedmund trug seinen Hochzeitsfrack.

Am Eingang des Saales standen der Familienvorsitzende, der Kammerherr von Arnim-Suckow, und seine Frau, mit ihrer großen Pelzboa um die Schultern eine hoheitsvolle Gestalt. Ehrerbietig versank ich vor ihr in einen Knicks, Friedmund küßte ihr die Hand, und dann schritten wir zur festlich geschmückten Tafel. Ich musterte die Mitglieder der weitverzweigten Arnimschen Familie – darunter auch die von der gräflichen Linie, die Nachfahren des preußischen Innenministers Adolf Heinrich von Arnim-Boitzenburg, mit dem die Bettine sich so oft angelegt hatte – und begegnete dem streng prüfenden Blick einer stattlichen märkischen Landfrau. Später erzählte mir Friedmund schmunzelnd, daß Cousine Hedy, die Frau seines Vetters Oskar, als Tochter aus großbürgerlichem Hause sich wie stets nach letztem Berliner Chic kleidend, es im Jahr zuvor gewagt hatte, auf dem Familientag in einem Kleid mit tiefem Rückenausschnitt zu erscheinen, worauf die oben erwähnte gestrenge Arnimsche Gutsfrau, bewaffnet mit einer großen Sicherheitsnadel, auf sie zugeschritten sei und den Ausschnitt kurzerhand zugesteckt habe.

Nachdem die Suppe serviert war, brachte der ehrwürdige Kammerherr ein Hoch auf «Seine Majestät den Kaiser» aus, der doch nun schon seit fünfzehn Jahren im holländischen Exil lebte. Friedmund und ich schauten uns vielsagend an ...

Der wichtigste Punkt auf der Tagesordnung der Familienvorstandssitzung von 1933 war folgender Antrag des Vetters Albrecht von Arnim-Fürstenau. Ich zitiere aus dem Protokoll:

Der von Arnimsche Familientag soll den Familienvorstand beauftragen, die Familiensatzung dahingehend zu ergänzen, daß in Zukunft die Heirat eines Mitgliedes des von Arnimschen Familienverbandes mit einer Jüdin den Ausschluß aus dem Familienverband zur Folge hat. – Jüdin im Sinne des obigen Antrages ist eine Person, die mehr als einen jüdischen Ahnen in der Reihe der acht Ahnen hat.

Man bedenke: Drei Wochen *vor* Hitlers Machtantritt die Forderung nach einem Arierparagraphen, der sogar über Dr. Hans Globkes Auslegung der Nürnberger Rassegesetze von 1935 hinausging!

Anlaß für den Antrag, in die Familienverbandssatzung einen solchen Paragraphen aufzunehmen, war die Heirat eines Vetters von Friedmund, Friedrich Achim, Erbe des hochverschuldeten Gutes Blankensee, mit Else von Simson. Diesen Vetter hatte ich bereits auf Bällen in Berlin kennengelernt, bevor ich «meinem» Herrn von Arnim begegnete. Dabei spielte er den rauhbeinigen Junker von der Art, wie man ihn von der Karikatur her kennt.

Else von Simson war eine Urenkelin des berühmten jüdischen Juristen Eduard von Simson, der als Abgeordneter des Frankfurter Paulskirchen-Parlaments 1848 dem preußischen König die erbliche Kaiserkrone angetragen hat, die dieser dann bekanntlich ablehnte, weil an ihr «der Ludergeruch der Revolution» hafte. Später hat der durch Bismarcks «Revolution von oben» zum deutschen Kaiser avancierte Bruder jenes Königs diesen Simson in den Adelsstand erhoben. Er wurde zum ersten Präsidenten des Deutschen Reichstags und zum ersten Präsidenten des Reichsgerichts berufen.

Und nun hieß es im Protokoll des Arnimschen Familientags vom 7. Januar 1933: «Es wird beschlossen, den Vetter von Arnim-Blankensee zum gesellschaftlichen Teil des Familientages nicht einzuladen.»

Cousine Else von Arnim, geb. von Simson, war wie ich eine in der Stadt aufgewachsene «höhere Tochter», die hoffte, auf dem Land als Gutsherrin von Blankensee und Ehefrau eines der Urenkel der Bettine ein weites soziales und gesellschaftliches Wirkungsfeld zu finden. In den ersten Jahren war ihr das auch durchaus vergönnt. Ihr Vater, Staatssekretär Ernst von Simson, setzte einen Teil seines Vermögens daran, das Gut Blankensee zu sanieren und das Gutshaus instand zu setzen. Das obere Stockwerk ließ Else so modern und geschmackvoll einrichten wie die Villa ihres Vaters in Berlin-Dahlem, mit wunderschönen Tapeten, stilvollen Möbeln und herrlichen Teppichen.

Dabei ergab sich eine ergötzliche Situation: Ihre Schwieger-
mama, Amöne von Arnim, geb. von Trott zu Solz, wollte für sich
nichts geändert haben. Sie wohnte im Parterre, hatte weiterhin
ihre riesenhaften Möbel und ihr Plumpsklo und die abgetrete-
nen Teppiche und thronte mitten im Salon auf ihrem Plüschsofa
mit seinen Troddeln; es blieb alles so, wie es 1890 eingerichtet
worden war.

Zuerst hatte Amöne die Braut abgelehnt, doch als Else ihre
Schwiegertochter geworden war, entspann sich zwischen den
beiden ein freundschaftliches Verhältnis. Die streng konservative Dame war im Grunde eben eine souveräne und gütige Frau.
Und nun kamen all die Arnims von den Gütern aus der Uckermark und ließen sich einladen zu Jagden und festlich bewirten,
sprachen wohl auch gelegentlich Gegeneinladungen aus; jedenfalls herrschte ein reger geselliger Verkehr. Kaum aber war die
Nazizeit angebrochen, haben die Damen in der Kreisstadt
Templin, wenn sie Else begegneten, nicht mehr gegrüßt oder
sind auf die andere Straßenseite gegangen.

Gegen den Antrag, den Vetter und seine Frau aus dem Familienverband auszustoßen, hatten vornehmlich die Vettern Detlev von Arnim-Kröchlendorff und Wilhelm von Arnim-Lützlow
Stellung genommen. (Ich glaube, es ist kein Zufall, daß sich
beide später der Bekennenden Kirche angeschlossen und die
Barmer Erklärung von 1937 mitunterzeichnet haben. Mutig hat
Detlev von Arnim-Kröchlendorff im Krieg den Verhören der
Gestapo widerstanden.) Der damalige Familienverbandsvorsit-
zende, Graf Arnim-Boitzenburg, der drei Monate später ver-
starb, ließ den Antrag vertagen. Ich weiß, daß er auf dem nächsten Familientag angenommen worden ist; Friedmund und ich
sind nicht mehr hingegangen.

Wir und der Sohn des erwähnten Kammerherrn, Vetter Georg Wilhelm von Arnim-Suckow, haben zu Else gehalten und sie
weiterhin besucht. Friedmund war empört darüber, wie sich die
anderen Arnims verhielten. Friedrich Achim selbst versagte in
diesem Konflikt, doch Else hat später nie ein böses Wort über
ihn geäußert, sie sagte nur: «Friedrich Achim war zu schwach, er
konnte dem Druck der Zeit nicht standhalten.» Er ließ sich 1940
scheiden. Else von Arnim folgte ihren Eltern, die schon früher
nach England gegangen waren. Ihr Vater starb in Oxford, man
kann sagen, an gebrochenem Herzen.

Nur noch einmal fuhren wir nach Blankensee, es war im Jahre 1943 und der Anlaß die Beerdigung von Tante Amöne. Ein Jahr zuvor hatte Friedrich Achim eine Verwandte des Reichsministers Lammers geheiratet.

Mit seinen anderen Vettern, den fünf Söhnen seines Onkels Annois, verband Friedmund, der selbst nur Schwestern hatte, ein fast brüderliches Verhältnis. Die Vettern Hans und Harald, letzterer ein begeisterter Segelflieger aus der Pionierzeit dieses Sports, ein Freund von Wolfram Hirth, hatte ich noch vor meiner ersten Begegnung mit Friedmund auf einem Tanzfest kennengelernt. – Von diesen fünf Vettern war Oskar, der vierte, jedoch der interessanteste. Man kann sagen, auch der romantischste, jedenfalls der mit der größten literarischen Begabung. Er war ein großer Erzähler vor dem Herrn, ein Charmeur, der alle Menschen durch seine bezwingende Phantasie bezauberte. Seine Haare und sein Bart waren rotblond, und er hatte leuchtend blaue Augen. Wenn im Forsthäuschen in Burow, dem kleinen Waldgut, auf das sich sein Vater Annois zurückgezogen hatte, alle Söhne beisammensaßen, war er immer derjenige, der die ganze Gesellschaft unterhielt.

Bevor ich ihn kennenlernte, hatte Friedmund auf einer Autofahrt nach Zernikow mir schon von ihm erzählt, und zwar, weil Oskar gerade in größten finanziellen Schwierigkeiten steckte. Friedmund sagte:

«Mein armer Vetter Oskar! Er hat eine Enkelin von Philipp Holzmann in Frankfurt geheiratet, dem Begründer der bekannten Hoch- und Tiefbaufirma, die unter anderem die Bagdadbahn und den Kaiser-Wilhelm-Kanal gebaut hat, also eine gute Partie gemacht. Aber leider hat sich Oskar, der eigentlich das Zeug hätte, Professor zu werden – er hat Philosophie, Geschichte, Germanistik und Nationalökonomie studiert –, von seiner Frau überreden lassen, sein Studium abzubrechen und als Volontär in das Bankhaus I. Dreyfus & Co. einzutreten. Nun taugt er jedoch zum Bankier oder Kaufmann so wenig wie der Igel zum Badeschwamm.

Trotzdem war das am Anfang noch eine schöne Zeit für ihn, weil ihn das Bankhaus an der langen Leine laufen ließ und er und seine Frau Hedy, die eine begabte Malerin ist, ihren literarischen und kunsthistorischen Interessen nachgehen konnten. Sie unternahmen die schönsten Reisen durch die Länder Europas.

Aber dann, auf einer Reise durch Algerien und die Sahara, ereilte ihn das Schicksal. Er war gerade im Begriff, von Touggourt aus eine gewagte Expedition bis an den Niger vorzubereiten, um sich den Traum seines Lebens, die Erkundung der geheimnisvollen Stadt Timbuktu mit ihrer sagenhaften Bibliothek, zu erfüllen, da erreichte ihn ein Telegramm seines Chefs vom Bankhaus Dreyfus. Das Telegramm enthielt ein scheinbar verlockendes geschäftliches Angebot. In Wirklichkeit führte es zum großen Reinfall.

Oskar übernahm 1928 die Leitung der Bürobedarfsfirma Viktor Metlitzky in Berlin. Offenbar war es ein dubioses Unternehmen, jedenfalls war Oskar, mit seinen mangelnden kaufmännischen Fähigkeiten und seiner Vertrauensseligkeit, der Aufgabe nicht gewachsen. Jetzt hat die Firma mit Pauken und Trompeten Pleite gemacht. Zu allem Unglück hatte die Familie seiner Frau für die Firma gebürgt, und nun ist das Holzmannsche Vermögen zum größten Teil auch weg.»

Diesen Vetter Oskar und seine Frau Hedy, geb. Sonntag, lernte ich dann bald nach meiner Hochzeit in Berlin kennen, also im Winter 1930/31. Oskar und Hedy führten in der Dahlmannstraße einen Salon, wobei Salon hier strikt im literarischen Sinne zu verstehen ist, denn die Wohnung war eher bescheiden; die beiden hatten ja kein Geld mehr.

Cousine Hedy erinnerte mich in ihrer Erscheinung etwas an Fritzi Massary. Von schlanker Figur, in ihren kurzen Röcken sehr elegant, gab sie sich als Gamin-Typ; dabei war sie sehr empfindlich und zart. Wenn ihr Besuch in Wiepersdorf bevorstand, herrschte stets größte Aufregung bei meinen Schwägerinnen. Ihr ging der Ruf voraus, daß sie mit Margarine zubereitete Plätzchen nicht vertrage, weshalb für sie eigens Butterplätzchen gebacken werden mußten. (Warum das erwähnenswert ist? Weil man auf dem Gutshof früher so sparsam war, daß man die eigene Butter zu Geld machte und statt dessen billige Margarine kaufte, die damals noch keineswegs so angenehm schmeckte wie die Margarine heute.)

Von Friedmund wußte ich, daß sich bei Oskar und Hedy Leute der verschiedensten politischen Lager, von links und rechts, aller Gesellschaftsschichten, hoch und niedrig, aber auch Diplomaten aus aller Herren Länder trafen, Repräsentanten der Sowjetunion wie Vertreter Frankreichs.

Wir waren zu einer Teegesellschaft hinzugekommen. Unter den Anwesenden erkannte ich Ernst Jünger, schnittig, mit gepflegtem Aussehen. Als Friedmund mit mir durch die Zimmer streifte, sah ich, auf einer Chaiselongue ausgestreckt und von vielen Tüchern und Schals umhüllt, eine Khedivin, eine ägyptische Prinzessin liegen – am hellichten Tage! Dann ging die Tür auf, und herein kam ein stattlicher, blonder Offizierstyp, gefolgt von einer noch stattlicheren, blonden Dame, die ihn etwas überragte: Hermann Göring und seine spätere Frau, Emmy Sonnemann.

In konservativen Kreisen galt die Mehrzahl der Nazigrößen als zu vulgär, um sie überhaupt einer Kenntnisnahme für würdig zu erachten, und so wußte ich als junge Frau aus gutbürgerlichem Hause vor Anbruch des Dritten Reiches praktisch nichts von ihnen, geschweige denn – es gab ja damals noch kein Fernsehen –, wie sie aussahen. Aber Göring war gesellschaftlich akzeptiert, nicht nur als «Pour le mérite»-Träger aus dem Weltkrieg, sondern auch dadurch, daß er vom Hohenzollernprinzen und SA-Führer August Wilhelm auf seinen Propagandareisen begleitet wurde.

Mir hat sich unser Besuch in Oskars Salon in der Dahlmannstraße eingeprägt als ein Blick auf merkwürdige Erscheinungen in der Zeit vor dem Anbruch des Dritten Reiches. Wie undurchschaubar das alles war, geht aus einer Gestapo-Akte aus dem Jahre 1939 über Oskar und Hedy hervor, die ich kürzlich in einem Archiv fand. Es werden darin als damalige Besucher des Salons unter anderem auch die Namen des Leutnants Scheringer und des Hauptmanns Beppo Römer genannt, die Anfang der dreißiger Jahre mit ihrem Eintreten für die KPD Aufsehen erregten, nachdem sie zuvor Anhänger der Nationalsozialisten gewesen waren. Dr. Beppo Römer wurde später von den Nazis hingerichtet.

Mittelpunkt des Salons war ein kleines, zierliches Männchen mit wallender Mähne von ergrautem Haar, dunkel gekleidet, leicht fröstelnd, das es liebte, ein Füllhorn literarischer Anekdoten und geistreicher Bemerkungen auszuschütten. Es fehlte nur, daß zarte weiße Spitzenjabots, aus seinen Ärmeln hervorquellend, sich über seine mageren Hände mit den langen Fingernägeln gebreitet hätten, dann wäre er mir als der wiedererstandene Voltaire erschienen.

Es war der französische Schriftsteller André Germain, den Oskar im Haus eines entfernten Verwandten, des Schriftstellers Bernard von Brentano, kennengelernt hatte. (Peter Anton Brentano, der Vater des Clemens und der Bettine, stammte aus einer italienischen Adelsfamilie, hatte aber, als er sich als Bürger der Stadt Frankfurt endgültig in Deutschland niederließ, von seinem Titel keinen Gebrauch gemacht. Seine Nachkommen aus erster Ehe haben jedoch den Adelstitel wieder angenommen, aus dieser Linie stammen besagter Schriftsteller, dessen Bruder Heinrich, Adenauers erster Außenminister, und die Philosophin Margherita von Brentano.)

André Germain, der als Logiergast bei Oskar und Hedy wohnte, wirkte mit seiner zerbrechlichen Gestalt wie der Prototyp eines *décadent* und war, als einziger Nachkomme der Besitzer der Großbank Crédit Lyonnais, ein steinreicher Mann, dem die Möglichkeit gegeben war, ganz seinen Capricen und Neigungen zu leben. In seiner überfeinerten Art hatte er etwas Unwirkliches an sich, was ihm den Spitznamen eingetragen hatte: «Le dernier soupir du Crédit Lyonnais».

Nach dem Prinzip «Gegensätze ziehen sich an» fühlte er sich offensichtlich fasziniert von den faschistischen Bewegungen in Europa, und in Deutschland speziell von den Leuten der «Schwarzen Front» des Otto Straßer. Dieser und sein Bruder Gregor waren die Hauptvertreter der sogenannten «Nationalsozialistischen Linken». Von der Hitlerschen Version des Nazismus unterschieden sie sich im wesentlichen nur dadurch, daß sie einer, wie Gregor Straßer es nannte, «antikapitalistischen Sehnsucht» Ausdruck verleihen wollten. Als Hitler die Bankiers und Industriekapitäne für sich zu gewinnen suchte, wurden diese «Linken» für ihn unbequem. Otto Straßer und seine Gefolgsleute traten aus der NSDAP aus und gründeten die «Schwarze Front». 1933 emigrierte Otto nach Prag. Gregor kapitulierte vor Hitler, blieb in der Partei und im Reich. Zum «Dank» dafür wurde er 1934 in der «Nacht der langen Messer» umgebracht.

Wie André Germain Oskar und Hedy in die Straßer-Bewegung hat hineinziehen können, wird mir immer rätselhaft bleiben. Es hat den Anschein, als hätte Oskar die Beteuerungen Otto Straßers, er verfolge eine sozialistische Zielsetzung, ernst genommen und nach 1933 in der Unterstützung von dessen

Bewegung einen Weg gesehen, wirksamen Widerstand gegen das Hitlerregime zu leisten.

Oskar nahm auf Weisung der «Schwarzen Front» eine Anstellung beim Reichssender Berlin als Lektor und Dramaturg an, und über Österreich hielten er und seine Frau Hedy die Verbindung zu Otto Straßer aufrecht. Oskar, der Romantiker, und Hedy, die Künstlerin und Grande Dame, waren auf eine konspirative Tätigkeit natürlich denkbar schlecht vorbereitet. Desungeachtet fuhren sie immer wieder in ihrem wackeligen, alten DKW nach Österreich. Hedy schleuste die geheimen Botschaften in ihrer Intimwäsche über die Grenze – bis zum Jahre 1936.

Zwei Jahre später schlug die Gestapo zu. 1938, nach dem «Anschluß», war man bei Hausdurchsuchungen in Österreich auf für Hedy und Oskar belastendes Material gestoßen und glaubte, einen großen Fang gemacht zu haben.

Bevor Gestapo-Männer daraufhin Oskars Wohnung in der Reichsstraße in Berlin durchsuchten, war es Else Damrow, die bei ihm jahrelang das Haus geführt hatte und die später, nach Hedys Tod, Oskars zweite Frau werden sollte, durch ihren Mut und ihre Geistesgegenwart gelungen, das Hauptbelastungsmaterial beiseite zu schaffen. Dies rettete Oskar und Hedy vor dem Todesurteil.

Ein Jahr dauerte die Voruntersuchung, dann kam das Gerichtsverfahren vor dem Volksgerichtshof unter Vorsitz seines Vizepräsidenten Engert, der übrigens 1945 in Nürnberg selbst vor Gericht gestellt wurde und vor Ende seines Prozesses Selbstmord beging.

Gefährlich für die Angeklagten war, daß Hedy über ihr ganzes Tun und Lassen genau Tagebuch geführt hatte. Das Tagebuch soll zwar noch während des Prozesses von einem der Anwälte beiseite geschafft worden sein, aber in der Anklageschrift, die sich erhalten hat, werden doch einige Stellen daraus wiedergegeben. Aus den Zitaten geht hervor, wie tief beide unter der sich ausbreitenden Hitler-Diktatur gelitten haben. Unverständlich bleibt, daß ihnen eine so dubiose Gestalt wie Otto Straßer als Retter erscheinen konnte.

Sie wurden angeklagt, «vom Frühjahr oder Sommer 1933 bis Mitte 1936 im Inland, insbesondere in Berlin, sowie auch im Ausland (Österreich, Tschechoslowakei und Frankreich) fortgesetzt und teilweise gemeinschaftlich miteinander und mit ande-

ren das hochverräterische Unternehmen, mit Gewalt die Verfassung des Reiches zu ändern, vorbereitet zu haben».
Aus dem Tagebuch wird Hedys Eintragung vom 10. 6. 1933 zitiert: «Wir sind ein gequältes, gemartertes Volk geworden.» Und die vom Juli 1933: «Es herrscht großer Terror. Keiner · traut dem Nachbarn, und jeder hofft einen Posten zu erhaschen. Die Parteigenossen heißen nicht mehr P. G., sondern P. j. = Postenjäger. Alles wird gleichgeschaltet, die ganze Außenpolitik ist verfahren; die Arbeitslager sollen kaum zu zählen sein ...»

Als die nun folgende Stelle verlesen wurde, so berichtet Oskars Bruder Achim über den Prozeßverlauf, sollen manche Beisitzer in ihren würdevollen roten Roben nur mit Mühe den Ernst in ihren Mienen haben bewahren können: «Goebbels hält Reden über Reden. Er heißt Wotans kleine Mickimaus in Berlin und im rassischen Sinne der ‹nachgedunkelte Schrumpfgermane›.»

Hedy von Arnim nahm im Prozeß die Hauptschuld auf sich, indem sie erklärte, ihr Mann habe sich nur als ihr Chauffeur betätigt. Das Urteil lautete dann auf vier Jahre Zuchthaus für Oskar und sechs Jahre für Hedy.

Es gehört zu den Erfahrungen des letzten Krieges, daß in Notzeiten sich außerordentliche Fähigkeiten in einem Menschen entfalten können, die zuvor, verdeckt von der Routine des Alltags, unerkannt in ihm geschlummert haben. Dasselbe gilt für das unbekannte Ausmaß an Barbarei, das in manchen Biedermännern plötzlich zutage trat. Vor allem aber ist an die stillen, eindringlichen Zeichen der Menschlichkeit zu erinnern, die viele der Bedrängten in jener Zeit gesetzt haben. Ihre Humanität und philosophische Haltung haben Oskar und zunächst auch Hedy die äußerst demütigenden Bedingungen der Kerker- und KZ-Haft durchstehen lassen.

Hedy kam ins Frauenzuchthaus von Cottbus und hat dort versucht, auf jede mögliche Weise sich künstlerisch zu betätigen. So ist zum Beispiel noch eine kleine Blumenstickerei von ihr erhalten, die sie aus ihr erreichbaren Stoffresten als Geschenk für ihre Nichte angefertigt hat. Aber obwohl der Lebenswille, der in ihr, der zarten Hedy, steckte, sie die sechsjährige Strafe überstehen ließ, erlebte sie das Kriegsende nicht mehr.

Kurz bevor sie entlassen werden sollte, hatte sich das Attentat vom 20. Juli 1944 ereignet. Weil die Untersuchungsgefängnisse überfüllt waren, wurde die Frau des Botschafters Solf, die Hedy noch von früher kannte, ins Zuchthaus nach Cottbus gebracht. Als sie Hedy freudig begrüßen wollte, wurde dies sogleich von der Anstaltsleitung bemerkt und an die Gestapo nach Berlin weitergemeldet. Zu Weihnachten 1944 wurde Hedy ins KZ Ravensbrück überführt.

Oskar, der inzwischen freigekommen war, bemühte sich durch die Vermittlung des Medizinalrats Felix Kersten, über den noch zu berichten sein wird, bei Himmler Hedys Freilassung zu erwirken. Der Versuch scheiterte. Himmler teilte Kersten mit, es sei ihm unmöglich, gerade diese Gefangene freizugeben, da sie nach wie vor «geistigen Widerstand» leiste. Hedwig von Arnim starb im Lager, kurz vor dem Einmarsch der Sowjetarmee, wahrscheinlich an der Ruhr.

Oskar war ins Zuchthaus jener Stadt verbracht worden, in der er die Ritterakademie besucht hatte: Brandenburg an der Havel. Für seinen alten, noch in den Vorstellungen der Bismarckzeit lebenden Vater war es unbegreiflich, daß einer seiner Söhne im Zuchthaus saß. Als die Brüder, die alle Offiziere waren, Oskar im Zuchthaus besuchen gingen, legten sie provokativ ihre Uniformen mit sämtlichen Orden und Ehrenzeichen an.

Nach Ablauf seiner vierjährigen Strafe kam Oskar wieder frei, und man erlaubte ihm, bei seinem Vater in Burow zu leben, weil am gleichen Ort zwei Gestapo-Beamte ihren Wohnsitz hatten.

Nach dem Zusammenbruch des Nazistaates fand Oskar eine Anstellung bei seiner alten Arbeitsstelle in Berlin, dem Rundfunk, als Lektor und Dramaturg. Darüber hinaus wurde er tätig in der neugegründeten Hellmut-von-Gerlach-Gesellschaft für kulturelle, wirtschaftliche und politische Beziehungen zu Polen. Damit folgte er nicht nur einem Verantwortungsgefühl als Deutscher, nach einem verbrecherischen Krieg, der mit dem Angriff Deutschlands auf Polen begonnen hatte. Er kam damit auch einer moralischen Verpflichtung nach, die speziell für die Nachkommen der Bettine bestand, einer Vorkämpferin für die Verständigung zwischen Deutschen und Polen. Diese Verpflichtung war indessen bis dahin nicht respektiert, sondern auf schändliche Weise sogar verleugnet worden.

Unter den Manuskripten der Bettine, die man nach 1945 im Wiepersdorfer Archiv fand, waren Texte, die eine verblüffende Verwandtschaft zeigen mit einer Schrift, die 1848 unter dem Titel *An die aufgelöste preußische Nationalversammlung* anonym angeblich in Paris erschienen war; sie trug eine mit «St. Albin» unterzeichnete Widmung an die «Frau Bettina von Arnim». Dieser flammende Appell an die deutschen Demokraten, Solidarität zu üben mit den um ihre Freiheit kämpfenden Polen, ist heute unter dem Titel *Polenbroschüre* bekannt. Der Ostberliner Germanistin Ursula Püschel gelang es nachzuweisen, daß die Schrift von der Bettine stammt. Sie wurde zum ersten Mal unter dem Namen ihrer wahren Verfasserin, nämlich der Bettine, 1954 in der DDR veröffentlicht. – Die Widmung der *Polenbroschüre* «An die Frau Bettina von Arnim» war eine Finte der Bettine, um die preußische Zensur an der Nase herumzuführen.

Dies ist nur ein Beispiel von mehreren dafür, wie der Nachlaß des Dichterehepaares von einigen Vertretern der Nachkommen selbst und einem von ihnen eingesetzten Sachwalter aus der Zunft der Germanisten behandelt bzw. mißhandelt worden ist. Oskar hat das um so mehr bedauert, als sein eigener Vater Annois von Arnim an solchen Mißhandlungen eine gewisse Mitschuld trug. Aber das Problem hatte schon zu Lebzeiten der Bettine seinen Anfang genommen. Zwar hatte sie als Schriftstellerin zunächst ein viel lebhafteres Echo gefunden als ihr Mann Ludwig Achim, aber sie sah sich innerhalb ihrer Familie sofort mit einer starken Opposition gegen ihre Schriften konfrontiert.

Die Vertreter dieser Opposition sollten dann für mehrere Jahrzehnte nach ihrem Tod über das Schicksal ihres Nachlasses bestimmen. Bekannt ist, mit welch moralischer Entrüstung die Brentanosche Familie auf Bettines Goethe-Buch reagiert hat – übrigens ganz im Gegensatz zum unvoreingenommenen Publikum. Das hatte *Goethes Briefwechsel mit einem Kinde* enthusiastisch begrüßt. Der Philosoph und Bettine-Bewunderer Moriz Carriere hat festgehalten, daß «die Nation wie von einem glänzenden Meteor freudig überrascht war» von dem ebenso anmutigen wie mutigen Bekenntnisbuch. Es erschienen in kurzer Zeit nicht weniger als 81 positive Rezensionen. Nur die Familie zeigte sich indigniert, die Brentanosche Familie zumal. Bettines der Frömmelei verfallener Bruder Clemens warf ihr in einem Brief vom 17. 6. 1834 vor, daß nun «alle Menschen in Europa wissen, daß Du nicht wohl erzogen auf dem Sofa sitzen kannst und Dich übel erzogen auf eines Mannes Schoß setzest und daß dieser, die Würde eines armen närrischen Mädchens nicht ach-

tend, es duldet ... Mir tut es leid für Dich und die Kinder,
... daß alles, was nur Freude hätte hervorbringen sollen, zum
Skandal werden wird, gar nicht davon zu reden, daß Goethe ein
verehelichter Mann gewesen.» – Doch es kam noch schlimmer:
Bettines Sohn Siegmund fühlte sich durch das Buch persönlich
desavouiert. Aus dem erzkatholischen Münster schrieb er der
Mutter, «das verfluchte Volk hier» habe ihn «Bettino» getauft
und er sehe «mit Sehnsucht der Zeit entgegen, wo ich Tausende
von Exemplaren kreuzweise benutzen werde». Die Familie bemühte sich nämlich, die Auflage soweit wie möglich aufzukau-
fen, um sie zu vernichten, was sich indessen als sinnlos erwies.
Das Buch war schon allzu bekannt.

Siegmund hat dafür gesorgt, daß bis zu seinem Tode – er starb
1890 – der Forschung jeglicher Einblick in den in Wiepersdorf
verwahrten Nachlaß der Bettine verwehrt wurde. Daß diejenigen in der Familie, die der Bettine besonders nahegestanden
hatten, wie etwa der dritte Sohn Friedmund oder die jüngste
Tochter Gisela und deren Mann Herman Grimm, keinen Einspruch dagegen erhoben, sondern sich gefügt haben, scheint mir
symptomatisch zu sein für den geistigen Rückgang in der Bis-
marck-Ära. So kommt die ganze Bigotterie der Gründerzeit zum
Ausdruck, wenn der Maler Achim, der Erbe von Wiepersdorf, an
Herman Grimm schreibt:

Wiep. 17. 1. 1890

Lieber Onkel,
Deinem Wunsch, Dir für den Herrn Prof. Suphan Teile des
Göthe-Briefwechsels zu geben, kann ich leider nicht entsprechen. Ich lege auf eine Verteidigung meiner Großmutter in
ihren Beziehungen zu Göthe nicht nur keinen Wert, sondern
würde, wenn es in meiner Macht stünde, sogar zu verhindern
suchen, daß ihr Name von neuem durch die Göthe-Literatur
geschleppt werde ... Für meine Anschauung steht mir eine
nicht zu verachtende Autorität zur Seite, nämlich Onkel Clemens, welcher die Veröffentlichung des Göthe-Briefwechsels,
gerade im Andenken an seinen verstorbenen Freund und
Schwager, seiner Schwester gegenüber auf das schärfste verurteilt hat. Ich glaube auch im Sinne meines Vaters und Onkel Siegmunds zu handeln, wenn ich das Andenken der Großmutter bei dem belasse, wozu sie es selbst gemacht hat ...

Einem jeden Philologen müssen sich jedoch geradezu die Haare
sträuben, wenn er zu lesen bekommt, was Herman Grimm – man
bedenke, der Sohn eines der Begründer der germanischen Phi-
lologie und selbst renommierter Goethe-Forscher – nach dem
Tode des genannten Achim am 2. 2. 1892 aus Berlin an den Verwalter des Gutes Wiepersdorf, Moritz von Baumbach, geschrieben hat:

Ich will im nächsten Sommer nun an die Herausgabe der Papiere gehen. Diese Aufgabe ist ein sehr schwieriges Stück Arbeit, da es sich natürlich nur um eine Auswahl handeln kann.
Ich habe als Mitarbeiter einen jungen Mann, Dr. Steig, einen
ganz vortrefflichen, absolut zuverlässigen Mann, den ich in all
seinen Verhältnissen kenne und der sich in die Arnimschen
Papiere tief einstudiert hat.
Denken Sie sich: Es hat sich herausgestellt, daß auf der hiesi-
gen Bibliothek aus einem Vermächtnisse des Herrn von
Varnhagen ganze Stöße Arnimscher und Brentanoscher Papiere sich befinden, die Varnhagen wahrscheinlich eigen-
mächtig sich vor vielen Jahren angeeignet hat und die wieder
in den Besitz der Familie zu bringen oder zu vernichten von
höchster Wichtigkeit ist.
Ich bin mit dem Ministerium darüber schon in Verhandlungen und hoffe, daß mir diese Briefe und Aktenstücke ausgehändigt werden. Ich wußte gar nichts davon, sondern Steig
hatte, als er auf der K. Bibliothek arbeitete, ganz zufällig das
Vorhandensein der Papiere entdeckt. Sollte ich die Herausgabe der Arnimschen Papiere nicht mehr erleben, so können
Sie zu Dr. Steig völliges Vertrauen haben.

Er hat sie in der Tat nicht mehr erlebt. Was dann dieser Reinhold Steig, ein Mitglied des Allgemeinen Deutschen Schulver-
eins zur Erhaltung des Deutschtums im Auslande und Begründer der Friedenauer Ortsgruppe des Deutschen Flottenvereins,
angerichtet hat, war schon für so manchen Forscher ein Ärger-
nis. Professor Erich Schmidt, einer von Steigs bedeutendsten
Fachkollegen, nannte ihn den «sekretierenden und retouchie-
renden Haus- und Hofhistoriographen».
Ob er sich damit begnügt hat, nur Retuschen vorzunehmen,
oder aber auch, wozu ihm Herman Grimm grünes Licht gegeben

hatte, ganze Schriftstücke vernichtet hat, ist wohl nicht mehr auszumachen. Steig war es jedenfalls, der wider besseres Wissen über die *Polenbroschüre* das Diktum in Umlauf gesetzt hat: «Gegen die Autorschaft der Bettina spricht der Stil.»

Herman Grimm war schon alt und gebrechlich, als er Reinhold Steig zum Herausgeber der Arnimschen Werke bestellte, und fremden Einflüsterungen zugänglich. Mein Mann hat mir beispielsweise von ihm erzählt, daß er sich einige wertvolle Bilder des Berliner Malers Karl Blechen, Erbstücke von seiner Schwiegermutter, der Bettine, die sich für diesen Maler besonders eingesetzt hatte, von der Zugehfrau hat abschwätzen lassen, die ihm, als er verwitwet war, den Haushalt führte.

Dieser Reinhold Steig war ein echter Gesinnungstäter. Er ist ein Repräsentant jener Strömung in der deutschen Germanistik, für die die Zeit der Weimarer Republik dann nur eine unangenehme Unterbrechung darstellte beim Übergang vom Wilhelminischen zum Dritten Reich. Steig starb allerdings bereits 1918. Wie schon erwähnt, war er es, der auf die hinterhältigste Weise dafür gesorgt hat, daß dem Germanisten Ludwig Geiger der Zugang zum Nachlaß verwehrt wurde, als dieser begonnen hatte, die Beziehungen der Bettine zu Friedrich Wilhelm IV. zu erforschen, und schon einige Stücke des Briefwechsels publiziert hatte. Beleg dafür ist ein Brief von Steig an Annois von Arnim, datiert vom 25. 7. 1902:

Hochgeehrter Herr Baron,
der Geiger ist ein Jude, und zwar einer der «betriebsamsten», widerwärtigsten Literaturjuden, die es geben kann ... Von der Sache, daß er sich die Briefe Ihrer Großmutter Bettina aus dem Königl. Hausarchiv in seine jüdischen Hände hatte ausliefern lassen, wußte ich. Aber ich wußte auch, wie man bedauerte, daß die bestehenden Vorschriften keine Handhabe böten, sie ihm vorzuenthalten. Wenn ich an Ihrer Stelle wäre, ich überließe die Briefe meiner Großmutter nicht solchen Händen.
Meines Erachtens müßte das Königl. Hausarchiv darauf hingewiesen werden, daß dergleichen eigentlich unstatthaft ist und es einer märkischen Adelsfamilie nicht gleichgültig sein kann, was mit Briefen eines hervorragenden Mitglieds an den König nach so kurzer Zeit geschähe. Ich wenigstens würde

beim Königl. Hausarchiv dagegen protestieren, und wenn das bei den Beamten nichts nützt, mich an den König wenden. Soviel in aller Eile, und um Sie nicht aufzuhalten. Hochachtungsvoll grüßend

Steig

Es kann einem die Schamröte ins Gesicht treiben, wenn man heute so etwas liest. Und wenn ich zuvor einmal den preußischen Ehrbegriff herausgestellt habe, so zeigt sich hier für mich auch seine Begrenztheit. Denn offensichtlich bedeutete es für einen preußischen Adligen bismarckscher Prägung keine Verletzung seines Ehrgefühls, wenn ihm ein solcher Brief zugemutet wurde.

Hier beginnt das, was sich soweit wie ein rein literarhistorischer Überlieferungsbericht gelesen haben mag, in meine Lebensgeschichte überzugehen. Denn den Adressaten des Briefes, den Onkel Annois, habe ich noch gekannt. Charakterlich war er grundverschieden vom Intriganten Steig. Und doch ist er auf ihn hereingefallen, und zwar nicht trotz, sondern wegen dessen Antisemitismus!

Ich besitze noch eine von Steig im Jahre 1911 schludrig zusammengestellte sogenannte «Volksausgabe» der Werke Ludwig Achim von Arnims in drei Bänden, worin der Herausgeber nicht als solche gekennzeichnete Kürzungen vorgenommen hat und den Dichter auf sein eigenes, borniert chauvinistisches Weltbild zurechtgeschneidert hat.

Nach seinen Tode machte die Arnimsche Familie die in Wiepersdorf gesammelten Schriften (von einem Archiv kann man nicht sprechen, weil alles völlig ungeordnet geblieben war) der Forschung zugänglich, so daß im Jahre 1923 eine erste Gesamtausgabe der Werke der Bettine erscheinen konnte, worin deren Herausgeber, Waldemar Oehlke, auch ein adäquates Bild vom sozialen Engagement der Bettine vermittelt. Dann aber, in den Jahren 1928/29, war der Nachlaß einer anderen Fährnis ausgesetzt, und zwar diesmal nicht aufgrund von Zensurbestrebungen einiger Erben, sondern wegen Schwierigkeiten pekuniärer Art.

Vielleicht erinnert sich der Leser noch daran, was ich von meiner ersten Verabredung mit jenem unbekannten Herrn von Arnim, der später mein Mann werden sollte, berichtet habe, als

203

wir im Café Miericke in Berlin saßen und er mir eingehend von den finanziellen Schwierigkeiten erzählte, in denen die Landwirtschaft damals steckte. Insbesondere ist mir noch in Erinnerung, wie eindringlich er mich – die ich doch von juristischen und wirtschaftlichen Dingen noch wenig wußte – davor warnte, jemals eine Bürgschaft zu leisten. Er wollte mir klarmachen, wie gefährlich das sei und wie man durch eine Unterschrift auf einem scheinbar harmlosen Papier über Nacht an den Rand des Ruins gebracht werden könne.

Und dann erzählte er mir von dem hochverschuldeten Gut Blankensee seines Onkels Ottmar, für das sein Vater Erwin und sein Onkel Annois gebürgt hatten. Um den Bankrott abzuwenden, beschlossen die drei Brüder, den in Wiepersdorf verwahrten literarischen Nachlaß des Dichterehepaares zu verkaufen. So kam es zu der berühmt-berüchtigten Versteigerung durch das Berliner Auktionshaus Karl Ernst Henrici im Jahre 1929, ein Jahr bevor ich meinen Mann kennenlernte. Kurz davor, am 22. Februar, war in der *Vossischen Zeitung* ein Artikel von Martin Beradt erschienen, der die Überschrift trug: «Goethes und Bettinas Briefe ins Ausland? Die geschäftstüchtigen Arnims.»

Ach, kann ich da nur sagen, wären diese Arnims doch bloß geschäftstüchtig gewesen! Dann wäre es mit Sicherheit gar nicht zu jener Versteigerung gekommen. Inzwischen hat diese Schlagzeile von den «geschäftstüchtigen Arnims» jedoch die Runde gemacht. Sie wurde von Frau Dr. Meyer-Hepner, der Gründerin des Bettina-von-Arnim-Archivs, 1954 in einem Aufsatz über die Geschichte des Wiepersdorfer Nachlasses in der DDR-Zeitschrift *Sinn und Form* wieder aufgegriffen und fand von dort aus auch Eingang in die Bettine-Biographie von Ingeborg Drewitz (1968).

Nun ist es eine altbekannte Geschichte, daß der Nachlaß eines Dichters oder Malers in den Händen der Erben häufig gewissen Gefahren ausgesetzt ist. Gegen eine mögliche Zensur durch die Familie ist kein Kraut gewachsen. Beim anderen Problem, dem der Vernachlässigung, ist zu bedenken, welchen Aufwand die Archivierung und Pflege eines solchen Erbes erfordert. Das überfordert meistens die finanziellen Möglichkeiten der Nachkommen, und so hängt es von Gesellschaft und Staat ab, wie das Erbe gepflegt wird. Heute befindet sich der schriftliche Nachlaß des Dichterehepaares zum größten Teil in der DDR. Wenn ich nun sehe, wie das dort bestehende Interesse am Werk der Bettine und in letzter Zeit auch an dem von Ludwig Achim von Arnim dazu geführt hat, daß man in den Jahren 1975–81 Schloß Wiepersdorf für mehrere Millionen Mark hat restaurieren lassen und es nun besser instand gehalten ist denn je, und wenn die Bibliothek des Dichterehepaares und die Manuskripte archiviert, letztere der Forschung zugänglich gemacht und sorgfältig ediert werden, so kann ich das nur als einen Glücksfall bezeichnen.

Aus meiner Verlobungszeit habe ich erzählt, daß schon in den zwanziger Jahren ein Streit darüber entbrannt war, ob die Brentanos «jüdisch versippt» waren oder nicht. Dieser Streit lebte im Nazireich mit verstärkter Aggressivität wieder auf. Der Germanist Peter Küpper, der mit Oskar von Arnim befreundet war, hat dazu 1968 geschrieben:

Clemens und Bettina Brentano waren in der Zeit des Nationalsozialismus keineswegs wohlgelittene Gestalten. Schon daß sie einen Italiener zum Vater hatten, war manchen verdächtig. So nimmt es nicht wunder, daß eine Legende immer mehr Verbreitung fand, wonach Peter Anton Brentano, ihr Vater, ein «italienischer Jude» gewesen sei.

Die Familie meines Mannes hat sich von dieser Hysterie nicht beeinflussen lassen. Im Jahre 1936 bat die Familie von Arnim ausdrücklich einen «Nichtarier», den Germanisten Werner Milch, einen Freund Max Rychners und Jochen Kleppers, nach Wiepersdorf, als sie erfahren hatte, daß er ein Buch über die Bettine plane. Werner Milch wurde zwei Jahre später aus dieser Arbeit durch seine Verhaftung und die Emigration (1939) herausgerissen. Die vorhandenen Vorarbeiten gelangten erst 1968, nachdem der zuvor genannte Peter Küpper sich zu ihrer Herausgabe hatte bewegen lassen, unter dem Titel *Die junge Bettine 1785–1811* zur Veröffentlichung.

Naziterror und Krieg verhinderten nicht nur die Vollendung des Buches von Werner Milch, sondern machten überhaupt fast jede Beschäftigung mit dem literarischen Erbe unmöglich.

Nun möchte ich darstellen, welch wichtige Rolle in jener Zeit meine Schwägerin Bettina Encke von Arnim bei der Rettung des

Dichternachlasses gespielt hat. Ohne ihr Eingreifen wäre er vermutlich zum größten Teil unwiederbringlich verlorengegangen.

Die Familie hatte kurz vor Kriegsende einige der wertvollsten Bücher und Schriften, darunter Originalbriefe und Handschriften von Achim, Bettine, Savigny, Goethe, Beethoven, Jean Paul, den Brüdern Grimm usw., in Blechbehältern verborgen und eingegraben. Es war vergebliche Mühe: Ausgerechnet nach Wiepersdorf waren Minensuchabteilungen gekommen, die alles Versteckte fanden. In der Nacht wurde im Park ein Biwakfeuer entzündet, wozu auch literarisch wertvolle Briefe dienten, deren Reste dann später an den Feuerstellen zu finden waren. Im Schloß konnte man bis an die Knie in zerstörten Gegenständen herumwaten: Bücher, Bilder, Gobelins, antike Möbel ...

Im Sommer 1945 übernahm ein russisches Kommando die Bewirtschaftung des Gutes. Der Kommandant war ein kultivierter Mann, der auf Ordnung hielt, seine Leute streng überwachte und die Familie, die in einer Dachkammer im Gärtnerhaus untergebracht war, sogar mit Nahrungsmitteln versorgte. Er achtete darauf, daß nicht noch mehr zerstört wurde und aus der Bibliothek nichts mehr fortkam. Leider wurde er bald nach Jüterbog versetzt.

Am 5. Oktober 1945 wurde dann die entschädigungslose Enteignung sämtlicher Güter in der sowjetischen Zone verfügt. Nun hatte, durch Vermittlung meines Schwagers Walter Encke, mein Mann während des Dritten Reiches einen Juden, den ehemaligen Reichstagsabgeordneten der KPD Iwan Katz, bei sich aufgenommen und auf unseren Gütern versteckt. Der hatte jetzt eine Stellung im Magistrat von Berlin. Meine Schwägerin fuhr sofort zu ihm und erreichte durch seine Vermittlung, daß sie als Antifaschistin an der Siedlungsaktion beteiligt wurde. Man wies ihr vierundzwanzig Morgen Land und später für die Familienangehörigen einige Zimmer im Gärtnerhaus als Siedlerwohnung zu.

Das Gut war bei der Bodenreform aufgeteilt worden bis auf den Teil, den die sowjetischen Militärs bewirtschafteten. Außer einem Stück Land gehörten dazu: das Schloß, der Park, der Gutshof mit seinen Gebäuden und etwas Wald, im ganzen einhundertsechzig Morgen. Damit aus Unwissenheit und Verständnislosigkeit nicht noch mehr zerstört würde, versuchte meine Schwägerin zu erreichen, daß man nach dem Abzug der

Die Parkseite von Schloß Wiepersdorf nach der Restaurierung (1985).

Sowjettruppen diesen Teil des Gutes Leuten zuwies, von denen man erwarten konnte, daß sie Verständnis für Tradition und Kultur haben würden.

Ein Dr. Schendel, Vorstand des Bundes Deutscher Autoren und Vorstandsmitglied des Deutschen Kulturbundes, kam ihr dabei liebenswürdig und voll Interesse entgegen. Es wurde eine Deutsche Dichterstiftung gegründet. Wiepersdorf sollte geistig Schaffenden als Studienaufenthalt dienen, da durch die Zeitumstände viele Schriftsteller keine geeignete Wohnung zum Arbeiten mehr hatten.

Meiner Schwägerin wurde eine Stellung als Hausdame angeboten. Aber die Herren Bürokraten brauchten zu lange, bis sie sich zu einer Entscheidung durchringen konnten. Inzwischen hatten die Siedler auch das brachliegende, von den Russen verlassene Land bestellt. Es wurde eine Versammlung einberufen und über das Schicksal des Restgutes abgestimmt. Meine Schwägerin stimmte als einzige dafür, daß das Land einer Dichterstiftung zukommen sollte.

Sie wurde daraufhin bei den Russen als «Saboteurin der Siedlung» denunziert und nach Luckenwalde gebracht in eine Villa, in der die GPU ihr Quartier hatte, und dann von dieser der deutschen Polizei übergeben. Nach vierzehn Tagen kam sie durch die Intervention meines Vaters und des Dr. Katz wieder frei.

In der Erwartung, daß die Schriftsteller, für deren Interessen sie sich mit solcher Entschiedenheit eingesetzt hatte, sich nun solidarisch hinter sie stellen würden, sah sie sich allerdings getäuscht. Im Gegenteil, sie zeigten ihr die kalte Schulter aus Angst, man könne sie verdächtigen, «Junkerknechte» zu sein. Im September 1947 setzte eine neue Welle der Bodenreform ein. Alle noch zurückgebliebenen Angehörigen der Gutsbesitzer, alle Inspektoren, auch Förster und Buchhalter mußten binnen drei Tagen das Kreisgebiet verlassen.

Schloß Wiepersdorf ist nun tatsächlich, wie es sich meine Schwägerin und auch meine Schwiegermutter gewünscht hatten, mit dem Namen «Bettina-von-Arnim-Heim» als «Arbeits- und Erholungsstätte für Kultur- und andere Geistesschaffende» eingerichtet worden. Der größte Teil des in Wiepersdorf geretteten Nachlasses wurde 1954 den Beständen der Nationalen Forschungs- und Gedenkstätten der klassischen deutschen Literatur in Weimar eingegliedert. – Wer heute Gelegenheit hat, in der DDR Schloß Wiepersdorf als «Bettina-von-Arnim-Heim» zu besichtigen, möge sich dabei auch daran erinnern, daß es ihre Urenkelin gleichen Namens war, der ein entscheidendes Verdienst an der Rettung dieses Kulturdenkmals zukommt.

Es geht der Spruch, daß Bücher Schicksale haben können wie Menschen. Hier wäre noch das Schicksal eines besonderen Buches aus dem Nachlaß nachzutragen: das des Stammbuches vom Dichter Ludwig Achim. In seinen Briefen an die Bettine hat er es mehrfach erwähnt, indem er sie bittet, diesen oder jenen Freund zu veranlassen, darin eine Eintragung zu machen, und die Bettine selbst hat als junge Ehefrau ihm hineingeschrieben:

> Was kümmert mich mein irdisch Loos,
> Ruh ich nur sanft in Deinem Schoos.

Auch eine Eintragung von Goethe findet sich darin: «Consiliis hominum pax non reparatur in orbe. Memoriae Goethe.»

Arnim schätzte dieses Epigramm so sehr, daß er gleich zweimal literarischen Gebrauch davon gemacht hat, einmal in der *Einsiedlerzeitung*, das andere Mal in dem Roman *Gräfin Dolores*, wo der Spruch in seiner Übersetzung lautet: «Nicht Menschenklugheit gibt der Welt den Frieden.»

Dieses Buch hatte mein Schwiegervater vor der Henricischen Versteigerung, um es nicht in der allgemeinen Auktionsmasse untergehen zu lassen, meiner Schwiegermutter Agnes übergeben. Diese verwahrte es treu und nahm es, nach ihrer Ausweisung aus Wiepersdorf 1947, unter ihren Habseligkeiten versteckt, nach Nentershausen in Nordhessen, dem Stammsitz ihrer Familie, mit. Sie hat es dann ihren zwei dort bei ihr lebenden Töchtern vermacht im Hinblick darauf, daß diese von einer kümmerlichen Rente lebten und kränklich waren, so daß sie in einer Notlage das Geld aus dem Erlös des Buches gut hätten gebrauchen können. Diese aber betrachteten den Gedanken an einen Verkauf des Buches als einen Akt der Blasphemie.

Sie hoben es in einer Kommodenschublade auf und behandelten es wie einen Talisman oder ein magisches Objekt, durch das sie sich dem Geist ihres Ahnherrn verbunden fühlten, in der Art, wie die alten Römer ihre Penaten verehrten. Schon daß ich das berühmte Bildnis des Dichters vom Maler Ströhling dem Freien Deutschen Hochstift verkauft hatte, warfen sie mir als ein Sakrileg vor, da es für sie ein Altarbild darstellte.

Alle Vorhaltungen, daß das Stammbuch in einer Kommodenschublade gegen Diebstahl und Feuer völlig ungesichert sei und daß die Familie eine Verpflichtung habe gegenüber der Literaturwissenschaft und der Öffentlichkeit, ein solches Zeugnis aus dem Leben des Dichters allgemein zugänglich zu machen, fruchteten nichts. Das Erlebnis mit dem «Herausgeber» Steig wirkte aus ihrer Kindheit wie ein Trauma nach, und sie hielten mir vor, man könne nie wissen, an welchen Gauner von Germanisten man vielleicht geraten würde. Ein Jurist, dem sie sich ratsuchend anvertraut hatten, bestärkte sie noch in ihrem sonderbaren Verhalten.

Es kam das Jahr 1981, das ein doppeltes Jubiläumsjahr für den Dichter Ludwig Achim darstellte: Sein Geburtstag jährte sich zum zweihundertsten Male und sein Todestag zum hundertfünfzigsten. Zu dieser Gelegenheit bereitete das Freie Deutsche Hochstift eine Ausstellung im Frankfurter Goethehaus vor.

Alle Nachkommen des Dichters stellten, soweit noch Bilder und Dokumente zu seiner Lebensgeschichte in ihrem Besitz waren, diese dem Hochstift als Leihgaben zur Verfügung: das Bild des Vaters, Achim Erdmann, der Großmutter, Frau von Labes, und der Mutter Amalie Karoline sowie die Sammlung von Scherenschnitten, die der siebenjährige «Louis» als Geschenk für seine Großmutter verfertigt hatte, etc.

Mir schien dies die günstigste Gelegenheit, um die Öffentlichkeit auch auf das Stammbuch aufmerksam zu machen, und ich erzählte dem damaligen Leiter des Hochstifts, Herrn Dr. Lüders, davon. Aber auf eine höfliche Anfrage bei den Tanten erhielt er eine durch besagten «Rechtsbeirat» veranlaßte schroffe Absage. Das Stammbuch verschwand in einem Banktresor. Man bedenke, hundertfünzig Jahre nach dem Tode Goethes und Ludwig Achims war es noch immer der Öffentlichkeit unbekannt.

Nach dem Tod der Tanten ging das Gerücht um, das Stammbuch sei durch ein holländisches Auktionshaus angekauft worden, da das Hochstift den geforderten Kaufpreis nicht habe aufbringen können. Aber wo war es dann geblieben? Durch einen Zufall sollte ich es erfahren.

Es fügte sich, daß bei einer Abendeinladung Dr. Martin Cremer, Präsident der Deutschen Schillergesellschaft und damit ein Spiritus rector des Deutschen Literaturarchivs in Marbach, mein Tischnachbar wurde. Er begann, mir zu erzählen:

«Ich hatte neulich ein schönes Erlebnis. Es ist uns ein wundervoller Kauf fürs Schillerarchiv gelungen.» Als er dann dazu ansetzte, mir den Erwerb zu beschreiben: «Ein Buch in rotem Saffianleder mit Goldschnitt ...», rief ich aus:

«Das ist doch nicht etwa das Stammbuch des Dichters Ludwig Achim von Arnim?»

Dr. Cremer bestätigte es erfreut. Der lange Wanderweg des Stammbuches hatte damit ein Ende, und es ist der Forschung wieder uneingeschränkt zugänglich.

Übrigens sind die Arnimschen Manuskripte und die Bibliothek in der DDR auch nicht gleich inventarisiert und archiviert worden. Als ich Weimar 1975 zum ersten Mal wieder besuchte und nach dem Arnimschen Nachlaß fragte, wurde mir gesagt, er sei noch in vierzig Kisten verwahrt. Erst bei meinem zweiten Besuch acht Jahre später führte mich der Direktor des Goethe-Schiller-Archivs, Professor Karl Heinz Hahn, in das imposante Gebäude mit seinen vollklimatisierten Räumen. – Nun konnte ich die Bücher wieder betrachten, die ich von Wiepersdorf her kannte; die charakteristischsten möchte ich nennen:

Eine Sammlung von Flugschriften der Wiedertäufer, von Luther, Melanchthon, Thomas Müntzer; zahlreiche Bände alter Stadtchroniken, meist aus dem 16. Jahrhundert; das *Theatrum Mundi Europaeum*, eine Sammlung von Geschichtsdarstellungen aus dem 17. Jahrhundert, herausgegeben von Merian in Frankfurt; eine Reihe von Originalausgaben aus der Zeit der Renaissance, mehr noch aus dem Barock; eine Sammlung von Schriften der Französischen Revolution; Erstausgaben der deutschen Klassiker und Romantiker, oft mit eigenhändigen Widmungen; dann Veröffentlichungen aus dem von der Bettine geleiteten «v. Arnimschen Verlag» sowie zahlreiche Streitschriften für und wider die Judenemanzipation; auch musikalische Schriften, so sieben Bände der *Marcello-Psalmen* (Venedig 1724), aus denen die Bettine mit Begeisterung gesungen hat, und Carl Philipp Emanuel Bachs *Versuch über die Art, das Clavier zu spielen*.

Natürlich waren nicht alle Nachkommen des Dichterehepaares Literaten oder Künstler. Mein Mann hat es stets als seine wichtigste Aufgabe angesehen, die Güter in den bestmöglichen Zustand zu bringen. Andererseits fühlte er sich aber auch dem literarischen Erbe verpflichtet und hatte daher seinen Schwager Walter Encke, den 1932 seines Amtes enthobenen Polizeimajor, mit der Archivierung des verbliebenen Dichternachlasses betraut. Wie so oft in einem Großbetrieb, erwiesen sich jedoch sehr bald andere Aufgaben als vordringlich – wesentlich nüchternere. Uns so wurde aus dem «Bibliothekar» ein «Zaunfabrikteilhaber».

«IM WALDE, IM WALDE...»

Im Walde, im Walde, da wird mir so licht,
Wenn es in aller Welt dunkel,
Da liegen die trocknen Blätter so dicht,
Da wälz ich mich rauschend darunter,
Da mein ich zu schwimmen in rauschender Flut,
Das tut mir in allen Adern so gut,
So gut ist's mir nimmer geworden.

Ludwig Achim von Arnim

Friedmund, der Erbe dreier Güter, Zernikow, Wiepersdorf und Bärwalde, in denen sowohl Land- als auch Forstwirtschaft betrieben wurde, hatte sich entschieden, in Zernikow zu wohnen, weil dort die Landwirtschaft eine größere Rolle spielte. Er wußte, daß man viel leichter mit der Landwirtschaft als mit der Forstwirtschaft in die roten Zahlen gerät. In Wiepersdorf und Bärwalde war Friedmund ohnehin gesetzlich verpflichtet, einen akademischen Forstmeister einzusetzen. In Zernikow widmete er sich dem agrarischen und dem Forstbetrieb.

Als ich dorthin kam, gab es am Anfang noch dreißig Ochsen, mit denen gepflügt wurde. Jeweils zu viert wurden diese trägen und schwerfälligen Tiere eingespannt; man hörte morgens und abends die lauten Stimmen der Ochsenkutscher, die sie zur Arbeit antrieben, und das Geräusch der langen Peitschen, wenn sie klatschend auf den Rücken der Tiere niederprasselten.

Ich beobachtete einmal, wie einer der Ochsenkutscher, der schwere Stiefel trug, mit schleppendem Gang den Hof überquerte.

«Schau mal, wie der arme Kerl läuft», sagte ich, «sicher ist er kriegsverletzt.»

«Nein, nein», erwiderte Friedmund lachend, «seine Hühneraugen tun ihm weh.»

Es war Schwerstarbeit, Ochsen ins Geschirr zu spannen und zu führen, es gehörte viel mehr Kraft dazu als zum Umgang mit Ackerpferden.

Nach und nach wurden für das Pflügen Trecker angeschafft, und Ende der dreißiger Jahre wurde durch die Einführung von Mähdreschbindern auch die Erntearbeit voll mechanisiert. Sie schnitten das Getreide, droschen es und ließen das Stroh, in Ballen gepreßt, liegen.

Ich sagte zu Friedmund: «Nun fehlt nur noch, daß hinten die frischen Brötchen herausfallen.»

Die Strohballen wurden dann mit Höhenförderern auf die Scheunenböden verfrachtet.

Diese Arbeiten wurden 1930, als ich die erste Ernte als junge Gutsfrau miterlebte, noch von Hand verrichtet, von polnischen Saisonarbeitern, die während der Erntezeit in der sogenannten Schnitterkaserne wohnten. Sie banden das Getreide und stellten es in Hocken auf; das Dreschen besorgte ein riesiges Monstrum von vorsintflutlicher Dreschmaschine. An einem der Erntetage, so war es Sitte, ging die «Herrschaft» auf die Felder, und die Schnitter banden ihnen Strohhalme um den Arm. Dazu sagten sie ein Sprüchlein auf und bekamen dafür ein Geldgeschenk.

Die Einführung von Traktoren und Mähdreschbindern war nun auch für einen Betrieb wie Zernikow unumgänglich. Modernisierung der Maschinen und der Anbaumethode war aber für Friedmund keineswegs notwendigerweise verbunden mit Produktionssteigerung durch den rigorosen Einsatz von chemischen Düngemitteln. Im Gegenteil, er traf Maßnahmen, die zum Teil heute, wo die Gefahr der Umweltzerstörung durch rücksichtslose industrielle Ausbeutung der Natur in vollem Umfang erkennbar wird, von höchster Aktualität sind.

Seinem Vater Erwin hatte ja, als ihm durch Blitzschlag die Viehställe abgebrannt waren, die Landwirtschaftskammer geraten, kein Vieh mehr anzuschaffen, sondern statt dessen den Getreideanbau auf Kunstdünger umzustellen. Resultat: Der karge märkische Sandboden verlor alles Leben.

Friedmund schaffte wieder Vieh an und ließ sogenannte Tiefställe bauen. Sie hatten einen tiefer gelegenen Boden, der nicht so oft ausgemistet werden mußte. Er wurde nur täglich mit frischer Streu bedeckt; das Jungvieh lief im Stall frei herum und trampelte dabei alles fest. Im Gegensatz zu den Misthaufen im

Freien, deren lästiger Gestank anzeigt, daß wertvolle Düngestoffe an die Luft abgehen, bleiben diese in den Tiefställen an den Mist gebunden. Dadurch konnten dann wieder Bakterien in die Ackerböden gelangen und damit neues Leben.

Als zusätzliche Düngung führte Friedmund die Gründüngung ein, das heißt, nach der Ernte wurde auf den Feldern nochmals ausgesät, und zwar Pflanzen, die den Stickstoff der Luft und sonstige Nährstoffe binden, zum Beispiel Lupine oder Topinambur, und später untergepflügt wurden. Für die natürliche Schädlingsbekämpfung ließ Friedmund um die Felder Hecken anlegen, in denen die insektenvertilgenden Vögel nisten konnten, und an den Waldrändern Starenkästen aufhängen. Durch solche biologischen Maßnahmen wurde das Gut Zernikow zu einem Musterbetrieb, der interessierte Fachleute als Besucher anzog.

Trotz Mechanisierung und Rationalisierung der Arbeit hatten wir weiterhin Pferde, einschließlich der Kutsch- und Reitpferde etwa dreißig. Vor allem für die Arbeit im Forst waren Pferde immer noch unentbehrlich.

Als einmal neue Kutschpferde gebraucht wurden, nahm mich Friedmund mit zu seinem Händler in Rheinsberg, denn er wußte, wie sehr mich alles interessierte, was mit Pferden zusammenhing. Was für eine besondere Sorte von Menschen diese Händler sind, ist ja bekannt.

Der Pferdehändler von Rheinsberg bat uns in seine gute Stube, die mit schweren, geschnitzten Möbeln, einem Plüschsofa und gutbürgerlich kitschigen Ölgemälden in dicken Goldrahmen ausgestattet war. Er ließ uns Platz nehmen, dann brachte er Römergläser mit Goldrand und schenkte uns Wein ein. Friedmund lachte, nippte nur ein wenig davon, blinzelte mir zu und wartete ab, was ich tat. Ich trank brav, wie es sich gehört, wenn einem Gast eingeschenkt wird, und merkte sehr bald, wie mir die Beine schwer wurden. Friedmund kannte diesen Trick, den Kunden vor der Verhandlung etwas zu benebeln, aber er wollte mich das alles erst einmal selbst erleben lassen, bevor er es mir erklärte.

Wir gingen nun hinaus, und Friedmund musterte die Pferde, über die er mit dem Händler bereits telefonisch gesprochen hatte, und überprüfte ihr Gebiß. Daran kann der Kenner das Alter abschätzen. Dann schaute er sich Figur und Gang der Pferde an. Friedmund war mit den schönen Rappen, die eingefahren und im besten Alter waren, zufrieden und kaufte sie.

Pferde sollen nach Möglichkeit nie länger als einen Tag stehen. Deshalb wurden zu Weihnachten, Ostern und Pfingsten am zweiten Feiertag die Lehrlinge, die größeren Jungen und die Gäste in Bewegung gesetzt: Sie durften ausreiten! Es wurden alle Pferde mitgenommen, auch die Ackergäule, die bei uns wegen des leichten Bodens gut zu reiten waren. Das war, vom Hofmeister angeführt, jedesmal ein großes Feiertagsvergnügen.

Für weite Strecken benutzte Friedmund das Auto, sonst aber bewegte er sich nur auf seinem Reitpferd fort. Wenn dieses an der Linde vor dem Büro angebunden stand, wußten alle: «Der Chef ist da!»

Friedmund hatte mir soviel zu zeigen und wollte, daß ich mit ihm ausritt. Da kam er eines Tages – ich glaube, es war noch im ersten Winter – mit einer hübschen, kleinen Fuchsstute nach Hause und sagte: «Die ist jetzt dein Reitpferd.»

Ich wußte, wie knapp das Geld war und wie sehr wir sparen mußten. Erstaunt wollte ich wissen, wieviel die Stute gekostet habe, und noch erstaunter war ich, als ich den Preis hörte. Es war sehr billig, das schöne Pferd.

«Wie hast du das bloß gemacht?» fragte ich.

«Ach, das war ganz einfach», sagte er. «Der Bauer, dem es vorher gehörte, konnte es nicht gebrauchen. Es läßt sich nämlich nicht einspannen.»

Die wichtigste Neuerung, die Friedmund einführte, war eine forstwirtschaftliche. Sein Vater Erwin hatte einen Teil der Böden, die früher als Weideland gedient hatten, um die Jahrhundertwende mit Kiefern aufforsten lassen, etwa dreihundert Morgen in Zernikow und fünfhundert Morgen im Vorwerk Schulzenhof. Inzwischen waren sie zu vierzigjährigen Bäumen herangewachsen, die dringend durchforstet werden mußten. Bäume, die sich mit anderen berühren oder die zu schwach sind, werden mit einem Eisen angeritzt, zum Zeichen, daß sie geschlagen werden müssen, um den kräftiger gewachsenen Stämmen Raum zu schaffen.

In den Jahren der großen Arbeitslosigkeit war das so anfallende Holz in «Selbstwerbung» vergeben worden, das heißt, Bedürftige konnten sich die markierten Hölzer mit der Axt selbst schlagen und unentgeltlich mitnehmen. Allmählich jedoch blieben die Leute aus, die das Holz holten. Es mußten also Waldarbeiter angestellt werden, um die überzähligen Bäume zu fällen. Aber was macht man nun mit solchen Hölzern?

Friedmund wußte durch seinen Onkel Kurt von Baumbach, der im württembergischen Giengen an der Brenz Forstmeister war, daß man in Süddeutschland aus Fichtenholzstangen für Vorgärten, Kinderspielplätze und dergleichen sogenannte Jägerzäune anfertigte, Gatterzäune aus kreuzweis zusammengenagelten Stangen. Und er überlegte: Warum soll man, was aus Fichtenhölzern zu machen geht, nicht auch aus Kiefernhölzern anfertigen können?

Eines Tages sagte er zu mir: «Du, wir fahren mal los und betreiben Werkspionage!»

Wir fuhren also nach Giengen an der Brenz, um Onkel Kurt von Baumbach zu besuchen. Am gleichen Ort befand sich ein kleiner Betrieb, der besagte Jägerzäune herstellte, und Friedmund ließ sich dort zeigen, was für eine Zaunfabrik alles erforderlich ist. Das war im Grunde nicht viel. Es gab in Zernikow bereits ein kleines Sägewerk, das bisher für den Eigenbedarf gearbeitet hatte. Dieses wurde nun ausgebaut, daneben noch ein Häuschen erstellt als Aufenthaltsraum für die Holzarbeiter, die aus anderen Dörfern kamen.

Friedmund schaffte mehrere Schälmaschinen an, mit denen die Kiefernstangen rundum geschält wurden. Diese wurden dann in der Mitte aufgeschlitzt, also halbiert, in gleichen Abständen zersägt und dann zu Scherengittern zusammengenagelt, in große, flache Wannen mit einem Holzschutzmittel, Xylamon, getaucht und schließlich zum Trocknen aufgestellt.

Zu jeder auch noch so kleinen Fabrikanlage braucht man Wasser. Friedmund wollte selbst die Stelle bestimmen, wo die Wasserpumpe aufgestellt werden sollte, denn er verstand sich aufs Wünschelrutegehen. Er schnitt von einem bestimmten Haselnußstrauch gegabelte Stecken ab, bis er meinte, den passenden gefunden zu haben. Dann gingen wir zum Gelände unserer Zaunfabrik. Das lag etwas erhöht, deshalb war die Wassersuche schwierig. Ich mußte sehr still sein. Friedmund schritt um das Sägewerk herum, ganz ruhig, wohl etwa eine halbe Stunde. Plötzlich schlug die Rute in seiner Hand aus, drei-, viermal. Er rief einen Arbeiter herbei und ließ die Stelle markieren. Und tatsächlich fand man dort Wasser, nicht sehr tief unter der Erde.

Den Vertrieb der Zäune vergab Friedmund an eine Berliner

Firma, die bis dahin nur mit Drahtzäunen gehandelt hatte: Lahr, Gawron & Co. In Zernikow richtete er ein Büro ein, das nun von seinem Schwager Walter Encke, der zuvor mit der Archivierung des Dichternachlasses in Wiepersdorf begonnen hatte, und von dessen Freund Carlbergh, einem ehemals führenden Mitglied des Reichsbanners Schwarz-Rot-Gold, geleitet wurde. Ein Viertel des Gewinns ging an Lahr, Gawron & Co., ein Viertel an die Gutsverwaltung, je ein Viertel an Walter Encke und Carlbergh.

So erfüllte die Zaunfabrik einen wichtigen Nebenzweck, indem sie dem Schwager, der seine Frau und zwei Töchter zu versorgen hatte, ein festes Einkommen verschaffte. Eine weitere Funktion, die die Zaunfabrik erfüllte, sollte sich erst viel später als außerordentlich nutzbringend erweisen. Beim Schälen der Stangen fielen Sägespäne an, die mit einem Gebläse auf einen Lagerplatz befördert wurden. Sie sammelten sich zu einem Haufen, der ständig wuchs. Nach zwei Jahren hatte er solch beträchtliche Ausmaße angenommen, daß Friedmund sich fragte: Wohin damit? Er ließ die Sägespäne in den Wald fahren und in mehreren Jagen ausstreuen.

Der Forst ist, wie erst heute jeder weiß, ein Bereich der Natur, in dem der Mensch, wenn es ihm bei seiner Tätigkeit nur auf schnelle Gewinne ankommt, in kürzester Zeit die verheerendsten Folgen auslösen kann. Wenn er dagegen der Natur gemäß denkt und handelt, kann er den Grund legen für ein Wachsen und Gedeihen, das künftigen Generationen zugute kommt. Verbundenheit mit der Natur heißt insofern immer auch Verbundenheit mit den kommenden Generationen.

Das trat mir deutlich vor Augen, als ich lange Zeit nach dem Kriege zum ersten Male wieder Zernikow besuchte. Förster Sommerfeld führte mich in jene Waldstücke, die damals in einem mageren Zustand gewesen waren, und sagte: «Schaun Sie einmal an, wie das jetzt aussieht!»

Und tatsächlich bedeckte ein dichter Wuchs von Grünpflanzen den früher trockenen Waldboden. Durch die Borkenspäne von der Zaunfabrik war mittlerweile eine Bodendecke geschaffen worden, die die Feuchtigkeit speicherte und die Baumwurzeln mit Nährstoffen versorgte. Die Eichelhäher hatten Eicheln hineingesetzt, nun waren da kleine Eichen gewachsen, auch kleine Fichten und Buchen und alles mögliche. Darüber standen herrliche Kiefern, Lärchen und ein paar Douglasien.

Die schönen Douglasien! Es ist wirklich beeindruckend, wenn man als junger Mensch dabei war, als diese Douglasien gepflanzt wurden, und jetzt solche Stämme vor sich hat, an denen man hinaufschauen muß. Die Douglastanne ist eine amerikanische Nadelholzart. Sie wächst viel schneller als die Kiefer, etwa doppelt so schnell, und ist in dreißig bis vierzig Jahren ein hoher Baum. In den dreißiger Jahren fing man damit an, sie auch bei uns zu pflanzen.

Der Baron habe damals gesagt, erzählte Sommerfeld, daß die Douglasie wertvoll sei als Unterholz für die Bodenverbesserung und auch als Schmuckreisig. In der Tat hätten die Siedler, als jeder von ihnen noch über einen Anteil am Wald verfügte – Zernikow war ja nach der Bodenreform erst einmal unter Siedler aufgeteilt worden –, dreißigtausend Mark allein aus dem Schmuckreisig der Douglasien erlöst. Er habe es für sie geerntet und verkauft, für Kränze bei Beerdigungen, am Totensonntag, zu Weihnachten. Aber der Stamm der Douglasie ist kein nutzbares Holz. Man kann keine Möbel daraus machen. Man kann es auch nicht als Grubenholz verwenden, weil es kein Warnholz ist.

Kiefer und Fichte sind Warnhölzer. Die Grubenschächte wurden ja früher mit Holz abgestützt und ausgekleidet, damit sie gangbar und befahrbar waren und nicht einstürzten. Wenn nun im Berg sich etwas bewegte, wenn also Gefahr heraufzog, dann haben die Kiefern oder Fichten angefangen zu knacken, das heißt, sie «warnten den Bergmann». Die Douglasie tut das nicht. Das wußte ich noch aus Friedmunds Lektionen.

Als Papierholz ist sie anscheinend auch nicht zu gebrauchen. Sommerfeld sagte: «Wir müssen hier ja sehr genau rechnen, das ist sehr wichtig. Wir haben nicht genug Holz in der DDR, wir müssen es für teure Devisen einführen.»

Der Kiefernbestand hatte früher nur vierte bis fünfte Bonität. Jetzt fragte mich Sommerfeld: «Was meinen Sie wohl, was der in der neuen Forsteinrichtung für eine Bonität bekommt?»

Ich sagte: «Bestimmt zweite Bonität!»

Da war er ganz stolz.

Sommerfeld war nun DDR-Staatsbeamter, nannte sich Forstingenieur und hatte auch ein Examen dafür abgelegt. Er erzählte, daß sich einmal die dreiundvierzig Förster des Kreises Ruppin in Zernikow versammelt hatten, weil es da soviel zu sehen gab an interessanten forstlichen Dingen, und ein hoher

Forstfunktionär aus Potsdam, der auch dazugekommen war, wissen wollte: «Wer war denn der frühere Besitzer? Wer hat denn das hier angelegt?» Da habe er gesagt: «Das war der Baron von Arnim», und der Herr aus Potsdam habe geantwortet: «Da muß man aber den Hut abnehmen vor diesem Herrn von Arnim!» Wie das unseren alten Förster Sommerfeld gefreut hat! Er führte mich drei Stunden lang durch die Zernikower Wälder und fühlte mir dabei auch immer ein bißchen auf den Zahn. Forstlich wußte ich noch ganz gut Bescheid. Jagdlich dagegen nicht mehr so. Ich fragte: «Wie steht es mit dem Schwarzwild?»

«Heinz hat sechzig Sauen geschossen in diesem Jahr.»

Enorm für einen einzigen Jäger! Mit Heinz war Heinz Wollitz gemeint. Ich erinnerte mich, wie der zwölfjährige Junge bei meinem ersten Besuch in Zernikow im Flur des Gutshauses stand und für den Herrn Baron zum Geburtstag ein langes Gedicht aufsagte. Friedmund hatte ihn nach seinem Schulabschluß als Lehrling mit in den Wald genommen. Nun war er Besitzer eines kleinen, selbständigen Holzbetriebes.

Sommerfeld fragte mich an einer Mulde: «Wie heißt das, wenn hier Sauen waren?»

Ich sagte: «Das war eine Suhle.»

Er darauf: «Nein, Suhle heißt es da, wo Wasser ist. Wie heißt das hier?»

Ich mußte lachen. Als ob's Friedmund wäre! Ich wußte es wirklich nicht mehr.

Sommerfeld führte mich in den Tiergarten der Frau von Labes. Friedmund hatte unter den Eichen dort viele Erlen und Pappeln als Unterholz angepflanzt, und Sommerfeld hatte das fortgeführt. Ich war mit der Befürchtung gekommen, ein verwahrlostes Gehölz vorzufinden, aber nein, auch da war ein dichter, üppiger Bestand. Die etwa vierzigjährigen Pappeln hatten eine beträchtliche Höhe und Stärke erreicht, und dazwischen standen Eichen von erster Qualität.

Ich mußte lachen, denn es fiel mir die Stelle aus dem Briefwechsel zwischen Achim und Bettine ein, wo er von einem Besuch bei einem alten Freund schreibt, um dessen Haus die Bäume hoch gewachsen waren. Und er sagt zu ihm: «Man sieht es an den Bäumen, wie die Zeit vergeht.»

Wehmütig erwidert darauf der Freund, der an Gicht leidet: «Man spürt es in den Beinen.»

Doch zurück zu unserer Zaunfabrik. Die Zäune fanden rei-
ßenden Absatz. Zum Erfolg des Unternehmens trug allerdings
bei, daß die Nazis mit aller Macht die Aufrüstung Deutschlands
betrieben. Metall für Drahtzäune gehörte nunmehr zu den
kriegswichtigen Gütern, und so bemühte man sich, wo es ging,
Drahtzäune durch Gatterzäune zu ersetzen. Auch als Schneegit-
ter für die Autobahnen fanden die Zäune Verwendung.

Friedmund hatte schon lange vor der Gründung der Zaunfabrik jedes Jahr für die Holzhauer, Holzfuhrleute, Forstauf-
sichtsleute und natürlich auch die Leute aus dem Dorf ein Fest
veranstaltet, den «Holzhackerball». Er schrieb zu diesem Anlaß
kleine Szenen im lokalen Dialekt, einem Mittelding zwischen
Mecklenburger Platt und Berlinerisch, in denen er auf Begebenheiten des Dorflebens vom vergangenen Jahr anspielte. Diese
Szenen führte er dann mit seinen Leuten in einem Kasperlethea-
ter auf, das uns der Stellmacher gebaut und zu dem die Frauen-
gemeinschaft des Dorfes aus Pappmaché die Puppen gebastelt
hatte.

Als die Zaunfabrik, für deren Produkte von einem kreativen
Geist der Name HONA-Zäune (= Holz – Natur) gefunden worden war, ihren Betrieb aufgenommen hatte, wurden auch die
Herren von Lahr, Gawron & Co. zum Holzhackerball eingeladen. Es war eine Begegnung zwischen Stadt und Land. Nach der
Aufführung mußten die Berliner Gäste natürlich ein paar Runden ausgeben. Richard Zeitner spielte Ziehharmonika, und die
Stimmung stieg und stieg, bis wir selbst schließlich auf die Tische stiegen, schunkelten und den neuesten Karnevalsschlager
sangen: «Kornblumenblau!»

Die Herren aus der Reichshauptstadt blickten verwundert
drein.

Wie sich der Horizont mehr und mehr verdüsterte, vor dessen
Hintergrund diese Feste der Ausgelassenheit und Lebensfreude
stattfanden, wird an dem Stück erkennbar, das Friedmund für
die letzte Aufführung beim Holzhackerball vor Ausbruch des
Krieges, im März 1939, verfaßte:

KASPER: So, verehrte Anwesende, nachdem ich nun mit euch
so schön vertraut geworden bin, wollen wir zusammen ein
schönes Lied singen. Ich singe erst vor, und nachher singt ihr
alle mit:

Aufführung zu Vaters Geburtstag:
Die sechs Arnim-Kinder mit einem HONA-Zaun (1943).

> Es steht ein Baum im Odenwald,
> der ist organisiert.
> Er ist im N. S. Baumverband,
> damit ihm nichts passiert.

WACHTMEISTER: Kasper! Du weißt, daß ich sehr viel Humor
habe, aber das geht denn doch zu weit. Wenn du noch mal deinen Spott in solcher Weise treibst, weißt du ja, wo ich dich
hinbringen muß.
KASPER: Habt ihr das gehört? Da wollen wir doch lieber recht
hübsch folgsam sein. Also singen wir jetzt:

> Es steht ein Baum im Odenwald,
> ist nicht organisiert,
> ist nicht im N. S. Baumverband,
> damit *mir* nichts passiert.

Das Stück endete mit dem Gruß: «Heil HONA!»

Man hat von einem «alltäglichen Faschismus» gesprochen. Dieser kam in nichts sinnfälliger zum Ausdruck als im Hitler-Gruß. Mit gleichem Recht könnte man, wenn solche Begriffe überhaupt einen Sinn haben, aber auch von einem «alltäglichen Widerstand» sprechen, und der fand vielleicht am häufigsten seinen Ausdruck in der Verballhornung des Hitler-Grußes – bei uns zum Beispiel im «Heil HONA!» von Friedmunds Kasperlestück.

Die HONA-Zäune waren dermaßen begehrt, daß bald auch in Wiepersdorf eine Zaunfabrik eingerichtet wurde, dann weitere auf Nachbargütern, die ebenfalls unter der Regie der «Wiepersdorf-Zernikowschen Forstverwaltung» standen.

Friedmund fuhr alle acht bis zehn Tage nach Wiepersdorf zur Inspektion, und wann immer ich mich von meinen Verpflichtungen freimachen konnte, begleitete ich ihn dabei. Das Theoretisieren liebte er nicht, schon deshalb wäre es ihm nie eingefallen, sich zur Frage der Gleichberechtigung der Frau zu äußern. Aber praktisch war ich für ihn gleichberechtigt, und er muß auch damit gerechnet haben, daß eine Zeit kommen könnte, wo ich ihn in seiner Arbeit zu ersetzen hätte.

Wir hatten unsere Zimmer im Parterre des Wiepersdorfer Schlößchens: Friedmund seines neben dem Gartensaal, mit dem Fenster zum Park hinaus, das Zimmer, in dem die von Friedrich Tieck geschaffene Büste Clemens Brentanos stand. Daneben war mein Zimmer mit dem Himmelbett und dem Bild des Malers Achim, «Das letzte Lied». Friedmund malte sich im Scherz aus, wie ich dereinst in diesem Zimmer auf die Schar meiner Enkel herabblicken würde, sozusagen als Ahnfrau, und nannte es darum das «Ahnfrauzimmer».

Vor dem Umzug meiner Schwiegermutter Agnes und ihrer Töchter Walpurga, Marielies und Gudrun nach Wiepersdorf hatte Friedmund die erste Etage als Wohnung für seine Mutter und Schwestern eingerichtet. Wir sprachen unter uns dann immer nur vom «Damenheim».

Mit der Verwaltung der Güter Wiepersdorf und Bärwalde und der Hauswirtschaft hatten die Damenheim-Bewohnerinnen nichts zu tun. Friedmund hatte ihnen vor ihrem Einzug in Wiepersdorf vertraglich zugesichert: freie Wohnung, Heizung, Licht; ein Dienstmädchen; freie Versorgung mit frischem Obst und Gemüse aus der Gärtnerei, freie Kutschfahrten; dazu eine

«Apanage», das heißt, eine monatliche Zuwendung für Kleidung, Reisen und dergleichen.

Walpurga, die älteste der in Wiepersdorf lebenden Schwestern, litt unter einer Augenschwäche und war sehr zart, weshalb man ihr keinerlei Arbeit zumuten wollte. Aber sie teilte sich ihr Geld gut ein, machte davon Reisen und kaufte sich soignierte Garderobe. Marielies ging ihren künstlerischen Interessen nach. Sie malte viel, auch im Freien. Aber sei es, daß es ihr an Beharrungsvermögen, sei es, daß es ihr an Selbstvertrauen fehlte, es ist nie etwas Besonderes bei ihren Bemühungen herausgekommen. Dagegen fanden ihre kunstgewerblichen Arbeiten bei allen Verwandten und Bekannten großen Anklang: so ihre Kasperlepuppen, die von ihr verzierten Kerzen, ihre Töpfereien. Sie hatte auch einen Webstuhl von der Art, wie sie die Wenden in der Wiepersdorfer Gegend gebrauchten, und ein Spinnrad.

Wir nahmen jeweils nur ein Kind zur Oma nach Wiepersdorf mit. Damit wurde vermieden, daß sich Eifersüchteleien entwikkelten, und jedes Kind erfuhr durch die Oma eine Vorzugsbehandlung. Als nun Christof-Otto, der Brüdi, einmal in der Erdbeerzeit mitfahren durfte, ließ Großmutter Agnes eine große Schüssel mit Erdbeeren aus der Gärtnerei kommen und der Junge durfte soviel essen, wie er wollte, ohne mit den Geschwistern teilen zu müssen. Als er satt war, rief er: «Du bist meine Erdbeeroma!»

Der Name blieb ihr.

Welche Atmosphäre der Wärme und Herzlichkeit von dieser Frau in diesem doch etwas frostigen preußischen Klima ausging, kann ich am besten an der Geschichte deutlich machen, wie sich ihr späterer Mann in sie verliebte.

Agnes von Baumbach kam aus einer württembergischen Forstmeisterfamilie und war in der Nähe von Heilbronn aufgewachsen. Das Stammschloß der Baumbachs liegt indes in Nentershausen in Oberhessen. In einem Nachbarort, Imshausen, befindet sich das Stammschloß der Familie von Trott zu Solz. Auf der Hochzeit seines Bruders Ottmar mit Amöne von Trott zu Solz auf Schloß Imshausen lernte Erwin von Arnim die junge Agnes kennen und verliebte sich so heftig in die Achtzehnjährige, daß er sie sogleich bestürmte, sie möge doch seine Frau werden. Die jüngeren Schwestern versuchten, sie zurückzuhalten, aber sie gab seinem Drängen schließlich nach unter der Bedingung, daß wechselweise stets eine ihrer jüngeren Schwestern für längere Zeit in Zernikow zu Besuch sein dürfe, damit ihr der Abschied vom heimatlichen Süddeutschland nicht zu schwer werde. So geschah's.

Ich glaube, es war unter anderem das süddeutsche Element, das Friedmund durch die Mutter vermittelt worden war, wodurch er sich von seinen preußischen Standesgenossen, einschließlich seiner Vettern, unterschied. Um den Gegensatz von süd- und norddeutsch zu veranschaulichen, der da in Erwin und Agnes zusammenkam, möchte ich aus einem Brief zitieren, den Baron Erwin in der Zeit, als er um sie warb, an seine geliebte Agnes geschrieben hat:

Zernikow, den 26. Juli 1895

Liebe Agnes!

Ihren Brief habe ich erhalten und danke Ihnen herzlich dafür. Wie ich aus demselben höre, gehen Sie mit Ihrer verehrten Frau Mutter und Ihren Geschwistern allein nach Nentershausen im August. Es tut mir unendlich leid, daß ich im Falle meines Besuches Ihren Herrn Vater, den ich besonders verehre und liebgewonnen habe, dort nicht begrüßen kann. Vielleicht bekommt er doch noch Urlaub.

Wie steht es, da ich nun einmal bei diesem Punkte bin, mit meiner erlaubten Ankunft in Nentershausen? Bin ich auch nicht der einzige trübe «Nebelstreif», der den Himmel Ihrer Hoffnungen auf Freude, Vergnügen und Erholung in Nentershausen, dem Stammsitz Ihrer Väter, verdunkelt?

Bischt lieb, wenn ich komm, mein teuerstes, liebstes Agnesle?

Dem Stil der Zeit und dem Stand des Schreibens gemäß, beginnt der Brief ganz förmlich-höflich; im zweiten Absatz nähert er sich schon gefährlich dem Bekenntnishaften durch eine mit etwas gequälter Ironie versetzte Selbsterkenntnis, denn Erwin war sich seines schwierigen Charakters wohl bewußt; und schließlich, als er seine Gefühle nicht mehr zurückhalten kann, verfällt er in den Dialekt seiner Angebeteten. Nur schwäbelnd kann er seine Liebeserklärung vorbringen!

Im folgenden Teil des Briefes, soweit dieser noch erhalten ist, weiht er sein «Agnesle» in seine Umbaupläne für das Zernikower Gutshaus ein. Da findet sich dann folgende Stelle: «Ja, im einen Zimmer unten will ich ein Badezimmer oder eine Fischzuchtanstalt einrichten, weil ein Brunnen ganz in der Nähe im Garten steht, von dem man ein Rohr hinüberleiten kann und das Bassin füllen. Es muß recht bequem sein.» Welch zwingende Logik: ein Badezimmer, weil ein Brunnen in der Nähe im Garten ist! Und welche Alternative: Badezimmer oder Fischzuchtanstalt! Solcher Art Grillen nachzugehen war für seinen Sohn, meinen Mann Friedmund, nicht mehr denkbar.

Erwin von Arnim hat viel für die Wiederinstandsetzung und Verschönerung des Gutshauses von Zernikow getan. Aber jenen Raum habe ich, als ich nach Zernikow kam, weder als Fischzuchtanstalt vorgefunden noch als Badezimmer, obwohl ihn der Schwiegervater von oben bis unten hatte auskacheln lassen. Inzwischen wurde der Raum als Rumpelkammer benutzt. Ich ließ das Gerümpel ausräumen und unsere Milchzentrifuge hineinstellen. Damals butterten wir ja noch selbst. So hatten wir dafür einen schön gekachelten, sauberen Raum.

Man muß bedenken, daß die Einigung des Deutschen Reiches noch nicht allzuweit zurücklag. Die Eigenheiten der verschiedenen Regionen waren damals viel stärker ausgeprägt als heute, wo sie vom Ost-West-Gegensatz überdeckt sind. So kursierte in der Familie eine Reihe von Anekdoten, bei denen die Pointe auf dem Gegensatz Schwaben – Preußen basierte, etwa die über den Heilbronner Vetter Moritz von Rauch, der als junger Mann von den zu einem Familientreffen angereisten norddeutschen Tanten ausgefragt wird, wie das bei solchen Familientreffen üblich ist:

«Was macht die Cousine soundso? Was ist aus dem Vetter soundso geworden?»

Worauf er antwortet: «I weiß nix von denne Leut!» (Allerdings hat gerade er sich später der Familienforschung gewidmet.)

Oder das Mißverständnis des Großvaters Erwin, der bei einem Besuch in Heilbronn in seinem Hotel nach dem Zimmermädchen läutet, und als dieses erscheint und fragt: «Habet Sie gelitte?», erstaunt antwortet: «Nee, wieso? Mir geht es gut!»

Schließlich noch zwei Anekdoten, die von meiner Schwiegermutter von Tischgesellschaften im Hause ihres Schwagers, Moritz von Rauch, überliefert sind:

An der Tafel sitzt ein alter württembergischer General, schon recht schwerhörig. Ihm zur Seite ein junger preußischer Offizier, der sich eifrig bemüht, mit dem General eine Unterhaltung einzuleiten. Er beginnt mit den Worten: «Exzellenz von der Reise zurück?»

Der General versteht nicht.

Der Offizier wiederholt, etwas lauter: «Exzellenz von der Reise zurück?»

Noch immer ohne Erfolg. Der junge Mann erhebt seine Stimme nunmehr so sehr, daß der ganze Tisch mithören kann: «Exzellenz von der Reise zurück?»

Worauf die Frau des Generals, um das Verfahren abzukürzen, vom andern Tafelende herüberruft: «Ob du da bischd!» –

Im nächsten Jahr, der General ist inzwischen verstorben, ist der preußische Offizier der Generalswitwe als Tischherr zugeteilt. Ihnen gegenüber sitzt ein gutaussehender Herr namens Graf Podewils, der die Aufmerksamkeit der alten Dame auf sich zieht. Sie fragt ihren Tischnachbarn: «Saget Se mal, wie heißt bloß der junge Herr da drübe am Tisch, i komm oifach net auf sein' Name!»

Der Adjutant will sie necken und sagt: «Gnädige Frau, das ist doch ganz einfach, denken Sie nur einmal an die beiden ersten Buchstaben des Körperteils, auf dem Sie sitzen!»

Worauf die Generalswitwe erfreut ausruft: «Ach, der Herr von Arnim!»

Wenn sich meine Schwiegermutter, die Erdbeeroma, auch nur schwer von Zernikow hatte trennen können, das ihr zur zweiten Heimat geworden war, fühlte sie sich doch in Wiepersdorf bald zu Hause, weil sie dort eine Aufgabe vorfand, die sie sehr ernst nahm, nämlich die Besucher zu empfangen, zu führen und gegebenenfalls auch zu bewirten, die hier den Spuren des Dichterpaares Achim und Bettine nachgehen wollten.

So kam auch der französische Schriftsteller André Germain, der, wie schon berichtet, bei Oskar von Arnim verkehrte, nach Wiepersdorf. Er bereitete ein Buch *Goethe et Bettina* vor, das 1936 erschienen ist. Eine «biographie romancée» in der Art der Bücher von André Maurois, ist es wohl die erste Veröffentlichung über die Bettine, durch die deren Persönlichkeit einem breiteren Publikum in Frankreich vorgestellt wurde. Es vermittelte das traditionelle Bild von Bettine, der romantischen Schwärmerin.

Ich erinnere mich noch, daß in Wiepersdorf die Öfen sämtlicher Räume geheizt werden mußten, als André Germain dort zu Gast war. Wenn diese zierliche, dunkel gekleidete Person von einem Raum zum andern ging, schien es mir, als ob es ihn stets fröstele, so als gäbe es nichts in der Welt, wodurch sich diese hagere Gestalt erwärmen ließe.

Christoph Meckel berichtet in seinem Buch *Suchbild über meinen Vater* (1980) von einer Fahrt, die die Dichter Eberhard Meckel, Günter Eich und Peter Huchel im Jahre 1935 nach Wiepersdorf unternahmen, wobei sie verabredet hatten, die Erinnerung an diesen Ausflug in einem Gedicht festzuhalten.

Das Gedicht von Eberhard Meckel ist verschollen, dasjenige von Günter Eich, mit dem Titel *Die Arnimschen Gräber*, ein schönes Gedicht, hat inzwischen eine solche Bekanntheit erlangt, daß man es bereits einer Parodie für würdig erachtet hat. Weniger bekannt, aber nicht weniger schön, ist das Gedicht von Peter Huchel mit dem Titel *Wiepersdorf*, nur ist es düsterer gestimmt.

Wo du nun gehst im späten Regen,
der Mond und Himmel kälter flößt
und auf den laubverschwemmten Wegen
den Riß in die Gespinste stößt,
flammt über Tor und Efeumauer,
die Gräber wärmend, noch ein Blitz.
Und flatternd schreit im hellen Schauer
das düstre Volk am Krähensitz.

Dann ist es still. Der Teich der Unken,
das schuppiggrüne Algenglimmen
tönt klagend nur und dünn und hohl,
metallner Hall in Nacht versunken.

Wie gingt ihr hin? – Geliebte Stimmen,
unsterbliche, wo seid ihr wohl?

Ob sich die drei Dichter auch in das Wiepersdorfer Gästebuch eingetragen haben, ist mir nicht bekannt. Von einem anderen namhaften Besucher weiß ich es sicher: von dem verehrten Professor Ernst Beutler, damals Leiter des Freien Deutschen Hochstifts und des Frankfurter Goethehauses. Er ist deshalb für mich

Das berühmteste Porträt des Dichters Ludwig Achim von Arnim,
1804 von dem Düsseldorfer Maler Eduard Ströhling in London gemalt;
heute im Freien Deutschen Hochstift, Frankfurt/M.

besonders verehrungwürdig, weil er, trotz der schändlichen Na-
zihörigkeit der Mehrzahl seiner Fachkollegen, durchgesetzt hat,
daß die Jahrbücher des Freien Deutschen Hochstifts freiblieben
von rassistisch-antihumanen Beiträgen. Als sich das nicht mehr
durchhalten ließ, hat er deren Erscheinen kompromißlos eingestellt.

Schon damals hätte er gern von uns das Porträt des Dichters
Ludwig Achim von Arnim vom Maler Ströhling für das Goethehaus gekauft. Als ich nach dem Kriege gezwungen war, als
Witwe für mich und die sechs Kinder eine neue Existenz aufzu-
bauen, konnte ich Professor Beutlers Wunsch erfüllen. Das Bild
hängt jetzt im Goethehaus. Der Betrag, den ich dann dafür bekam, reichte aus, mir eine Lambretta zu kaufen, mit der ich in
meinem neuen Beruf als Krankengymnastin meine Patienten
auf dem Lande aufsuchte.

Ein anderer Gast, der sich länger in Wiepersdorf aufhielt, war der Maler Fritz Kuhr, ein Freund meiner Schwägerin Bettina Encke von Arnim. Er war am Bauhaus Schüler von Paul Klee gewesen, die Nazis erteilten ihm als «entartetem Künstler» Malverbot. Nach dem Kriege erhielt er eine Professur an der Hochschule für Bildende Künste in Berlin. So kam es, daß er, als meine Tochter dort als Studentin angenommen worden war, deren erster Lehrer wurde.

Meine Schwiegermutter empfing aber nicht nur Schriftsteller, Literaturwissenschaftler und Maler. Ganze Schulklassen mußte sie manchmal in Wiepersdorf herumführen. Dann stieß sie einen Stoßseufzer aus: «Ich komme mir vor wie ein Museumswärter ohne Bezahlung!»

Im Wiepersdorfer Maleratelier hing das lebensgroße Bild eines alten Ritters, der einen Spieß in der Hand hielt mit einem Hasen daran, und darunter stand der Spruch:

En Grewe von Arnim und Annois genannt,
Er hat befehdet männiglich Land.

Was es mit diesem «Grewen Annois» auf sich hatte und was sein sonderbarer Name bedeutete, dafür gab es verschiedene Erklärungsversuche, etwas Genaues wußte allerdings keiner. Die Frage beschäftigte jedoch die Gemüter, denn der dritte Dichtersohn, der Individualist Friedmund, hatte den Einfall gehabt, seinen jüngsten Sohn nach diesem geheimnisvollen «Vorbild» ebenfalls Annois zu taufen. Im Alter wurde dieser dann liebevoll, aber nicht weniger kurios «Onkel Anni» genannt.

Zu der Zeit, als dieser Annois heiratete, stand ihm auf seinen Erbgütern kein standesgemäßes Herrenhaus zur Verfügung. Sein ältester Bruder Erwin, der Fideikomißerbe von Wiepersdorf, der sich entschieden hatte, in Zernikow zu bleiben, erbot sich daraufhin, ihm Wiepersdorf als Wohnsitz einzuräumen, und übertrug ihm die Verwaltung der Forsten des Ländchens Bärwalde. Onkel Annois lebte dann lange Jahre in Wiepersdorf. Nach dem Tod seiner Frau Margarethe, geb. von Schauroth, die ihm sechs Söhne schenkte, heiratete er in zweiter Ehe Elisabeth Truchseß von Wetzhausen, mit der er drei Kinder hatte. Alle neun Kinder sind in Wiepersdorf geboren. Als aber in der Zeit der wirtschaftlichen Schwierigkeiten Onkel Annois sich stärker um seine eigenen Besitztümer kümmern und er dem künftigen Erben von Wiepersdorf, meinem Mann Friedmund, den Weg freimachen wollte, zog er sich nach Burow zurück, einem kleinen, ehemals zu Zernikow gehörenden Waldgut, das ihm durch Erbteilung zugefallen war. Seine Güter Neudorf und Friedenfelde hatte er zuvor schon seinem ältesten Sohn Achim überlassen.

Burow war ein Straßendorf, das weitab von allem Verkehr lag, sozusagen am Ende der Welt. Von Zernikow aus war es in einer halben Stunde zu Fuß auf einem Weg entlang dem Flüßchen Polzow zu erreichen. Der Besitz Burow bestand aus etwas Wald, einem Acker und ein paar Wiesen. Er hatte kein Herren-, sondern nur ein Försterhaus. Darin führten Onkel Annois und Tante Elisabeth fortan ein äußerst bescheidenes Leben.

Nachdem Friedmunds Vater tödlich verunglückt war, nahm Onkel Annois bei ihm die Stelle eines väterlichen Freundes ein; und für mich, als junge Mutter, war Tante Elisabeth eine hilfreiche Beraterin. So waren wir häufiger noch als in Wiepersdorf in Burow zu Besuch. Friedmund nahm sich in den letzten Jahren des kleinen Burower Forsts an und ließ hier von seinen Waldarbeitern für die Zaunfabrik Stangenholz schlagen. Dadurch konnten Onkel und Tante ihren Lebensstandard etwas aufbessern.

In dem von Fliederbüschen eingefaßten Hof des Forsthauses stand ein großes Turnreck. Daran führte der siebzigjährige alte Herr täglich seine Turnübungen aus, Klimmzüge, Knieaufschwung und Kniewelle. Er melkte seine Kühe selbst und mähte seine Wiesen. Die Tiere, Pferde wie Kühe, sprach er mit ihrem Namen an, den er oft aus dem Lateinischen oder Griechischen gewählt hatte.

Wenn man in sein Studierzimmer trat, schlugen einem dicke Schwaden vom Rauch seiner Zigarren entgegen. Danach erst wurde man gewahr, daß die Wände des Zimmers mit Zeitungsausschnitten bedeckt waren. Denn immer, wenn ihm etwas in der Zeitung interessant erschien, schnitt er es aus und heftete es an die Wand. Über seinem Schreibtisch hing ein großes Porträt von Bismarck, dessen Schriften er alle besaß und dessen äußerer Erscheinung er sich mit zunehmendem Alter immer mehr anglich.

Die schönsten Augenblicke waren für den Patriarchen, wenn

seine Kinder und Friedmund um ihn versammelt waren. Dann war er glücklich. Als er im November des Kriegsjahres 1942 starb, waren alle seine Söhne noch am Leben (bis auf einen, der schon im frühen Kindesalter gestorben war). Den Trauergästen erschien es als ein Wunder, daß noch keiner im Felde geblieben war.

Er wurde im Wald von Burow begraben, inmitten einer Wiese, auf einem von Kiefern bewachsenen Hügel Sand. Für ihn hatte sich der Wunsch seines Großvaters, des Dichters Ludwig Achim, im Gebet aus den *Kronenwächtern*, noch ganz erfüllt:

> Gib Kinder mir, die aller Mühe wert,
> Vertreib die Feinde von dem trauten Herd,
> Gib Flügel mir und einen Hügel Sand.
> Den Hügel Sand im lieben Vaterland.

Als altem, eingefleischtem Bismarckianer waren ihm die Nazis verhaßt. Daß jedoch die Zeile «Vertreib die Feinde von dem trauten Herd» nicht mehr im alten Sinne galt, weil das liebe Vaterland bereits ein vom Feind beherrschtes Land war, allerdings von einem Feind, wie er nicht im Buche stand, ist ihm, selbst als sein Sohn Oskar und seine Schwiegertochter Hedy sich im Zuchthaus befanden, nicht mehr bewußt geworden. Seine Losung war: «Alle Dinge zum Besten kehren!», und es war dieser Spruch, den der Pfarrer seiner Grabrede zugrunde legte.

DER ANFANG VOM ENDE

*Kommt es zum Krieg, so ist unser Vaterland nicht
Berlin, nicht die Mark, nicht hie und da, sondern in
den Menschen.*

Ludwig Achim von Arnim an Clemens Brentano, 1806

Wenn ich auch in Zernikow, im Leben auf dem Lande, einen
Wirkungskreis und damit eine gewisse Erfüllung gefunden
hatte, so heißt das nicht, daß ich mich im «einfachen Leben»
weltflüchtig abgekapselt hätte. Ich hielt die Verbindung zu Berlin aufrecht und versuchte, soweit der Gutshaushalt und meine
Pflichten als Mutter es zuließen und sich nach Beginn der Nazizeit überhaupt noch Gelegenheiten dazu boten, soviel von der
Welt zu sehen wie möglich und am Berliner Kulturleben teilzunehmen, soweit davon noch etwas übriggeblieben war. Mit dem
freimütigen gesellschaftlichen Umgang mit Intellektuellen und
Künstlern war es vorbei. Viele zogen sich in ein geistiges
Schneckenhaus zurück – sofern sie sich nicht gleich zur Emigration entschlossen oder dazu getrieben wurden. Die Atmosphäre
der Toleranz war einer Stickluft des Mißtrauens gewichen. Ton-
angebend waren nun die brandstiftenden Biedermänner, wie
man sie leider erst viel später so treffend genannt hat.

Kultur war in den Augen der Nazis nichts weiter als ein Instrument der Propaganda; sie fiel in den Zuständigkeitsbereich
des Einpeitschers Goebbels. Aber dankbar denke ich daran zurück, daß vom Gejohle «Triumph des Willens» nicht alles über-
tönt wurde, daß es vielmehr auch noch möglich war, die leisen
Stimmen der noch verbliebenen, dem Humanitätserbe ver-

pflichteten Künstler zu hören: zum Beispiel in den von Furtwängler dirigierten Konzerten.

Ich hebe dieses Faktum deshalb hervor, weil manche Vertreter der jüngeren Generation, im ehrenwerten Bestreben, zu
Deutschlands dunkler Vergangenheit kritisch Stellung zu beziehen, sich die Sache zu leicht machen und pauschal alles zu den
Nazis rechnen, was nicht dem Widerstand zuzurechnen ist, und
jeden verdammen, dem nichts weiter vorzuwerfen ist, als daß er
die Diktatur überlebt hat. Und speziell vom Künstler zu fordern,
daß er die Welt aus den Angeln hebt, ist töricht. Eine manichäi-
sche Denkweise hat manchen dazu geführt, alle Künstler, die zur
Zeit des Dritten Reichs nicht emigriert sind, zu Komplizen dieses Regimes zu stempeln.

So müßte man folgerichtig auch mich und das ganze Publikum, das nach dem 30. Januar 1933 noch Konzertsäle und Theater besucht hat, ins Reich des Bösen verweisen. Ja, konnte in jener Zeit überhaupt gelacht werden? Wir haben gelacht, wenn
auch manchmal mit verhaltenem Atem. Was Werner Finck im
Kabarett der Komiker in Berlin vollführte, waren wahre Draht-
seilakte der Wortkunst. Heute wäre es den wenigsten überhaupt
möglich, den huschenden Witz dieses Wortakrobaten mitzube-
kommen. Wie man manchmal verstehen muß, das Ungeschrie-
bene zwischen den Zeilen zu lesen, so mußte man bei ihm fähig
sein, das Ungesagte zwischen den Worten zu hören. Dicker aufgetragen war die Komik bei Claire Waldoff, wie sie da stand,
«janz in Jold, als Engel auf de Siejessäule, kam se von die Siejessäule herabjeschritten, weil ihr kleiner Dackel, der mußte mal an
de Säule . . .», und dann sang sie das Couplet «Herrrrmann heeßt
er», ein sehr langes Couplet, und jeder wußte, wer in den heraus-
fordernd frechen Strophen mit «Herrrrmann» gemeint war. Wir
gingen damals zu Fuß nach Hause, den ganzen Kurfürstendamm entlang, und vor lauter Begeisterung über die gelungene
Verspottung des zweiten Mannes im Reich verlor meine Mutter
ihre schöne Pelzboa, ohne es rechtzeitig zu bemerken.

Aus der gleichen Zeit ist mir ein Furtwängler-Konzert in Erinnerung. Der Chefdirigent der Berliner Philharmoniker hatte
es sich zur Aufgabe gemacht, so oft wie möglich Werke zeitge-
nössischer Komponisten in seine Konzerte aufzunehmen, und
ließ sie meistens vor der Pause spielen. Er wollte die Zuhörer
allmählich mit den wesentlichen Schöpfungen der modernen

Musik vertraut machen – und verhindern, daß sie schon vorher, also in der Pause, nach Hause gingen.

Zu besagtem Konzert hatten in der Proszeniumsloge einige Reichsminister mit Gefolge Platz genommen. Sie zogen die Blicke auf sich, da die uniformierten Adjutanten mit ihren Waffengehängen rasselnde und klirrende Geräusche verursachten. Als Furtwängler gerade das letzte Stück vor der Pause – es war die Uraufführung eines Werks von Paul Hindemith – begonnen hatte, hörten wir nach ein paar Takten wieder das störende Geschepper aus der Loge. Die Herren dort hatten sich erhoben, und eine schrille Stimme rief: «Dieser atonale Geräuschemacher!» Es schien die Stimme von Goebbels zu sein, die man aus dem Radio kannte. Der Dirigent unterbrach das Konzert, und polternd verließen die Herren die Philharmonie. – Als Ruhe eingekehrt war, hob Furtwängler wieder den Taktstock und begann das Werk von neuem. Als es verklungen war, dankte das Berliner Publikum mit lang anhaltendem Applaus.

Bald darauf zog sich Furtwängler in sein Haus nach Pontresina in der Schweiz zurück, kam nach einiger Zeit jedoch wieder nach Deutschland. Thomas Mann, das Glashaus seiner *Betrachtungen eines Unpolitischen* vergessend, hat ihm diese Rückkehr vorgeworfen. Furtwängler antwortete darauf Ende 1946 vor der Spruchkammer in Berlin, und ich gebe seine noblen Worte hier wieder, weil sie mir aus dem Herzen gesprochen sind:

Die Menschen, denen einst Bach und Beethoven, Mozart und Schubert entstammten, lebten auch jetzt unter der Oberfläche eines ausschließlich auf den Krieg eingestellten Regimes weiter ... – Meinte Thomas Mann wirklich, daß man in Deutschland Himmlers nicht Beethoven musizieren durfte? Konnte er sich nicht denken, daß niemals Menschen es nötiger hatten und schmerzlicher ersehnten, Beethoven und seine Botschaft der Freiheit und Menschenliebe zu hören, zu erleben, als gerade die Deutschen, die unter dem Terror Hitlers leben mußten?

In den ersten Jahren der Naziherrschaft ergab sich für mich eine Möglichkeit, die Entwicklungen im Reich aus einem gewissen Abstand und im Kontrast zu einer anderswo noch in Rudimenten vorhandenen Rechtsstaatlichkeit zu sehen. Anlaß war die Berufung meines Vaters zum Präsidenten des Obergerichts der Freien Stadt Danzig im Jahre 1932. Damit übernahm mein Vater, wie seinerzeit in Paris, abermals eine Tätigkeit auf dem Gebiet des internationalen Rechts, die nicht nur diplomatisches Geschick, sondern auch die Fähigkeit erforderte, sich auf juristischem Neuland, oder, genauer gesagt, in einem durch den Versailler Vertrag abgesteckten politischen Niemandsland zu bewegen.

Bekanntlich handelte es sich beim Versailler Vertrag um ein an konfliktträchtigen und abstrusen Klauseln reiches Vertragswerk, das sich in seinen Umrissen vage an den vom US-Präsidenten Wilson aufgestellten Grundsätzen zur Nationalitätenfrage orientierte, im einzelnen jedoch von den widerstreitenden Interessen der verschiedenen Siegermächte bestimmt war.

Zum Verständnis der besonderen Lage Danzigs um 1932 muß man als Vorgeschichte das Schicksal Polens kennen: Preußen, Rußland und Österreich hatten in den drei «Polnischen Teilungen» von 1772, 1793 und 1795 das Land als Beute unter sich aufgeteilt. Die Siegermächte des Ersten Weltkriegs gaben 1918 dem polnischen Volk seine Staatlichkeit zwar wieder zurück, doch schuf man damit ein recht willkürliches Territorium ohne tragbare politische, strategische und wirtschaftliche Voraussetzungen. Künftige Konflikte mit Deutschland waren schon allein dadurch vorprogrammiert, daß man die Provinz Ostpreußen durch einen Streifen polnischen Gebiets vom übrigen Reich getrennt hatte, durch den sogenannten Korridor, was nicht erst die Nazis, sondern bereits den sonst allgemein als Vertreter einer liberalen Entspannungspolitik gepriesenen deutschen Außenminister Gustav Stresemann veranlaßte, Annexionspläne gegen Polen zu hegen.

Auf dem Gebiet dieses polnischen Korridors nun lag die Stadt Danzig mit ihrer deutschen Bevölkerungsmehrheit, deren Interessen die Siegermächte des Ersten Weltkriegs weitgehend unberücksichtigt gelassen hatten. Sie ließen weder eine Volksabstimmung durchführen, noch entschlossen sie sich, das Territorium Deutschland oder Polen zuzuschlagen, sondern erklärten es zur Freien Stadt.

«Das Statut der Freien Stadt Danzig», schrieb dazu der letzte polnische Außenminister vor dem Einmarsch Hitlers in Polen,

Józef Beck, «war zweifellos die bizarrste und komplizierteste Schöpfung des Versailler Vertrags. Es war schwer, etwas anderes anzunehmen, als daß es einzig mit dem Zweck geschaffen worden war, den Ursprung beständiger Konflikte zwischen Deutschland und Polen zu bilden.» Durch Ratsbeschluß des Völkerbundes, des Vorläufers der UNO, vom 17. Februar 1920 war Danzig unter den «Schutz» des Völkerbundes gestellt und ein «Hoher Kommissar» eingesetzt worden, aber: «Der Hohe Kommissar des Völkerbundes», schreibt Beck weiter, «hat seinerzeit die Aufgabe erhalten, die Aktionen der polnischen und Danziger Regierung zu kontrollieren, dabei hat er nicht einmal den geringsten Einfluß auf die Danziger Polizei besessen.»

Man kann sich vorstellen, welche Fülle verschiedener Aufgaben das höchste Richteramt in einem Staatsgebilde wie Danzig für meinen Vater mit sich brachte. So empfand er denn auch seine Berufung als eine Herausforderung und Bewährungsprobe – zumindest am Anfang.

Ein Jahr nachdem mein Vater sein neues Amt angetreten hatte, ergriffen in Deutschland die Nazis die Macht und bemühten sich sogleich, Danzig dem Reich politisch und juristisch gleichzuschalten. Im Senat von Danzig verfügte ihre Partei bereits über die Mehrheit, und so erreichten sie die Absetzung des Präsidenten Dr. Ziehm und wählten an seiner Stelle ein Mitglied der NSDAP, Dr. Hermann Rauschning, zum neuen Senatspräsidenten, also zum Regierungschef der Freien Stadt. Aber bald mußten sie erkennen, daß dieser, trotz seiner Parteizugehörigkeit, ein Mann mit eigenen Vorstellungen war und kein rückgratloser Jasager.

Mein Vater schilderte Dr. Rauschning so: «In ihm, einem Kenner der polnischen Kultur und Literatur, fand ich eine wegen seiner Überzeugung hochachtbare Persönlichkeit. Aufrichtig verfocht er eine Danzig-polnische Verständigungs- und Wirtschaftspolitik. Innenpolitisch war er in klarer Erkenntnis der für Danzig nun einmal bestehenden Bindungen und Schranken ehrlich bestrebt, sie einzuhalten, und nach Kräften bemüht, die sie mißachtenden Bestrebungen des vom NSDAP-Gauleiter Albert Forster getragenen Radikalismus hintanzuhalten. Hieran sollte und mußte Dr. Rauschning scheitern.» (Ich zitiere hier aus Aufzeichnungen meines Vaters, die er nicht etwa zur Selbstrechtfertigung nach 1945, sondern schon im Kriegsjahr 1944 niedergeschrieben hat, als er sich längere Zeit in Zernikow aufhielt.)

In Übereinstimmung nicht nur mit dem Hohen Kommissar des Völkerbunds, dem Iren Sean Lester, sondern auch mit Unterstützung von Dr. Rauschning gelang es meinem Vater im Juni 1934, die Einsetzung von vier qualifizierten preußischen Richtern in Danzig durchzusetzen, von denen nur einer der NSDAP angehörte. Noch im gleichen Jahr überwarf sich Dr. Rauschning wegen seiner Verteidigung der Eigenständigkeit Danzigs gegenüber dem Reich mit der Führung der NSDAP und legte, als «Verräter» gebrandmarkt, sein Amt nieder. Er hat später in seinem Buch *Die Revolution des Nihilismus* (Zürich 1938) mit dem Nationalsozialismus abgerechnet.

Mein Vater hatte schon Ende November 1933 ein erstes Rededuell mit dem SS-Führer Arthur Greiser, damals Vizepräsident und später Nachfolger Dr. Rauschnings als Senatspräsident von Danzig, zu bestehen gehabt, als dieser gegen eine «falsche Objektivität» der Gerichte vom Leder zog und sich für ein Recht stark machte, für das sich die Frontgeneration geopfert habe. 1935, zu der Zeit, als mein Vater sein vierzigstes Dienstjubiläum feierte, verschärfte sich die Lage: Zwei Spitzel der Nazis hatten sich in eine Versammlung oppositioneller Richter eingeschlichen, worauf mehrere Richter festgenommen wurden. Mein Vater erwirkte beim Präsidenten Greiser deren Freilassung. Kurz danach gab es bei den sogenannten Volkstagswahlen fünf Wahleinsprüche der demokratischen Parteien, über die das Obergericht zu entscheiden hatte. 1000 Zeugen wurden vernommen. Das Gericht erklärte in seinem Urteil 11 000 von 139 000 Stimmen für ungültig, und der Hohe Kommissar löste den Volkstag auf. Gauleiter Forster tobte und schwor Rache.

Die Unabhängigkeit der Danziger Justiz, für die sich mein Vater mit ganzer Kraft einsetzte, war nur so lange gewährleistet, wie der Hohe Kommissar als Vertreter des Völkerbunds und Garant der Danziger Verfassung die totale Gleichschaltung mit dem Nazireich verhindern konnte. Solange blieb Danzig auch von Gesetzen wie dem zur «Säuberung des Beamtentums» oder den Nürnberger Rassegesetzen verschont. Was die Verteidigung der Rechtsstaatlichkeit zusätzlich erschwerte, war der Umstand, daß nicht nur Deutschland, sondern auch das andere

Nachbarland, Polen, von einer Diktatur beherrscht wurde, nämlich von dem durch Marschall Pilsudski begründeten Militärregime, das gelegentlich aus taktischen Gründen mit den Nazis gemeinsame Sache zu machen bereit war.

Ein unumstößliches Prinzip aller Rechtsstaatlichkeit ist der Satz «Nulla poena sine lege», der auch in Paragraph 2a des Danziger Strafgesetzbuches verankert war: «Eine Handlung kann nur dann bestraft werden, wenn die Strafe gesetzlich bestimmt war, bevor die Handlung begangen wurde.» Am 29. August 1935 erließ der von den Nazis mehrheitlich beherrschte Danziger Senat jedoch eine Verordnung, wonach dieser Grundsatz aufgehoben und durch das im Hitler-Reich geltende «Recht» ersetzt werden sollte: «Bestraft wird, wer eine Tat begeht, die das Gesetz für strafbar erklärt oder die nach dem Grundgedanken eines Strafgesetzes und nach gesundem Volksempfinden Bestrafung verdient. Findet auf die Tat kein bestimmtes Strafgesetz unmittelbar Anwendung, so wird die Tat nach dem Gesetz bestraft, dessen Gedanke auf sie am besten zutrifft.»

Die Oppositionsparteien, die es in Danzig noch gab, protestierten dagegen beim Völkerbundsrat, der das Problem dem Internationalen Gerichtshof im Haag unterbreitete. Mit neun Stimmen gegen drei verurteilte dieser den Begriff des «gesunden Volksempfindens» und erklärte die Neufassung des § 2a StGB für verfassungswidrig. Unter den drei Gegenstimmen war aber nicht nur die Stimme des kaiserlichen Japan und des faschistischen Italien, sondern auch die Stimme Polens!

Die Gelegenheit, bei der mein Vater Dr. Hermann Rauschning zum letzten Mal begegnete, sollte sich als der Anfang vom Ende der Tätigkeit des Hohen Kommissars Sean Lester und auch von seiner eigenen Tätigkeit in Danzig herausstellen. Ende 1935 hatte Sean Lester einen Empfang gegeben, zu dem er, gemäß seiner parlamentarisch-demokratischen Einstellung, auch Dr. Rauschning, nunmehr ein Vertreter der parlamentarischen Opposition im Danziger Senat, eingeladen hatte. Die Nazis werteten dies als einen Affront, und der neue Präsident Greiser und sein Gefolge verließen ostentativ den Empfang.

Mein Vater schreibt: «Alsbald wurde sämtlichen Beamten jeder Verkehr mit dem Hohen Kommissar verboten und die Einhaltung dieses Verbots streng überwacht. Durch den Boykott war Mr. Sean Lester matt gesetzt. Zwar dauerte es noch geraume

Zeit, bis dieser Danzig verließ, und noch längere Zeit, bis im Februar 1937 der Schweizer Diplomat Carl Jacob Burckhardt in Danzig erschien. Nach diesem langen Schwebezustand hat denn auch dieser letzte Hohe Kommissar sein Amt nur noch als das eines Beobachters aufgefaßt.»

Beim Amtsantritt von Carl Jacob Burckhardt war aber mein Vater schon nicht mehr in Danzig, weil er sich, angesichts der Unmöglichkeit, die Unabhängigkeit der Danziger Justiz gegen die Gleichschaltung durch die Nazis weiter zu verteidigen, Ende 1936 mit dreiundsechzig Jahren vorzeitig in den Ruhestand hatte versetzen lassen. Am 22. 12. 1936 veröffentlichte die polnischsprachige Zeitung *Robotnik* eine Agentur-Pressemeldung über die neuesten innenpolitischen Vorgänge in Danzig, in der zunächst über die Verhaftung zweier evangelischer Pfarrer und des Amtsgerichtsrats K. sowie anderer Teilnehmer einer Zentrumsparteiversammlung berichtet wurde, wonach es dann weiter hieß, der Rücktritt des Gerichtspräsidenten von Hagens sei auf Druck des Gauleiters erfolgt, demgegenüber sich von Hagens auf seine richterliche Unabhängigkeit berufen habe. Die offizielle Version lautete dagegen, er habe um seine Versetzung in den Ruhestand aus gesundheitlichen Gründen gebeten.

Während der Dienstzeit meines Vaters in Danzig von 1932 bis 1936 fuhr ich regelmäßig in der Sommerzeit mit den kleinen Buben – am Schluß waren es schon drei – nach Zoppot, wo ein Flügel der Dienstvilla meines Vaters für mich, die Kinder und Tedda, die Kinderschwester, eingerichtet worden war. Die Fahrt nach Zoppot war für uns jedes Jahr wie ein Abenteuer. Ich habe schon gesagt, daß in Polen eine Militärdiktatur herrschte, und in einer jeden Diktatur pflegen die Beamten ausgesprochen schikanös zu sein. Der Zug fuhr plombiert durch den polnischen Korridor, und dann, an der Grenze zur Freien Stadt, erwartete uns eine langwierige Zollkontrolle. Vieles war in Polen und Danzig knapp und die Qualität der Waren schlecht, die Besucher wollten also gern den Verwandten und Bekannten in Danzig Geschenke mitbringen. Das führte zu regelrechten Dramen an der Zollstation. Man sah weinende Damen mit Käthe-Kruse-Puppen im Arm, von grimmigen Zöllnern geleitet, im Gang vorbeigehen. Mitreisende kamen in unser Abteil: «Ach, Sie haben kleine Jungen. Ich habe hier einen schönen Ankersteinbaukasten für meinen Enkel, könnten Ihre Jungen damit spielen, bis der Zoll durch ist?» Einmal besuchten wir die Marienburg, die im polnisch kontrollierten Gebiet lag. Weil es in Danzig keine Zahnpasta gab, kauften wir eine Menge Tuben und stopften sie in die Knickerbockerhosen meines jüngeren Bruders. Der Zollbeamte entdeckte sie sofort; woraufhin der böse Schmuggler sich bis aufs Hemd ausziehen mußte.

Der kleine Nervenkrieg an der Grenze des polnischen Korridors erhitzte damals, in der chauvinistisch aufgeheizten Atmosphäre, die Gemüter. Heute verschwindet er als läppische Belanglosigkeit hinter der Erinnerung an den furchtbaren Raubkrieg, der damals im Deutschen Reich insgeheim bereits vorbereitet wurde, und zwar zuallererst gegen Polen.

Manchem Jugendlichen stellt sich die Naziherrschaft heute als ein unfaßbarer Moment des Schreckens im Lauf der deutschen Geschichte dar, weil er sich nicht klarmacht, daß das «Tausendjährige Reich» immerhin dreizehn lange Jahre gedauert hat. Für uns, die wir sie durchlebt haben, war es eine lange Zeit. Der Mehrheit der Bevölkerung kam die erste Zeit des Hitlerreiches von 1933 bis 1938, das heißt, bis zum organisierten Judenpogrom der «Kristallnacht» und bis zur Sudetenkrise, sogar noch relativ friedlich vor. Symptomatisch dafür war, daß auch eine große Zahl deutscher Juden die absolute Ausweglosigkeit ihrer Lage in Deutschland bis dahin noch nicht völlig durchschaut hatten.

Das beruhte aber nicht auf schlichter Blindheit der Menschen; die Friedensillusionen wurden von den Nazis bewußt geweckt und gesteuert. Doch wußte man im Ausland natürlich von der Existenz der Konzentrationslager; zumindest dort, wo es eine freie Presse gab. Die Verabschiedung der Nürnberger Rassegesetze im Jahre 1935 war der Welt kein Geheimnis geblieben, und vor allem aufgrund der Rassendiskriminierung in Deutschland entstand in vielen Ländern eine starke Boykottbewegung gegen die Abhaltung der Olympischen Spiele in Berlin.

Um ihre Rüstungspläne zu verwirklichen und die Ausschaltung der inneren Opposition zu Ende zu führen, brauchten die Nazis eine Periode relativer Ruhe. Deshalb war es für das Dritte Reich auch so wichtig, sich als friedliebend und harmlos zu präsentieren. Ein Höhepunkt dieser Demonstration des

Friedenswillens sollten die Olympischen Spiele 1936 in der Reichshauptstadt und in Garmisch-Partenkirchen werden. Der Einsatz des Präsidenten des amerikanischen Olympischen Komitees, Avery Brundage, zugunsten Hitler-Deutschlands, gab im IOC den Ausschlag dafür, daß die Boykottbewegung scheiterte und das Spiel der Nazis gelang. In einem Brief an das Mitglied des Deutschen Olympischen Komitees, den SA-Oberführer Karl Ritter von Halt, warnte er: «Juden und Kommunisten haben angedroht, sie würden eine Million Dollar ausgeben, um durch Bestechung, Korruption, politische Tricks und andere verwerfliche Machenschaften die USA aus Deutschland fernzuhalten.»

Von diesem Kampf, der im Ausland um die Frage des Boykotts der Olympischen Spiele entbrannte, wußte man als normaler Bürger im Reich allerdings nichts.

Die Olympiabauten hatten nicht die brutale Grobschlächtigkeit der Bauten des Partei-Architekten Albert Speer. Sie stammten von Werner March, der, da Berlin schon zwei Jahre vor dem Machtantritt der Nazis zum Austragungsort der Olympischen Spiele 1936 bestimmt worden war, seine Pläne bereits 1932 fertiggestellt hatte. Dieser Umstand ist mir deshalb noch erinnerlich, weil Werner March ein Regimentskamerad meines Vaters war und wir uns deshalb für seine Arbeit besonders interessierten.

Aber nicht nur die Stadtlandschaft von Berlin war verändert, auch die Menschen waren wie verwandelt: Bei den Autofahrern auf den Straßen, unter den Fahrgästen in der U-Bahn, überall herrschte größte Höflichkeit. Goebbels hatte im bombastischen Stil seiner Biertischrhetorik die Weisung ausgegeben: «In den nächsten Wochen müssen wir charmanter sein als die Pariser, gemütlicher als die Wiener, liebenswürdiger als die Römer, weltmännischer als die Londoner und praktischer als die New Yorker.»

Friedmund zuliebe hatten wir Plätze für das Fußballturnier gebucht, und ich ging selbstverständlich mit. Aber ich war enttäuscht: Diese internationalen Spitzenspieler zeigten nicht viel mehr Schwung als unsere braven Zernikower Fußballer. Dagegen amüsierte mich das Berliner Publikum. Sie lasen Zeitung, tranken Bier und rauchten dicke Zigarren – eine reine Männergesellschaft natürlich, in Hemdsärmeln, auf dem Kopf zu Schiffchen gefaltete Zeitungen als Sonnenschutz.

Um sich die Teilnahme der USA zu sichern, mußten die Nazis vorübergehend ein paar Abstriche von ihrer rassistischen Praxis machen, was zeigt, wie viel ihnen die Sache wert war. Ich erinnere mich, wie damals die Teilnahme von Helene Mayer allgemein im Gespräch war, der deutschen Goldmedaillengewinnerin im Florettfechten bei den Olympischen Spielen 1928 in Amsterdam. Sie galt nach den Nazibegriffen als «Halbjüdin» und war 1933 dementsprechend aus dem Fechtclub Offenbach ausgeschlossen worden. Mit ihren blonden, altdeutsch geflochtenen Haaren sah sie wie eine der jungen Frauen aus, die als Urbild des «rein arischen» Typs den BDM-Mitgliedern als Vorbild hingestellt wurden.

Welche Tragik hinter der Teilnahme von Helene Mayer steckte, die damals eigens aus den USA, wohin sie inzwischen ausgewandert war, nach Berlin kam, ist erst nach dem Krieg bekannt geworden: Um ihre Teilnahme als Alibi-Jüdin zu erreichen, hatten die Nazis Druck auf ihre Mutter ausgeübt, die noch in Deutschland lebte. Wie schwer muß es der Silbermedaillengewinnerin Helene Mayer gefallen sein, bei der Siegerehrung die Hand zum Hitler-Gruß zu erheben!

Eine noch größere Herausforderung für die rassenfanatischen Nazis und ihr Bemühen, sich um jeden Preis den Anschein der Harmlosigkeit zu geben, war die Teilnahme farbiger Sportler. Sie mußten sie dulden. Der Name des vierfachen Goldmedaillengewinners Jesse Owens war sogleich in aller Munde, und man wartete gespannt, ob Hitler sich dazu herablassen würde, Jesse Owens zu begrüßen. Der damalige Reichsjugendführer Baldur von Schirach hat nach dem Krieg berichtet, daß Hitler zu ihm gesagt habe: «Glauben Sie, daß ich mich fotografieren lasse, wie ich einem Neger die Hand schüttle?»

In diesem scheinbar belanglosen Punkt meint die Olympia-Filmerin Leni Riefenstahl in den von ihr veröffentlichten *Memoiren* (1987) Hitler in Schutz nehmen zu müssen. Sie behauptet, es sei eine Legende, daß Hitler es aus rassistischen Gründen abgelehnt habe, diesem großen Athleten die Hand zu geben. Nach ihrer Darstellung hat Hitler von einem Händedruck Abstand genommen, weil er mit einer gewissermaßen staatlichen Siegerehrung gegen die olympischen Regeln verstoßen hätte.

Wahr ist, daß Hitler damit höchstens einer Verlegenheit enthoben wurde. Denn er hatte bereits die zwei deutschen Medaillengewinner im Kugelstoßen und die drei finnischen im 10 000-Meter-Lauf (natürlich allesamt reine Arier!) unter dem Jubel der Zuschauer in seiner Ehrenloge beglückwünscht, sich aber geweigert, die gleiche «Gunst» den drei amerikanischen Medaillengewinnern im Hochsprung zu gewähren, weil zwei von ihnen Farbige waren. Wie dem auch sei, Jesse Owens brachte die Nazis in Verlegenheit: Er war der ausgesprochene Publikumsliebling.

Jedes Jahr machten wir Exkursionen mit dem märkischen und dem deutschen Forstverein, die meist zu größeren Privatforsten führten. 1936 sahen wir uns die Burg Schlitz in Mecklenburg an, zu der ein dendrologisch berühmter Park gehörte. Ich habe bereits erzählt, daß Hans von Labes Graf Schlitz, der Onkel des Dichters Ludwig Achim von Arnim, das Bauwerk 1806–23 aus Zernikower Holz errichten ließ. Nachdem die Familie Schlitz und die nachfolgende Eigentümerfamilie von Bassewitz ausgestorben waren, hatte den Besitz 1931 der Staatsrat Dr. Emil Georg von Stauß – Vorstandsmitglied der Deutschen Bank und früher Förderer Hitlers – erworben.

Vom Turm der «Burg», in klassizistischem Stil von einer Anhöhe der Mecklenburgischen Schweiz aufragend, hatte man einen herrlichen Blick über den Malchiner See. Der Gastgeber führte uns durch den Park, und wir verweilten auch am Friedhofstor, wo Hans Labes-Schlitz die Buchstaben WWWV eingravieren ließ, die Abkürzung seines Wahlspruchs «Wünsche wenig, wirke viel».

Nach dem Essen zeigte uns Dr. von Stauß die Innenräume. In einem Nebenraum des Eßsaals deutete er auf ein Porträt und sagte mit einem Anflug von Spott: «Das würden Sie wohl gern besitzen.» Es war das «Ölbild im flaschengrünen Rock» von Franz Anton Zeller, das Hans Labes von seinem etwa sechzehnjährigen Neffen Ludwig Achim hatte malen lassen. Da standen wir nun, wir armen Landjunker, als Gäste des reichen Bankiers, und wußten nichts zu sagen. – Heute soll die Burg Schlitz ein Altenheim sein. Aber das Bild gilt als verschollen.

Eines Tages im Herbst des Jahres 1937 zeigte Friedmund mir eine Ausgabe der *Deutschen Allgemeinen Zeitung*: «Sieh mal hier: ‹Letzte Fahrt zur Pariser Weltausstellung! Für Devisen und Unterbringung wird gesorgt.› – Soll ich mal anrufen?»

«Au ja, sofort!»

Friedmund kam zurück und sagte: «Denk dir, es waren gerade noch zwei Plätze frei.»

Auslandsreisen waren im Dritten Reich so gut wie ausgeschlossen, denn normalerweise bekam außer den Parteibonzen niemand Devisen. Auf unserer Reise zu meiner Freundin in der Schweiz hatten Friedmund und ich uns von ihren Eltern freihalten lassen müssen, weil wir nur für zehn Reichsmark pro Kopf Schweizer Franken bekommen hatten.

Nun war also für mich die Gelegenheit gekommen, noch einmal meine geliebte Stadt Paris durchwandern zu können, die auf mich während meiner Schulzeit, als ich meinen damals in Paris lebenden Vater besuchen durfte, einen so tiefen Eindruck gemacht hatte, und sie Friedmund zu zeigen.

Der Licht- und Kulissenzauber, der beiderseits der Seine mit Terrassen und Fontänen zwischen Palais Chaillot und Eiffelturm für die Weltausstellung geschaffen worden war, der Glanz der mehr als zweihundert Pavillons, in denen die verschiedenen Länder und auch einzelne Firmen ihre Produkte präsentierten, waren überschattet von einem bedrohlichen Eindruck: Rechts und links vom Palais Chaillot, einander gegenüberstehend, die Monumente der Stalin- und der Hitler-Diktatur, der sowjetische und der deutsche Pavillon. Es war die Zeit, in der die Moskauer Prozesse gerade ihren Höhepunkt erreicht hatten.

Der sowjetische Pavillon in der klotzigen Art-Deco-Monumentalität, die die stalinistischen Architekten ihren amerikanischen Kollegen, den Erbauern der Wolkenkratzer, nachempfunden hatten; darauf war ein stachanowsches Arbeiter-Bauern-Ehepaar aufgestellt, das, äußerst angestrengt, Hammer und Sichel in die Höhe reckte. Gegenüber ragte das Machwerk Albert Speers in die Höhe, ein kahler, rechteckiger Turmbau, dessen Fassaden durch stramme Quadersäulen untergliedert waren, das Ganze gekrönt von einem schwarzen Adler mit einem Hakenkreuz in den Klauen; ein wahres Momument des Todes.

Nach dem reibungslos verlaufenen Anschluß Österreichs und des Sudetenlandes ans Nazireich, was ein gefährliches Zurückweichen der westeuropäischen Regierungen vor dem Vabanque-Spieler Hitler und dessen abenteuerlich wachsenden Ansprüchen und Forderungen erkennen ließ, sah mein Vater voraus, daß, da keine friedliche Lösung in Aussicht war, das

Korridor-Problem Polen zum ersten Opfer eines unausweichlich bevorstehenden Krieges machen würde.

Also sagte er im Frühjahr 1939 zu uns, er wolle versuchen, Devisen zu beschaffen, um für uns vier, das heißt, meine Eltern, Friedmund und mich, eine Italienreise zu organisieren. Dies sei womöglich die letzte Gelegenheit, vor Ausbruch der Katastrophe noch etwas Schönes zu erleben.

Meine Eltern waren bereits auf ihrer Hochzeitsreise in Italien gewesen; für mich war dies eine nachgeholte Hochzeitsreise, denn unsere erste, auf der Friedmund mich zu den Kriegsschauplätzen des Ersten Weltkrieges im Elsaß und in Lothringen geführt hatte, war mir nicht als das erschienen, was man sich unter einer solchen Reise gewöhnlich vorstellt.

Meine Eltern, in der Meinung, sich auf ihrer ersten Italienreise bereits genug «Bildung» einverleibt zu haben, erfreuten sich vorwiegend an der Landschaft. Friedmund äußerte seine Begeisterung nicht in Worten, zeigte sie aber in seinem Verhalten. Sein Vater Erwin und dessen Brüder Ottmar und Annois waren von ihrem Vater eingehend in die Welt der Antike eingeführt worden. Friedmund selbst war durch den Ersten Weltkrieg vorzeitig aus der Schule gerissen worden und hatte seitdem unter Anspannung all seiner Kräfte seine Pflichten als Landwirt wahrnehmen müssen, war nun aber glücklich, auf Entdeckungen im Reich der Kunst ausgehen zu können. Er blieb stets als letzter in den Museen hängen. Nachdem ich angesichts der Tempel von Paestum einen ganzen Film verknipst hatte, mußte ich feststellen, daß meine kostbare Rolleiflex den Film nicht transportiert hatte. Ich war den Tränen nahe. Doch Friedmund konnte meine Eltern bewegen, das Taxi noch eine Weile warten zu lassen, und er begleitete mich von Tempel zu Tempel, damit ich alle Aufnahmen noch einmal machen konnte. In mein «italienisches Tagebuch» trug ich ein, was ich beim Anblick der Tempel empfunden habe. Es sei hier zitiert, wenn es auch recht pathetisch klingt: «Es gibt wenige Augenblicke im menschlichen Leben, in denen ein unbeschreibliches, tiefes Glück, eine fühlbare göttliche Offenbarung Leib und Seele durchdringen, und zurückblickend auf diese Höhepunkte wird man nie mehr ganz im Alltag versinken.»

Nie mehr ganz im Alltag versinken – und nie im persönlichen Kummer ... Wie sehr habe ich von diesen Reiseeindrücken in den folgenden dunklen Jahren gezehrt!

Mein Vater beschloß, noch bis Sizilien weiterzufahren; denn, wie er ahnungsvoll sagte: «So weit nach Süden kommt ihr in eurem späteren Leben wahrscheinlich nicht mehr.» Auf der Rückreise machten wir abermals halt in Rom und besuchten wieder das berühmte Restaurant «Alfredo», das wir schon auf der Hinfahrt kennengelernt hatten. Den ersten Besuch hatte ich in meinem Tagebuch so festgehalten:

Von außen gänzlich unscheinbar, ein einziges trübes Glasfenster, innen wie in einer Pariser Künstlerkneipe, eng, die Wände mit Widmungsbildern tapeziert, Caruso und Furtwängler sind darunter. Einige schwarzhaarige Musikanten spielen, meine Mutter erbittet für uns von ihnen den Schlager «O Donna Clara».
Wir bekommen ganz hinten neben dem Kücheneingang einen Tisch. Dort thront die märchenhaft dicke, geblondete und in Lila gehüllte Wirtin, braut in geheimnisvollen Töpfchen Mokka, telefoniert, kassiert, dirigiert die Kellner, alles zur gleichen Zeit. Es werden nur Spezialitäten serviert: eine Riesenportion Bandnudeln mit Parmesan und Öl, gebackene Putenschnitte mit Petits Pois, dann eine Omelette flambée. Uns bedient ein hinreißender Ober (ich bin überzeugt, es ist Alfredo selbst). Er hat das Äußere eines alten preußischen Unteroffiziers mit hochgezwirbeltem blondem Knebelbart, ist im übrigen halb Clown, halb Schauspieler: zum Totlachen. Mit feierlicher Geste – heilige Handlung – legt er die Makkaroni auf. Später wird ein Rouleau vors Oberlicht gezogen, er knipst das Licht aus, die Musik spielt einen Tusch – und der Herr Ober erscheint mit der Omelette flambée, die er graziös durch die Luft schwenkt: großer Applaus!

In diesem amüsanten Lokal also kehrten wir noch einmal ein, und wen trafen wir dort? Tante Anna von Rauch und Tante Emilie von Marchthaler aus Heilbronn, zwei der fünf Baumbachschen Schwestern, von denen meine Schwiegermutter Agnes die älteste war. Ihr Vater war württembergischer Forstmeister gewesen, und für die zahlreichen Kinder – es gab da auch noch vier Brüder – war das Geld oft knapp. Meine Schwiegermutter hat mir erzählt, daß ihre Mutter, als die Töchter sie einmal um ein neues Kleid baten, geantwortet habe: «Schmücket euch mit Liebreiz!»

Liebreiz! Dieser heute altmodische Ausdruck bezeichnet genau, was die beiden Tanten, denen wir da zufällig im «Alfredo» begegnet waren, auch noch in ihrem vorgeschrittenen Alter ausstrahlten. Sie waren so dankbar für all das Schöne, das ihnen auf dieser Reise begegnet war – auf ihrer letzten Italien-Reise.

Drei Jahre später erreichte uns in Zernikow die Nachricht, daß die beiden Tanten beim Bombenangriff auf Heilbronn ums Leben gekommen seien. – Seitdem kann ich an jene freudige Begegnung in Rom nicht zurückdenken, ohne daß mir in der Erinnerung die Nachricht vom Tod der zwei liebreizenden Damen dazwischentritt.

Wer wie Friedmund oder mein Vater in Verbindung stand mit verantwortlichen Leuten der Wirtschaft, konnte die Kriegsvorbereitungen Schritt für Schritt verfolgen.

Mein Vater gehörte der 1809 in Berlin gegründeten «Gesetzlosen Gesellschaft» an, einem Klub, in dem Repräsentanten verschiedener Berufskreise zwanglos zu Diskussionen zusammenkamen. Er schreibt in seinen «Erinnerungen», daß am letzten Tag des August 1939 zum Mittagstisch im Klub Karl Joerger, der Seniorpartner des Bankhauses Delbrück, Schickler & Co., mit der Nachricht kam, es sei ein Kartensystem für die Lebensmittelrationierung angeordnet worden. Im Gegensatz zu meinem Vater weigerte er sich aber zu glauben, daß dies Krieg bedeutete.

Friedmund zog aus seiner Vorahnung des Krieges insofern Konsequenzen, als er für den Betrieb und die Familie bestimmte Vorsorgemaßnahmen traf. So kam er beispielsweise im Frühjahr 1939 aus Berlin, wo er sein Auto bei BMW zur Generalüberholung abgegeben hatte, mit einem schnittigen BMW-Zweisitzer-Cabriolet zurück und begrüßte mich mit den Worten: «Das habe ich für dich gekauft, damit du notfalls ein Auto hast!»

Er ließ es mich ausprobieren, und es machte mir Spaß, damit zu fahren. Aber ein Sportcabriolet, war das nicht ein kostspieliger Luxus? Tatsächlich betrug der Preis für dieses Modell im fabrikneuen Zustand 20000 RM (das würde heute wohl 150000 DM entsprechen). Dieses Auto stammte jedoch aus dem Besitz eines Filmschauspielers, der gleich bei seiner ersten Ausfahrt aus der Garage das Chassis verbeult und den Wagen daraufhin zurückgegeben hatte. Die BMW-Vertretung überließ ihn

Friedmund für 5000 RM. Als die Mobilmachung kam, wurden sämtliche Autos eingezogen, auch Friedmunds großer BMW und mehrere Autos aus dem Betrieb. Aber das Zweisitzer-Cabriolet war für den Krieg untauglich. Friedmund hatte also richtig kalkuliert.

Natürlich kam der Kriegsausbruch, so oft er zuvor erörtert und befürchtet worden war, schließlich doch überraschend. Auffällig, aber noch einigermaßen unbedenklich erschien uns, daß Friedmund zur Erntezeit zu einer Offiziersübung einberufen wurde, zum ersten Mal seit seiner Heimkehr aus dem Ersten Weltkrieg und obwohl er inzwischen zweiundvierzig Jahre alt war.

Es war ein schöner Sommer gewesen, und es wurde eine gute Ernte. Am 31. August feierten wir auf der Zernikower Festwiese mit Gästen aus Berlin, meinen vier kleinen Söhnen und den Leuten aus dem Dorf das Erntefest. Unsere Hauslehrerin führte mit den Lehrlingen für die Kinder ein Kasperlestück auf. Ich habe noch ein Foto von diesem Tag, einem schönen, warmen Hochsommertag. Darauf sind die drei älteren Söhne mit einem großen Erntekranz zu sehen, den sie an einer Stange tragen. Gemeinsam ziehen sie einen Handwagen, in dem der jüngste sitzt.

«Wie schade, daß der Vati nicht da ist», sagten sie.

Noch in der gleichen Nacht schlug plötzlich die Dogge an. Ich ging hinunter in die Eingangshalle. Da stand Friedmund, bleich wie eine Kalkwand, in der Haustür. Er sagte nur: «Es gibt Krieg!»

Er hatte Befehl, sich um vier Uhr früh feldmarschmäßig in Wriezen an der Oder zu melden. Stumm holten wir Kleidungsstücke zum Wechseln aus der Kommode, seine Ausrüstung, seine zweite Uniform. Seine Unterwäsche aus dem Ersten Weltkrieg, aus reiner Seide, die vor Ungeziefer schützt, war noch da. Stumm tranken wir einen Kaffee, bestiegen den kleinen BMW und fuhren vor Morgengrauen gen Osten. Pünktlich um vier Uhr lieferte ich Friedmund bei seiner Einheit ab. Er wurde von ein paar Offizieren mit aufgesetzter Munterkeit in Empfang genommen. Allein fuhr ich in meinem kleinen offenen Wagen zurück.

Nun war eingetreten, was Friedmund vorausgesehen hatte: Ich mußte die Verantwortung für die Güter übernehmen. Keine Hilfestellung konnte mir dabei der Zernikower Inspektor geben,

im Gegenteil: Er war Parteigenosse und strammer SA-Mann –
deswegen auch zunächst nicht eingezogen worden.

Gottlob gab es noch den Rentmeister Heinrich Rust, seit dreißig Jahren väterlicher Berater meines Mannes, mit dem ich alles
besprechen konnte. Nun mußte ich alle vier Wochen mit meinem «kriegsuntauglichen» Zweisitzer nach Wiepersdorf fahren,
um mich mit Förster Sommerfeld und den Inspektoren von Wiepersdorf und Bärwalde, die zum Glück zu alt waren, um einberufen zu werden, zu besprechen. Als Begleitung – oder kann ich
schon sagen, Begleitschutz? – nahm ich gelegentlich meinen Ältesten, den achtjährigen Achim, auf diese Fahrten mit.

In den Zeitungen erschienen, aus dem Radio ertönten Sieges-
nachrichten. Das kleine, politisch und militärisch isolierte Land
Polen wurde von den Truppen des Dritten Reiches nach schweren Luftangriffen auf Warschau in kurzer Zeit überrollt, der sogenannte Polenfeldzug war nach wenigen Wochen vorüber. Ich
bekam von Gutsnachbarn eines Nachts einen Anruf mit der
Nachricht, daß Friedmunds Einheit durch Oranienburg käme.
Die Nachbarn erboten sich, mit mir dorthin zu fahren.

Ich traf mich mit Friedmund in einem Hotel. Er sah gesund
aus, sonnengebräunt und gut erholt.

«Ich war nicht im Einsatz, und was bleibt einem bei dieser
erzwungenen Untätigkeit anderes, als sich zu erholen?» sagte er
sarkastisch und fügte tief bedrückt hinzu: «Wir verlieren diesen
Krieg!»

Zwei Ereignisse waren es insbesondere, die er mir als Vorzei-
chen dafür nannte, daß es so kommen müsse. Das eine war die
Absetzung des bisherigen Oberbefehlshabers des Heeres, des
Generalobersten Werner Freiherr von Fritsch. Friedmund muß
einiges über die Hintergründe dieses Todes gewußt haben, die
erst viel später bekannt wurden. Er sagte, daß nunmehr in der
Wehrmacht keine Kraft mehr vorhanden sei, um sich Hitlers
kriegerischen Expansionsplänen entgegenzustellen. – An die
Spitze der Wehrmacht setzte Hitler nun Generäle wie von Brau-
chitsch, Keitel, Guderian – die sich als willfährige Werkzeuge
seiner Kriegspolitik erweisen sollten. Das einzige Zeichen des
Widerstands von seiten eines Wehrmachtführers war der Rücktritt des Generalobersten Beck.

Das zweite Ereignis, das Friedmund als Indiz dafür anführte,
wie weit der Geist der Korruption in den Offiziersrängen der

neuen deutschen Wehrmacht um sich gegriffen hatte, war ein persönliches Erlebnis: Er hatte mitangesehen, wie ein Offizier von der neuen Sorte, die im Zuge der Rüstungspolitik der Nazis Karriere gemacht hatten, in einer kleinen polnischen Stadt Pelze für seine Frau erwarb, indem er der verschreckten Ladeninhaberin statt Geld einen Gutschein hinwarf, der freilich völlig wertlos war, weil niemand ihn einlösen würde.

«Mit einem solchen Offizierskorps», sagte Friedmund, «gewinnt man keinen Krieg.»

Angesichts der Verbrechen, die von deutschen Soldaten später in allen besetzten Gebieten nicht nur spontan, sondern auf höheren Befehl verübt wurden, mag es einem in der Rückschau erstaunlich vorkommen, daß Friedmund diesem scheinbar belanglosen Erlebnis der ersten Kriegstage eine solche Bedeutung beimaß. Vollends unverständlich dürfte das für die Jüngeren unter uns sein, die daran gewöhnt sind, mit dem Begriff «Krieg» den Einsatz von Atomwaffen, Giftgas und die Folterung von Zivilpersonen zu verbinden, denen also der Gedanke ganz selbstverständlich vorkommt, daß der Krieg dazu da sei, das gegnerische Volk als solches auszurotten. Mit den «modernen» Methoden der Kriegführung scheint tatsächlich eine Auffassung vom Soldatentum hinfällig geworden zu sein, von der Friedmund als alter Gardeschütze noch durchdrungen war: die Achtung vor dem Gegner.

Mein Treffen mit Friedmund im Hotel von Oranienburg dauerte nur kurz, er mußte in ein paar Stunden weiter nach Frankfurt. Wir besprachen die notwendigsten Dinge bezüglich der Verwaltung der Güter. Friedmund riet mir, von den Inspektoren alle vier Wochen einen schriftlichen Bericht über ihre Tätigkeit anzufordern. Auf meine Frage, was das nützen könne, antwortete er mir nur kurz mit dem Spruch: «Das Auge des Herrn mästet das Vieh.»

In den folgenden Monaten saß Friedmund am Westwall fest, verzweifelnd über seine erzwungene Untätigkeit, wo er doch zu Hause, in seinen Betrieben, dringend gebraucht wurde. Ich fuhr nach Berlin zu den Ministerien, um Friedmunds UK-Stellung, wie der Ausdruck lautete, zu erreichen. UK war die Abkürzung für «unabkömmlich», das heißt, jemand, dem eine «UK-Stellung» zugebilligt wurde, galt als unentbehrlich für sein Unternehmen und wurde vom Kriegsdienst freigestellt.

Zuerst ging ich ins Landwirtschaftsministerium, denn schließlich war Zernikow ein wichtiger landwirtschaftlicher Betrieb. Friedmund hat einmal ausgerechnet, daß Berlin drei Wochen lang allein mit den Kartoffeln aus Zernikow hätte versorgt werden können. Aber das Ministerium des Vorbeters der Blut-und-Boden-Ideologie, Walter Darré, war fast ausschließlich von strammen Nazis besetzt. Als ich auf die Wichtigkeit des Zernikower Gutes für die Volksernährung hinwies, bekam ich zur Antwort: «Sehen Sie nicht, daß wir dabei sind, uns das Land zu erobern, das die Ernährung des deutschen Volkes sichern wird?»

Da fiel mir in letzter Not ein, daß unsere Zaunfabrik, indem sie es ermöglichte, Drahtzäune durch Holzzäune zu ersetzen, ungewollt einen Beitrag zur Rüstung leistete. Diese Tatsache wollte ich nun ausnutzen. Ich ging ins Reichsforstamt. Das war nicht besetzt von lauter Parteibonzen, sondern es gab dort noch ein paar sachverständige alte preußische Beamte, Jäger, Forstleute. Es empfing mich sogar der Generalforstmeister persönlich, Walter von Keudell, ein märkischer Waldgutbesitzer und uns von dendrologischen Tagungen her bekannt. Er gab meinem Antrag sofort statt: Die Zaunfabrik wurde zum «wehrwirtschaftlichen Betrieb» und Friedmund als verantwortlicher Betriebsleiter als «unabkömmlich» erklärt.

Im Frühjahr 1940 kam er aus Frankreich wieder zurück nach Hause und stürzte sich noch rastloser als bisher in die Arbeit. Nun wurde der Inspektor, der SA-Mann, eingezogen. Und wieder einmal überraschte mich Friedmund mit seiner «Arnimschen Plötzlichkeit», mit einem seiner spontanen Entschlüsse: Wir fuhren zu einer Pferdeauktion nach Neustadt an der Dosse, wo es ein berühmtes Gestüt gab. Denn nachdem alle Autos requiriert, das Benzin rationiert und alle trabbaren Pferde eingezogen waren, brauchte er unbedingt ein neues Reitpferd.

Der Ort der Auktion, an dem die Pferde vorgeführt wurden, war ein Turnierplatz, mit Tribünen ringsherum. Die Pferde hatten Nummern, und auf einer Tafel wurden neben der jeweiligen Nummer die Preise angezeigt. Ich saß eine Weile und schaute zu, als auf einmal eine wunderschöne, großrahmige Fuchsstute namens Adorata vorgeführt wurde. Sie hatte herrliche Gänge, die ich fasziniert beobachtete, und ich dachte bei mir: Wer wird wohl der glückliche Besitzer werden? – denn es war das teuerste Pferd der Auktion –, als ich hörte, daß «von Arnim» ausgerufen wurde. Mein Mann, der hinter mir saß, hatte das Pferd ersteigert!

Der Grund: Adorata («Die Angebetete») war eine sogenannte A-Stute. Die Pferde waren in bestimmte Klassen eingestuft, und bei Kriegsausbruch hatte man bestimmt, daß Pferde der A-Klasse nicht eingezogen werden durften, weil man sie für die Zucht brauchte.

Nach Friedmunds Rückkehr war ich nun zurückversetzt in meine frühere Rolle als sein «Adjutant und Forstadjunkt» und konnte mich wieder mehr meinen häuslichen Pflichten widmen, dem Lehrbetrieb, dem Garten und vor allem den Kindern.

Die Kinder gingen in Zernikow in die einklassige Dorfschule, und es war klar, daß sie mit den dort erworbenen bescheidenen Kenntnissen niemals Aufnahme in ein Gymnasium finden würden. Deshalb entschlossen wir uns, als unser Ältester, Achim, das achte Lebensjahr erreichte, eine Hauslehrerin zu engagieren.

Von Berliner Bekannten war uns eine Dame empfohlen worden, die vorher einen privaten Kindergarten in Berlin-Steglitz geführt hatte. Als sich Irma Gerhardt im Frühjahr 1939, also wenige Monate vor Ausbruch des Krieges, bei uns vorstellte – eine stattliche Erscheinung Anfang Fünfzig, mit bereits schlohweißem Haar, blitzenden Augen und einem feingeschnittenen Gesicht –, ahnte ich nicht, welch wichtige Rolle diese Frau in den nächsten Jahren in meinem Leben spielen sollte.

Beim Vorstellungsgespräch mit Friedmund und mir im Herrenzimmer erzählte sie uns freimütig ihr Schicksal: Sie war Jüdin (Volljüdin im Sinne der Nürnberger Rassegesetze) und von ihrem arischen Ehemann geschieden. Zwar hatte sie ein Lehrerinnen-Examen abgelegt, durfte jedoch nicht an einer staatlichen Schule unterrichten. Sie machte deshalb besagten Kindergarten auf, den sie 1938 aber schließen mußte. Sie wollte nun mit einem Freund nach Palästina auswandern, hatte schon alle Papiere dafür beisammen, da starb der Freund an Lungenentzündung. Daraufhin beschloß sie unterzutauchen, das heißt, sie blieb in Deutschland und suchte sich eine Stelle als Hauslehrerin auf dem Land.

Sie wurde für uns «Tante Irma», die nicht nur die drei Ältesten im Rechnen, in Rechtschreibung und Grammatik unterrichtete, und zwar mit einer Gewissenhaftigkeit und Strenge, daß die Buben manchmal stöhnten, sondern die sich auch sonst um die Erziehung der Rasselbande kümmerte, so etwa darum, daß die Kinder Gymnastik trieben, daß sie sich abends gründlich die Zähne putzten, daß sie rechtzeitig zu Bett gingen und was dergleichen Dinge mehr sind.

Tante Irma nahm auch die Vorbereitung der Aufführungen in die Hand, wie ich sie bei den verschiedenen Festen im Dorf und in der Familie eingeführt hatte. Sie verfaßte sogar oft die Texte selbst. Als schönstes der von Tante Irma inszenierten «Festspiele» ist mir jenes in Erinnerung, das sie zur Taufe meiner Tochter Bettina arrangierte.

Zur Freude nicht nur der eigenen Familie, sondern des ganzen Dorfes hatte ich im Oktober 1940 das langersehnte Mädchen geboren. Die Taufe wurde am zweiten Weihnachtsfeiertag desselben Jahres zu Hause abgehalten. Im Saal war vor dem großen Christbaum der Altar aufgebaut: ein Tisch und darüber eine Decke, die die Ururgroßmutter Bettine mit ihren Töchtern zur Hochzeit ihres ältesten Sohnes Freimund mit Anna von Baumbach im Jahre 1847 gestickt hatte (sie befindet sich jetzt im Goethehaus in Frankfurt), darauf große silberne Leuchter und das alte Taufgerät, das von Frau von Labes stammte. Nach dem Festessen nahm die Stelle des Taufaltars der Stubenwagen ein, in dem schon ich als Säugling gelegen und der danach der Reihe nach meinen Kindern gedient hatte, und nun lag darin unser Dornröschen.

Daneben saß Tante Irma, gekleidet in Wiepersdorfer Tracht. Als gute Fee ließ sie vier Segensgaben für das Kind bringen: Der älteste Bruder, Achim, in erdbeerfarbenem Frack, mit Zopfperücke und Dreispitz wie der junge Kronprinz Friedrich aus dem nahe gelegenen Rheinsberg ausstaffiert, flötete eine kleine Melodie und brachte die Gabe der Musik dar. Der zweite, Clemens, in blauem Kittel, mit einem großen Künstlerbarett auf dem Kopf, einer Palette und einem Pinsel in der Hand, machte als Maler Achim die Gabe der Malerei zum Geschenk. Der dritte, Christof-Otto, als Ahnherr Otto von Arnim, Begründer des Hauses Gerswalde, in prächtiger Ritterrüstung aus versilberter Wellpappe, wünschte Gesundheit und Stärke. Der vierte, Peter-Anton, konnte mit seinen drei Jahren noch kein Verschen aufsagen, das sprach Tante Irma für ihn: In braunem Biedermeierfrack mit Plastron und Zylinder überreichte er in Form eines großen Blumenstraußes von der alten Bettine die Gabe der Poesie.

Mit ihrer Tatkraft und Energie, Warmherzigkeit und Intelligenz war Irma eine Persönlichkeit, der nicht nur die Kinder, sondern auch die Angestellten, die Lehrlinge und alle Leute, die sich im Laufe des Krieges in Zernikow ansammelten, die Kriegsgefangenen, die Evakuierten aus Berlin und schließlich die Flüchtlinge aus dem Osten, mit Achtung begegneten.

Als Friedmund im August 1941 zum Bürgermeister und Ortsbauernführer bestimmt wurde, sagte er zu Tante Irma: «Ach, können Sie nicht die Bürgermeisterei übernehmen? Ich weiß nicht, wie ich das schaffen soll.»

Darauf wurde im Gutshaus ein Raum als Gemeindebüro eingerichtet, Tante Irma war nun verantwortlich für die Verteilung der Lebensmittelkarten und Bezugscheine, ohne die man nichts mehr kaufen konnte. Außerdem mußte jeder, der Nahrungsmittel anbaute oder Tiere mästete, das genau registrieren lassen und einen bestimmten Teil davon abliefern. Auch für die damit verbundenen Probleme war nun Tante Irma die erste Anlaufstelle.

Wenn mir Tante Irma in der Kriegszeit nicht zur Seite gestanden hätte, wo ich für so viele Menschen die Verantwortung trug, ich wüßte nicht, wie ich das alles hätte meistern sollen. Andererseits war für sie die Übernahme von verantwortungsvollen Aufgaben der einzige Weg, die Sorgen zu bewältigen, die sie so sehr bedrückten. Ihr entging ja nicht das Leiden ihrer jüdischen Freunde überall im Reich, und sie selbst mußte immer damit rechnen, daß durch irgendeinen dummen Zufall ihr «Nicht-Ariertum» entdeckt werden könnte. Nie ließ sie ihren Kummer, ihre Ängste nach außen dringen, doch die Tatsache, daß sie oft von schweren Gallenkoliken geplagt wurde, ließ mich etwas von ihren Ängsten ahnen.

Mit Tante Irma hatte ich viele pädagogische Diskussionen. Ich las den Kindern gern Märchen vor, und dabei rangierten bei mir natürlich die Grimmschen Märchen an erster Stelle. Tante Irma, die der Anthroposophie nahestand, hielt mir entgegen, daß die darin enthaltenen Grausamkeiten für die Kinderseele nicht gut seien. Ich konnte ihr darin nicht folgen. In einem anderen Punkt jedoch mußte ich ihr recht geben, nämlich, als sie mich darauf hinwies, daß ich zu sehr mit den Kriegssorgen und -nöten der Menschen auf dem Gut beschäftigt sei und mir nicht genug Zeit für die Kinder nähme. Sie riet mir, reihum mit einem

Lehrlinge und französische Kriegsgefangene beim Apfelmosten.
Im Hintergrund (mit Hut) der Rentmeister Rust.

Kind allein spazierenzugehen, um mich ganz dessen Gedanken-
welt zu widmen.

Einer dieser Spaziergänge ist mir noch in besonderer Erinnerung: Ich ging einmal mit dem vierten Söhnchen, dem Peter-Anton, Tünni genannt, am Waldrand entlang, dort, wo Großvater
Erwin das Flüßchen Polzow hatte begradigen lassen, um dadurch ein Sumpfgebiet trocken zu legen, das seitdem die Moorkultur hieß. In dichten Schwaden lag der Nebel auf den Wiesen.
Da machte sich das Kind von mir los, um den weißen Zauber-
gestalten zu folgen: «Mutti, kann man sie nicht anfassen?» fragte
mich das Kind immer wieder. Unermüdlich lief es von Nebelstreif zu Nebelstreif. Ich ließ den kleinen Kerl gewähren, so weit
er mir auch davonlief. Er mußte aus eigener Erfahrung lernen,
daß man den Nebel nicht anfassen kann.

Nach der Besetzung Frankreichs durch die Deutschen 1940
wurde uns eine Gruppe von fünfzehn französischen Kriegsge-

fangenen auf den Hof gebracht. Die Politik des Naziregimes war ja, wo immer möglich, deutsche Arbeitskräfte durch ausländische Arbeitssklaven zu ersetzen, damit man die deutschen Männer als Soldaten an die Front schicken konnte. Der Hofmeister Blank, dessen Obhut die Gefangenen zunächst unterstellt wurden, war zwar ein braver Mann, er hatte aber als ehemaliger Unteroffizier aus dem Ersten Weltkrieg einen barschen preußischen Kommandoton am Leibe, der die Franzosen in rebellische Stimmung versetzte. Friedmund merkte das rechtzeitig. Er löste die Arbeitskolonne auf und verteilte die Franzosen auf einzelne, verantwortungsvolle Posten, wodurch jeder eine Arbeit bekam, die ihm Spaß machte. Yvon Blary, der in seiner Heimat, in Maing bei Lille, eine Baumschule besaß, wurde mir für den Garten zugeteilt, ein zweiter, der aus dem gleichen Städtchen stammte, kam in die Stellmacherei, ein dritter in die Schmiede usf.

Sie hatten einen deutschen Wachmann, einen alten Landser, der aber tat weiter nichts, als mit seinem Gewehr auf und ab zu stolzieren. Unter sich hatten sie einen Obmann bestimmt, Simon Friser aus Paris. Als die Zeit kam, wo man nicht mehr Auto fahren durfte, fungierte er als mein Kutscher und brachte mich zum Einkaufen nach Gransee. Friedmund wußte, wie wichtig, im Gegensatz zu den spartanischen Preußen, die Franzosen das Essen nehmen. Er stellte ihnen unsere alte Waschküche zur Verfügung, wo sie sich ihre Mahlzeiten selbst kochen konnten. Friedmund durfte dann manchmal probieren, zum Beispiel, wenn sie Weinbergschnecken mit guten Kräutern zubereiteten, Kaninchenbraten oder ein feines Pâté.

Solche menschlichen Beziehungen waren streng verboten, aber niemand hat Friedmund denunziert. Für einen französischen Bauern, Léon Balasse, der daheim sechs Kinder und einen großen Bauernhof zu versorgen hatte, erreichte Friedmund sogar, daß er nach Hause zurückkehren durfte. Als ich ein Jahr nach dem Ende des Zweiten Weltkriegs mit Yvon Blary brieflich wieder Kontakt aufnahm, schickte er mir ein von sechs ehemaligen Kriegsgefangenen unterzeichnetes Dokument, in dem es unter anderem heißt: «Wir, die Unterzeichneten, ehemalige französische Kriegsgefangene des Stalag III A Kommando 609, die wir während unserer Gefangenschaft auf dem Gut des Herrn von Arnim in Zernikow über Gransee (Mark Brandenburg) gearbeitet haben, bezeugen, daß unser ehemaliger deutscher Chef sich uns gegenüber stets korrekt und loyal verhalten hat. Indem er stets für unsere Interessen eingetreten ist, hat er uns oft vor der Strenge der deutschen Gesetze gegen die Kriegsgefangenen bewahrt ...»

Auf den privaten Umgang mit Kriegsgefangenen stand die Todesstrafe. Ich mußte mit meinen Lehrlingen sehr ernst reden, um ihnen die Gefahr bewußt zu machen. Aber nicht nur ihnen, sondern auch den Franzosen selbst. Da ich als Dolmetscherin fungierte, konnte ich bei allen Schwierigkeiten vermitteln und mit den französischen Gefangenen Dinge besprechen, die sonst keiner verstand.

Anfang des Krieges machten wir die Bekanntschaft eines Mannes, der sich eine Villa in der Nachbarschaft als Alterssitz gewählt hatte und von nun an Friedmunds wichtigster Diskussionspartner bei politischen Fragen wurde, wichtiger noch als mein Vater. Es war der Botschafter a. D. Rudolf Nadolny, eine damals sehr bekannte und international geachtete Persönlichkeit, denn er hatte eine bedeutende diplomatische und politische Karriere hinter sich. Bereits im Kaiserreich hatte er als Diplomat in St. Petersburg gewirkt, und aus jener Zeit stammte wohl seine tiefe Verbundenheit mit der russischen Kultur. Im ersten Jahr der Präsidentschaft Friedrich Eberts leitete er dessen Präsidialbüro und war dann von 1924 bis 1932 deutscher Botschafter in der Türkei. Nach Hitlers Machtergreifung wurde Nadolny Botschafter in Moskau. Als er jedoch sein Bemühen, den Austritt Deutschlands aus dem Völkerbund zu verhindern, vereitelt sah und auch sein Versuch, einen deutsch-sowjetischen Freundschaftspakt zustande zu bringen, scheiterte, reichte er seine Demission ein.

Politisch kaltgestellt, suchte er sich ein neues Betätigungsfeld in der Landwirtschaft und kaufte das Gut Briesen im Kreis Templin, das früher zum Besitz von Adolf-Oswald von Arnim aus dem Hause Gerswalde gehört hatte. Doch seine landwirtschaftlichen Versuche schlugen fehl, und er zog sich schließlich auf das kleine Obstgut Katharinenhof bei Gransee zurück.

Exzellenz Nadolny war einer von den Bismarck-Verehrern jenen Schlages, die sich trotz ihrer konservativen Grundhaltung auch nach der Oktoberrevolution die Überzeugung bewahrt hatten, daß ein freundschaftliches Verhältnis zwischen Deutschland und seinem großen östlichen Nachbarn zu den Grundpfeilern der deutschen Außenpolitik gehöre. Aufgrund seiner Kenntnis der russischen Sprache, seiner Erfahrung und seinen Beziehungen war er u. a. befreundet mit seinem Nachfolger in Moskau, dem Botschafter Werner Graf von der Schulenberg, und Ulrich von Hassel, dem deutschen Botschafter in Rom, die beide nach dem 20. Juli 1944 hingerichtet wurden. Er war stets über die neuesten Schachzüge der politischen Führer beider Lager unterrichtet.

Die verhängnisvolle Entwicklung der deutsch-sowjetischen Beziehungen bis zum Überfall Hitlers auf die Sowjetunion im Juni 1941, durch den Nadolny das, worauf er politisch sein Leben lang hingewirkt hatte, zerstört sah, war für ihn ein unwiderlegbares Indiz der Verlogenheit und Skrupelloskigkeit des Naziregimes. Über die Hinterhältigkeit der Stalinschen Politik hatte er sich indessen zunächst hinwegtäuschen lassen und aufgrund dessen Friedmund Ratschläge erteilt, die sich später als tödlicher Irrtum erweisen sollten. Allerdings will ich gleich hinzufügen, daß ich dem 1953 verstorbenen Freund keine Verantwortung irgendwelcher Art aufbürden möchte. Gutgemeinte Ratschläge, auch verfehlte, ziehen keine Verantwortlichkeit nach sich. Friedmund war ja jederzeit Herr seiner Entschlüsse.

Das Auf und Ab der deutsch-sowjetischen Beziehungen erlebten wir besonders kraß durch einen uns persönlich nahegehenden Fall, der um ein Haar tödlich geendet hätte. In Rheinsdorf, einem Nachbargut von Wiepersdorf, lebten Professor Schrader und seine Frau, aus dem Hause von Siemens, mit ihren zwei Töchtern. Eine der beiden war ein Verlöbnis eingegangen mit einem adligen Emigranten aus der Ukraine. Die führenden Köpfe der ukrainischen Emigration standen anfangs mit den Nazis auf gutem Fuß; sie setzten darauf, daß der «Führer» ihre Heimat dereinst «befreien» werde. Aber mit dem Hitler-Stalin-Pakt wendete sich das Blatt, sie wurden verfolgt, und auch als Hitler den Pakt brach und in die Sowjetunion einfiel, besserte sich das Los der Emigranten nicht. Hitler wollte im Osten keinen gleichberechtigten Partner, sei er kommunistisch oder kapitalistisch, sondern der deutschen Industrie dort einen Freiraum schaffen, wobei die ansässige Bevölkerung, soweit er sie nicht völlig auszurotten gedachte, allenfalls als Arbeitssklaven dienen sollte.

Zwischen der Schrader-Tochter und dem ukrainischen Emigranten hatte sich eine große Liebe entwickelt, er war dann aber plötzlich an Lungentuberkulose gestorben. Die beiden Schwestern hüteten die Briefe des Verlobten in einem Koffer unterm Bett, doch als nach dem Einfall der Wehrmacht in die Sowjetunion jede menschliche Beziehung zu den Russen wie zu den Juden zum Verbrechen erklärt wurde, bekamen sie es mit der Angst zu tun. Statt nun die Briefe zu verbrennen, schütteten sie sie leichtsinnigerweise in eine Jauchegrube. Ein Passant entdeckte ein ihm verdächtiges Stück Papier mit kyrillischen Buchstaben, brachte es zum Ortsgruppenleiter, der damit wiederum zum Kreisleiter der NSDAP ging, und am nächsten Morgen wurden die beiden Mädchen verhaftet und an einen unbekannten Ort verbracht.

Die verzweifelten Eltern kamen zu uns nach Zernikow, um sich mit Friedmund zu beraten. Nach längerer Überlegung sagte er plötzlich: «Da können wir uns jetzt ja einmal versuchsweise an den ‹dicken Onkel› wenden. Bei dieser Gelegenheit werden wir sehen, ob er uns die Wahrheit über sich gesagt hat.» Mit dem «dicken Onkel» war der Medizinalrat Felix Kersten gemeint.

Wir riefen auf seinem Gut Hartzwalde an, keine Antwort. Daraufhin setzten wir uns in den Kutschwagen und fuhren selbst hin. Kersten war da, hörte sich alles an und machte ein paar Notizen.

Nach einer Woche bekamen die Eltern den Bescheid, ihre Töchter befänden sich im Gestapo-Gefängnis von Potsdam, man könne sie dort besuchen, ihnen Kleidung und Lebensmittel bringen. Nach vier Wochen waren die Mädchen frei und hatten dies offenbar dem «dicken Onkel» zu verdanken.

Wer war nun dieser Felix Kersten? Er war der Masseur des Reichsführers SS, und in dieser normalerweise politisch unbedeutenden Funktion betrat er dennoch vorübergehend den Boden der großen Politik, wobei ihn seine Menschlichkeit, die er sich in diesem System der Unmenschlichkeit bewahrt hatte, zu beherztem Eingreifen zur Rettung von unzähligen Opfern antrieb. Aber heute wird seiner kaum noch gedacht. Ich glaube, das hängt damit zusammen, daß man angesichts der Unvergleichlichkeit der Naziverbrechen eine Tabuzone nicht nur um die Verbrechen, nicht nur um deren Akteure errichtet hat, sondern auch noch um deren ganze Umgebung. Hannah Arendt hat mit ihrem Begriff «die Banalität des Bösen» jenes Tabu zu durchbrechen versucht, indem sie aufzeigte, von welch banalen Figuren die Massengreuel verübt worden sind. Gibt es nicht unter uns heute noch Biedermänner, die den Export von Giftgas, mit dem das kurdische Volk ausgerottet wird, oder von U-Boot-Plänen für die Herrenvolk-Regierung in Südafrika fördern oder zumindest dulden und dann mit treuherzigem Augenaufschlag sich darauf hinausreden, hier lägen keine gerichtsverwertbaren Straftaten vor? Auf der anderen Seite ist mir an der Person Kerstens klargeworden, daß man niemals resignieren soll, da auch der Widerstand gegen das Böse keiner übermenschlichen Heroen bedarf, daß vielmehr auch das Gute in einer «ganz banalen Gestalt» auftreten kann. Den Eindruck eines strahlenden Helden machte Kersten nämlich keineswegs.

Vor etwa 20 Jahren wurde ich durch eine persönliche Begegnung noch einmal an ihn erinnert, als ich in Eschborn eine Praxis als Krankengymnastin hatte. Eines Tages kam zu mir eine Patientin, die mich mit dem Ausruf überraschte: «Wir kennen uns doch!», und, als ich sie erstaunt anblickte, sagte: «Nun ja, Sie werden sich an mich nicht mehr erinnern, aber ich erinnere mich sehr genau an Sie. Ich bin nämlich eine von den Zeugen Jehovas, die Kersten aus dem KZ Ravensbrück gerettet und auf seinem Gut Hartzwalde beschäftigt hat. Ich war da Hausmädchen und habe Sie öfters unter den Gästen gesehen und bedient. Meine Mutter und meine Schwester waren auch dort.»

Hartzwalde! Natürlich erinnerte ich mich ...

Es war 1935 oder 1936, da meldete sich am Telefon bei mir in Zernikow ein Herr Kersten. Er hätte sich ganz in der Nähe von uns das Gut Hartzwalde gekauft. Ob er als neuer Nachbar einmal Besuch machen dürfe?

An dem Mann, der dann mit Spazierstock und einem weiten Lodenmantel einem von seinem Chauffeur gefahrenen großen Auto entstieg, fiel zunächst vor allem seine Korpulenz auf, so daß es schwierig war, sein Alter zu schätzen. Als er sich in einem breiten Sessel niederließ, schien auch dieser noch zu schmal für ihn zu sein. Den Kindern hatte er Schokolade und andere Süßigkeiten mitgebracht, und die verpaßten ihm sogleich seinen Spitznamen: «Der dicke Onkel».

Er begann von sich zu erzählen: Er sei Spezialist für «manuelle Therapie». Zu seinen Patienten gehörten der Großherzog von Mecklenburg und dessen Bruder, der niederländische Prinzgemahl Heinrich, und dessen Gemahlin, Königin Wilhelmine. Deshalb habe er eine Praxis in Den Haag und eine in Berlin. Ein weiterer Patient sei Sir Henry Deterding. Dieser Name ist heute so gut wie vergessen, aber damals galt er als *«the most powerful man in the world»*, mächtiger noch als beispielsweise Rockefeller.

Die Nennung dieser und anderer illustrer Namen war nicht dazu angetan, Friedmund und mir großes Vertrauen zu dem Mann einzuflößen, der uns da so plötzlich ins Haus geschneit war. Seine Unbefangenheit und naive Offenheit hatten jedoch etwas Einnehmendes. Auf jeden Fall interessierte mich sein Werdegang, da ich ja eine Ausbildung als Krankengymnastin gemacht und von daher eine ungefähre Vorstellung davon hatte, welch großer Könner er auf seinem Gebiet sein mußte.

Er war als Sohn deutschstämmiger Eltern im Baltikum geboren, hatte sich aber im Ersten Weltkrieg, als er im wehrfähigen Alter war, geweigert, für eine der beiden Seiten, Rußland oder Deutschland, Partei zu ergreifen. Nach der Oktoberrevolution jedoch kämpfte er mit den finnischen Soldaten gegen die Bolschewiken und nahm dann die finnische Staatsangehörigkeit an. Auf der Suche nach einem Beruf lernte er, dem Rat eines Arztes folgend, der ihn im Lazarett behandelt hatte, finnische Massage.

Die skandinavischen Länder waren damals, wie ich schon in Zusammenhang mit meiner Studienzeit berichtet habe, Vorreiter in der Massageheilkunst, und die finnische Massage war die berühmteste. Um sich aber auch theoretisch weiterzubilden und eine Approbation als Arzt zu erhalten, ging Kersten zum Studium nach Berlin. Ich war ein paar Jahre jünger als er und habe entsprechend später begonnen, medizinische Vorlesungen zu hören, sonst hätten sich unsere Lebenswege möglicherweise schon damals gekreuzt, denn er hatte denselben Lehrer wie ich: Professor August Bier. Obwohl Kersten wegen der Kriegswirren kein Abitur gemacht hatte, verschaffte ihm Professor Bier die Möglichkeit, bei ihm und bei Kollegen Vorlesungen zu besuchen. Dann brachte er ihn mit einer geheimnisvollen, für seinen weiteren Lebensweg entscheidenden Persönlichkeit zusammen, mit dem in einem tibetischen Kloster aufgewachsenen chinesischen Arzt Dr. Ko. Mehrere Jahre lernte Felix Kersten bei Dr. Ko die Methoden fernöstlicher Heilkunst, bis dieser meinte, seinem Schüler alles beigebracht zu haben, was er ihm beibringen konnte, und nach China zurückkehrte.

Felix Kersten übernahm die europäischen Patienten des Dr. Ko, und darunter befanden sich die genannten Potentaten und Industrie- und Finanzmagnaten. Felix Kersten war, wie sich später erwies, keineswegs ein geldgieriger Opportunist, sondern ein Mann, der seinen Beruf sehr ernst nahm. Da er aber reiche Patienten hatte, konnte er sich 1934 besagtes Gut Hartzwalde im Kreis Ruppin kaufen.

Ich wollte nun selbst einmal sehen, welcher Art die Therapie des Felix Kersten war. Ich litt damals viel an Migräne und ließ mich probeweise von ihm behandeln. Seine Behandlungsart erinnerte an die Akupunktur. Mit seinen weichen und doch kräftigen Händen gelang es ihm, Nervenknotenpunkte zu erfassen und zu vibrieren, möglicherweise war auch eine Art von Hypnose Teil seiner Behandlung. Jedenfalls war sie wohltuend und befreiend.

Als wir Anfang des Krieges wieder einmal Besuch bei Kersten machten und in seinen Salon traten, stockte uns das Blut in den Adern. Auf seinem Flügel stand ein großes Foto von Himmler mit persönlicher Widmung. – Kersten ein Intimus Himmlers? Nun, er war schlicht so etwas wie sein Gesundheitsberater geworden und hatte auf Drängen seiner ehemaligen Patienten, Dr. August Diehn, Präsident des Deutschen Kali-Syndikats, und August Rosterg, Generaldirektor der Wintershall AG und Mitglied des «Freundeskreises des Reichsführers-SS Heinrich Himmler», Himmler, der an starken nervösen Unterleibsschmerzen litt, in Behandlung genommen. Dabei sollte er dann auch psychologisch auf Himmler einwirken, damit dieser die geplante Verstaatlichung der Kali-Industrie verhinderte. Er hatte vorher noch Rücksprache genommen mit der finnischen Botschaft, die ihm riet, den Auftrag anzunehmen, in der Hoffnung, daß die direkte Verbindung eines finnischen Staatsangehörigen zum obersten Chef der deutschen Polizei in irgendeiner Form nützlich werden könnte. So wagte er sich in die Höhle des Löwen, obwohl seine Frau und die Betreuerin seines Haushalts entschieden dagegen plädiert hatten. Er sprach mit uns ganz offen darüber, zeigte sich keineswegs stolz auf diese «Berufung», sondern suchte vielmehr seine enge Beziehung zu diesem gefürchteten Mann zu entschuldigen.

Als er aber sagte: «Mit jedem Massagegriff massiere ich aus Himmler ein Menschenleben frei», hielten wir das für Aufschneiderei – bis wir im Fall der Schrader-Töchter seinen guten Einfluß auf Himmler auf die Probe stellen konnten.

Daß er später im Fall von Hedy und Oskar von Arnim nicht zu helfen vermochte, konnte ihm in unseren Augen nichts mehr von seiner Glaubwürdigkeit nehmen, denn Kersten hatte auch nicht verhindern können, daß persönliche Freunde von ihm umgebracht wurden. Die Mordmaschine des SS-Staats war zu gigantisch, als daß sein Einfluß auf den Reichsführer ausgereicht hätte, sie in jedem einzelnen Fall zu stoppen.

Bei einem unserer Besuche fielen mir die netten jungen Mädchen auf, die uns bei Tisch bedienten, schwarz gekleidet, mit weißen Schürzchen und weißen Häubchen. Ich fragte Frau Kersten: «Wo haben Sie denn die nette Bedienung her?»

Sie sagte: «Das sind alles Frauen aus dem KZ Ravensbrück, die mein Mann für uns freibekommen hat. Ihre Männer arbeiten bei uns auf dem Hof.»

Es waren Zeugen Jehovas, die, weil sie aus Glaubensgründen den Kriegsdienst ablehnten, von den Nazis, Frauen wie Männer, ins KZ gebracht worden waren.

Gegen Kriegsende erreichte es Kersten dank seiner Verbindungen, daß sein Gut Hartzwalde zu exterritorialem Gebiet unter finnischer Oberhoheit erklärt wurde, da Kersten finnischer Staatsbürger war. Die Exterritorialität von Hartzwalde machte es möglich, daß sich dort die Unterhändler der neutralen schwedischen Regierung mit Himmler treffen konnten, der angesichts des nahenden Zusammenbruchs noch im letzten Moment versuchte, durch humanitäre Gesten seine Haut zu retten. Am 21. April 1945 brachte Kersten dann in seinem Haus eine der merkwürdigsten Begegnungen des ganzes Krieges zustande: Er vermittelte ein geheimes Treffen zwischen Himmler, dem Erzverfolger der Juden, und einem Vertreter der Stockholmer Zweigstelle des Jüdischen Weltkongresses, Robert Masur.

Kersten hatte seine Familie bereits nach Schweden in Sicherheit gebracht und nutzte Besuche bei den Seinen in Stockholm zu Treffen mit Vertretern der internationalen Diplomatie, um sein Rettungswerk für die KZ-Häftlinge auszuweiten. Er stieß dabei zum Teil auf das gleiche Unverständnis und die gleichen Hindernisse wie die Vertreter des deutschen Widerstands, so zum Beispiel bei den Amerikanern, die Kersten für einen Nazi hielten.

Zu Unrecht totgeschwiegen oder als Nazikollaborateur verleumdet, mußte Kersten, inzwischen fast mittellos, bis 1953 darum kämpfen, daß ihm die schwedische Staatsbürgerschaft zuerkannt wurde. Es hieß, Kersten müsse ein Nazi gewesen sein, denn er habe sich schon 1918 am Kampf der Finnen gegen den jungen Sowjetstaat beteiligt. Durch eine holländische Historikerkommission und den englischen Historiker Hugh Trevor-Roper wurde er schließlich rehabilitiert. Als der Jüdische Weltkongreß erklärte, daß Kersten die Rettung von 60 000 Juden zu verdanken sei, wurden ihm späte Ehrungen zuteil. Er starb 1960 in Stockholm.

Nach dem Einfall der deutschen Wehrmacht in die Sowjetunion wurden uns auch russische Zwangsarbeiter zur Arbeit auf den Feldern zugewiesen. Als sie ankamen – es war Sommerzeit und schönes Wetter –, ließen wir für sie Brettertische und Bänke auf dem Hof aufstellen, damit sie eine ordentliche Mahlzeit einnehmen konnten. Es gab Erbsensuppe und ein Stück Fleisch dazu.

Mir fiel auf, daß der Hofmeister Blank vom Gedeck die Messer wieder hatte abräumen lassen. Auf meine Frage, warum, sagte er: «Ja, die mußten wir ihnen natürlich schleunigst wieder abnehmen. Diese Leute waren acht Tage lang in einem Viehwaggon zusammengepfercht. Nach so etwas besteht die Gefahr, daß die Menschen aufeinander losgehen!»

Ich sah ihn entgeistert an. War es denn denkbar, daß ein Gefangener das Messer nicht etwa gegen uns, was noch begreiflich gewesen wäre, sondern gegen einen seiner Kameraden richten würde? Das wollte mir nicht in den Kopf.

Mich wirklich in die Lage der Gefangenen zu versetzen, dazu gab mir Friedmund den Anstoß. Er kam zu mir, als ich gerade an unserem großen Wäscheschrank stand, und sagte: «Gib mir mal den Stapel Handtücher da!»

Ich dachte: Was will er denn damit?

«Die Gefangenen brauchen sie als Fußlappen.»

Ich blickte ihn noch immer etwas verständnislos an. Da fragte er mich: «Möchtest du in Gefangenschaft sein und nicht einmal Strümpfe zum Wechseln haben? Stell dir vor, das sind Zivilisten, also Menschen, die haben vorher im Büro oder als Handwerker gearbeitet, und nun müssen sie in durchlöcherten Stiefeln herumlaufen und auf dem Feld schuften, was meinst du, wie hart das ist.»

Die russischen Zivilgefangenen wurden in der Unterkunft der polnischen Erntearbeiter, der sogenannten Schnitterkaserne, einquartiert. Es waren auch junge Frauen darunter, Menschen vom Lande, denen es gelang, sich selbst in dieser Lage ihre Fröhlichkeit zu bewahren. Mit ihren zum Kranz geflochtenen Zöpfen und ihrem aufrechten Gang waren sie ein erfreulicher Anblick. Sie sangen schöne Lieder, wenn sie zur Heuernte gingen, und stakten die Heubündel mit bewundernswerter Leichtigkeit auf den Wagen.

Zwei Mädchen hatte Friedmund mir als Küchenhilfen gegeben, weil sie ihm für die Feldarbeit zu zart erschienen. Die eine war Försterstochter, und auch die andere kam aus einer Familie des Mittelstandes. Sie waren recht gebildet. Meine Lehrlinge staunten, daß die beiden Russinnen so viele schöne Lieder singen und stundenlang russische Gedichte zitieren konnten. Bald hatten sie in der Küche so viel Deutsch gelernt, daß sie mir erzählen konnten, wie sie in Gefangenschaft geraten waren. Es war in irgendeinem kleinen Ort in Rußland, sie waren gerade ins Kino gegangen, und als sie herauskamen, standen deutsche Soldaten davor und verfrachteten sie in Waggons, so wie sie waren, Jungen und Mädchen, ab nach Deutschland.

Nicht weit von Zernikow lagen die Konzentrationslager Oranienburg und Ravensbrück, letzteres war ein Lager speziell für Frauen. Wenn man mit der Bahn durch diese Gegend fuhr, konnte man die Frauen in ihrer gestreiften KZ-Kleidung sehen, mit ihren Wärterinnen in Uniform, die einen Schäferhund mit sich führten, so daß einem schon das Herz pochte, wenn man sie nur von weitem sah.

Einmal stieg ich in einen ganz leeren Waggon der dritten Klasse und setzte mich still in eine Ecke. Da besetzte eine Gruppe lärmender junger SS-Leute das Nachbarcoupé. Sie glaubten sich allein und unterhielten sich ganz unbefangen, nicht bedenkend, daß man im Abteil nebenan leicht mithören konnte.

Damals waren die Trennwände zwischen den einzelnen Abteilen über dem Gepäcknetz offen. In allen Zügen und Trambahnen war ein Plakat zu sehen, auf dem stand: «Pssst, Feind hört mit!» Der offizielle Sinn dieses Plakats war natürlich, man solle sich nicht über «kriegswichtige» Angelegenheiten unterhalten, weil ein feindlicher Spion danebensitzen und mithören könnte. Aber von der Bevölkerung wurde das Plakat meist so verstanden, daß man sich mit seinen Äußerungen in der Bahn zurückhalten müsse, weil vielleicht ein Nazispitzel neben einem saß. Vermutlich ist dieser Nebensinn des Plakats den Verantwortlichen der psychologischen Kriegführung keineswegs entgangen, aber insoweit auch dadurch der Zweck erfüllt war, die Bevölkerung einzuschüchtern, waren sie's zufrieden.

Trotz der Warnung unterhielten sich die jungen SS-Leute sehr laut, und wenn ich ihr «Feind» gewesen wäre, hätte es mindestens einen unter ihnen den Kopf kosten können. Denn der sagte: «Verdammt, jetzt haben die mich in die SS gezwungen, und man kann sich nicht weigern, im KZ Dienst zu tun! Lieber wäre ich da noch an der Front!» Andere stimmten ihm zu.

Ich möchte dem Mißverständnis zuvorkommen, ich wollte hiermit sagen, auch die SS-Leute seien im Grunde nicht so schlimm gewesen. Nur das wollte ich zum Ausdruck bringen: daß schablonenhaftes Denken bei der Beurteilung der Menschen, die unter dem Terrorsystem der Nazis gelebt haben, verfehlt ist. Eine rhetorische Pauschalverurteilung schützt meist nur die wahren Schuldigen.

Zu Besuch bei meinen Eltern, diskutierten wir lange Hitlers wahnsinnigen Entschluß, auch Amerika den Krieg zu erklären. Mein Vetter Carl-August von Gablenz war dabei, mit dem ich einst als Backfisch im Zweisitzer übers Tempelhofer Feld geflogen war. Er hatte sich inzwischen durch bedeutende Leistungen einen Namen in der internationalen Luftfahrt gemacht. In einer Gedenkschrift der Lufthansa heißt es über ihn:

Die Teilnahme am ersten planmäßigen Versuchsflug über den Nordatlantik mit der legendären «Zephyr» und sein Erkundungsflug mit der JU 52 von Kabul über das Pamir ins Innere Chinas zählen zu den weithin bekannt gewordenen Pioniertaten der Luftfahrt. Seine erste große Leistung von internationaler Bedeutung war die Entwicklung des Instrumentenflugs. Bei Tag und Nacht, bei jedem Wetter sollte geflogen werden. Sein unerschrockenes Festhalten an der Idee des Instrumentenflugs war entscheidend für den Ausbau des Luftverkehrs.

Ende 1941 wurde Carl-August von Gablenz, nachdem Udet sich den Unwillen Görings zugezogen hatte und zum Selbstmord gezwungen worden war, weil er zu offen ausgeprochen hatte, daß der Krieg nicht zu gewinnen sei, zu dessen Nachfolger bestimmt. War er früher als Vorstandsmitglied der Lufthansa unabhängig, so war er nun als Generalmajor der unmittelbaren Befehlsgewalt des Reichsmarschalls unterstellt. Ich erinnere mich noch, wie Carl-August, wenn er zu meinem Vater kam, stets als erstes sagte: «Kaffeemütze aufs Telefon!»

Moderne Abhörvorrichtungen, «Wanzen», gab es damals noch nicht, aber schon solche, die übers Telefon auch bei aufgelegtem Hörer funktionierten.

Jetzt, nach dem Eintritt der USA in den Krieg, und obwohl die deutschen Truppen noch von Sieg zu Sieg zu eilen schienen, sagte Carl-August zu uns: «In zwei Jahren ist Deutschland am Boden.»

Ich fragte: «Wie kannst du das so genau bestimmen?»

Daraufhin berichtete er, daß die Amerikaner dabei seien, riesige Bombenflugzeuge, sogenannte «Superfestungen», zu bauen. Wenn diese den Kontinent erreichten, sei das Ende gekommen.

Gablenz war kein rebellischer Einzelgänger wie Udet, sondern hatte Verbindung zu Widerstandskreisen; auf der Kabinettsliste Carl Goerdelers war er als Luftfahrtminister vorgesehen. Am Tag des Umsturzversuches, am 20. Juli 1944, war er allerdings schon nicht mehr am Leben. Am 21. August 1942 hatte er, wie es in einem Nachruf aus der damaligen Zeit hieß, am Steuer eines zweimotorigen Kurierflugzeuges im Alter von achtundvierzig Jahren den «Fliegertod» gefunden. Mein Vater schreibt dazu in seinen «Erinnerungen»:

Aber die Ehrung durch ein «Staatsbegräbnis» konnte auf die Dauer nicht darüber hinwegtäuschen, daß er einem absichtlich herbeigeführten Unfall zum Opfer gefallen ist. Gerade am Unglückstag hatte er eine Sitzung mit dem Ausdruck offener Empörung über die dort erörterten Maßnahmen verlassen! Wenige Tage zuvor war er bei uns gewesen und hatte von dem mit seinem Kollegen [Generalfeldmarschall] Milch auf dessen Landsitz verbrachten Wochenende erzählt und davon, daß er dessen Ansinnen, sich zu Hitler zu bekennen, als unvereinbar mit seiner religiösen Überzeugung abgelehnt habe.

Für diese Weigerung mußte Gablenz mit dem Leben bezahlen.

«ACH, KÖNNT ICH DIE ERDE
ERGREIFEN UND FESTHALTEN»

Wenn eine zerstörende Krankheit sich über die Reiche
verbreitet und den Tod in jede Wohnung einführt, so ist
die Pest milde gegen diese Krankheit der Herrscherwut;
sie greift weit über die Leidenschaften der Völker
hinaus, sie vertilgt in ihrem Gang die Völker selbst.

Bettine von Arnim in der *Polenbroschüre,* 1848

Die «zerstörerische Krankheit» des Krieges und der Herrscher-
willkür, von der die Bettine in ihrer *Polenbroschüre* hundert
Jahre zuvor geschrieben hatte, breitete sich mit immer größerer
Beschleunigung und Heftigkeit nun auch bis in unsere Nähe aus,
und es war für den, der sich von der Nazipropaganda nichts vor-
machen ließ, abzusehen, wann sie auch uns in der ländlichen
Mitte Deutschlands erfaßt haben würde. Seit im Dezember
1941, durch den Überfall der Japaner auf Pearl Harbor dazu gezwungen, die USA in den Krieg eingetreten waren, sprach man
vom Zweiten Weltkrieg – wobei sich die gleichgeschalteten
deutschen Rundfunksprecher darüber einig zu sein schienen,
daß es sich bei diesem Weltkrieg um einen Weltrekord handelte,
der einem bereits so gut wie sicher war. Dennoch mehrten sich
von Woche zu Woche die Anzeichen dafür, daß daraus ein Weltrekord der Zerstörungen und des Massensterbens werden
würde, nicht nur an den Fronten, sondern auch in der Heimat.

Von Tante Irma so weit vorbereitet, daß er eine öffentliche
höhere Schule besuchen konnte, hatten wir unseren ältesten
Sohn Achim aufs Arndt-Gymnasium mit Internat nach Berlin-
Dahlem geschickt. Eines Tages im April 1942 kam er völlig ver-
stört nach Hause. Wir hatten Mühe, aus ihm herauszubekom-
men, was geschehen war: Nach einem nächtlichen Fliegeran-

griff, den die Schüler im Luftschutzkeller überstanden hatten, war der Adjunkt, das heißt, der pädagogische Betreuer der Internen, als erster wieder nach oben gegangen, um nachzusehen, ob alles in Ordnung war. Da stürzte die eiserne Kellertür auf ihn. Er war sofort tot. Achim war zum Stettiner Bahnhof gerannt, hatte den nächsten Zug bestiegen und war von Großwoltersdorf nach Hause gelaufen.

Jetzt schickten wir ihn aufs Joachimsthaler Gymnasium, das schon der Dichter Ludwig Achim besucht hatte. Ursprünglich in Berlin beheimatet, war es später nach Templin in der Uckermark verlegt worden und dort in einem um 1900 erbauten, kasernenartigen Gebäudekomplex untergebracht.

Achim fühlte sich dort recht wohl, und der Schulort in der tiefsten Provinz schien uns Sicherheit zu garantieren. Das verleitete uns dazu, Freunden einen Rat zu erteilen, den wir nachträglich bereuen mußten: Wir empfahlen dem Berliner Musikerehepaar Reimann, seinen ältesten Sohn Dieter, der etwa im gleichen Alter wie unser Achim war, ebenfalls nach Templin zu schicken.

Anfang März 1943 sahen wir in Zernikow mehrere große Geschwader der riesigen amerikanischen Superfestungen, im Sonnenschein glitzernd, über uns dahinfliegen. Am hellen Tage fand ein schwerer Bombenangriff auf Berlin statt. Auf dem Rückflug bombardierten die Flugzeuge auch das Städtchen Templin. Das Joachimsthaler Gymnasium blieb verschont, aber eine Bombe traf das Krankenhaus. Dieter Reimann war ein paar Tage zuvor an Scharlach erkrankt und deshalb ins Krankenhaus gebracht worden. Er kam bei dem Angriff ums Leben.

Kurze Zeit danach wurde das Joachimsthaler Gymnasium in eine Napola (Nationalpolitische Erziehungsanstalt), das heißt eine Schule für den SS-Nachwuchs, umgewandelt. Wir holten Achim von dort weg und schickten ihn zusammen mit unserem zweiten Sohn, Clemens, für den inzwischen die Zeit gekommen war, ebenfalls eine Oberschule zu besuchen, aufs Gymnasium ins benachbarte Neustrelitz.

Im Januar 1943 befand ich mich im Berliner West-Sanatorium, wo ich, nach der Geburt meines jüngsten Sohnes, auf Anraten unseres Hausarztes, Dr. Gundermann, einen operativen Eingriff hatte vornehmen lassen. Im Krankenhaus hörte ich Radio. Es war natürlich nur ein sogenannter Volksempfänger, das heißt, ein Radiogerät, das so primitiv gebaut war, daß man darauf nur einen Sender, den vom Reichspropagandaminister Goebbels gelenkten Reichsrundfunk, empfangen konnte. Es gab zwar auch teurere Geräte, mit denen man die ausländischen Sender hören konnte. Aber auf das Abhören feindlicher Sender stand die Todesstrafe. So konnte ich zwar nur diese verlogenen offiziellen Wehrmachtsberichte hören, aber ich werde nie vergessen, wie entsetzlich das war, was man durch den Schleier der Propaganda hindurch trotzdem als die furchtbare Wirklichkeit wahrnahm: die hoffnungslose Einkreisung der 6. Armee bei Stalingrad und Hitlers Befehl, durchzuhalten bis zum letzten Mann und bis zur letzten Patrone. Mein jüngster Bruder, Werner, war in jenen Tagen aus Brüssel auf Heimaturlaub nach Berlin gekommen und besuchte mich am Krankenbett. Es sollte das letzte Mal in meinem Leben sein, daß ich ihn sah.

Werner, in den Revolutionstagen von 1918 geboren, war der erklärte Liebling meiner Mutter und nach ihrer festen Überzeugung das begabteste von uns vier Geschwistern. Sie hat ihn ohne Kinderfräulein aufgezogen. Da er in die Zeit der Weimarer Republik hineingeboren war, hätte er eigentlich eine Volksschule besuchen müssen. Meine Mutter, der die Vorstellung unerträglich war, daß er dann womöglich in einer Schulbank neben dem Sohn ihrer Waschfrau hätte sitzen müssen, unternahm die größten Anstrengungen, das zu verhindern. Nach dem Abitur ließen ihn meine Eltern zuerst nach England, dann nach Lausanne gehen. So befand er sich, als der Krieg ausbrach, in der neutralen Schweiz.

Meine Mutter war in ihren Anschauungen durch und durch konservativ, also alles andere als eine Pazifistin oder Kriegsgegnerin, doch ihren Lieblingssohn wollte sie um keinen Preis in den Krieg ziehen lassen. Sie drängte darauf, daß er in der Schweiz blieb. Mein Vater indessen bestand aus patriotischem Pflichtbewußtsein darauf, daß er nach Deutschland zurückkehrte. Die Nazis waren meinem Vater zwar verhaßt, es wäre ihm jedoch nie in den Sinn gekommen, deshalb die Solidarität mit der Regierung des Reichs aufzukündigen. Mein Vater hegte anfangs noch die Hoffnung, daß durch den Krieg möglich werden könnte, was Bismarck nicht erreicht hatte, Hitler aber «gelungen» war: die Einigung des Deutschen Reichs unter Einschluß Österreichs.

Werner kam also zurück und wurde zunächst als Heeresdolmetscher in Brüssel eingesetzt. Nach seinem letzten Heimaturlaub jedoch, bei dem er mir im Krankenhaus einen Besuch abstattete, wurde er an die Front im Osten geschickt. Noch im Sommer desselben Jahres kam dann die Nachricht, er sei «vermißt». Am Abend, als ich von der Vermißtmeldung meines Bruders Werner hörte, beschloß ich, nach Berlin zu fahren, um meiner Mutter Beistand zu leisten. Mein dritter Sohn, Christof-Otto, hatte Bauchschmerzen und Fieber. Aber Tante Irma wollte sich um ihn kümmern und den Arzt holen.

In Berlin fand ich meine Mutter ganz gefaßt vor. Das war das Bewundernswerte an ihr, daß sie in solchen Situationen nie die Beherrschung verlor, immer Herrin ihrer Gefühle blieb. Kaum hatte ich das Haus betreten, kam ein Anruf von der Gutsverwaltung: «Christof-Otto ist mit Blinddarmentzündung ins Krankenhaus von Neuruppin eingeliefert worden!»

Meine Eltern sagten sofort: «Du kannst uns hier nicht helfen, fahr zu deinem Jungen.»

Mein Vater suchte die beste Zugverbindung heraus, meine Mutter ließ mir Grießbrei und Apfelmus kochen. So gestärkt, fuhr ich los.

Am Nachmittag traf ich im Krankenhaus von Neuruppin ein. Der Arzt kam mir entgegen und zeigte mir einen ziemlich großen Stein, der im Blinddarm meines Jungen gefunden worden war; es wäre beinahe zu einem Durchbruch gekommen. In entsprechend elender Verfassung fand ich dann mein Kind vor.

Meine Mutter hat sich bis an ihr Lebensende an die Hoffnung geklammert, daß sie ihren Sohn Werner noch einmal wiedersehen würde. Es gab ja, wenn auch selten, Fälle, wo einer, der als vermißt gemeldet worden war, doch eines Tages zurückkehrte. Leider entstanden betrügerische Organisationen, die aus solchen Hoffnungen Geld schlugen. So hat sich nach dem Krieg eine Schweizer Organisation an meine Mutter herangemacht, die anhand von Feldpostnummern fingierte Briefe zusammenstellte und die Angehörigen erst einmal kräftig zur Kasse bat. Die darauffolgende Enttäuschung traf meine Mutter natürlich schwer. Mehr noch beschäftigte sie aber weiterhin der Gedanke, daß Werner in der Schweiz den Krieg in Sicherheit hätte überstehen können. Der Vorwurf, daß mein Vater am Verlust ihres Lieblingssohnes schuld sei, überschattete das Verhältnis zwischen meinen Eltern bis zuletzt. Kaum zwei Wochen nach der Katastrophe von Stalingrad stand Reichspropagandaminister Dr. Goebbels im Berliner Sportpalast vor einer brüllenden Menschenmenge und schrie: «Wollt ihr den totalen Krieg?» – «Jaaa!» – «Wollt ihr ihn, wenn nötig, totaler und radikaler, als wir ihn uns heute überhaupt vorstellen können?» – «Jaaa!»

Der totale Krieg bedeutete die restlose Militarisierung des zivilen Lebens in Deutschland. Alle Frauen unter fünfundvierzig wurden dienstverpflichtet für die Fabrikarbeit, vorzugsweise in der Rüstungsindustrie. Auch für eine der jüngeren Schwestern meines Mannes, Marielies, bestand die Gefahr, daß sie eingezogen wurde. Friedmund sagte zu mir: «Das steht sie nicht durch, für Fabrikarbeit ist sie viel zu undiszipliniert.» Er stellte deshalb einen Antrag, worin er sie als Wirtschafterin für den Zernikower Gutsbetrieb anforderte. Dem Antrag wurde stattgegeben.

Natürlich war Marielies keine Wirtschafterin. Sie, die bisher völlig ungebunden nur ihrer privaten Kunstausübung gelebt hatte, wollte plötzlich die Verantwortung übernehmen für einen Gutshaushalt mit seinen vielen Menschen! Ich sage, wollte, denn tatsächlich faßte sie ihr neues Amt nicht als bloße Sinekure auf, als die es von Friedmund zu ihrem Schutz gedacht war – nein, sie nahm ihre Rolle todernst. Das führte gelegentlich zu komischen Situationen, besonders, wenn sie meinte, all die verschiedenen Aufgaben nicht mehr bewältigen zu können, und dann in ein mitleiderregendes Stöhnen ausbrach.

Eines Tages in der Himbeerzeit sagte Friedmund, der wie üblich schon früh auf dem Feld gewesen war, zum Hofmeister: «Heute schicken wir die Russen nicht aufs Feld. Es ist zu heiß. Lassen wir sie doch in den Wald gehen zum Himbeerpflücken.» In der Küche gaben wir ihnen Eimer, Milchkannen und andere Gefäße, und damit zogen sie hinaus. Gegen Mittag brachten sie mehrere Zentner Himbeeren mit. So viel Himbeeren auf einmal hatte bis dahin noch niemand von uns gesehen. Marielies bekam einen furchtbaren Schreck. Da sagte eines der Lehrmädchen: «Na, dann wollen wir jetzt alle erst einmal ordentlich stöhnen!» Und so stöhnte die ganze Küche, in vollem Ernst meine Schwägerin, die übrige Mannschaft aus purem Spaß, und solcherart erleichtert, konnte man anfangen, zu überlegen: Was tun mit der

Bescherung? Schließlich wurde ich herbeigerufen, und ich sagte: «Ganz einfach, da machen wir Saft draus. Unsere Geräte für den Apfelsaft lassen sich auch hierfür benutzen.» In relativ kurzer Zeit hatten wir mehrere hundert Flaschen mit Himbeersaft abgefüllt. Das war für den Winter ein kostbarer Vorrat.

Da ich an Freud und Leid der Menschen nicht nur im Haus, sondern auch im Dorf Anteil nahm, bei Hochzeiten, Beerdigungen und Kindstaufen dabei war, während die Lebensverhältnisse durch den Krieg immer schwieriger wurden, geschah es, daß ich eines Tages sogar als Geburtshelferin tätig werden mußte. Ich ging gerade die Dorfstraße entlang, da schaute die Tochter von Frau Hagen, der Blaubeerfrau, zum Fenster heraus und rief: «Frau Baronin, kommen Sie, kommen Sie, bei meiner Bertha kommt das Kind!»

Die alte Frau Hagen hatte bei uns deshalb den Namen Blaubeerfrau, weil sie jeden Herbst mit großen Eimern aus den Wäldern kam und Blaubeeren verkaufte. Die gab es dann bei uns zum Abendbrot, gezuckert, mit frischer Milch und eingebrocktem Schwarzbrot, ein Schmaus wie aus dem Schlaraffenland!

Frau Hagen war dafür bekannt, daß sie «besprechen» konnte. Aus reiner Verzweiflung habe ich ihr Können einmal auf die Probe gestellt. Einem meiner Jungen war das Bein blau angelaufen und stark geschwollen, und er hatte hohes Fieber. Ich hielt höchste Eile für geboten und sagte zu Friedmund: «Bevor wir weitere Schritte unternehmen und mit dem Auto ins Krankenhaus fahren, lassen wir mal Frau Hagen kommen. Vielleicht hilft es ja.»

Sie kam, tat nicht viel, legte nur die Hände auf, ein paarmal, ganz still. Und siehe da, das Bein schwoll ab, ganz von allein. Wir machten natürlich noch Umschläge, aber nur mit Wasser. Am nächsten Tag war das Kind gesund.

Aber nun lebte die alte Frau Hagen schon nicht mehr. Männer gab es keine in der Familie, dennoch kamen ab und zu Kinder zur Welt; der ganze Haushalt war sozusagen ein unehelicher Frauenhaushalt. Da Krieg herrschte, wußte ich, wie schwer es war, den Arzt oder die Hebamme herbeizuholen, es gab ja fast kein Benzin mehr.

Ich ging also hinein ins Haus, ordnete das Nötigste an, die Bereitstellung von heißem Wasser, sauberen Unterlagen usw., dann mußte ich zupacken, und ich brachte das Kind glücklich zur Welt. Die Mutter war eine gesunde junge Frau, und so lief die Geburt ohne Komplikationen ab.

Im Herbst 1943 erlebten wir von ferne den ersten nächtlichen Großangriff auf Berlin. Am Sternenhimmel sahen wir die Geschwader fliegen. Sie kamen in mehreren Schüben. Ab und zu wurde es taghell: Das war, wenn die Flugzeuge Leuchtbomben abwarfen, im Volksmund «Christbäume» genannt. Sie sollten es den Piloten ermöglichen, ihr Ziel zu erkennen. In Richtung Berlin färbte sich der Himmel feuerrot.

Am nächsten Morgen wollte ich mit meiner Hausbeamtin, Frau von Möller, nach Berlin fahren, sie, um ihre Tante, Frau von Grimm, ich, um meine Eltern aufzusuchen. Mit dem Kleinbahnzug fuhren wir los und kamen bis nach Oranienburg, wo wir hätten umsteigen müssen. Da sahen wir Vorortzüge aus Berlin uns entgegenkommen, denen Menschen entstiegen, die schwarz waren von oben bis unten und völlig verwirrt. So wie sie da standen, eine Mutter mit ihrem Kind auf dem Arm, eine andere Frau mit einem Sack in der Hand, war es ein erschreckender Anblick. Manchen hingen die Kleider in Fetzen vom Leibe.

Am Ende des Bahnsteigs fiel mir eine weibliche Gestalt ins Auge, auch sie schwarz von oben bis unten, die so nah an der Bahnsteigkante stand, daß wir das Gefühl hatten, sie wolle sich vor den nächsten Zug stürzen. Ich sagte zu Frau von Möller: «Die sieht ein bißchen so aus wie eine Berliner Bekannte von mir, Fräulein Fricke!»

Wir gingen auf sie zu, um sie von der Bahnsteigkante wegzuholen: Und wirklich, sie war es! Fräulein Fricke hatte einen Schock erlitten und war völlig apathisch. Wir nahmen sie zwischen uns und fuhren mit dem nächsten Kleinbahnzug heim. In Zernikow pflegten wir sie und gönnten ihr Ruhe. Nach mehreren Tagen fand sie die Kraft, von den Geschehnissen zu erzählen. Sie hatte im Hansaviertel von Berlin gewohnt, einem Gebiet, das eine Ausdehnung hat wie eine mittelgroße Stadt. Das ganze Viertel wurde an jenem einen Tag zerstört, und fast alle Menschen, die dort wohnten, sind verbrannt. Die Brände, verursacht durch den Einsatz von Phosphorbomben, zogen alles in ihren Sog und griffen sturmartig um sich. Manche Menschen sind, um sich vor der Hitze zu retten, vor Verzweiflung in die Spree gesprungen.

Nun kamen immer mehr Bombenflüchtlinge, «Evakuierte»,

wie man sie nannte, zu uns nach Zernikow. Wir stellten ihnen
das Wirtschaftshaus und das Forsthaus zur Verfügung. Ganze
Familien kamen, darunter Freunde meiner Schwiegermutter,
deren fünftes Kind bei uns in Zernikow geboren wurde. Für
meine Eltern richteten wir zwei Zimmer im Wirtschaftshaus ein,
mit den von der Familie Mevissen geerbten Barockmöbeln meiner Mutter.

Später, nach dem Einmarsch der Sowjetarmee, wurde das
Wirtschaftshaus als Lazarett benutzt. Die Wände wurden weiß
gekalkt, die Möbel von den Soldaten auf den Hof geschafft, zu
einem riesigen Haufen aufgetürmt und angezündet. Ein damals
alltäglicher, vergleichsweise belangloser Vorgang.

Nur war es für mich recht bitter, wenn in den Jahren danach
meine Mutter uns besuchte und ich von ihr wieder und wieder
hören mußte: «Ich habe ja alles in Zernikow verloren!», wobei
sie mich vorwurfsvoll anblickte, als ob ich an all dem schuld sei.
Das entsprach der Denkweise, von der sie in ihrer Kindheit geprägt worden war, vom Besitzdenken der Gründerzeit.

Unter den Bombenflüchtlingen, die zu uns kamen, befand
sich eine Freundin von Tante Irma, Frau Löscher. Sie war mit
einem jüdischen Arzt verheiratet gewesen, von dem sie sich, als
die Gefahr zu groß wurde, auf seinen Wunsch hatte scheiden lassen. Er konnte rechtzeitig nach Palästina auswandern, die beiden Kinder, einen Jungen und ein Mädchen, hatten sie vorher
nach England geschickt. Danach lebte die zarte junge Frau, die
eine Massagepraxis betrieb, allein in Berlin, seelisch gebrochen
und ständig von dem Gedanken bedrückt, sie habe ihren Mann
und ihre Kinder im Stich gelassen. Dazu kam die Angst vor den
Bomben. Sie konnte nicht mehr ohne Schlaf- und Beruhigungs-
mittel leben. Auf Wunsch von Tante Irma ließ ich sie nach Zernikow kommen und richtete ihr das Fremdenzimmer neben dem
Eßsaal ein. Sie trieb etwas Gymnastik mit den Kindern, mas-
sierte mich und behandelte manche der anderen Flüchtlinge.

Alle vier Wochen fuhr sie nach Berlin, um in ihrer Hinterhof-
wohnung nach dem Rechten zu sehen. Im Vorderhaus befand
sich eine Drogerie, mit deren Inhabern sie befreundet war. Eines
Tages kam sie mit einem Lederköfferchen zurück und überreichte es mir mit den Worten: «Ich brauche das jetzt nicht
mehr.» Das Köfferchen enthielt wertvolle Medikamente, Mittel
gegen Entzündungen, Schmerzmittel und vor allem Sulfon-

amide. Daß diese später, als wir auf der Flucht waren, für uns lebenswichtig werden sollten, ahnte ich nicht.

Frau Löscher erzählte, daß eine Freundin sie zu einer Sitzung von Anhängern der «Christlichen Wissenschaft» mitgenommen und daß sie mit deren Hilfe wieder zu seelischer Ruhe zurückgefunden habe. Sie brauche nun keine Tabletten mehr.

Tante Irma hatte zwei weitere Freundinnen in Berlin, zwei ältliche Fräuleins, die in Berlin-Ost ein kleines Handarbeitsgeschäft betrieben. Für uns hießen sie nur Tante Flexchen und Tante Idchen. Anfangs kamen sie gelegentlich noch nach Zernikow zu Besuch, aber dann, als sie den gelben Judenstern tragen mußten, nicht mehr. Wir konnten ihnen jedoch auf Umwegen Lebensmittel zukommen lassen. Im Februar 1944 haben Tante Irma und ich sie ein letztes Mal in Berlin gesehen. Kurz darauf bekamen wir die Nachricht von Tante Flexchen, daß aus ihrem Viertel mehrere Personen zu einem Transport in ein polnisches Lager abgeholt worden seien und sie und ihre Schwester nun auch bald an die Reihe kämen. Daraufhin haben Tante Irma und ich uns nächtelang hingesetzt, um aus grauer Schafwolle – sogenannter Rücklieferungswolle, das heißt Einheitswolle, die man zurückgeliefert bekam, nachdem man die Wolle von den eigenen Schafen erst einmal vorschriftsmäßig abgeliefert hatte – warme Jacken zu stricken, damit die alten Fräuleins im Lager in Polen nicht allzusehr frieren sollten. Als unser Bote diese und andere Sachen nach Berlin brachte, stand er vor verschlossener Tür: Die beiden Schwestern waren schon abtransportiert worden. Daß das «Lager in Polen» Auschwitz hieß und was dort geschah, ahnte keiner von uns.

Im Mai 1944 erhielten wir die Einladung zu einer Hochzeit in der Nachbarschaft, zu einer Festlichkeit, bei der die Gastgeber versuchten, den Glanz einer vergangenen Zeit ein letztes Mal heraufzubeschwören. Die Zernikow nächstgelegene größere Bahnstation, Dannenwalde, gehörte zum Gebiet des früheren Duodezfürstentums Mecklenburg-Strelitz, wo sich feudale Verhältnisse bis in unser Jahrhundert hinein in fast grotesker Form erhalten hatten. In Dannenwalde befand sich das Gut der Familie von Waldow.

Herr von Waldow senior war gegen Ende des Ersten Weltkriegs Ernährungsminister gewesen. Er galt als arrogant und unnahbar und wurde von den Leuten allgemein «das steife

Handtuch« genannt. Meine Schwiegereltern pflegten mit Waldows keinen Verkehr. Friedmund erzählte mir schmunzelnd, wie er einmal, im Jahre 1923 oder 1924, am Bahnhof von Dannenwalde ein Transparent gesehen habe von Kommunisten oder Sozialdemokraten, worauf stand: «Eier, Wurst und Speck frißt uns Herr von Waldow weg.»

Exzellenz von Waldow hatte einen einzigen Sohn. Als dieser es wagte, eine Tänzerin zu heiraten, wurde er von seinem Vater verstoßen. Er studierte Jura und wurde ein bekannter Anwalt in Berlin. Als er sich dann scheiden ließ und eine zwar ebenfalls geschiedene, aber standesgemäße Dame heiratete, eine schöne, vornehme Baltin, wurde er von seinem Vater in Gnaden wieder aufgenommen.

Es muß im Jahre 1934 gewesen sein, da kam bei uns in Zernikow ein eleganter Kutschwagen vorgefahren. Seine Exzellenz Herr von Waldow und Gemahlin statteten uns, dem jungen Ehepaar, einen Besuch ab! Sie wollten für den Sohn und die neue Schwiegertochter nachbarliche Beziehungen mit uns anknüpfen. Wir erwiderten den Besuch bei ihnen und stellten dabei fest, daß der alte Herr im kleinen Kreis durchaus gemütlich und gesprächig sein konnte, und wir lernten seine Frau als liebenswerte Gastgeberin kennen.

Zum achtzigsten Geburtstag Seiner Exzellenz wurden wir ebenfalls eingeladen, und ich hatte sogar die Ehre, an der Festtafel neben dem alten Herrn zu sitzen. Während des Hauptgerichts brachte der Diener plötzlich ein Schreiben herein: ein Glückwunschtelegramm vom «Führer und Reichskanzler Adolf Hitler». Exzellenz öffnete es gelassen, las es und sagte in seinem schönen Mecklenburger Platt: «Wat will de Kierl von mi?»

Wenig später starben die alten Herrschaften, und der Sohn und seine Frau Charlotte, die aus erster Ehe einen Sohn und eine Tochter in die neue Ehe mitgebracht hatte, übernahmen das Gut. Im ersten Kriegshalbjahr, als mein Mann eingezogen war und ich die Verantwortung für das Gut trug, stand mir Herr von Waldow mit gutnachbarlichem Rat bei. Er wurde dann selbst einberufen und als Wehrwirtschaftsoffizier mit Standort Paris eingesetzt.

Im Mai 1944 heiratete Marion, die Tochter, einen Offizier. Es war auch ein Herr von Waldow, er stammte aus Pommern. Für die Hochzeit hatte der Brautvater aus Paris herrliche Stoffe mitgebracht. Alle Damen trugen lange Gewänder, die Herren Frack oder Uniform, und bei strahlendem Sonnenschein ging der Hochzeitszug vom Schloß zur runden Kirche, die an der Stelle erbaut worden war, wo man einst über Nacht den Sarg der Königin Luise abgesetzt hatte, als man ihren Leichnam heimführte zu ihrem Vater, dem Großherzog von Mecklenburg. Unser dreijähriges Töchterchen Bettina und der sechsjährige Peter-Anton streuten Blumen auf den Weg, Christof-Otto und Clemens trugen die meterlange Schleppe.

Als wir danach an der prunkvoll-festlich gedeckten Mittagstafel saßen, schickte Herr von Waldow plötzlich alle Bediensteten aus dem Raum. Man muß sich vergegenwärtigen, welche Hysterie im Jahre 1944 herrschte, daß «wehrkraftzersetzende Äußerungen», also Äußerungen, die den Endsieg Deutschlands in Zweifel zogen, mit der Todesstrafe geahndet wurden, um zu verstehen, weshalb alle Anwesenden den Atem anhielten, als Herr von Waldow eine Rede mit etwa folgendem Inhalt hielt:

«Der Krieg wird sich noch ein halbes, höchstens ein Jahr hinziehen, dann ist alles zu Ende. Ich habe diese Hochzeit bewußt, keinen Aufwand sparend, ausrichten lassen – im alten Stil. Seien Sie sich darüber im klaren: Wir feiern heute auch den Abschied von einer schöneren Welt.»

Das Datum des 20. Juli 1944, das heute jedem als Wendepunkt in der Geschichte des Widerstands gegen Hitler vertraut ist, verbindet sich in meiner Erinnerung mit ganz schlichten familiären Sorgen, die nicht das geringste mit dem gescheiterten Attentatsversuch zu tun hatten.

Wir hatten an jenem Tag wie gewohnt unser jüngstes Kind, den noch nicht zweijährigen Wolf-Herman, im Stubenwagen zum Mittagsschlaf hinaus unter die Kastanien im Park gestellt. Ganz goldig sah er aus, wie er da mit seinem Lockenkopf im Körbchen lag. Darüber hatten wir einen Gazeschleier gebreitet. Trotzdem muß auf irgendeinem Weg eine Mücke hineingefunden haben, und sie stach das Kind an einer sehr empfindlichen Stelle: an der Unterlippe. Sofort war das ganze Kinn geschwollen. Wir wußten, wie gefährlich die Sache werden konnte, denn in einem ähnlichen Fall war ein Neffe von uns an der dabei entstandenen Sepsis gestorben.

Wegen der häufigen Bombenangriffe auf die Hauptstadt war

das Westsanatorium von Berlin nach Dannenwalde ausgelagert worden. Dessen Chefchirurg kam, schaute sich den Fall an und riet uns, das Kind sofort in die Kinderklinik nach Berlin zu bringen. Es war ein dumpfer, schwüler Tag, eine bedrückende Stimmung. Wir fuhren mit der Bahn nach Berlin und mit dem Taxi zur Klinik.

Während wir dann auf den Arztbericht warteten, hörten wir aus dem Radio vom mißglückten Attentat auf Hitler. Natürlich erfuhr man keine Details. Friedmund und ich diskutierten die Frage: «Was wäre, wenn –?», das heißt, was wäre geschehen, wenn das Attentat geglückt wäre?

Es war uns klar, daß dadurch dem Blutvergießen an den Fronten ein Ende gemacht und weitere Angriffe auf die Zivilbevölkerung verhütet worden wären. Welche Friedensbedingungen man Deutschland dann auferlegt hätte, war jedoch ungewiß, denn wir wußten, die Alliierten hatten längst die Gleichung «Jeder Deutsche ein Nazi» aufgestellt. So war also die Gefahr gegeben, daß die immer noch hitlergläubigen Teile des Volkes sich nach einem erfolgreichen Attentat gegen die Verschwörer gewandt und nach dem zu erwartenden Diktat-Frieden gesagt hätten: «Würde unser geliebter Führer noch leben, dann müßten wir diese Schande nicht erdulden.»

Aber was half das Nachdenken über irgendein «wenn»? Wir konnten nur zu dem Schluß kommen, daß der bittere Kelch bis zum Grund geleert werden mußte. Furchtbar war es dann mitzuerleben, wie der Terror sich verstärkte, wie die Gewissensnot wuchs, wie diejenigen Menschen gefoltert und hingerichtet wurden, die Goethes Gebot gefolgt waren: «Edel sei der Mensch ...»

Die Verhaftungswelle, die nach dem 20. Juli 1944 einsetzte, erfaßte auch den Bruder unserer Tante Elisabeth in Burow, der Witwe von Onkel Annois, meiner mütterlichen Beraterin. Als Besitzer der Bettenburg im Frankenland war Dietrich Freiherr Truchseß von Wetzhausen ein Nachbar des Anführers der Bewegung vom 20. Juli, Claus Schenk Graf von Stauffenberg. Sein Name war von der Gestapo in Stauffenbergs Adreßbuch gefunden worden. – Ich kannte durch Freunde in Berlin eine der hervorragendsten Persönlichkeiten des Widerstandes, Pfarrer Harald Poelchau. Tante Elisabeth und ich nähten in Zellophan eingewickelte dünne Speckscheiben in den Saum eines Talars, den ich Pfarrer Poelchau nach Berlin brachte, um durch ihn dem Gefangenen konzentrierte Nahrung zukommen zu lassen. Pfarrer Poelchau hatte Zugang zu den Gefängniszellen der Gestapohäftlinge, so auch zu den Gefangenen des 20. Juli 1944. Über seine Tätigkeit im Dritten Reich als Gefängnisgeistlicher, der Tausenden von zum Tode Verurteilten letzten Beistand leistete, nicht nur Protestanten, sondern auch Katholiken, Atheisten, Kommunisten, Sozialdemokraten, Menschen aus allen Schichten, hat Pfarrer Poelchau nach dem Krieg in der DDR einen erschütternden Bericht veröffentlicht.

Gegen Ende des Krieges wurde unser in Großwoltersdorf wohnhafter Pfarrer Böttcher als Mitglied der «Bekennenden Kirche» verhaftet. An seine Stelle trat in Zernikow eine Vikarin aus Berlin-Dahlem. Da die Kirche nicht mehr beheizt werden konnte, hielt sie im letzten Winter den Gottesdienst im Eßsaal des Gutshauses ab, den man durch ein paar Holzscheite im Rokokoöfchen für etwa eine Stunde warm halten konnte. Als später die Sowjetarmee einmarschierte und besonders die Frauen zu leiden hatten, war es für diese wichtig, daß die Vikarin für sie da war, bei der sie Rat und Beistand finden konnten.

Pfarrer Thiel von Meinsdorf, zu dessen Amtsbereich Wiepersdorf gehörte, auch er ein Mitglied der «Bekennenden Kirche», wurde ebenfalls verhaftet. Friedmund, der als «Patron» der Kirche das noch aus Feudalzeiten bzw. von Luthers Reform stammende Recht besaß, einen Pfarrer nach seinem Wunsch einzusetzen, beschäftigte nun den von den Nazis als Halbjuden eingestuften Pfarrer Scheidacker pro forma als Waldarbeiter in Wiepersdorf, womit dieser in der Lage war, die Gemeinde des Kirchspiels Meinsdorf als Seelsorger zu betreuen.

Es muß um diese Zeit gewesen sein, daß Friedmund zum Kompanieführer des «Volkssturms» der umliegenden Ortschaften bestimmt wurde. Voll Angst und dumpfer Ahnung rief ich aus: «Jetzt haben sie dich doch, jetzt ist es aus!»

In jenen Tagen machten mir Migräne und Magenbeschwerden zu schaffen, und ich hatte böse Träume. Ebensowenig blieben die Kinder von Ängsten verschont. Immer wieder brausten Tiefflieger zu Terrorangriffen auch über Zernikow.

Eines Tages, als bei uns gerade die Hauswirtschaftsprüfung stattgefunden hatte und wir mit den Lehrlingen beim feierlichen Examensessen saßen, hörten wir ein starkes Brummen und danach eine gewaltige Detonation, so daß die Lehrlinge von den Stühlen auffuhren. Zwischen Großwoltersdorf und Zernikow waren sieben Bomben über dem Acker abgeworfen worden! Kinderschwester Nanni eilte in den Garten, um den Jüngsten, das «Bürschli», ins Haus zu holen. Das vierjährige Bettinchen sagte: «Meine Kinder sind drin, denen können die Engländer keine Bomben auf den Kopf schmeißen.» Sie war sichtlich erregt und fragte am nächsten Morgen: «Ich brauch doch nicht in den Krieg, nicht wahr, Mutti?»

In Zernikow mußte wie überall ein Luftschutzwart eingesetzt werden. Friedmund bestimmte dafür den Landarbeiter Albert Schwiertz, einen Bruder von Max Schwiertz, dem «Bienen-Schwiertz». Albert Schwiertz, Sozialdemokrat in der Zeit vor 1933, intelligent, aktiv, gern mit dem Mund vorneweg, fand hier eine Aufgabe, die ihm Bedeutung verlieh. Wenn Alarm war, scheuchte er uns alle, das heißt die weibliche Belegschaft des Hauses und der Küche, in den Keller und stolzierte einher mit einer metallenen Wärmehaube auf dem Kopf, die vom Zinngeschirr der Frau von Labes stammte. Er wollte, daß auch wir uns Kochtöpfe auf den Kopf setzten, aber wir weigerten uns. Die gewölbten Keller des alten Hauses schienen uns sicher genug.

Für die letzte Phase des Krieges wurden auch die Künstler dienstverpflichtet. Sie mußten für Soldaten in der Etappe spielen, um sie mit klassischer deutscher Musik für einen neuen Fronteinsatz moralisch aufzurüsten. Davor suchte, von Frau von Grimm vermittelt, in Zernikow eine Künstlerin Zuflucht, die sich aufgrund ihrer geschwächten Gesundheit diese Art Kriegsdienst nicht länger zutraute, die Pianistin Luise Gmeiner. Einmal gab sie für uns ein Hauskonzert, zu dem auch Gäste aus der Nachbarschaft, darunter Botschafter Nadolny, Waldows und Felix Kersten, kamen, insgesamt an die vierzig Personen. Ich sehe Luise noch vor mir in ihrem meergrünen Kleid vor dem rötlichen Palisanderflügel, und, in seinem Rund, ein prachtvoller Strauß von Phlox, Spiräen und Rittersporn. Sie spielte die Chromatische Fantasie und Fuge von Bach, die «Pathétique» von Beethoven, sie spielte Schumann, Brahms und Liszt.

In jenem letzten Winter wurden Waggonladungen voll Soldatenhosen zu uns geschafft. Die mußten wir Frauen auf dem Lande flicken. Damit sollte der Krieg noch gewonnen werden. Mit Bitterkeit dachten wir an die Tausende und Abertausende von Soldaten, die Hitler in Stalingrad hatte erfrieren lassen. Selten brannte bei uns noch das elektrische Licht, wir mußten beim Schein der alten Petroleumlampen arbeiten, die wir aus dem Gerümpel alter Zeiten hervorgekramt hatten.

Das letzte Kriegs-Weihnachten feierten wir so wie immer: mit allem Adventszauber, Backen für den Gutshaushalt, die Bombenflüchtlinge und die französischen und russischen Kriegsgefangenen, mit kleinen geheimnisvollen Geschenken, Dorfweihnachtsfeier und dann Bescherung mit Weihnachtsliedersingen unterm großen Christbaum im Saal.

Im Januar brach die Front im Osten völlig zusammen. Die Sowjetarmee überschritt die deutschen Grenzen. Man hörte die verlogenen Wehrmachtsberichte, versuchte, sich anhand der Landkarte einen Reim darauf zu machen, und schon kamen die Trecks. Der erste kam aus Westpreußen mit Bessarabiendeutschen, die zuvor schon einmal ihre Heimat hatten verlassen müssen. Sie erzählten von der furchtbaren Flucht durch Eis und Schnee. Menschen wie Pferde waren völlig erschöpft. Da alle verfügbaren Betten mit Evakuierten belegt waren, wurden für die neuankommenden Flüchtlinge Massenquartiere im alten Gutsbüro und in der Schule eingerichtet. Aber nach ein paar Tagen hatte sich alles eingespielt, und etwa hundert Menschen und dreißig Pferde wurden täglich reibungslos verpflegt und versorgt. In der Küche ging die Arbeit nun immer bis tief in die Nacht. Die Erwachsenen mußten mit Suppe, Kaffee und Brot, die Kinder mit Milch versorgt werden, darüber hinaus mußte man sich speziell um die Alten und Kranken kümmern.

Sehr unterschiedliche Menschen kamen mit den Trecks: ganz ärmliche Gestalten, dann wieder kräftige Bauern, dann ein ganzer Gutstreck. Manche aßen sehr viel, andere waren so erschöpft, daß sie kaum etwas zu essen vermochten.

Daß ich noch helfen konnte, wo immer möglich, gab mir ein Gefühl der Befriedigung. Ich ahnte freilich, daß wir bald ebenso wie die anderen über die Landstraße ziehen würden, und sträubte mich innerlich gegen diesen Gedanken. Wohin sollte man gehen? Hatte es, da schon so viele Menschen in den Westen strömten, einen Sinn, wenn wir ihnen folgten? Wer würde uns dort aufnehmen?

Friedmund dachte keinen Augenblick daran, Zernikow zu verlassen. Zum Volkssturm hatte er sich nicht freiwillig gemeldet, aber wo er nun einmal die Verantwortung trug für soundso viele Menschen, mußte er bei ihnen bleiben, bis die Übergabe vollzogen war. Auch seinen Betrieb wollte er nicht im Stich lassen. Es ging ihm nicht um den Besitz als solchen. Aber er lebte im Bewußtsein, daß er durch seine Arbeit auf dem Gut auch im

Letztes Foto von Friedmund von Arnim (Winter 1944/45).

Nachkriegs-Deutschland eine Aufgabe zu erfüllen haben würde, wie immer die Besitzverhältnisse dann sein mochten. Im übrigen bestärkte ihn Exzellenz Nadolny in seinem Entschluß, dazubleiben. Nadolny hatte Kenntnis von der Konferenz in Jalta mit Churchill, Roosevelt und Stalin, die im Januar stattgefunden hatte, und er meinte, daß es zwischen Oder und Elbe zu keinen wesentlichen Änderungen der Besitzverhältnisse kommen werde für diejenigen, die mit dem Naziregime nicht kooperiert hatten. Wie hat er sich getäuscht, der alte Rußlandkenner! Ebenso optimistisch wie er beurteilte Felix Kersten die Lage. Der Kreisleiter hatte Treckverbot verfügt und angedroht, daß jeder Gutsbesitzer, der versuchte, seine Familie in Sicherheit zu bringen, erschossen werde. Die Durchhaltejustiz jener Tage zögerte auch nicht lange. Wenn mich der Obmann der französischen Gefangenen im Einspänner zu Besorgungen nach Gransee fuhr, war ich gezwungen, sie zu sehen, die Deserteure, die in diesen letzten Tagen in der Nähe des Bahnhofs an den Bäumen aufgehängt worden waren.

Als nun auch Dreizehn- bis Vierzehnjährige zum Kampf herangezogen und mit Panzerfäusten ausgerüstet wurden, hielten wir es für unsere vordringlichste Aufgabe, die Kinder in Sicherheit zu bringen, insbesondere die beiden ältesten. Wir beschlossen, die beiden Jungen unter Tante Irmas Geleit nach Bayern zu meiner Cousine Paula von Gablenz, der Witwe des Fliegergenerals, zu schicken.

Da wir der festen Meinung waren, die Engländer würden schneller sein als die Sowjetarmee und Mecklenburg würde von ihnen eingenommen, wollte ich selbst mit den vier kleinen Kindern nach Schönlage gehen, dem Gut in Mecklenburg, das Werner von Arnswaldt und Tante Paula, der Schwester meines Vaters, gehörte. Zunächst sollten die beiden Jüngsten unter dem Schutz von Kinderschwester Anni Finster, ihrer Nanni, vorausfahren. Nachts packten wir neben den Koffern auch zwei kleine Rucksäcke, in die wir ihr Spielzeug steckten. Bürschli bekam seine zwei Steiff-Tiere mit, Füchschen und Häschen, Bettina ihre Puppe Monika. Als sie dann im Morgengrauen reisefertig in der Halle standen, mit ihren kleinen Säckchen auf dem Rücken, meinte Bettina: «Meine Monika will aber gar nicht verreisen!»

Doch was half's, sie mußten hinauf auf den Kutschwagen, und ab ging die Fahrt. Sie kamen, ohne von Tieffliegern bedroht zu werden, sicher nach Schönlage.

Am selben Tag, am 4. Februar 1945, begingen wir in Zernikow den zwölften Geburtstag unseres zweiten Sohnes Clemens und zugleich den Abschied von ihm und dem ältesten. Der Vater, sonst immer beherrscht und zurückhaltend in der Äußerung seiner Gefühle, unterbrach plötzlich seine Tischrede auf das Ge-

287

burtstagskind. Er wurde von Schluchzen übermannt. Da rief Clemens vom anderen Ende der Tafel ihm zu: «Laß man, Vati, wir arbeiten uns wieder hoch!»

Wieder wurde eine Nacht lang gepackt. Es wurden auch kleine Päckchen aus Speck verfertigt, womit in Notfällen Tante Irma die verschiedenen Beamten bestechen konnte, und wieder ging die Fahrt im Morgengrauen los.

Nach zehn Tagen kam Tante Irma zurück, ganz bedrückt. Zwar hatte sie mit den Jungen die Fahrt trotz vieler Unterbrechungen und Fliegeralarme – gerade in jenen Tagen wurde Würzburg bombardiert! – im ganzen gut überstanden. Unsere Briefe und Depeschen hatten jedoch Paula von Gablenz nicht erreicht. Da sie nach dem Tode ihres Mannes die Verantwortung für den Betrieb ihres Hofes bei Füssen im Allgäu hatte übernehmen müssen, fand sie sich nun überfordert, als ihr so unversehens die Sorge für zwei halbstarke Jungen aufgebürdet wurde. Ihre Schwester, Bibi Luermann, die im gleichen Dorf wohnte, nahm sich ihrer dann kurzfristig an, aber es mußte eine andere Lösung gefunden werden.

Gerade an dem Tag, als wir mit Tante Irma hin und her berieten, was zu tun sei, erschien plötzlich meine Berliner Schneiderin, Frau Lohse. Es kamen in jenen Tagen viele Berliner zu uns, die ihre Sachen wieder abholten, welche sie, um sie vor den Bombenangriffen zu retten, bei uns untergebracht hatten. Frau Lohse kam wegen ihres Fahrrads und dem, was sich sonst noch so bei uns von ihren Siebensachen befand. Sie erzählte, daß sie eigentlich nach Württemberg auf den Heimathof ihres Mannes fahren wollte, sich die Fahrt allein aber nicht zutraue. Sie hatte sich den Arm gebrochen, als sie bei einem Bombenangriff verschüttet worden war. Ich erzählte von der Notlage der beiden Ältesten, und sie erbot sich, die Jungen als Pflegemutter in ihre Obhut zu nehmen. Daraufhin beschloß Tante Irma, Frau Lohse mit ihrem Gepäck bis zu ihrem Zielort in Württemberg zu begleiten.

Der Start war für Tante Irma nochmals eine Nervenprobe: Zehn Tage dauerte es, bis die beiden Berlin verlassen konnten. Auf zahlreichen Behördengängen mußten die Stempel für die vielen erforderlichen Papiere erobert werden. Durch ihre Tatkraft und ihre Überredungs-und Bestechungskünste schaffte Tante Irma es schließlich. Rechtzeitig trafen dann auch die beiden Brüder, von Füssen im Allgäu kommend, im Dorf Sailach bei Waldenburg in Württemberg ein.

Tante Irma erzählte uns nach ihrer Rückkehr, Clemens habe Heimweh – Achim ließe sich seine Gefühle nicht anmerken. Aber wie sicher war eigentlich der Ort, an dem wir sie gut untergebracht glaubten? Die Wehrmachtsberichte meldeten «schwere Kämpfe bei Schwäbisch Hall und Crailsheim». Friedmund und ich suchten auf der Karte . . . Wie still und leer war jetzt das Haus! Nur die beiden mittleren Buben, Brüdi und Tünni, waren noch da. Ich war damit beschäftigt, die erforderlichen Dinge einzupacken für unseren Treck. Dabei fragte ich mich manchmal: Ist das nicht alles Unsinn, was du tust? Wozu brauchen wir das alles? Später sollte sich jedoch erweisen, daß ich im großen und ganzen durchaus mit Verstand gepackt hatte.

Unter Führung des Kinderfräuleins schickten wir zweimal einen Treckwagen voraus nach Schönlage, beladen mit einem Vorrat an Nahrungsmitteln – Kartoffeln, Erbsen, Mehl, Nährmitteln, Schinken, Wurst, Speckseiten – sowie Kinderbetten, Bettgestellen und Bettsachen, Kleidungsstücken, Wasch- und Kochgeschirr, einer Nähmaschine, Gemüsesamen, Arzneimitteln, all das ging auf den Wagen mit. Außerdem wollten wir noch einige Wertgegenstände retten, ein Radio, ein Amateurfilmgerät, eine Kamera, Schreibmaschinen, Teppiche und das Landschaftsgemälde von Karl Blechen, ein wertvolles Erbstück von der alten Bettine. Nach dem zweiten Transport blieben der Wagen und die zwei Pferde in Schönlage.

Friedmund hatte mit Brennermeister Lehmann und Hofmeister Blank viele Jagdgewehre eingebuddelt; nun vergruben sie auch Saatgut und kleine Proviantkisten im Junkerbusch, und sie bauten einen kleinen Bunker, falls die Männer sich länger im Wald aufhalten mußten.

Brennermeister Lehmann kam auf den Gedanken, Wertsachen in der Brennerei einzumauern. Friedmund hielt nichts davon. Er meinte, 1917 hätten in Ostpreußen die Russen alles entdeckt. «Aber macht nur», sagte er.

So holte ich Silber, Ahnenbilder, Teppiche, Kleidung, Fotoalben, Kirchenbücher, Leuchter usw. zusammen und schaffte sie nachts mit Hilfe von Ilse Brehmer und dem Kinderfräulein in die Brennerei.

Der Durchzug von Trecks hatte aufgehört. Statt dessen wurde bei uns eine Kompanie junger Offiziersanwärter einquartiert, die noch im Osten eingesetzt werden sollte. Der Kompanieführer, ein junger Mann von zweiundzwanzig Jahren – wie er so fröhlich dasaß und schwadronierte, erschien er mir fast noch als Kind –, glaubte ernsthaft, das Schicksal aufhalten zu können. Da kam bei Tisch plötzlich die Rede auf den «Werwolf». Das Wort bezeichnete ursprünglich die archaische Vorstellung, daß Menschen vorübergehend die Gestalt und die Wildheit von Wölfen annehmen können. In den letzten Kriegsmonaten griffen die Nazis auf diesen Begriff zurück. Als die Front völlig zusammengebrochen war, gaben sie den Befehl zur Bildung von Freischärlergruppen unter dem Namen «Werwolf» aus, die das Prinzip der verbrannten Erde praktizieren sollten. Von ein paar Ausnahmen abgesehen, traf dieser Befehl jedoch auf taube Ohren. Aber der Adjutant des Kompanieführers, um etwa zehn Jahre älter als dieser, ein blinder Fanatiker, erklärte: «Wenn man mich nicht diesem Kommando zugeteilt hätte, wäre ich zum Werwolf gegangen!» Eisiges Schweigen.

Die Sowjetarmee drängte weiter vorwärts, langsam schloß sich der Ring um Berlin.

«Wiepersdorf ist praktisch schon erobert», sagte Friedmund trocken. Es wurde uns klar, daß ich allmählich daran denken mußte, zu den Kindern zu gehen. Für uns beide stand unsere jeweilige Aufgabe fest: Ich wollte versuchen, die Kinder zu retten, er Zernikow.

Mich hatte das Heimweh nach den Kleinen ergriffen. Ohne sie, das wußte ich, konnte ich nicht leben. Ich verabschiedete mich von den Leuten im Dorf und den Flüchtlingen und schenkte ihnen noch viele Babysachen und Kinderkleidung. «Ich komme bald wieder, will nur mal nach den Kindern sehen!»

Als wir in den letzten Tagen durch den Wald gingen, zum Junkerbusch, zur Lindenallee, überkam mich der Wunsch: «Ach, könnt ich die Erde ergreifen und festhalten!» Friedmund hielt sich, wie immer, in seinen Worten zurück, aber er fühlte das gleiche.

Einmal blieben wir, wie in unseren ersten Ehejahren, fest umschlungen im Walde stehen.

«Wenn wir die nächsten zwei Jahre überleben, ist alles gut», sagte Friedmund.

Am 14. April morgens um sechs Uhr stand der Kutschwagen bereit, um mich, begleitet von Tante Irma und auch Elisabeth Pretschner, unserer Gutssekretärin, der Nachfolgerin des Rentmeisters Heinrich Rust, zur Bahnstation von Fürstenberg zu bringen, von wo aus ich mit dem Zug allein weiter nach Schönlage fahren wollte. Der Abschied von Friedmund war kurz: «Auf Wiedersehen, Vaterchen, bald sehen wir uns wieder!» Während ich den Kutschwagen bestieg, stand er da vor der Tür des Gutshauses, eine schlanke Gestalt, in seinen braunen Breeches und dem grünen Filzhut. Noch ein kurzer Blick, dann wandte er sich ab und ging mit entschlossenem Schritt auf das Wirtschaftsgebäude zu.

Tante Irma schaute noch einmal aus dem Kutschwagen zurück und stellte fest, daß die Störche, die sonst im Frühjahr immer auf dem Kornspeicher nisteten, diesmal nicht gekommen waren. Sie meinte:

«Das bedeutet, wir werden in diesem Jahr noch viel reisen.»

WAS IST DIE EHRE?

Werden wir's erleben, daß Brüder-Nationen die
Sünden einander vergeben, die ihnen eingeimpft
waren? Werden sie Festigkeit gewinnen und Vertrauen
zueinander, das nicht wie leichte Spreu im Winde
verfliegt?

Bettine von Arnim in der *Polenbroschüre*, 1848

Als das Ende des Krieges zu nahen schien, stellte ich mir, wie wohl alle Frauen in der östlichen Hälfte Deutschlands, immer häufiger die Frage: Ob die Russen tatsächlich so sind, wie der Goebbels sie uns dargestellt hat?

Doch daran dachte ich nicht: daß ein Augenblick kommen könnte, da ich als Antwort hinausschreien würde: «Ja, dieses eine Mal hat Goebbels nicht gelogen!»

Hält man sich die Lügentechnik vor Augen, die Goebbels zum Mittel moderner Politik gemacht hat, vergegenwärtigt man sich das Ausmaß der Verbrechen, die in Verbindung damit von Deutschen in der Sowjetunion und in Deutschland an Sowjetbürgern begangen worden sind, so steht eine solche Aussage als eine Ungeheuerlichkeit da.

Wer in keiner Situation seines Lebens dem Impuls der ihm von anderen eingehämmerten Vorurteile nachgegeben, wer sich in keinem Augenblick seines Lebens von einem Vorurteil hat bestimmen lassen, der werfe den ersten Stein auf mich. Und alle weiteren Steine mögen diejenigen werfen, die nicht nachvollziehen können, in welchen Abgrund von Verlassenheit und Verzweiflung Frauen, heute wie gestern, durch den entwürdigenden Akt der Vergewaltigung gestoßen werden.

Eine Lebensgeschichte hat ihre eigene Folgerichtigkeit. Ich

293

kann aus der meinen die Zeit des Zusammenbruchs der Naziherrschaft nicht einfach ausschließen, nur weil sie Punkte be-
rührt, über die man lieber schweigt. Ich sage Zusammenbruch
und nicht Zeit der Befreiung, weil die Kriegsgegner zu uns nicht
als Befreier vom Faschismus kamen, sondern als Rächer dessen,
was man ihrem Land, ihren Familien und ihnen persönlich angetan hatte. Wie denn geschrieben steht: «Auge um Auge, Zahn
um Zahn . . .»
    Im Schatten dieser Entwicklung haben solche, die die deut-
sche Schuld bagatellisieren oder vergessen machen wollen, begonnen, krämerhaft-zynisch Schuld gegen Schuld aufzuwiegen,
bis hin zum menschenverachtenden Kalkül: Gulag gegen Holo-
caust. Die Opfer fungieren in solchen Schuldaufrechnungen nur
als Zahlen unter Millionen anderer, nicht als Menschen mit in-
dividuellen Empfindungen – weil persönliches Leid nun einmal
nicht meßbar, kaum erklärbar ist. Ich habe versucht, das, was mir
geschehen ist, dadurch zu bewältigen, daß ich es kurze Zeit danach für mich selbst niederschrieb, natürlich nicht, um es zu ver-
öffentlichen, sondern vielmehr, um es zu vergessen.

Ich kehre zu meinem Abschied von Zernikow zurück. Bei der
Fahrt im Kutschwagen warf ich noch einen letzten Blick auf
meine geliebten Wälder, den von Burow und Neuglobsow am
Stechlinsee und den Menzer Forst. In Fürstenberg bestieg ich
den Zug nach Neustrelitz. Als ich dort Station machte, um noch
einmal die Pensionsmutter meiner beiden ältesten Söhne zu besuchen und mich bei ihr zu bedanken, traf ich bei ihr – es war
der 14. April 1945, das heißt wenige Tage, bevor Hitler und
Goebbels Selbstmord begingen – einen Arzt, der noch immer an
den Endsieg glaubte!
    Mein Vater, der ein paar Tage zuvor mit Christof-Otto und
Peter-Anton nach Schönlage vorausgefahren war, wollte mich
mit einem Kutschwagen an der Bahnstation Waren abholen.
Aber ich hörte in Neustrelitz, daß die Strecke nach Waren durch
Bombenangriffe unterbrochen wäre, weshalb ich dann in einen
Zug einstieg, der nachts über eine Nebenstrecke nach Brüel fuhr,
der meinem Zielort Schönlage nächstgelegenen Bahnstation.
Die Fahrt war gespenstisch: Der Widerschein von Bränden hier,
die Explosion von Bomben dort erleuchteten die Nacht. Immer
wieder machte der Zug kurzen Halt, damit der Funkenflug von

der mit Braunkohle beheizten Lokomotive uns nicht den Tieffliegern verriet.

Nach zwei Stunden Halt an einer kleinen, dunklen Station,
während derer ich versuchte, zusammengerollt auf einem Tisch
im Wartesaal zu schlafen, ging die Fahrt im Morgengrauen
weiter, und um fünf Uhr morgens erreichten wir Brüel. Mein
Vater harrte meiner derweil seit dem Abend mit den Zernikower Pferden an der Bahnstation von Waren und war in großer
Sorge, weil er erfahren hatte, daß diese Strecke angegriffen
worden war. Hier in Brüel erwartete mich niemand, und so
machte ich mich zu Fuß auf den Weg.

Es war ein Sonntag; bei Sonnenaufgang zog ich meines
Wegs durch den Wald. In einer Lichtung tauchte ein Rehbock
vor mir auf. Über allem lag tiefster Friede. Auch in mein von
Abschiedsqualen und dumpfen Ängsten zerrissenes Herz zog
langsam der Friede ein: Ich dachte an die Kinder und freute
mich auf sie.

Gerade, als sie aufgestanden waren, kam ich im Schönlager
Gutshaus an. Große Freude! Bettinchen mit ihrem blonden
Haarschopf kam fröhlich auf mich zu, Bürschli strahlte, sagte
dann aber traurig: «Mein Dati is nich mittekommen!»

Als würde hier die Zeit stillstehen, herrschte in Schönlage
idyllische Ruhe. Dies war offenbar ein Ort, wo Fuchs und Hase
sich noch gute Nacht sagten. Das altmodische Gutshaus, ein
roter Ziegelbau aus dem 19. Jahrhundert, war ungemütlich und
hatte kein elektrisches Licht. Aber der Ausblick, den es bot,
machte dem Ortsnamen Ehre: ein von sanften Hügeln umge-
bener See, davor reckte sich eine Birke in ihrem jungen Grün.

Der Gutshaushalt ging seinen gewohnten Gang, ganz in alten Formen. Meine Zeit nahmen solche Arbeiten in Anspruch
wie Abdecken des Frühstückstisches, Wechseln des Tischtuchs
für das Mittagessen und dergleichen.

«Gäbe es nicht Vordringlicheres zu tun?» fragte ich mich.
Aber Dinge zu verstecken oder gar zu vergraben war schwierig, weil sich im Haus eine Anzahl von Flüchtlingen befand,
die alles mißtrauisch beobachteten. Wir versteckten dann Lebensmittel und Silber auf dem Dachboden, trugen bei Mond-
schein Kisten mit Schmalz und Schinken in die sogenannte
«Gruft», das heißt in die Friedhofskapelle – aber all das erwies
sich sehr bald als völlig sinnlos. Nur eine kleine Kiste Schnaps

und einige Töpfe Schmalz, die wir zwischen den Stachelbeer-
sträuchern im Gemüsegarten vergruben, wurden später nicht
entdeckt.

Eines der beiden Zernikower Pferde war erkrankt, und so zö-
gerten wir, ob wir trotzdem weitertrecken sollten. Ich fuhr mit
dem Fahrrad nach Leezen am Schweriner See, um zu sehen, wie
es meiner Freundin Karin Gräfin Dohna ging, die aus Pommern
dorthin geflohen war. Aber sie war schon in den Westen weiter-
gezogen. Auf dieser Fahrt stellte ich fest, daß wegen der unbere-
chenbaren Tieffliegerangriffe die Landstraße für einen Treck
mit den Kindern zu gefährlich war. Dann erkrankte ich auch
noch an Grippe und war ein paar Tage ans Bett gefesselt, wobei
ich mir die Zeit mit der Lektüre des Wälzers *Vom Winde verweht*
vertrieb. Wer ihn kennt, wird verstehen, daß diese Lektüre in
der gegebenen Situation meine Einbildungskraft anregte: Es
war nicht nur die Schilderung einer privilegierten Familie aus
dem amerikanischen Süden, die durch die Niederlage in dem
von den Südstaaten provozierten Bürgerkrieg alles verlor, und
die Schilderung ihrer Flucht, was mich bewegte, es war vor allem
der Gedanke, daß es die Frauen und Kinder sind, die die Folgen
des Krieges zu tragen haben.

Ich tröstete mich mit einem Blick auf meine Kinder. Sie waren
recht vergnügt, obwohl sie nun drei zusätzliche Erzieher hatten,
meinen Vater, Tante Paula und Onkel Werner, die alle drei
tüchtig an ihnen herumerzogen.

Am 30. April 1945, einem Sonntagabend, kam ein Zernikower Holzgastrecker vorgefahren und setzte meine Schwägerin
Marielies, eine Nichte und das Kinderfräulein bei uns ab. Es
herrschte nach wie vor Treckverbot, aber Friedmund hatte davon gehört, daß das NS-Versorgungsamt, das seine Akten bis
dahin in Großwoltersdorf untergebracht hatte, diese nunmehr
nach Wismar verlegen wollte, und er hatte gern Holzgastrecker
und Gummiwagen mit einem Fahrer für den Transport zur Verfügung gestellt, um zugleich die drei blinden Passagiere und
eine neue Ration Lebensmittel mit auf den Weg schicken zu
können.

Marielies brachte einen Zettel von Friedmunds Hand:

Ich fürchte, es ist der letzte Brief, den Du von mir bekommst ... Wir gehen hier in den Wald und müssen wohl mit

unserem Ende rechnen. Wenn Ihr mit dem Trecker weiterkommt und bessere Aussichten weiter nördlich habt, so müßt Ihr das vielleicht versuchen. Das Schreiben fällt mir schwerer denn je, da mir alles so belanglos erscheint. Die Menschen sterben an der Straße, es wird alles verhungern. Es ist eine zweite Sintflut. Ich schicke noch Nahrungsmittel mit. Es ist schlimmer zu verhungern, als wenn man totgeschlagen wird. Möge Gott Dir und den Kindern gnädig sein.

Später erfuhr ich, daß am gleichen Tag, als ich diese Zeilen erhielt, morgens die Soldaten der Sowjetarmee Zernikow erreicht hatten.

Auch die Neuankömmlinge erzählten uns von den entsetzlichen Tieffliegerangriffen. An ein Weitertrecken war also nicht zu denken. Mein Vater versuchte, uns zu beruhigen: «Die Engländer sind schon in Wismar und werden auch hierherkommen. Sie haben noch nie einen Hafen eingenommen, ohne auch das Hinterland dazu zu erobern.»

Am 2. Mai 1945, einem strahlenden Sonnentag, war es dann soweit, und es ließ sich zunächst alles ganz harmlos an: Mittags zogen die französischen Kriegsgefangenen von Schönlage ab, die meinen kleinen Bürschli so sehr geliebt hatten: «L'enfant aux beaux yeux» hatten sie ihn genannt. Der Pole, der unter dem Namen «Herr Schön» im Gutshaus gearbeitet hatte, gab sich als ehemaliger Offizier zu erkennen. Aber er blieb freundlich und achtungsvoll gegenüber Werner und Paula Arnswaldt und versuchte vergeblich, seine Landsleute am Plündern zu hindern.

Am Abend dann, gegen halb sieben, wir standen oben im Kinderzimmer am Fenster, sahen wir ihn kommen: den ersten Russen. Ohne Mütze, auf einem kleinen, gedrungenen Pferd, eine große Peitsche schwingend, preschte er um die Wegbiegung am Seeufer. Mehrere Kosaken folgten. Die deutschen Soldaten, die sich gerade im Hühnerstall verstecken wollten, wurden entwaffnet und abgeführt. Dabei fiel kein Schuß.

Wir saßen im Kinderzimmer. Mein Vater, Tante Paula und Onkel Werner gingen hinunter, um die neuen «Gäste» zu empfangen. Meine Schwägerin Marielies wurde hinzugerufen und mußte für sechs Offiziere Abendbrot zubereiten.

Auf der Seite des Hauses, die vom Pächter bewohnt war, begannen die Polen nun doch zu plündern. Sie betrieben das zwei Tage lang. Später erzählte man sich, die Sowjetsoldaten hätten ihnen an bestimmten Auffangstellen ihre Beute wieder abgenommen. Die russischen Offiziere begaben sich in die Wohnung des Pächters und feierten dort. Plötzlich hörten wir ein Jammern. Eine Flüchtlingsfrau aus Danzig, ein zartes, altjüngferliches Wesen, das in einem Parterrezimmer wohnte, wurde in den Garten gezerrt und vergewaltigt. Das erste Opfer!

Gegen Morgen traf das gleiche Schicksal eine junge Frau von einer ostpreußischen Flüchtlingsfamilie. Bis zu uns in den ersten Stock waren bis dahin die Herren des Krieges noch nicht vorgedrungen. So kamen am nächsten Tag die zwei großen Flüchtlingsfamilien, je zehn Personen, eine Familie aus Stettin und eine aus Ostpreußen, schutzsuchend zu uns herauf, die jüngeren Frauen ganz verheult.

Jetzt ging das Plündern auch auf der Arnswaldtschen Seite des Hauses los, und nun machten auch die Russen mit. Zuerst wurden die Truhen erbrochen, und Tante Paulas und Onkel Werners Sachen, Pelerinen, Chapeaux Claques, Balltoiletten aus dem vorigen Jahrhundert, dienten zu einem grotesken Karneval. Als sie damit genug hatten, stürzten die Soldaten durch die Zimmer und zertrümmerten alle Spiegel.

Immer wieder kamen neue Eindringlinge, drohend Maschinenpistolen in der Hand haltend, und durchsuchten von neuem Küche, Keller und Schränke. Uhren, Schmuck, Trauringe, Zigarettenetuis, Rasiergerät, Taschenmesser – kurz, alles was sich schnell greifen ließ, nahmen sie mit. Mein Vater wurde als erster ausgeplündert und verlor alles, was er bei sich hatte.

«Urr, Urr!» Ich hatte meine Uhr in ein schmutziges Taschentuch geknotet und dem siebenjährigen Peter-Anton in die Hosentaschen gesteckt. Meinen Schmuck hatte ich in einen Leinenbeutel genäht, den der zehnjährige Christof-Otto an der Brust trug. Vor dem Schlafengehen steckte er ihn jeden Abend mit einer Sicherheitsnadel an den Schlafanzug und jeden Morgen an sein Unterhemd.

Ich glaube, an jenem Tag hatten wir noch ganz normal zu Mittag gegessen, mit Damasttischtuch und Messerbänkchen. Ich legte Bettinchen gerade zum Mittagsschlaf in ein weißes Gitterbett, da drang ein schlitzäugiger Soldat bei uns ein und griff

nach ihr – ich glaubte, das Herz bliebe mir stehen! Damals wußten wir noch nicht, daß sie Kinder liebten und sich hüten würden, ihnen etwas zuleide zu tun.

Mein Vater hatte sich, in Erfüllung seiner Pflicht als Beschützer der Familie, unten an der Treppe aufgestellt, wurde aber von
einem wilden Kerl, der gerade das Kinderfräulein gepackt hatte,
in den Bauch getreten und kampfunfähig gemacht. Einige Offiziere stürzten, nachdem sie sich in der Küche gesättigt hatten,
auf Marielies. Naiverweise hatten wir geglaubt, daß diese, da sie
schon graue Haare hatte, ungefährdet sei. Als Onkel Werner ein-
zugreifen versuchte, versetzte ihm einer der Offiziere mit einem
Karabinerkolben einen Schlag auf den Kopf und schloß ihn zusammen mit meinem Vater ins Herrenzimmer ein.

Nachts, als alle Frauen und Kinder im Kinderspielzimmer
hockten, stöberte uns im Dunkeln eine Horde auf. Sie entzünde-
ten eine Zeitung, die sie zu einem Fidibus zusammengerollt hatten, und griffen nach der ersten besten Frau, derer sie habhaft
werden konnten. Es war unsere sechsundfünfzigjährige Kinderschwester Nanni. Was uns unverständlich, ja besonders grausig
schien, war, daß nicht jeder eine Frau für sich holte, sondern alle
zehn oder zwölf Mann Schlange standen, um sich auf ein und
dasselbe Opfer zu stürzen. Es gab keine Möglichkeit, sich zu verstecken, nirgends war man sicher, nicht im Garten, auf dem Boden oder im Keller. Später hörten wir, daß es überall gleich zu-
gegangen war. Vor Häusern der Arbeiter machten sie ebensowenig halt wie vor dem Gutshaus: Krieg den Palästen – und auch
kein Friede den Hütten! Am sichersten fühlte man sich im großen Haufen, deshalb kauerten wir immer irgendwo zusammen,
an die dreißig Personen.

Offenbar übte Schönlage auf die Truppen, die in den benachbarten Wäldern biwakierten, eine besondere Anziehungskraft
aus. Es fiel uns auf, daß einzelne Soldaten sich zum zweiten oder
gar zum dritten Mal zeigten, jedesmal in Begleitung anderer
Kameraden. Als ortskundig gewordene Schlepper standen sie
auch ihren Offizieren zu Diensten. Auf die Anwesenheit von
Kindern nahmen sie keine Rücksicht mehr.

Am dritten Tag, ich saß im Kinderspielzimmer mit Bürschli
und Bettinchen auf dem Schoß und sah mit ihnen Bilderbücher
an, kam wieder der Mongole, der schon einmal dagewesen war
und nach Bettina gegriffen hatte, diesmal stolzgeschwellt und

feixend, denn er hatte eine ganze Horde mitgebracht, der er nun dieses frauenreiche abgelegene Nest zeigen konnte.

Ähnlich wie sie mögen die Marodeure des Dreißigjährigen Krieges ausgesehen haben: Sie kamen, wie sie wochenlang durch die von Deutschen verwüsteten Landstriche bis hierher gestürmt waren, barhäuptig oder mit Tatarenmütze, in Lederjacken, Mänteln, Lumpen, ganz verschieden, aber alle bis an die Zähne bewaffnet. Mit ihren Maschinenpistolen schossen sie sinnlos umher, um uns in Angst und Schrecken zu versetzen.

Daß sie selbst, unwahrscheinlich genug, fast ebensoviel Angst hatten wir wie Frauen vor ihnen, die wir doch unbewaffnet und ihnen völlig ausgeliefert waren, erfuhr ich erst sehr viel später. Sie fürchteten sich vor den deutschen Soldaten oder Partisanen, die wir versteckt haben könnten, als sei die Rede vom Werwolf nicht bloße Propaganda, sondern gefährliche Wirklichkeit. Uns, die wir ihre Opfer wurden, erschienen sie als eine Meute von Wilden.

Das war nicht nur das Ergebnis der Goebbelsschen Propaganda, unser aus Schrecken und Abscheu geborener Haß hatte tiefere Wurzeln. Der Mythos von der reinen und keuschen deutschen Frau war ja nicht eine Erfindung der Nazis, er war ein Erbe der viktorianisch-wilhelminischen Periode in Europa, einer Zeit extremer Männerherrschaft, in der die Männer sich jede Art von Seitensprüngen genehmigten, aber ihre «eigenen» Frauen in eine Art imaginären Tempel versetzt hatten, den zu verlassen für diese mit sozialer Ächtung verbunden war.

Vergewaltigt zu werden bedeutete für uns deshalb nicht nur den extremen psychischen Schock, den jede Frau durchlebt, wenn sie von einem Mann als physisches Objekt mißbraucht wird. Es bedeutete darüber hinaus den Fall ins gesellschaftliche Nichts. Es gab damals viele Frauen, die Selbstmord begingen, weil sie meinten, die Schande, vergewaltigt worden zu sein, nicht überstehen zu können.

Die Horde Männer nun, die da hereingekommen war, war besonders groß und schlimm. Das junge blonde Kinderfräulein, das häufigste Opfer unter uns, wurde hinausgezerrt. Plötzlich setzte sich ein Kerl neben mich und fing an, sich mit den Bilderbüchern zu beschäftigen. Wie töricht war es doch von mir gewesen, zu glauben, daß ich durch die Kinder geschützt sei! Die Kinder! Die Kinder! In mir war die Kraft und der Wille einer

Löwin, sie zu verteidigen, und doch wurden mir schließlich die Knie weich, als das Ballern der Maschinenpistolen zwischen den Köpfen der Kinder mich um ihr Leben bangen ließ. Willenlos ließ ich mich hinausziehen wie zu einer Exekution. Im Exekutionszimmer, einem der vielen Gästezimmer im oberen Stock, warteten mehrere Henkersknechte auf mich. Der erste, soviel erinnere ich mich noch, war relativ sauber, hatte eine Lederjacke an mit einem Blechabzeichen in Form eines Flugzeugs, und ich schrie: «Es kann nicht sein!» und sagte mir, mir ist doch unwohl, er *muß* mich in Ruhe lassen! Dann packten grobe Hände zu.

Du röchelnde Bestie! Kampf, Ohnmacht, durch den Kopf hämmerte mir nur noch ein Gedanke, und ich klammerte mich daran wie an einen Rettungsring: «Das bist nicht du selbst, nein, nicht du, nur der Körper, der elende Körper! Du bist weit, ganz weit weg.»

In einem Moment kurzen Erwachens entrang sich mir das Stoßgebet: «Laß mich hinaus, schütz mich vor den anderen, lieber Gott, laß es bei dem einen!»

Ich versuchte um jeden Preis, mich dem Kerl verständlich zu machen, drückte ihm dies und jenes in die Hand, ein Feuerzeug, Zigaretten. Es nutzte nichts. Einer nach dem anderen bemächtigte sich meiner, fünf oder sechs. Ich weiß nicht mehr, wie viele, ich war nicht mehr anwesend, es zog an mir vorüber wie ein Höllenspuk. Einer hatte eine Tatarenmütze auf, einer lachte immerzu, einer sagte besänftigend oder höhnisch «Maruschka» oder so ähnlich – vorbei!

Nur zurück zu den Kindern, war mein erster Gedanke, aber dann schoß es mir durch den Kopf: Sollte ich nicht besser in den See gehen, vergessen, ausruhen, diesen schmutzigen Leib abwerfen? Wie würdest du, Vaterchen (so nannte ich Friedmund), es ertragen, wenn du es erführest? Wie gut, daß ich nicht in Zernikow bin. Dann lebtest du jetzt wohl nicht mehr, sie hätten dich meinetwegen umgebracht. So lebst du jetzt noch und erfährst es vielleicht nie? Also denk an die Kinder, nur an sie! Schnell zurück zu den Kleinen!

Gebrochen schwankte ich zu ihnen hinein. Irgend jemand steckte mir eine Zigarette an, das tat gut in der Lunge, in den Gliedern. Die Knie wurden fest, und der Kopf saß wieder halbwegs auf den Schultern.

Ein Blick auf meinen Vater erweckte in mir Mitleid mit ihm. War er nicht ausdrücklich zu unserem Schutz hier, und nun fand er sich, der Zweiundsiebzigjährige, in einer so ohnmächtigen Lage. Ich wußte, wie verächtlich er sich deshalb vorkommen mußte.

Da begann er, etwas von «Ehre» zu stammeln. Wie ich «Ehre» hörte, fuhr ich auf, irgendeine Kraft stärkte mich und gab mir die Worte ein:

«Rede jetzt nicht von Ehre, das ist völlig fehl am Platz! Wir haben alle noch unsere Ehre, was auch geschehen ist. Der Krieg ist eben noch ‹totaler und radikaler› geworden, als wir uns vorgestellt haben! Dieses eine Mal hat Goebbels nicht gelogen! Du redest als Soldat von Ehre, nun gut. Jetzt sind wir Frauen verwundet. Wir haben unsere Kriegsverletzung erhalten wie Soldaten.»

Und zu den Frauen gewandt:

«Es traf den Körper, der ist vergänglich – Kopf hoch, deswegen werden wir doch keine Dummheit begehen!»

Die Frauen schauten mich an, als wollten sie mir gern glauben.

Am Abend kam ein angeblicher Major mit einigen Männern und gab sich als Angehöriger der Militärpolizei aus. Von der erhofften wir uns Hilfe. Der Herr Major aber zog mich sofort auf einen Stuhl neben sich und legte mir den Arm um die Taille. Schleunigst verschwand ich wieder in der Dunkelheit des Hauses.

Der Major hatte versprochen, uns eine Polizeiwache zu stellen, eine solche erschien auch tatsächlich und richtete sich im Kinderspielzimmer gemütlich ein. Als aber nächtliche Eindringlinge im Zimmer nebenan wieder ihre Untaten verübten, blieben sie völlig teilnahmslos. Am nächsten Tag erschien der Major noch einmal, nun offenbar nicht im Dienst, und verfuhr mit den Flüchtlingsfrauen wie alle seine Kumpane.

Am Morgen hatten wir ein paar ruhige Stunden. Die Peiniger tobten immer bis zwei, drei Uhr nachts, dann schliefen sie bis zehn, elf Uhr, ehe sie wieder aktiv wurden.

Es war ein schöner, kalter Tag. Wir wuschen uns notdürftig, machten uns sogar einen Kaffee. Tante Paula lief hilflos Hilfe anbietend mit einem Irrigator für Spülungen umher. Ich diskutierte mit meinem Vater – es war Sonnabend, der 5. Mai – mei-

nen Entschluß, zu versuchen, doch noch in den Westen durchzukommen. Wir Frauen fürchteten uns ja nicht nur vor weiteren
Vergewaltigungen, sondern auch vor der Ansteckung mit Ge-
schlechtskrankheiten, und sahen daher das geringere Risiko in
der Flucht.

Mein Vater war einverstanden und wollte mit mir den Treck
führen. Uns bedrückte, daß wir Tante Paula und Onkel Werner
zurücklassen mußten, aber sie redeten uns gut zu:
«Zieht los!»

Die zwei Flüchtlingsfamilien, insgesamt zwanzig Personen,
wollten sich anschließen. Die fünfundvierzigjährige Pächters-
frau dagegen war unentschlossen, denn ihr Mann und ihr Sohn
hatten sich im Wald versteckt. Wegen ihrer krausen roten Haare
war sie besonders gefährdet.

Weil Pferde und Wagen nicht mehr vorhanden waren, richteten wir uns darauf ein, zu Fuß zu gehen, und ich holte das Aller-
notwendigste für den Aufbruch zusammen, für jeden einen
Rucksack voll.

Da entdeckte mein Vater in einem Schuppen ein altes leichtes
Jagdwägelchen, das man wohl vor zwanzig Jahren einmal dort
hineingeschoben und dann vergessen hatte. Und in der Ferne
sahen wir auf einer Wiese ein kleines Pferd regungslos stehen. Es
war ein Russen-Pony, das schon lange nicht mehr getränkt und
gefüttert worden war.

Brüdi, der tapfere zehnjährige Junge, mußte nun im Park hinter den mächtigen Thuja-Bäumen das Pferd bewachen, während
wir Frauen das Wägelchen, das wir vor die Hintertür geschoben
hatten, mit Betten und Lebensmitteln beluden. Die Arnswaldt-
sche kleine Räucherkammer auf dem Dachboden war noch nicht
ganz leergeplündert, der Lattenverschlag daneben noch gar
nicht entdeckt worden. Aber wie sollte ich an die verbarrikadierten Sachen herankommen? Da kam gerade ein Pole, der auf
Plündertour war. Halb bittend, halb befehlend, wies ich ihn an,
mir aus dem Verschlag einen Sack Zucker herauszuholen, und
teilte dann den Inhalt christlich mit ihm. Dann ging ich mit ihm
auf den Speicher und ließ mir von ihm einen Sack Hafer fürs
Pferd auf den Wagen tragen und «schenkte» ihm großzügig den
Rest.

Unterdessen ging im Haus der Spuk von neuem los. Wir hielten das Gutshaus für verwünscht, weil es zwei Zugänge hatte.

Das Kinderfräulein fiel auf der Hintertreppe abermals einem Verfolger in die Hände, nachdem sie auf der Vordertreppe gerade einem anderen entkommen war. Ich mußte die Ruhe bewahren, an ihnen vorbeieilen, nur an das eine denken: Was brauchen wir für unterwegs? Kerzen, Seife, Streichhölzer, Kaffee, Tee – es war von allem noch etwas da. Vor allem aber der kleine Medikamentenkoffer von Frau Löscher!

Ein Soldat wollte sich an mich heranmachen und auf seinem Fahrrad mitnehmen, aber es gelang mir, ihm zu entkommen. Marielies hatte etwas gekocht, so etwas wie einen Grießbrei. Der Blick auf die Kinder, die so brav dasaßen, richtete mich auf. Der mit dem Fahrrad kam wieder und zerrte mich in ein Gästezimmer auf der Gartenseite. Da sah ich mit Schrecken, daß seine Kumpane sich aus dem Eßzimmer das große Fernrohr geholt, es auf unser Wägelchen geladen hatten und sich damit amüsierten.

Mein Vater bemühte sich, ein paar andere abzulenken, die auf die Koniferen losgingen, hinter denen Christof-Otto mit dem Pferd wartete. Sie schossen wild in der Gegend umher, eine Kugel sauste meinem Vater am Ohr vorbei, eine andere über Brüdis Kopf!

Mein Verfolger versuchte mir derweil zu verstehen zu geben, daß es häßlich und unpraktisch sei, wenn Frauen (Ski-)Hosen anhätten. Mit dem Mut, den mir die Gefahr eingab, in der ich meinen zehnjährigen Jungen und meinen Vater sah, konnte ich mich befreien. Ganz erschöpft kam ich bei den Kindern an. Nur weg, schnell weg!

Um ein Uhr mittags war dann tatsächlich alles startbereit. Eine letzte Umarmung mit Arnswaldts, dann wurden meine beiden Kleinen und ein Flüchtlingskind in die Betten auf dem Wägelchen gelegt, ein anderes in den Pelzmantel meines Vaters eingewickelt, das Pferdchen aus dem Gebüsch geholt und angespannt, und schon setzte sich der Zug in Bewegung. Das Kinderfräulein, wegen der vielen Mißhandlungen außerstande zu laufen, hatten wir auf den Vordersitz plaziert, sie kutschierte. Alle anderen gingen zu Fuß, der siebenjährige Tünni an meiner Hand, Christof-Otto neben dem Großvater.

Die Russen hielten Mittagsschlaf, niemand sah uns oder hielt uns zurück, bald hatten wir das Unglückshaus hinter uns gelassen und atmeten auf in der freien Natur. Mein Vater, der eine Karte der Umgebung gerettet hatte, führte uns einen einsamen

Weg durch den Wald. Tief gruben sich die schmalen, hohen Räder in den Sandweg. Wir mußten schieben, das Pferdchen schnaufte mit letzter Kraft.

Die Flüchtlingsfamilie aus Stettin versuchte immer wieder, den mit ihren Habseligkeiten schwer bepackten Handwagen an unseren kleinen Wagen anzuhängen, obwohl ich es ihnen untersagt hatte, weil unser Pferdchen das alles nicht schaffen konnte. Als sie von ihren Versuchen nicht abließen, packte ich schließlich an einer Wegkreuzung ihren Wagen und hängte ihn energisch ab. Gekränkt zogen sie ihre eigenen Wege. Wir haben nie wieder von ihnen gehört.

In solchen Augenblicken entdeckt man in sich ein Wesen, das einem selbst fremd ist, weil es grausam, aber den Erfordernissen entsprechend mit Konsequenz handelt. Da ich dann doch Reue fühlte, schien es mir, als folgte die Strafe für meine Härte auf dem Fuße: Auf dem Feldweg, den unser nun nur noch aus zwanzig Personen bestehender Zug eingeschlagen hatte, tauchten zwei Gestalten auf:

«Urr! Urr!»

Dabei hatten die Kerle bereits fünf oder sechs davon an jedem Arm. Aber: «Kaputt, kaputt!»

Sie gaben ein paar Schüsse ab, ließen uns dann aber unbehelligt weiterziehen.

Gegen Abend wurde es kalt und windig. Wo sollten wir über Nacht bleiben? Auch die größeren Kinder waren nun schon müde geworden, wir ließen sie abwechselnd auf dem Wagen sitzen. Die Rucksäcke drückten. Bei der ostpreußischen Familie marschierte eine Großmutter mit, die schon etwas verwirrten Geistes war und nicht mehr klar sprechen konnte. Aber sie war von erstaunlicher Zähigkeit. In ihren handgestrickten Strümpfen und viel zu großen Schuhen, den Oberkörper in ein großes schwarzes Tuch gehüllt, stapfte sie, wie von einem Motor getrieben, mit uns mit.

Rechts von uns kam ein Wald ins Blickfeld, wir bogen ein auf den Weg, der hineinführte – vielleicht bot er Schutz für die Nacht! Die Buchen waren zu licht, aber dahinter befand sich eine Fichtenschonung. Als ich hineinkroch, sah ich im Inneren der kreisförmigen Anpflanzung ein gesatteltes Pferd stehen, einen Schimmel ohne Reiter.

«Da müssen Russen in der Nähe sein», meldete ich.

Was sollten wir tun? Trotz der Müdigkeit kehrten wir zur Straße zurück. Da sie völlig verschlammt war, setzten wir unseren Zug oberhalb der Straße über einen Hügel fort. Dabei zeichnete sich vor meinem Auge ein so überraschendes Bild ab – die Sonne war gerade untergegangen –, daß es mir fast vorkam, als hätte ich eine Vision: Vor dem glühenden Abendhimmel das Pferdchen, der turmhoch beladene Karren und vorn auf dem Kutschersitz das Kinderfräulein mit flatterndem Haar: «Vom Winde verweht».

Ein Stück weiter führte der Weg durch eine Schlucht ins Tal. Unten mußte ein großes Gut oder Dorf liegen: man hörte Gejohle, das Getöse von Motoren, Schüsse – Russen!

Aber siehe da, am Anfang der Schlucht, auf die Seite gekippt und an eine Schlehendornhecke gelehnt, stand ein verlassener Treckwagen, in dem Stroh lag und der bespannt war mit einer Plane. Nicht weit davon ein flacher Bierwagen – Pschorr stand darauf –, dem ein Rad fehlte.

«Wo aber Gefahr ist, wächst das Rettende auch.» Wir brauchten also nicht, wie befürchtet, auf der nassen, kalten Erde zu schlafen und hatten einen Schutz gegen den Regen, der nun einsetzte.

Die Kinder wurden mit Schwester Nanni und einer jungen Frau im Planwagen untergebracht. Ein dickes, achtzehnjähriges Mädchen, das sich hineindrängen wollte, mußte ich abwehren. Der Platz hätte nicht gereicht. Alle anderen Frauen legten sich dicht an dicht auf den Bierwagen. Wir deckten uns mit der Zernikower Ernteplane zu.

Ein verrostetes Feldbett, das irgendwer entdeckt hatte, wurde herangeholt, und die beiden Männer, mein Vater und der Ostpreuße, ein Invalide, der vom Ersten Weltkrieg eine Kopfverletzung hatte, benutzten es als Lagerstätte, während sie sich abwechselten beim Wachestehen.

Ich konnte verständlicherweise nicht schlafen, aber der Regen hörte wieder auf, der Sturm legte sich. Als ich unter der Plane hervorlugte, sah ich den Sternenhimmel leuchten. Trotz aller Not, trotz aller Verlassenheit fühlte ich mich so frei, so ruhig, so sicher geleitet, wie es mir so zuvor in meinem Leben nie begegnet war. Ich wurde eins mit der sternenklaren Nacht und sprach mir lautlos die Zeilen vor:

Wer nie sein Brot mit Tränen aß,
Wer nie die kummervollen Nächte
Auf seinem Bette weinend saß,
Der kennt euch nicht, ihr himmlischen Mächte.

Nun hatte ich sie kennengelernt, das war die unauslöschliche Erfahrung jenes Augenblicks. Waren nicht Engel vom Himmel gestiegen und hatten die Kinder bis jetzt bewahrt und behütet? Ein tiefer Friede, ja fast ein Glücksgefühl überkam mich. Gegen Morgen erschreckte uns Pferdegetrappel. Russen? Nein, mein Vater kam und sagte, es sei ein reiterloses Pferd. Bei ihm fand sich ein kleiner, netter Hund, ein Terrier, der sich uns dann zugesellte und uns nicht mehr verlassen wollte. Er kläffte und bellte aber so oft, daß wir Angst haben mußten, er werde uns, wenn wir in Ruhe rasten wollten, verraten. So banden wir ihn schließlich am anderen Tag, damit er uns nicht weiter folgen konnte, schweren Herzens an einen Baum an der großen Landstraße. Die Kinder waren empört, daß man ein lebendes Wesen so einfach aussetzte. Wir trösteten sie mit der Hoffnung, daß ein gutmütiger Russe das Tier finden und sich seiner annehmen werde.

Kalt, naß und windig war der Morgen, und doch kletterten alle ganz munter aus den Verhüllungen. Das alte Mütterchen, das sich partout nicht zu den Kindern in den Planwagen hatte legen wollen, sondern sich auf einen Strohbund auf der Erde gekauert hatte, war nicht erfroren! Sie rappelte sich auf und ging mit uns weiter, wie ein Automat. Wir zogen im Morgengrauen los. Das Gelände war hügelig und schwierig. Über den glitschigen Lehm bewegten wir uns nur mit Mühe fort.

Auf abgelegenen Wegen, um die große Straße zu vermeiden, kamen wir zu einem Gutshof. Das rötliche Herrenhaus stand verlassen da: Die Fenster waren zerschlagen, die Türen standen offen, die Turmuhr war stehengeblieben. «v. S.» stand irgendwo zu lesen. Das einzige menschliche Wesen weit und breit war ein alter Mann.

«Die sind alle tot», sagte er und zeigte auf das Haus. In der großen Scheune schienen ein paar Russen zu schlafen. Wir beeilten uns also weiterzukommen, ehe sie wach wurden und sich für uns zu interessieren begannen.

Wir wußten nicht mehr ganz sicher, wo wir uns befanden,

denn unsere Karte war nicht so detailliert, daß sie uns auch über die Feldwege orientiert hätte. Nach einer Weile hatten wir uns verlaufen, der Weg endete, unser Treck mußte umkehren, wieder zum Gut als nächstem Orientierungspunkt. Von dort zogen wir dann doch auf die große Straße. Auf dieser war es gar nicht so schlimm, wie wir gedacht hatten. Wir begegneten zwar Russen, beritten oder zu Fuß, auf dem Rad oder im Auto. Einzelgänger belästigten uns, aber nur damit, daß sie «Urr! Urr!» forderten oder Zigaretten. Es war nicht allzu schwer, sie loszuwerden.

Der große Elendsstrom, der die deutschen Landstraßen durchflutete, hatte nun auch uns aufgenommen. In verschiedenen Gruppen zogen die Menschen, Mütter mit Kindern, alte Leute, die letzte Habe auf Handwagen oder Kinderwägelchen gepackt, dahin. Mit unserem Pferdewagen kamen wir uns privilegiert vor. Zwischen allen zogen die verwundeten, elenden deutschen Soldaten. Schmutzig, humpelnd schleppten sie sich vorwärts und waren oft doch noch besser gekleidet als die Sieger. Aber das Schreckliche war die Hoffnungslosigkeit in ihren Gesichtern!

Nachmittags kam eine Gruppe von Männern auf uns zu. Wir fürchteten, daß es Polen seien, die uns ausplündern wollten, doch sie entpuppten sich als vergnügte Österreicher, die ihre Soldatenkluft schon gegen eine zivile ausgetauscht hatten. Sie schenkten unseren Kindern Mengen von Bonbons und Schokolade, die sie irgendwo gefunden hatten. Sie sagten, sie wollten sich bis an den Bodensee durchschlagen. Alle wollten nach Westen! Endlos wälzte sich der Menschenstrom dahin, und endlos schien die Straße eingesäumt von Autowracks, dazwischen tote Pferde und auch gefallene Soldaten, die man noch nicht beerdigt hatte.

An diesem Tag drückte uns das Gepäck, als sei es viel schwerer geworden, die wundgelaufenen Füße und der Rücken schmerzten. In Chausseegraben fanden wir manches Nützliche, was wir uns noch obendrein aufluden: eine Blechschüssel, die uns allen als Waschschüssel dienen konnte, einen Kochtopf, eine Rolle Nähgarn sowie eine weitere Plane, die wir indessen bald wieder liegenließen, weil sie denn doch zu schwer war. Wir fanden auch Geld, hoben es aber nicht auf, weil wir meinten, es sei nun wertlos. Dabei sollte es noch drei Jahre dauern, bis es seine Gültigkeit verlor.

Gegen Mittag kamen wir durch einen größeren Ort, wo wir aufgehalten wurden. Die Soldaten des Siegers nahmen uns unsere kostbare Pferdeleine weg. Zum Glück hatten wir noch die alte Wäscheleine, mit der wir das Gepäck auf dem Wagen festgebunden hatten.

In dem Maße, wie wir uns der Demarkationslinie zwischen Ost und West näherten, wurde die Straße wieder unruhiger und gefährlicher. Jenseits der von Blankenberg nach Bad Kleinen führenden Bahnstrecke sollte sich in einigem Abstand die kanadische Front befinden, und wir wollten sie, an der Bahnlinie entlangziehend, erreichen, da wir, ahnungslos wie wir waren, hofften, diese sei frei. Aber schon von weitem sahen wir, daß die Sperrlinien undurchdringlich waren. Tanks und Kanonen waren aufgefahren und standen in Richtung Westen. Eine Gruppe sowjetischer Soldaten mit einem hageren, gelbhäutigen Offizier an der Spitze stürzte uns entgegen und zwang uns zur Umkehr. Sie trieben uns unter lautem Geschrei mit Gewehrkolbenstößen ins Dorf zurück.

Schwester Nanni hatte, um sie zu retten, meine Gummistiefel angezogen, davon aber heiße Füße bekommen. So lief sie nun barfuß und trug die Stiefel über der Schulter. Eine Gruppe von heimwärts ziehenden Polen stürzte sich auf uns, und eine haßerfüllte Frau riß Nanni die Stiefel von der Schulter und warf sie in hohem Bogen in den Dorftümpel! Ein Paar Gummistiefel – sollte man sich darum grämen? Nein. Aber diese Geste abgrundtiefen Hasses! Schmerzlich fühlten wir die Demütigung, und die Kinder beschäftigte gerade dieses Erlebnis noch lange.

Der hagere Offizier führte uns im Dorf zu einem dicken Russen von jener gutmütigen Sorte, die immer lächelt – nach seinen vielen Blechorden und Streifen zu urteilen war es eine höhere Charge. Er zeigte meinem Vater auf einer Karte das Städtchen Warin. Da müßten wir hingehen, denn dort sei der Kommandant, und dort gäbe es Passierscheine für die Grenze. Es half nichts, wir mußten umkehren!

Nach jener Enttäuschung fühlten wir die Müdigkeit doppelt, und wir beschlossen zu rasten. Ein Wäldchen bot uns Schutz, und es gelang uns, trotz Regen, ein Feuerchen zu entfachen, wobei wir zugleich bangten, daß es uns verraten könnte. Wir legten Kartoffeln, die wir unterwegs aufgelesen hatten, in die

Glut, und wenn wir sie von ihrer dicken schwarzen Kruste befreit hatten, schmeckten sie herrlich.

Bis Warin waren es fünfzehn Kilometer Weg auf der Chaussee. Das Wetter verschlechterte sich zusehends, und so kam unter uns bald die Sorge auf: «Wo bleiben wir diese Nacht?» Doch die Kinder hielten sich tapfer. Schließlich zogen wir gegen Abend in das kleine Städtchen ein, das zwar unzerstört geblieben war, aber einem Heerlager von Flüchtlingen glich. Wir fragten nach einem Quartier und wurden zu einer großen Volksschule verwiesen. Mein Vater und ich drangen bis zur sowjetischen Kommandantin vor. Trotz ihrer Uniform versuchte sie nicht zu verleugnen, daß sie eine Frau war, sie war intelligent und freundlich. Sie wies uns ein noch leerstehendes Klassenzimmer im ersten Stock zu.

Hier nisteten wir uns ein und verbarrikadierten mit den Schulbänken die Tür, an der natürlich Schloß und Riegel fehlten. Erschöpft sanken wir auf die dünnen, mit Papier bezogenen Behelfsmatratzen. Sie erschienen uns sauberer und angenehmer als das Stroh, an das wir nun schon gewöhnt waren.

Mein Vater hatte unterdessen Wagen und Pferdchen bei einem Ackerbürger untergebracht. Der hatte ihm zwar viel Geld abverlangt, aber die Fuhre wurde dafür auch nicht entdeckt. Wie dankbar und froh lag ich nun zwischen meinen vier Kleinen auf trockener Lagerstätte, während an den teilweise eingeschlagenen Fenstern der Schule Sturm und Regen rüttelten. Und welches Glücksgefühl am nächsten Morgen, als ich aufwachte und alle meine vier Kinder gesund wiederfand!

Schwester Nanni ging nach unten, wo viele Flüchtlinge auf Stroh gebettet lagen, kam aber schnell wieder zu uns zurück: Zwei Säuglinge seien in der Nacht gestorben, hieß es. Vielleicht an Typhus?

Mein Vater und ich gingen mehrmals zur Kommandantur, wir wurden aber immer wieder vertröstet und weggeschickt; selbstverständlich bekamen wir keinen Passierschein für die Grenze. Gab es so etwas überhaupt? So blieben wir einige Tage untätig in Warin.

Morgens und mittags kochten wir und die zahlreichen anderen Flüchtlingsgruppen in der Küche des Pedells. In der Stadt herrschte schon eine gewisse Ordnung. Ein ortsfremder Kommunist hatte das Bürgermeisteramt übernommen, die freiwillige Feuerwehr versah den Polizeidienst.

Nachmittags lagerten wir uns auf eine Wiese vor dem Ort, die Sonne schien, alles war ruhig. Abends bekamen wir bei der ehemaligen NSV, die erstaunlicherweise noch aktiv war, jeder einen Teller Suppe und würzten ihn mit dem wilden Schnittlauch, den wir auf der Wiese abgerupft hatten.

Am Dienstag, dem 8. Mai, hatte die deutsche Armee kapituliert, am Donnerstag fand die Siegesfeier statt: mit Fahnenhissen und Blasmusik. In der Schule blieb es ruhig – es gab keine Vergewaltigungen mehr. Überhaupt hatten wir mit unserem Quartier Glück – dachten wir. Am nächsten Tag bekamen wir Räumungsbefehl. Die Schule sollte als Lazarett eingerichtet werden. Was nun? Viele junge Leute sind unter Lebensgefahr durch die Elbe geschwommen oder über die grüne Grenze gekrochen. Aber mit vier kleinen Kinder und alten Männern und Frauen blieb uns nichts anderes übrig, als zurückzukehren nach Schönlage.

Obwohl das Wetter gut und Schönlage nicht allzuweit entfernt war – nur fünfzehn Kilometer –, obwohl unser Pferdchen noch munter war und unser Wägelchen noch heil: Der Rückzug ist mir weit schlimmer in Erinnerung als unser Aufbruch auf dem Weg der Hoffnung. Eine besondere Belastung war, daß der Ostpreuße, der sich auf dem Hinweg den Anordnungen meines Vaters gefügt hatte, nunmehr aufsässig wurde und ihn sogar einmal schlug! «Mein Herr, Sie haben doch versprochen, uns alle in den Westen zu bringen. Sie haben versagt!»

Schließlich zogen die beiden Familien getrennte Wege.

Später wurden wir allerdings wiederholt auf unangenehme Weise daran erinnert, daß auch sie sich wieder in Schönlage niedergelassen hatten. Hämisch schickten sie die durchziehende sowjetische Soldateska zu uns mit dem Hinweis: «Da Kapitalist!»

Als wir abends gegen sieben Uhr im Dorf ankamen, bot sich uns ein recht verändertes Bild gegenüber der Situation, in der wir es neun Tage zuvor verlassen hatten. Am Tag unseres Aufbruchs in den Westen hatte ein sowjetischer Divisionsstab Schönlage erreicht. Die Offiziere hatten im Gutshaus Quartier bezogen, Tante Paula und Onkel Werner Arnswaldt und die Pächtersfamilie waren in je einen Raum der alten Mühle umquartiert worden. Die Soldaten hatte man in einem Teil der Arbeiterhäuser untergebracht, die daraus vertriebenen Familien mußten sich mit den Bewohnern der übrigen Arbeiterhäuser deren Wohnraum teilen. Das Dorf hatte nun einen sowjetischen Kommandanten und einen deutschen Bürgermeister, einen Flüchtling aus Stettin namens Nickel. Wir mußten von ihnen die Genehmigung einholen, daß wir in Schönlage bleiben durften. Wir bekamen als Wohnung das abgelegene Haus des Bauern Hüging zugewiesen, das leer stand. Der Bauer war tot. Bei einer Razzia hatte er sich vor seine schwangere Frau gestellt und war erschossen worden. Ein kleines Holzkreuz im Garten bezeichnete sein Grab. Die Frau war in die Wälder geflohen.

Das Haus, sehr hübsch an der Westseite des Sees, etwa zehn Minuten vom Dorf entfernt gelegen, hatte zwar keine Möbel mehr – einen großen Schrank sahen wir auf dem See schwimmen –, aber solange wir darin wohnen konnten, fühlten wir uns relativ sicher.

Mit den Ziegelsteinen, die auf dem Hof zu finden waren, verrammelten wir die Türen, auch hier ohne Schloß und Riegel, von innen. Wir hatten nichts als Stroh, worauf wir uns betten konnten, aber wir waren für uns und genossen die Ruhe. Leider war sie nicht von langer Dauer.

Am Pfingstsonntag, es war der Geburtstag meiner Schwägerin Marielies – Tante Paula hatte ihr gerade einen großen Strauß Vergißmeinnicht gebracht, den sie heimlich aus ihrem eigenen Garten entwendet hatte –, kam einer der Offiziere, der uns schon vorher öfter beehrt hatte und uns dabei als besonders unangenehm aufgefallen war, und schrie in bestem Deutsch: «Rrraus!» Dabei stach er mit herrischer Geste seinen Säbel so heftig in den Holzfußboden, daß er mit der Spitze darin steckenblieb. Wir hatten Befehl, das Haus Hüging binnen zwei Stunden zu räumen. Wohin? Er wies auf ein Haus am gegenüberliegenden Ufer des Sees, in dem der Bauer Peters mit seiner Familie wohnte.

Mein Vater konnte beim Kommandeur dann wenigstens noch die Erlaubnis erwirken, daß wir auf einem Wagen mit den Gutspferden unsere Sachen hinüberschaffen durften. Der Befehl war reine Schikane. Der Hof des Bauern Hüging stand noch lange Zeit danach leer.

Im neuen Quartier wartete auf uns eine weitere unangenehme Überraschung: Wir mußten es nicht nur mit den Besitzern teilen, es war dort auch noch die ostpreußische Familie einquartiert worden!

Der Peterssche Hof war ein größerer, aber recht verwahrloster Betrieb. Bauer Peters war ein gebrechlicher, gutmütiger alter Mann. Seine Frau, die früher einmal als Mamsell bei meiner Tante gearbeitet hatte, war vom Tod ihres Sohnes, der im Krieg gefallen war, so sehr verbittert, daß sie alle Menschen haßte, nicht nur die Besatzungssoldaten, sondern ebenso die ihr aufgezwungenen Flüchtlinge.

Wir bekamen als Unterkunft die «gute Stube» zugeteilt, mit einem Vertiko in der Ecke, einem Tisch und ein paar wackligen Stühlen. An der Wand hing ein Großfoto vom Bauern Peters als Soldat im Ersten Weltkrieg, umrahmt von einem Lorbeerkranz. Die Tapete mit einem lila Blumenmuster hing in Fetzen von der Wand. Der Raum war feucht, auch die Dielen. Dahinter befand sich noch eine Kammer mit einem alten, bis an die Decke reichenden Kachelofen. Auf diesen Ofen legten wir unseren größten Schatz: eine Speckseite aus Zernikow. In dieser Kammer sollte ich mit den Kindern schlafen. Wir richteten ein Strohlager her, das wir mit der Zernikower Ernteplane abdeckten. Als Schwester Nanni irgendwo eine eiserne Bettstelle fand, bestimmte sie, daß sie meinem Vater gebühre. Zwar hing der Rost schon reichlich durch, aber Nanni fand eine solche Bettstatt doch angemessener für den «Herrn Präsidenten» als einfaches Stroh.

Nun kam uns zustatten, daß wir bei unserem Treck auf der Landstraße von Warin einige Wolldecken gefunden und mitgenommen hatten. Auch das dort aufgesammelte Koch- und Eßgeschirr konnten wir gut gebrauchen.

Im Dorf bekamen wir eine Zuteilung von einer Scheibe nassem Brot pro Kopf und Tag und reichlich Magermilch. Von der machten wir uns Quark und versüßten ihn mit etwas Sirup, den wir in einem kleinen Eimer aus Zernikow mitgebracht hatten. Nachts schlichen wir uns an die Kartoffelmieten; es waren Kartoffeln, die für die Aussaat im Frühjahr bestimmt gewesen waren. Wir klaubten uns unter den bereits verfaulten Knollen die besten heraus.

Von Frau Peters wurde mir, aber nur mir, gestattet, ihre Küche zu betreten und die hintere Platte ihres Herdes zu benutzen, um darauf einen Topf Kartoffeln zu dämpfen. So habe ich dann endlich gelernt, was ich in der vornehmen Kochschule in Samaden in der Schweiz als junges Mädchen nicht gelernt hatte: wie man Kartoffeln kocht!

Die Besatzung wechselte in diesem Sommer im Gutshaus siebenmal. Mit jedem Wechsel der Truppe nahm auch die Zerstörung des Gutshauses zu. Stand das Haus zwischendurch einmal vierundzwanzig Stunden oder länger leer, so verlockte das auch unsere lieben deutschen Nachbarn aus Schönlage und Jülchendorf, sich der «herrenlosen» Sachen im Gutshaus anzunehmen. Zum Schluß waren nicht nur keine Möbelstücke, sondern auch keine Tür- und Fenstergriffe und keine einzige heile Fensterscheibe mehr im Haus.

Wir hatten, als wir aus Zernikow kamen, einiges mitgebracht an Silber, Wäsche, Hausrat und auf dem großen Speicher abgestellt. Nachdem in den ersten Tagen einige Polen die Kisten durchwühlt und daraus mitgenommen hatten, was ihnen brauchbar erschien, warfen eines Tages die Sowjetsoldaten den restlichen Krempel durch die Dachluken des Speichers und stapelten die Sachen dann auf einem großen Haufen am Seeufer. Ob sie alles anzünden oder in den See schütten wollten? Onkel Werner, der große, weißhaarige Patriarch mit den strahlend blauen Seemannsaugen, wurde von den Russen geduldet und geachtet. Er hatte als einziger freien Zugang zum Gutshof und durfte dort seine Hühner füttern. Bei dieser Gelegenheit brachte er mir hin und wieder etwas mit, was er in den am See angehäuften Sachen aufgestöbert hatte, zum Beispiel zwei silberne Empire-Leuchter.

Er konnte nicht wissen und ich mochte ihm nicht sagen, daß mir an Sachwerten nicht so sehr gelegen war wie an Erinnerungsstücken, zum Beispiel an den Fotoalben und dem Zernikower Gästebuch. Die holte mir dann die mutige Schwester Nanni. Im Gegensatz zu Onkel Werner durfte sie sich bei Tage nicht dorthin trauen, wo die Sachen lagen. Deshalb legte sie sich des Nachts auf die Lauer, um den Moment abzupassen, wo der Wachtposten «mal mußte». Dann lief sie los und griff sich die kostbaren Erinnerungsstücke, die ich noch heute besitze.

Nachdem die regulären Feldtruppen abgezogen waren, bildeten noch auf Wochen hinaus durch die Gegend streunende Marodeure eine wahre Landplage. Eines Tages kam mit Karacho ein mit zwei Schimmeln bespannter eleganter Kutschwagen angefahren und hielt hinterm Haus. Unsere Frauen konnten sich rechtzeitig verstecken, nur ich harrte bei den Kindern aus. Drei Kerle stiegen durchs Fenster ein.

Frau Peters mußte für sie kochen, Herr Peters ein Schwein für sie schlachten. Schnaps hatten sie sich schon vorher irgendwoher verschafft. Als sie feststellten, daß ihnen die Frauen entwischt waren, wurden sie so wütend, daß sie meinen Vater packten, ihm das Hemd vom Leib rissen und das Geld aus seiner Brusttasche an sich nahmen. Dann «überprüften» sie seine Papiere, beschimpften ihn als «Kapitalisten», «Junker», «Baron» und sperrten ihn unter Drohungen in eine Scheune.

Ich saß derweil, meine Kinder eng an mich geschmiegt, den Kleinsten auf dem Schoß, in unserer Kammer. Einer kam herein und befahl: «Komm mit!»

Ich: «Nein!»

Und er immer wieder: «Komm mit!»

«Nein!»

Schließlich holte er aus seiner Tasche ein Bündel Geldscheine und blätterte sie mir vor die Nase:

«Da! Komm mit!»

«Nein!»

Plötzlich waren von draußen Kommandorufe zu hören. Die zwei anderen stürzten wieder durch das Fenster der großen Stube zu ihrem Schimmelgespann. Mein Verfolger warf das Geldpaket – es waren tausendfünfhundert Reichsmark, tausend weniger, als er meinem Vater abgenommen hatte – auf meine Lagerstatt und verschwand ebenfalls. Ich holte meinen Vater aus der Scheune und zeigte ihm das Bündel Geld. Er bekam einen großen Schreck, sah mich verzweifelt an.

«Nein, nein, es ist nichts passiert. Man muß nur die Nerven behalten!»

Erleichtert schlossen wir einander in die Arme.

Die Militärkommandantur hatte angeordnet, daß alle arbeitsfähigen Frauen in Kolonnen Rüben hacken sollten. Wir waren fünf Frauen: Schwester Nanni, das Kinderfräulein, meine Schwägerin Marielies, meine Nichte und ich. Als Mutter mit vier kleinen Kindern hätte ich an sich zu Hause bleiben dürfen. Ich wechselte mich aber mit Schwester Nanni beim Rübenhacken ab, weil sie fast sechzig und nicht sehr kräftig war.

Im übrigen gingen wir Frauen lieber zur Feldarbeit, als allein daheim zu bleiben. Der Gedanke, den Attacken der Banditen ausgesetzt zu sein, die gelegentlich noch, unter dem Vorwand eines Durchsuchungsbefehls, ins Haus eindrangen, machte uns angst.

Wenn alle Frauen im Haus waren, stellten wir den zehnjährigen Christof-Otto an dem Feldweg, der zu unserem Hof führte, als Wachtposten auf. Insgesamt wuchsen dem Jungen Aufgaben zu, die er zuverlässig erfüllte, die ihm aber keine Zeit mehr ließen, Kind zu sein: Er hielt Wache, er holte unsere Ration Magermilch aus dem Dorf, er fahndete, wo man Kartoffeln holen könnte, er war unser Bote zu Arnswaldts in der Mühle. Von der Militärverwaltung noch nicht zur Arbeit verpflichtet, weil er dazu noch gerade zu jung war, war er für uns Frauen die männliche Stütze.

Bei der Nahrungssuche war uns auch der siebenjährige Peter-Anton behilflich. Er war ein richtiger Waldschrat geworden und kannte alle Kräuter und eßbaren Pilze. So verschwand er oft im Wald und brachte stets etwas Eßbares mit nach Hause.

Beim Bauern wurde immer wieder Vieh, besonders Schweine, beschlagnahmt und abgeführt. Es gab jeden Tag Aufregungen, und es wuchs, nachdem man mehr als zwei Drittel des Viehbestandes fortgetrieben und die Ernährungslage sich spürbar verschlechtert hatte, die Sorge ums tägliche Brot. Jedesmal, wenn die Soldaten kamen, gaben sie vor, auch in unseren Zimmern nach Schweinen suchen zu müssen. Ich bangte um meine Nähmaschine; sie fanden sie aber nicht.

Es war eine versenkbare «Pfaff», die Nanni, unerschrocken, wie sie war, mit mir bei der ersten sich bietenden Gelegenheit, das heißt einem Besatzungswechsel, aus dem Gutshaus gerettet hatte. Ich hatte sie dort, ganz mit Papier zugestopft und zugedeckt, in der Dachkammer versteckt. Nun stand sie gut getarnt hinter dem großen Ofen.

So kam man manchmal, wenn man Glück hatte, wieder in den Besitz dessen, was man einst sein eigen nannte. Es herrschte ja, was die bewegliche Habe betrifft, ein Krieg aller gegen alle. Jeder handelte nach der Maxime des Stammvaters der Anarchisten, Proudhon: «Eigentum ist Diebstahl» oder, einfacher ausgedrückt: «Was man hat, das hat man!» Jedenfalls war mir die Nähmaschine sehr wichtig, denn ich dachte: Vielleicht kannst du einmal damit dein Geld verdienen!

Ich hatte Glück. Als das Gutshaus noch vom Militär besetzt

war, haben Soldatinnen die Gardinen von den Fenstern gerissen und sich daraus mit den dort noch vorhandenen Nähmaschinen Gewänder genäht. Bald aber wurden alle Nähmaschinen abtransportiert. Einige Frauen wurden ins Nachbardorf beordert, um aus Beständen der deutschen Wehrmacht Uniformen für die sowjetischen Soldaten zu nähen. Ich konnte meine gerettete Nähmaschine manchmal heimlich benutzen, um unser weniges Zeug zu flicken und instand zu halten. Einmal fischte ich aus dem See einen SA-Mantel, der ans Ufer geschwemmt worden war. Es kostete mich zwar große Überwindung, den Mantel eines Toten zu säubern und aufzutrennen, um aus diesem Stoff ein Kleidungsstück für eines meiner Kinder zu nähen, doch es wurde schließlich eine warme Joppe für Christof-Otto daraus. Ich wollte rechtzeitig für den Winter vorsorgen.

Anfang Juli beschloß mein Vater, zusammen mit Renate, dem Kinderfräulein, den Versuch zu wagen, zu Fuß nach Berlin durchzukommen. Von dort aus wollte dann Renate in ihre badische Heimat weiterziehen. Ursprünglich war mein Vater mit nach Schönlage gekommen, um unser männlicher Beschützer zu sein. Er hat sehr darunter gelitten, daß er es unter den gegebenen Umständen nicht sein konnte, eher das Gegenteil. Auch als er schon alles hergegeben hatte, was ihm geblieben war außer seinem Hemd auf dem Leibe: seinen Ehering, seine goldene Uhr, sein silbernes Zigarettenetui und sein Taschenmesser, und obwohl er nur mit einer einfachen Drillichjacke und Breeches bekleidet war, begegneten ihm die Soldaten gereizt mit: «Du nix rabottni, du Kapitalist!» Seine feinen Hände, seine ganze Art machten sie mißtrauisch. So meinte er dann auch selbst recht verzagt: «Du wirst ohne mich besser zurechtkommen!»

Wir holten den letzten Speck vom großen Ofen herunter und schnitten ihn für kleine Bestechungspäckchen zurecht. Damit und mit ein paar sonstigen Habseligkeiten im Rucksack zogen die zwei los.

Im Juli hatte die Ernte des Wintergetreides begonnen. Ich war mit den beiden Kleinen allein zu Hause. Alle anderen waren zur Arbeit aufs Feld gegangen, sogar die beiden Buben. Da sah ich drei sowjetische Soldaten im Hof herumstöbern. Einer von ihnen kam dann zu mir ins Zimmer. Schnell nahm ich Bürschli auf den Arm, Bettinchen hängte sich an meinen Rockschoß. Aber dieser Soldat verhielt sich ganz anders, als ich es von den bisherigen Besuchern gewohnt war: Er war zurückhaltend und freundlich und wollte nichts weiter als ein paar Worte mit mir wechseln. Er legte ein Stück Brot auf den Tisch und reichte Bürschli aus seinem Feldbecher einen süßlichen Saft. Dann gab er mir sein Entzücken an dem hübschen Kind zu erkennen. Schließlich zog er aus seiner Brieftasche ein vergilbtes, zerknittertes Foto: seine Frau und zwei Kinder. Wir sprachen miteinander, so gut es ging.

«Deine Frau?»

«Ja.»

Ein paar russische Ausdrücke hatte man längst gelernt.

«Vier Jahre nicht gesehen», sagte er. «Stalin hat gesagt: ‹Nimm deutsche Frau!› – Warum deutsche Frauen wollt nicht nehmen russischen Mann?»

So radebrechten wir eine Weile, dann verabschiedete er sich höflich und ging.

Nach diesem Besuch fiel plötzlich alle Angst von mir ab. Ich wurde ganz frei und ruhig und begann nachzudenken: Waren diese russischen Soldaten, die über die verbrannte Erde gezogen kamen, die ihnen Hitlers Armeen hinterlassen hatten, nicht ebenso schlecht dran wie unsere Soldaten? Sie kamen von weit, weit her, aus ihren kleinen Dörfern, aus der Mongolei, aus Sibirien, aus dem Kaukasus, und hatten von Frau und Kindern viele Monde nichts gehört. Immerhin, sie wußten, wofür sie kämpften: Sie verteidigten ihr Land und «vertrieben den bösen Feind vom trauten Herd»!

Und nun begegneten sie hier einer ihnen völlig fremden Welt. War es erlaubt, sie mit den Horden des Dschingis-Khan zu vergleichen? Was haben Deutsche in Polen und der Sowjetunion getan? Sollten menschliche Beziehungen zwischen den Völkern deshalb für immer und ewig unmöglich geworden sein? Jahre später, auf einer Reise in die Sowjetunion, sah ich an den Kriegerdenkmälern die Ewigen Lampen brennen, die an den Großen Vaterländischen Krieg erinnern.

Von Großbauern, die uns wohlgesonnen waren, bekam ich ab und zu etwas Mehl und andere Nahrungsmittel. Einmal sagte ich zu einem von ihnen: «Sie haben es gut, Sie können in der Heimat bleiben!»

Denn kurz zuvor war gerade die erste Zeitung erschienen, und sie trug die Schlagzeile:

«Bodenreform – Alle Besitzer von Gütern über hundert Hektar Land werden entschädigungslos enteignet!»
An eine Rückkehr nach Zernikow war also nicht zu denken. Der Bauer meinte: «Warten Sie nur. Uns werden sie auch bald rauswerfen!»
Eines der Nachbargüter gehörte einem Hamburger Großkaufmann. Er hatte Frau und Kinder rechtzeitig nach Hamburg schicken können, war aber selbst, von der alten Kinderpflegerin betreut, dageblieben. Er fühlte sich sicher, da er kein Parteigenosse war und einen bürgerlichen Namen trug. Die ersten Sowjetsoldaten, die einmarschierten, wollten ihn erschießen und hatten ihn schon in eine Grube gestellt, besannen sich aber in letzter Minute eines Besseren und ließen ihn frei. Nach dem zweiten oder dritten Wechsel der Besatzung wurde ihm im Schloß sogar ein Zimmer eingeräumt, und man überließ ihm die Pflege seines Gemüsegartens.
Herr Hünecken besuchte uns ein paarmal zur Teestunde. Ich holte aus dem Fluchtgepäck eine blaue Decke hervor, eine Handarbeit aus Wiepersdorf. Darauf stellte ich einen Strauß gelber Wiesenblumen, das sah ganz manierlich aus. Die Mädels riefen: «Tu das nicht! Wenn Russen kommen, sagen die gleich: ‹Du – Kapitalist!›»
Mitte September kam seine Kinderpflegerin zu uns geeilt: «Herr Hünecken ist verhaftet worden!»
Eine Gruppe ehemaliger KZ-Insassen, so erzählte sie – es seien aber keine politischen Häftlinge gewesen, sondern Kriminelle, die sich das Prestige der politischen Häftlinge als Widerstandskämpfer zunutze machten –, hätte im Dorf eine Versammlung abgehalten.
«Was ist mit Herrn Hünecken?» hätten sie gerufen. Schließlich seien sie ins Schloß gezogen, hätten ihn aus seinem Zimmer geholt, ihn ins Städtchen Brüel mitgenommen und ihn dort in einen Keller gesperrt. Am nächsten Morgen habe man ihn mit einem Schild um den Hals vor einem Lastauto her durch die Hauptstraße getrieben. Auf dem Schild stand: «Hünecken ist das größte Nazi-Schwein!»
So der Bericht der Kinderpflegerin. Später hörte ich, daß er überlebt habe und doch noch irgendwie nach Hamburg durchgekommen sei.

Die Kinder nahmen Zuflucht zum Reich der Phantasie. Die fünfeinhalbjährige Bettina litt darunter, wie häßlich der Raum war, in dem wir lebten, mit seinen großen braunen Flecken an der Decke und den trüben, zugeklebten Fenstern.

«Ich baue mir später mal ein Haus», sagte sie, «da wird alles rosa sein und golden und ganz, ganz hell.»

Die Kinder wollten auch immer wieder die Märchen hören, die sie so gut kannten, und vor dem Schlafengehen sangen wir die Abendlieder, die ich schon in Zernikow an ihren Bettchen gesungen hatte: für jedes Kind eins nach seinem Wunsch. Das am häufigsten gewählte Abendgebet war:

> Breit aus die Flügel beide,
> O Jesu, meine Freude,
> Und nimm dein Küchlein ein.
> Will Satan es verschlingen,
> So laß die Englein singen:
> Dies Kind soll unverletzet sein.

Immer aber sangen wir als letztes das Abendlied von Matthias Claudius «Der Mond ist aufgegangen», mein Lieblingslied, bei dem wir die Schlußstrophe leicht abgewandelt hatten:

> So legt euch nun, ihr Brüder,
> In Gottes Namen nieder.
> Kalt ist der Abendhauch.
> Verschon uns Gott mit Strafen,
> Und laß uns ruhig schlafen
> Und unsern lieben Vati auch!

Ende September erhielt ich von meinem Vater eine in französischer Sprache abgefaßte Postkarte: «Komm mit den Kindern, sobald Du kannst, nach Berlin. Ihr werdet hier weniger hungern und frieren als auf dem Lande.»

Die Reise meines Vaters mit dem Kinderfräulein war den chaotischen Verkehrsverhältnissen entsprechend recht abenteuerlich verlaufen. Lange Strecken wanderten sie zu Fuß, sie waren aber hin und wieder auch von einem Bauernwagen oder einem anderen Gefährt mitgenommen worden. In Putlitz bestiegen sie sogar noch einen intakten Zug nach Wittenberge. Dort fanden sie einen Lastwagenfahrer, der zwar nicht nach Berlin, aber in den Kreis Ruppin fuhr! In der Nähe von Gransee setzte er sie ab.

Dort angelangt, erfuhren sie dann von der Kaufmannsfrau, bei der sie übernachten konnten, was sich in Zernikow inzwischen ereignet hatte: Friedmund war verschleppt worden. Er befand sich angeblich in einem Gefangenenlager in der Nähe von Neubrandenburg.

Mein Vater ging dann zum Katharinenhof, um Exzellenz Nadolny zu besuchen, und wurde von dessen Frau gastlich aufgenommen. Nadolny, der kurz zuvor zum Präsidenten des Deutschen Roten Kreuzes ernannt worden war und seitdem zwischen Berlin und Gransee öfters hin- und herreiste, kam am nächsten Morgen. Er nahm meinen Vater im Auto nach Berlin mit, und am nächsten Tag traf mein Vater in Zehlendorf ein.

Das Haus stand unversehrt. Er klingelte, einer alten Übereinkunft entsprechend, dreimal, und siehe da: Meine Mutter trat heraus!

«O ZEIGE MIR DIE WEGE...»

O grüner Baum des Lebens,
In meiner Brust versteckt,
Laß mich nicht flehn vergebens!
Ich habe dich entdeckt.

O zeige mir die Wege
Durch diesen tiefen Schnee.
Wenn ich den Fuß bewege,
So gleit' ich von der Höh'.

Ludwig Achim von Arnim

Am 22. September 1945 schrieb mir mein Vater, ich solle so schnell wie möglich nach Berlin kommen, die Zuzugssperre werde ab 1. Oktober energisch verschärft! Freund Nadolny habe ihm gesagt, daß mit englischer und amerikanischer Hilfe für Berlin – aber nur für Berlin – zu rechnen sei. Dagegen werde sich die Ernährungslage in der Provinz weiter verschlechtern, weil in diesem Jahr nur ein Bruchteil der Ernte eingefahren und noch weniger fürs nächste Jahr ausgesät worden sei. Auch er empfehle, so schnell wie möglich zu kommen.

Meine Mutter dagegen meldete Bedenken an: Das Elternhaus sei bereits mit zwangseingewiesenen Bewohnern überbelegt, außerdem bestünde jederzeit die Gefahr, daß es von den Militärbehörden beschlagnahmt würde. Ich beriet mit Tante Paula und Onkel Werner hin und her. Der Onkel war von der Ruhr noch sehr geschwächt.

«Fahrt ihr nur», sagten die beiden, «dort werdet ihr vielleicht gesund werden.»

Meine Kinder hatten Typhus. Der Schönlager See war verseucht von Kadavern aller Art; Trinkwasser mußte von weither geholt werden. Erwachsene wie Kinder hatten die sogenannte Russenkrätze, einen eitrigen Ausschlag, der Arme und Beine mit offenen Wunden überzog. Eine Medizin dagegen gab es nicht, es lag an der Unterernährung; Breitwegerichblätter, die wir aufgrund eines naturheilkundlichen Rates auflegten, bewirkten überhaupt nichts. Es war wirklich Zeit, daß wir zusahen, wie wir wegkamen!

Am 30. September war Tante Paulas einundsiebzigster Geburtstag. Der Bauer Marin vom gegenüberliegenden Ufer des Sees hatte an diesem Tag gerade im zwölf Kilometer entfernten Städtchen Blankenberg zu tun und war bereit, uns mitzunehmen; das heißt, die vier Kinder, Schwägerin Marielies und mich. In Blankenberg verkehrte wieder der Kleinbahnzug, der nach Wismar fuhr. Dort hofften wir einen Zug nach Berlin zu finden. Schwester Nanni wollte bei den alten Arnswaldts bleiben, um den kranken Onkel zu pflegen.

Die beiden Kleinen konnten kaum gehen, so schwach waren sie. Auch die beiden größeren Jungen schauten mit großen Augen aus schmalen, bleichen Gesichtern. Meine geschwollenen Füße hatte ich mit Fußlappen umwickelt – so wie es die russischen Gefangenen getan hatten –, um sie in die mir einzig verbliebenen großen Sportstiefel stecken zu können, an denen ich, damit sie nicht rieben, die Schäfte heruntergeklappt hatte.

Auf dem Bahnhof in Wismar wurden wir allesamt in einen Wartesaal gewiesen. Man ließ die Kinder, Mütter und alten Frauen hinein und schloß dann ab. Das erwies sich als zweckmäßig, denn draußen gingen die ganze Nacht über sowjetische Soldaten auf und ab, als lauerten sie auf Beute. Wir lagerten uns auf dem Fußboden und benutzten den Rucksack als Kopfkissen. Ich muß wohl ein paar Stunden fest geschlafen haben, jedenfalls fehlte, als ich aufwachte, mein kleiner Bohnenkaffeevorrat. Um vier Uhr morgens setzte der Sturm auf den Zug nach Berlin ein. Nachdem ich mit den Kindern von der vorandrängenden Menge gleichsam geschluckt worden war, wußte ich am Ende gar nicht, wie ich schließlich in den Zug geraten war. Jedenfalls fand ich mich, mit Bürschli auf dem Schoß und den drei anderen Kindern neben mir, an einem Fensterplatz wieder. Die Rucksäcke lagen wohlbehalten im Gepäcknetz, daneben auch der Beutel mit Bürschlis Töpfchen; beruhigend, das zu wissen, denn in der gedrängten Menschenmenge war nicht daran zu denken, eine Toilette aufzusuchen.

Im Schneckentempo setzte sich der Zug in Bewegung. Mehrmals hielt er auf freier Strecke an, was jedesmal die Zuginsassen in helle Aufregung versetzte. Viele fingen an zu schreien. Die Menschen hatten Angst, das Militär werde unseren Zug beschlagnahmen und uns aufs freie Feld setzen. Dergleichen geschah tagtäglich. Fensterscheiben hatte der Zug natürlich nicht mehr. Als er in Wittenberge hielt, stürmten die dort Wartenden den Zug und warfen ihre Gepäckstücke rücksichtslos durchs Fenster. Bei uns flog ein schwerer Kasten herein und hätte beinahe den Kopf meines Jüngsten getroffen; ich konnte das «Geschoß» jedoch im letzten Augenblick durch eine Handbewegung abwehren. Am späten Nachmittag trafen wir auf dem stark zerstörten Stettiner Bahnhof in Berlin ein. Vom Potsdamer Bahnhof aus hätte ich mit der Wannseebahn, die schon wieder verkehrte, weiter nach Zehlendorf kommen können. Wie aber bis dorthin gelangen? Der öffentliche Verkehr war noch nicht wiederhergestellt. Ich entdeckte nach einer Weile einen alten Mann, einen ostpreußischen Flüchtling, der sich einen Handwagen verschafft hatte. Gegen gute Bezahlung war er bereit, sich unsrer anzunehmen. Wir luden die beiden Kleinen und die Rucksäcke auf, und dann zockelten wir langsam, ganz langsam durch den Tiergarten.

Der Tiergarten – dieses grüne Insel im grauen Häusermeer . . . Nichts davon war geblieben als der Name. Wortlos zogen wir durch die Landschaft des Grauens: Bombentrichter reihte sich an Bombentrichter, einzelne zersplitterte Baumriesen streckten ihre verkohlten Armstümpfe gen Himmel, dazwischen fand man kleine Kartoffelfelder. Abgeschlagene Marmorköpfe, Arme und Beine von Statuen preußischer Könige und Feldmarschälle, die einst die «Siegesallee» genannte Straße gesäumt hatten, lagen verstreut umher. Im Hintergrund war die Silhouette des Brandenburger Tors zu sehen: Allem Anschein nach war es weitgehend unversehrt geblieben, nur die Quadriga war zerstört, und aus meiner Kinderzeit kam mir der Vers in den Sinn:

Mit Mann und Roß und Wagen
hat sie der Herr geschlagen.

Bei der Ankunft in Zehlendorf löste der Anblick unseres Häufleins Elend bei meiner Mutter Freude und Entsetzen zugleich aus. Im Keller ihres Hauses hatte sie eine einfache Zinkbade-wanne stehen, die früher dem Personal gedient hatte. Da setzte sie uns nun hinein und schüttete in das Badewasser ein rosafar-benes Pulver, ein Desinfektionsmittel. Darauf wurden wir in mit weißem Leinen bezogene Betten gesteckt. Welch herrliches Ge-fühl! Meine Mutter räumte für uns ihr großes, schönes Schlaf-zimmer und nahm mit einer Couch im Eßzimmer, dem einzigen Zimmer, das der Familie als Wohnraum verblieben war, als Schlafzelle vorlieb. Siebzehn Personen waren bereits im Haus einquartiert.

Die Ernährungslage war katastrophal. Nachts klaubten wir heimlich Kartoffelschalen aus den Mülleimern der Nachbar-schaft, in deren Häusern zum Teil amerikanische Offiziere ein-quartiert waren, kochten daraus eine Wassersuppe und machten sie mit Kräutern aus dem Garten schmackhaft. Auf Lebensmit-telkarte gab es eine Scheibe Brot pro Kopf und Tag.

Mit dem Winter kam auch das Problem des Heizens auf uns zu. Um die Zentralheizung in Gang zu halten, fehlte natürlich der Koks. Wir stellten im Eßzimmer ein Bulleröfchen auf, das alles irgendwie Brennbare zu fressen bekam, und richteten des-sen Rohr zum Fenster hinaus. Wenn nicht gerade der Wind auf dieser Hausseite stand und uns den Rauch ins Zimmer zurück-blies, wärmte das Öfchen ganz schön. Strom gab es ein paar Stunden am Tag. An strengen Frosttagen mußten wir auch im Haus Handschuhe tragen, damit uns die Hände nicht an den Messingtürklinken anfroren.

Trotz all dieser Nöte bedeutete das Leben in Berlin für die Kinder und mich Geborgenheit. Besonders die ruhigen Nächte taten wohl. Doch schlimmer noch als Hunger und Kälte setzte mir oft das Warten auf ein Lebenszeichen von Friedmund und von meinen beiden ältesten Söhnen zu. Endlich bekam ich we-nigstens Nachricht von Achim und Clemens.

Sie hatten das Kriegsende in Württemberg gut überstanden. Bei ihnen auf dem Land gab es genug zu essen, und meine Schwester Ursula war zu ihnen gereist, um sich als Pflegemutter ihrer anzunehmen. Sie hatte als Dolmetscherin bei einer Hee-reseinheit gearbeitet und sich kurz vor Kriegsende in den We-sten durchgeschlagen.

Im November erhielten wir die Nachricht, daß der gute Onkel Werner Arnswaldt gestorben sei. Nun lebte Tante Paula, die über siebzigjährige Schwester meines Vaters, allein in ihrem kümmerlichen Stübchen in der Schönlager Mühle.

Mit ein paar «Stalinschnitten» in der Tasche zog ich zu ihr los. «Stalinschnitten» nánnte man Brotscheiben, die man auf der Herdplatte anröstete, weil das Brot, das man als Normalverbraucher zugeteilt bekam, so naß war, daß es schon am nächsten Tag schimmelte und ungenießbar wurde.

Ich zog mir einen dunklen Trainingsanzug an und band ein Kopftuch um. Ich wollte so unscheinbar wie möglich aussehen. Nach einer langen Fahrt – streckenweise mußte ich zu Fuß gehen – fand ich Tante Paula schon reisefertig vor. Die Dorfleute hatten ihr zum Abschied eine Gans geschenkt, die wir in einem Sack verstauten und mit weiteren Habseligkeiten zudeckten. Sie wollte auch ihre bis dahin mühsam gerettete Daunendecke mitnehmen, und ich band sie ihr zusammengerollt auf den Rücken. Kaum waren wir wieder im Zug, wurde ihr die schöne seidene Decke entrissen.

Als wir am Abend in Wismar anlangten, wurde mit uns verfahren wie beim ersten Mal: Frauen und Kinder wurden im Wartesaal eingeschlossen. Am nächsten Morgen rief man uns wieder um vier zum Aufbruch: Das mörderische Gedränge und Gestoße, das Geschrei der Leute, die rücksichtslos um einen Platz kämpften – ein so würdeloses Verhalten von Menschen hatte ich bis dahin noch nicht erlebt. Tante Paula aber blieb die würdige alte Damen, die sie war – und wurde respektiert. Zwei hilfreiche Hände zogen sie in einen Waggon. Bei meinem Versuch, ihr zu folgen, warf man mir die Tür vor der Nase zu, und der Mittelfinger meiner rechten Hand wurde dabei eingequetscht. Ein Landser erbarmte sich meiner und brachte mich und meinen Sack in einem anderen Wagen unter. Wir und noch weitere drei oder vier Menschen landeten in einer Toilette, den Sack verstauten wir auf dem Klositz, und nach geraumer Zeit setzte sich der Zug in Bewegung.

Die erste Haltestelle war Schwerin. Niemand stieg aus, aber auf dem Bahnhof war sowjetisches Militär zu sehen. In Wittenberge hielt der Zug erneut.

«Ich muß mal nach meiner Tante schauen», sagte ich zu meinem Landser.

«Aber nicht den Zug verlassen! Schön auf dem Trittbrett entlangklettern!» sagte er.

Das tat ich zwar – aber der Wagen vor uns war so gut wie leer! Nur ein paar sowjetische Offiziere saßen darin und lasen Zeitung. Auf dem Weg zurück in unser Toilettenabteil erfuhr ich, der Waggon sei in Schwerin geräumt worden. Dann ist die Tante also hilflos dort zurückgeblieben! dachte ich entsetzt. Aber ich mußte weiterfahren, es half nichts.

Clara von Arnim im Winter 1945/46 in Berlin.

Endstation Spandau. Zehlendorf war weit, aber der Landser kam mit und trug den schweren Sack. Doch was mochte mit Tante Paula geschehen sein? Ich sagte: «Auf jeden Fall gehe ich morgen wieder hinaus nach Spandau. Vielleicht kommt sie mit dem nächsten Zug!»

Zur Ankunftszeit war ich dort und stellte mich unters Licht einer der spärlich schimmernden Laternen. Ein paar Minuten nach Eintreffen des Zuges sah ich, wie quer über die Gleise drei Gestalten kamen, rechts und links ein Landser, und in ihrer Mitte, von den beiden gestützt, die feine alte Dame. Sie hatte sogar noch ihre Glacéhandschuhe an! Sie war in Schwerin nicht zu den Freunden gegangen, die sie dort hatte. «Wenn ich den Bahnhof verlasse, komme ich nie wieder rein», hatte sie sich gesagt. Und damit hatte sie recht. So war das damals. Sie erzählte, sie sei zurückgefahren nach Wismar, hätte die Nacht im Wartesaal verbracht und sich dann erneut frühmorgens in den Zug nach Berlin gedrängt. Aber in Schwerin sollte ausgerechnet wieder ihr Waggon geräumt werden! Das sei ihr nun zu dumm gewesen. Sie habe sich einfach nicht aus ihrer Ecke gerührt, die einsteigenden sowjetischen Offiziere freundlich angelächelt, und da hätten diese sie gütigerweise mitfahren lassen.

Der Winter wollte nicht zu Ende gehen, aber die Lebensmittelvorräte taten es. Meine Mutter hatte zwar den Sommer über fleißig im Garten gearbeitet und ein paar Gläser Bohnen, Erbsen und dergleichen eingemacht. Aber die waren nun aufgebraucht, und der Garten lag in Winterruhe. Zu kaufen gab es fast nichts, und für den schwarzen Markt hatten wir kein Geld; denn die Pension, die für meinen Vater in Aussicht stand, ließ auf sich warten.

Er nahm beim Bezirksamt einen Posten als stellvertretender Vorsitzender der Schiedsstelle für Wohn- und Mietangelegenheiten an, um etwas Geld zu verdienen. Da er bei den Nazis als «Vierteljude» gegolten hatte und es viele Leute gab, die sein Eintreten für die Unabhängigkeit der Danziger Justiz in den ersten Jahren nach 1933 bezeugen konnten, wurde ihm als «Unbelastetem» vom Chef der Justizverwaltung der Sowjetischen Besatzungszone, Eugen Schiffer, sogar die Stelle des Oberlandesgerichtspräsidenten in Potsdam angeboten. Später, als die Bodenreform kam und alle Grundbücher vernichtet wurden, war er froh, daß er das Angebot nicht angenommen hatte.

Ich dachte bei mir: Ich kann hier auch nicht auf die Dauer mit all den Menschen auf engem Raum zusammensitzen, ich muß hinaus und mir eine Arbeit suchen. – Da traf ich meine Schulfreundin Fanny Marc.

Die Marcs waren Rußlanddeutsche, ehemals reiche Kaufleute

aus Moskau. Nach 1918 waren sie nach Riga geflohen, später hatte sich der Vater meiner Freundin in Berlin eine Fabrik aufgebaut. Aber diese war nun ausgebombt. So hatte sich Herr Marc schon im Sommer 1945 einen ehemaligen Zigarrenladen gemietet, gleich gegenüber vom Bahnhof Zehlendorf-Mitte. Die Fenster waren mit Brettern vernagelt, die Tür hatte man notdürftig repariert, die Regale und der Ladentisch waren leidlich in Ordnung.

Hier verkauften Herr Marc und seine Tochter allen möglichen Krempel, zum Beispiel für hundertzwanzig Reichsmark notdürftig zusammengezimmerte Karren, mit denen man Kohle oder Holz transportieren konnte, oder in Heimarbeit gefertigte Gegenstände kunstgewerblicher Art, deren Wert ich nicht recht erkennen konnte. Nützlicher waren die zu Kochtöpfen umfunktionierten, blau emaillierten Stahlhelme; hin und wieder hatten sie auch einen Behelfsherd anzubieten. Herr Marc engagierte mich als Halbtags-Hilfskraft. So wurde ich Verkäuferin.

Meine Mutter strickte mir aus aufgeribbelter Wolle fingerlose Handschuhe, damit ich leichter das Geld zählen konnte, und wegen der Kälte trugen wir große, aus Stroh geflochtene Stiefel. Der Laden war stets voller Leute. Es war noch die Reichsmark-Zeit, das Geld war fast nichts wert. Alle hatten einen großen Kaufhunger, jeder wollte zuerst bedient werden. Es gab nicht viel zu kaufen, aber das bißchen, was angeboten wurde, fand sofort Abnehmer. Und wer kein Geld hatte, der tauschte. Alles gegen alles.

Auf dem Rückweg vom Laden kam ich in der Schütz-Allee (heute Clay-Allee) an einer kleinen katholischen Kirche vorbei. Darin hielt ich stets erst Einkehr, ehe ich ins überfüllte Elternhaus zurückkehrte. Sie bot mir Wärme, Stille, Zuflucht. Und ich meinte plötzlich zu verstehen, was der Heiligenverehrung zugrunde liegt: das Gefühl der Verbundenheit mit einer Person, die zwischen Himmel und Erde, Leben und Tod vermittelt. Dort, in jenem Kirchlein, war mir Friedmund ganz nahe. Ich wußte nicht, daß er gerade in jenen Tagen in Tula bei Moskau auf dem Sterbebett lag.

Die letzte Nachricht über Friedmunds Ergehen, die ich bekommen hatte, stammte vom Oktober, sie war mir von Tante Paula übermittelt worden. Ein Schmied, der auf dem Gut ihres Schwiegersohns, in Silenz auf Rügen, gearbeitet hatte, war gefangengenommen und auf die Festung Courbière in Graudenz gebracht worden. Dort war er mit Friedmund zusammengekommen, der inzwischen aus dem Lager von Neubrandenburg dorthin verlegt worden war. Dem Schmied ist es dann gelungen, aus der Festung zu entkommen. Nach Rügen konnte er nicht mehr zurückkehren, das war klar, und so versuchte er, in den Westen zu gelangen. Unterwegs machte er bei Arnswaldts in Schönlage Station und erzählte von seinem Zusammentreffen mit Friedmund.

Tante Paula hatte ihn gefragt: «Ist es nicht zu schlimm dort mit der Kälte?»

«Ach, wissen Sie», hatte er geantwortet, «der Baron bemüht sich darum, daß alle Decken und Mäntel bekommen.»

Nach und nach hatte ich mir aus Briefen und Erzählungen von verschiedenen Seiten ein Bild über Friedmunds letzte Tage in Zernikow machen können. Kurz vor dem Einmarsch der Sowjettruppen, hieß es, habe er zusammen mit Brennermeister Lehmann die in der Brennerei gelagerten 20 000 Liter Spiritus in den Sand laufen lassen, um einem allgemeinen Besäufnis vorzubeugen. Dies wurde von den Dorfleuten als Heldentat empfunden. Denn: Die Spiritusbrennereien der ostelbischen Güter unterstanden der staatlichen Monopolverwaltung. Der aus Kartoffeln erzeugte Alkohol wurde in Fässer abgefüllt, die anschließend plombiert wurden. Einmal im Jahr kamen die Vertreter der staatlichen Monopolverwaltung und ließen die Fässer abtransportieren.

Zernikow wäre beinahe in die Hauptkampflinie geraten, doch Botschafter Nadolny war es gelungen, einen mit seinen Truppen ins Dorf eingerückten SS-General zu überreden, sich mit diesen weiter nach Westen, ins Ruppiner Seengebiet, zurückzuziehen.

Die Franzosen hatten dann Friedmund, um ihn zu schützen, in ihr Lager aufgenommen und ihm eine Kriegsgefangenenkluft abgetreten. Mit ihnen zusammen hatte er versucht, nach dem Einmarsch der sowjetischen Truppen am 29. April 1945 den Betrieb auf dem Hof notdürftig aufrechtzuerhalten, vor allem das Vieh zu tränken und zu füttern. Als die Franzosen in ihre Heimat aufbrachen, nahmen sie Friedmund in das nahegelegene Gransee zu Botschafter Nadolny mit. Dort hielt er es jedoch nicht lange aus, er fühlte sich verpflichtet, in Zernikow nach dem Rechten zu sehen. Von Nadolny mit einem Schreiben in russischer Sprache ausgestattet, fuhr er am 10. Mai auf dem Fahrrad des Botschafters nach Zernikow. Gleich an der Lindenallee sei ihm, so wird erzählt, der «Verräter» Radinski begegnet. Dieser Mann war ein Volksdeutscher aus Polen, er hatte auf dem Gut als Treckerfahrer gearbeitet. Als solcher war er sehr tüchtig, aber als er gegen Kriegsende meinte, er könne sich alles herausnehmen, ließ Friedmund seine UK-Stellung nicht verlängern, und er wurde an die Front abkommandiert. Das hat er Friedmund nicht verziehen. Er ist sofort zu den neuen Herren gelaufen und hat Friedmund denunziert.

Lottchen Brehmer, die Frau des Kutschers Ernst Brehmer, hat dann gesehen, wie man Friedmund über Nacht in den Hühnerstall sperrte. Von zwei Sowjetsoldaten bewacht, wurde er am nächsten Morgen auf einem Zernikower Kutschwagen abtransportiert, über Fürstenberg in ein Lager bei Neubrandenburg.

Im Winter 1945/46 bekam ich in Zehlendorf einen Brief von der Zernikower Postfrau, die mir über die neue Lage berichtete:

Radinski ist Bürgermeister geworden. Ihr Haus ist besetzt, es sieht traurig aus gegen vorher. Der ganze Hof umzäunt. Die Wirtschaft versieht Radinski, der sprengt mit sein Pferd umher wie ein Wilder. Die Felder liegen öde und traurig. Was soll und wie kann ein Mensch solches Gut übersehen, der stockdämlich ist und kann nicht lesen, schreiben noch rechnen. Die Leute möchte er mit Knüppel vornehmen. Unser Mehl gibt Radinski aus ganz nach seine Laune. Kartoffeln müssen wir uns betteln. Wie wir den Winter durchhalten werden, ist wohl Frage der Zeit. Er natürlich hat Reitpferd, zwei Kühe und Schafe und Schweine, sein Tisch ist gedeckt. Möge es bloß unser Herrgott zugeben, daß doch unser Herr Baron wieder zu uns käme. Ich versteh es nicht, daß keiner begreift, den Umsatz, den unser Herr Baron gemacht hat in Getreide sowie im Gemüsebau, es ist wirklich jammerschade um dieses große Gut. Ferner der Lemke, der keine Schulkenntnisse hat, hat aber vier Pferde im Stall, vier Kühe, ebenfalls Schafe, Schweine und Geflügel. Den sein Tisch ist auch reichlich gedeckt. Und denkt aber nicht an seine Mitmenschen, daß die auch essen wollen.

Endlich kam, um die Weihnachtszeit, auch ein Brief von meiner

332

Schwiegermutter aus Wiepersdorf. Sie wohne mit ihren Töchtern in sehr beengten Verhältnissen, schrieb sie, sie hätten aber genug zu essen. Die Inspektorsfamilie versorge sie mit Nahrungsmitteln, Förster Sommerfeld bringe Holz. Ob ich nicht nach Zernikow fahren könne, um nachzuforschen, was mit Friedmund geschehen sei. Oder ob ich Nachricht von ihm hätte. Wo er wohl wäre. Ob ich nicht Mittel und Wege finden könne, zum Beispiel über Exzellenz Nadolny, um ihm Decken und Wäsche zukommen zu lassen.

Mein Vater sagte zu mir: «Man kann das Rad der Geschichte nicht zurückdrehen. Rechne nicht damit, daß du jemals wieder nach Hause zurückkehren wirst. Niemals werden die alten Besitzverhältnisse wiederhergestellt werden.»

Aber er sammelte die Akten, die die Güter Zernikow und Wiepersdorf betrafen, Dokumente, Grundbücher und Verträge, soweit die an ihrer Ausarbeitung beteiligten Notare noch lebten und die Schriftstücke noch nicht vernichtet waren. Diese Unterlagen haben mir Jahre später beim sogenannten Lastenausgleich viel geholfen.

Mein Vater diskutierte mit mir auch die Frage: «Was soll werden, wenn Friedmund herkommt und die Verhältnisse sich wieder etwas normalisiert haben?»

Für mich war die Sache entschieden: Dann würden wir nicht in Berlin bleiben! Was sollte er hier in der Großstadt tun, in der Nähe und doch unwiderruflich getrennt von dem Landstrich, in den er seine Lebensarbeit gesteckt hatte? Man kann eine Kiefer nicht in einen Balkonkasten verpflanzen. Ich wollte mit den Kindern baldmöglichst zu ihren beiden älteren Brüdern nach Württemberg ziehen, wo man offenbar besser versorgt war als in Berlin. Friedmund hätte dort, in den Wäldern des Hohenloher Landes, sicher auch eine Arbeit gefunden.

Meine Mutter, die zunächst in unserem Zuzug aus Schönlage nach Berlin ein großes Problem gesehen hatte, fand jetzt umgekehrt meinen Entschluß, wegzuziehen, sehr bedenklich: «Hier hast du ein sicheres Dach über dem Kopf und den Schutz deiner Eltern.»

Mein Vater dagegen bestärkte mich in meinen Plänen. Ich wollte zunächst allein eine Erkundungsfahrt zu meinen beiden Ältesten unternehmen, um zu sehen, welche Möglichkeiten es für uns gab, in Württemberg unterzukommen. Als es etwas wärmer geworden war, im April 1946, fuhr ich los, und zwar mit zwei verschiedenen Ausweisen, die ich getrennt voneinander aufbewahren mußte. Denn wenn man die Zonengrenze passierte, wurde einem der Stempel in den Ausweis gesetzt: «Rückkehr in die SBZ nicht erlaubt». Aber ich wollte ja noch einmal nach Berlin zurückkehren, um die Kinder zu holen. Glücklicherweise wurden sowohl Reisepaß wie Führerschein als gültige Ausweise anerkannt, und ich besaß beides.

Eine Nichte von mir, die Erfahrung im Grenzgehen hatte, nannte mir die Adresse von zuverlässigen Leuten im Thüringer Wald, bei denen ich übernachten konnte. Von dort sollte es nicht weit sein bis zur Grenze. Ich fuhr also nach Waltershausen in Thüringen und wurde von besagter Familie sehr nett aufgenommen. Sie erwarteten gerade ihren Sohn zurück, der drei Tage zuvor über die Grenze gegangen war. Er war unversehrt aus dem Krieg zurückgekommen. Nun wollte er nur einmal kurz nach München gehen, um seine Schreibmaschine zu holen, die er dort bei Freunden gelassen hatte. Als ich mich am anderen Tag auf den Weg machen wollte, kam die Nachricht, der Sohn sei am Grenzübergang von Wachsoldaten erschossen worden.

Nun wagte ich es nicht mehr, den Weg zu Fuß über die «grüne Grenze» anzutreten. Ich beschloß, lieber den offiziellen Weg bei Eisenach zu riskieren. Abends traf ich mit dem Zug an der Grenzstation ein. In einer dunklen Baracke, an deren Schmalseite hinter einem kleinen beleuchteten Schalter eine Amtsperson tätig zu sein schien, gliederte ich mich in eine stumme Menschenschlange ein. Da stand ich dann die Nacht hindurch von abends acht bis morgens vier Uhr, ohne die geringste Chance, mich einmal hinsetzen oder den Rucksack abnehmen zu können. Endlich, endlich kam ich an die Reihe und streckte dem Mann am Schalter zitternd mein Formular hin. «Zwecks Familienzusammenführung» stand darauf. Der Beamte war offensichtlich auch schon müde, jedenfalls setzte er mir ohne weitere Nachfragen – rums, rums – seine Stempel auf die Papiere, und schon hieß es: «Der nächste!»

Erleichtert wankte ich durch die Sperre und kam in einen schon zum Westen gehörenden Warteraum. Dort gab es Bier zu trinken. Friedmud hatte mich früher immer ausgelacht, wenn ich kein Bier trinken mochte, weil ich es «ordinär» fand. Er sagte: «Du hast eben noch nie wirklich Durst gehabt in deinem Leben!» Jetzt hatte ich Durst! Das Bier war dünn und fad. Aber in jenem Augenblick war es für mich wahrhaftig wie Manna vom Himmel.

In Waldenburg/Württemberg holte mich der Pfarrer mit seinem Auto vom Bahnhof ab, der am Fuße des Berges, auf dem die Stadt thront, gelegen ist. Der Pfarrer war bis dahin der einzige in der Gegend, dem die neuen Machthaber den Besitz eines Autos zugestanden hatten. Er hatte sich meiner beiden Söhne angenommen. Der zweite, Clemens, der schon auf dem Gymnasium gewesen war, mußte erst einmal wieder in die Volksschule am Ort gehen. Dagegen war es dem Pfarrer gelungen, meinen Ältesten, Achim, im Internat der Brüdergemeinde in Korntal bei Stuttgart unterzubringen, wohin er auch seinen Sohn geschickt hatte. Er hatte erreicht, daß die Internatskosten vom Christlichen Hilfswerk in Stuttgart übernommen wurden. Der Pfarrer wollte am nächsten Tag seinen Sohn besuchen und mich mitnehmen.

Zuvor aber suchte ich meinen Sohn Clemens auf. Er war mit dem Ehepaar Lohse in einer Blockhütte am idyllischen Neumühlsee untergekommen, eineinhalb Wegstunden zu Fuß von Waldenburg entfernt. Strahlend kam er mir entgegengelaufen: lang aufgeschossen, braungebrannt und gesund. Ein ganzes Jahr hatten wir uns nicht gesehen.

Frau Lohse war, wie der Leser sich vielleicht erinnert, meine Berliner Schneiderin gewesen, die, als ihr Mann, ein Ingenieur bei Siemens, mit ihr bei Kriegsende in sein Heimatdorf Sailach in den Waldenburger Bergen zurückkehren wollte, meine beiden ältesten Söhne dorthin mitgenommen hatte. In Sailach waren dann aber noch eine Reihe anderer Familienmitglieder gelandet, und so war es im Bauernhaus zu eng geworden. Frau Lohse plante, am Waldrand eine Notunterkunft zu bauen, und ging zum Fürsten von Hohenlohe-Waldenburg, um ihn um das nötige Bauholz zu bitten.

Der Fürst lebte mit seiner Familie auf der Laurach, einem Jagdhaus eine halbe Wegstunde oberhalb des Neumühlsees, denn das Schloß der Fürsten von Hohenlohe, am Bergrand von Waldenburg gelegen, ein stattlicher Renaissancebau, der das Panorama der Gegend beherrschte, war in den letzten Kriegstagen bombardiert worden und völlig ausgebrannt. Friedrich Fürst von Hohenlohe-Waldenburg, von den Bauern der Gegend

«Förschte Fritz» genannt, war sehr hilfsbereit. Statt Bauholz bot er Herrn und Frau Lohse an, mit meinen Söhnen das Blockhaus am Neumühlsee zu beziehen. Dieses war noch kurz vor Kriegsende für russische und polnische Gefangene, die als Waldarbeiter dort untergebracht werden sollten, gebaut worden, hatte dann aber leergestanden. Als ich ankam, hatte sich Frau Lohse im vorderen Raum der Blockhütte schon eine Schneiderwerkstatt eingerichtet.

Ich bin später oft gefragt worden: Wie haben Sie das überhaupt geschafft, als alleinstehende Kriegerwitwe Ihre sechs Kinder großzuziehen? Antwort: So ganz allein stand ich eben doch nicht. Ich fand Hilfe und Unterstützung bei vielen Freunden und Familienmitgliedern. Hier muß ich meine Schwester Ursula nennen. Sobald sie den Aufenthaltsort meiner beiden Ältesten ausfindig gemacht hatte, siedelte sie sogleich zu ihnen nach Württemberg über, um Mutterstelle an ihnen zu vertreten. Um eine Zuzugsgenehmigung zu erhalten, mußte sie eine Arbeit annehmen, die ihr einige Schwierigkeiten bereitete: Man verpflichtete sie – von der NS-Zeit unbelastete Volksschullehrer waren sehr rar – als Lehrerin für die Volksschule von Waldenburg. Schwierig war der Unterricht für sie nicht so sehr deshalb, weil es ihr an pädagogischem Talent gemangelt hätte. Vielmehr war der hohenlohische Dialekt, ein breites Fränkisch mit schwäbischem Einschlag, für sie (wie anfangs auch für mich) eine Fremdsprache: Sie verstand einfach nicht, was ihre Schüler sagten; eine schlechte Ausgangsposition für einen Pädagogen. Sie blieb dann auch nicht lange in dieser Stellung. Nach ein paar Monaten wurde sie von der amerikanischen Militärregierung in der Kreisstadt Künzelsau im nahegelegenen Kochertal als Dolmetscherin engagiert. Das war aber kein Anlaß für sie, ihre Rolle als Pflegemutter meiner Kinder aufzugeben: Sie nahm zwei meiner Jungen, erst Clemens und Christof-Otto, dann, als Clemens anderweitig untergekommen war, noch Peter-Anton als Mündel bei sich auf und sorgte für ihre Einschulung an der Oberschule von Künzelsau. Später, als die Kinder ihrer Fürsorge entwachsen waren, begann sie eine Karriere, wie sie in meiner Jugend meine frauenrechtlerische Klassenlehrerin, Fräulein Dr. Engelhardt, mir zugedacht hatte: Sie erwarb in den USA den Titel eines Master of Arts und wurde Diplomatin.

Doch an zukünftige Karrieren dachte man im Jahre 1946

noch nicht, man war froh, wenn man ein Dach überm Kopf und genug zu essen hatte. Zudem war die Blockhütte am Neumühlsee wunderschön gelegen, mein Sohn Clemens fühlte sich unter der Obhut seiner Tante Uschka dort sehr wohl, und auch für die Kleinen, die ich in Berlin zurückgelassen hatte, würde das Leben hier, wie ich sehen konnte, eine Verbesserung bedeuten.

Am nächsten Tag fuhr ich mit dem Pfarrer nach Korntal. Achim war jetzt einen ganzen Kopf größer als ich. Er fühlte sich recht unglücklich im Internat. Nicht nur, daß die Ernährung miserabel war; statt Latein und Griechisch wurde hier Englisch und Französisch gefordert, da es kein humanistisches Gymnasium, wie das von Neustrelitz, sondern ein Realgymnasium war. Die Umstellung war schwierig, und die ganzen Umstände entmutigten ihn.

Ein Zufall aber brachte ihm einen Lichtblick: Bei einem Gang durch den Ort hatte er an einem Gartenzaun den Namen «v. Arnim» gefunden. Er ging ins Haus, und wahrhaftig, er fand herzliche Aufnahme! Das Ehepaar von Arnim, das da wohnte, ganz entfernte Verwandte, hatte einen Sohn, der ebenfalls Achim hieß. Er war als Flieger bei der Luftwaffe in amerikanische Gefangenschaft geraten. An seiner Stelle nahm nun Tante Käthe meinen Achim wie ihren Sohn auf, wenn er bei ihr das Wochenende verbrachte.

Zurück in Waldenburg, war das erste, was ich zu erledigen hatte, der Gang zum Bürgermeister wegen der Zuzugsgenehmigung. Im Grunde aufgeschlossen und hilfsbereit, wies er mich auf die Schwierigkeiten hin: «Die Bauern im Gemeinderat werden bestimmt gegen Ihren Zuzug Einspruch erheben. Eine alleinstehende Frau mit sechs Kindern, welch eine Belastung für die Gemeinde! Aber gehen Sie aufs Gut Hohebuch zu Herrn Hege: Der hilft Ihnen bestimmt! Und wenn er und ich im Gemeinderat für Ihren Zuzug eintreten, ziehen die Bauern mit.»

Und so war es dann auch.

Mit Hans Hege nenne ich einen weiteren Menschen, der unendlich viel dabei geholfen hat, daß ich meine sechs Kinder großziehen konnte. Darüber hinaus aber bin ich in meinem Leben, in dem ich viele bedeutende Menschen kennengelernt habe – einige davon habe ich in diesem Buch genannt –, kaum einem begegnet, der eine Größe des Charakters besaß, die der seinen gleichkam. Er war ein frommer Mensch und ein Weiser. Seine

Frömmigkeit war schlicht, nie aufdringlich, und seine Weisheit war von einer Art, die man nicht aus Büchern erwirbt, sondern in einem tätigen Leben, das Mühe und Arbeit gewesen ist. Hans Hege, später geehrt mit dem Titel eines Doctor honoris causa, entstammte einer alten Mennonitenfamilie. Die Mennoniten gehen zurück auf die Bewegung der Täufer, wie man sie in ihren Anfängen nannte, eine religiös-reformatorische Bewegung, deren Anhänger um ihres Glaubens willen im 17. Jahrhundert ihre Heimat hatten verlassen müssen. Sie siedelten nicht nur, wie bekannt, in Übersee – General Eisenhower beispielsweise war ein Mennonit –, sondern auch in der Pfalz und im rechtsrheinischen Süddeutschland. Die Mennoniten waren traditionsgemäß in der Landwirtschaft tätig. In einem Nachruf auf Dr. h. c. Hans Hege, der im Januar 1983 im Alter von achtundneunzig Jahren starb, heißt es: «Er wollte nie etwas anderes sein als Bauer. Er hat sich den Bauern verschrieben.»

Das ist wahr, denn Hege war der Repräsentant jener süddeutschen Bauern, die der Kultur dieser Gegend ihr besonderes Gepräge gegeben haben. Durch Förderung des Genossenschaftswesens – er war u. a. die treibende Kraft beim Aufbau einer Milcherzeugergenossenschaft und bei der Gründung der Süddeutschen Zuckerrübenverwertungsgenossenschaft – bemühte er sich darum, daß im Zeitalter der Technisierung die Landwirtschaft in der Region, auf die sein Einfluß sich erstreckte, nicht zu einem Anhängsel der Industrie herabsank, sondern ihre Eigenständigkeit als gleichberechtigter Partner bewahrte. Durch den Aufbau einer Heimvolkshochschule in Hohebuch, der Bauernschule des Evangelischen Bauernwerks, hat er auch für die Bildung und Ausbildung der jungen Bauern und Bäuerinnen gesorgt. Fundament all dieser Leistungen war sein jahrzehntelanger Kampf darum, ein Stück Land, das bis zur Mitte des vergangenen Jahrhunderts noch Sumpfgebiet war, zu einem Mustergut zu entwickeln. Im Jahre 1919 hatte Hans Hege die Domäne der Württembergischen Hofkammer, Hohebuch bei Waldenburg, als Pächter übernommen. Die schweren Böden der Domäne Hohebuch verlangten eine intensive Bewirtschaftung. Hege begnügte sich deshalb nicht damit, nur die üblichen Feldfrüchte anzubauen. Er betrieb in Hohebuch eine Saatzucht, die viele bewährte, nach ihm benannte Getreidesorten hervorgebracht hat.

Mir hat Hans Hege später, als ich mich mit den Kindern in der Waldenburger Gegend niedergelassen hatte, weiterhin unendlich gütig geholfen: Er hat mich unterstützt bei dem Erwerb eines Grundstücks für eine sogenannte Nebenerwerbssiedlung in Kupfer bei Schwäbisch Hall; beim Bau eines Holzhäuschens auf diesem Grundstück; bei der Bestellung des kleinen Ackers mit Klee für die drei Ziegen, die wir uns hielten; mit Zulieferungen von Kartoffeln und Gemüse für den Haushalt und von Getreide für unsere dreißig Hühner. Jedes Jahr schickte er uns einen «Überläufer», das heißt ein Schwein, das schon ein paar Monate alt war und das wir dann mit unseren Küchenabfällen mästen und bis zur Schlachtreife bringen konnten.

Vor allem war er, wie gesagt, ein Weiser, der in seinem Leben viel Leid erfahren hat, besonders durch den frühen Verlust seiner Frau. Wenn ich in einer ausweglosen Situation zu sein schien, konnte ich mir bei ihm jederzeit Trost und Rat holen. «Wie gut kann ein Mensch trösten, der das Leid aus seinem eigenen Leben kennt», hat er einmal gesagt.

Ich konnte von meiner Erkundungsfahrt beruhigt nach Berlin zurückfahren, um meine übrigen vier Kinder zu holen. Entgegen den Befürchtungen meiner Mutter, die meinte, daß ich, wenn ich das Berliner Elternhaus verließe, mit meinen Kindern hilflos und allein dastehen würde, wußte ich nun, daß es genügend Leute gab, die mir zur Seite stehen würden.

Während meiner Abwesenheit waren den Eltern die Kartoffeln ausgegangen. Für den Winter hatte es nur eine Zuteilung von einem Zentner pro Kopf gegeben. Die war nun aufgebraucht. Aus Wiepersdorf bekam ich von Förster Sommerfeld aber die Nachricht, er habe in einem Heuschober vier Zentner Kartoffeln für mich versteckt. Wie sollte ich sie aber nach Zehlendorf schaffen?

Ich ging zu dem Verwalter des Hofguts von Dahlem, einem Mustergut in der Nähe von Zehlendorf, das noch innerhalb des Westsektors von Berlin liegt, um ihn um Rat zu fragen. Das treffe sich gut, meinte er; er müsse nämlich in den nächsten Tagen Saatkartoffeln von einem nicht aufgesiedelten sogenannten Staatsgut im Südwesten Berlins holen lassen. Er habe dazu bereits den Erlaubnisschein der sowjetischen Besatzungsmacht. Und dann stellte sich heraus, daß es sich dabei um das Gut

Rheinsdorf der Familie Schrader handelte, deren Töchter Felix Kersten vor der Gestapo gerettet hatte, also um ein Nachbargut von Wiepersdorf. Wenn ich sie aus Wiepersdorf nach Rheinsdorf bringen könnte, meinte der Verwalter, dann würde er mich und meine vier Zentner Kartoffeln in seinem Lastwagen verstekken und nach Berlin mitnehmen.

Ich fuhr mit der Bahn nach Jüterbog und wanderte die restlichen fünfundzwanzig Kilometer nach Wiepersdorf zu Fuß. Meine Schwiegermutter und meine Schwägerinnen waren gerade – nach siebenmaligem Quartierwechsel – im oberen Stock des Forsthauses ganz leidlich untergekommen. Und Sommerfeld hatte alles vorbereitet. Mitten in der Nacht fuhren wir mit einem Panjepferdchen und einem Kastenwagen mit den vier Kartoffelsäcken von Wiepersdorf nach Rheinsdorf. Dort wurden wir um vier Uhr früh bereits erwartet und durften uns mit unserer kostbaren Habe zwischen den Säcken mit den übrigen Kartoffeln als blinde Passagiere unter der Plane verstecken. Viermal kamen wir durch Kontrollen, ohne entdeckt zu werden. Um sieben Uhr morgens erreichten wir wohlbehalten Zehlendorf.

Nach meiner Rückkehr spürte ich plötzlich ein starkes Kopfjucken. Ich dachte, es läge an meinen angegriffenen Nerven, aber der Friseur, dem ich mein Leid klagte, sagte: «Wissen Sie was, Sie haben Läuse!»

So etwas läßt sich bekanntlich mit einfachen Mitteln beheben, und ich hatte damit prophylaktisch schon alle vier Kinderköpfe behandelt. Läuse zu haben war damals etwas so Gewöhnliches, daß man es nicht als anrüchig empfand. An den Bahnhöfen, die damals noch streng abgegrenzt waren, stand hinter der Sperre nicht nur der Fahrkartenkontrolleur, sondern stets auch eine Person mit einem Zerstäuber, aus dem jeder, der die Kontrolle passierte, mit einem weißen Insektizid-Pulver eingestäubt wurde. In dem verheerenden Gedränge und Gequetsche auf den Bahnhöfen bestand ja immer die Gefahr, daß man sich diese kleinen Tierchen erwarb, die Krankheiten wie Typhus übertragen. Davor hatten die vier Besatzungsmächte verständlicherweise Angst.

Durch die Wiepersdorfer Kartoffeln war die Familie einigermaßen mit Nahrung versorgt, und ich konnte eine weitere Reise antreten, und zwar endlich nach Zernikow. Dazu bestand nun auch ein konkreter Anlaß: Ilse Brehmer, mein langjähriges Hausmädchen im Zernikower Gutshaushalt, war nach Zehlendorf gekommen und hatte berichtet, daß die Sachen, die wir vor Kriegsende in der Brennerei eingemauert hatten, zwar nicht entdeckt worden seien, aber unter der Feuchtigkeit im Mauerwerk stark litten. Im übrigen sei die Gelegenheit, alles abzuholen, günstig; es sei gerade keine sowjetische Besatzung im Dorf. Der «Verräter» Radinski sei auch nicht mehr da, er habe im Suff einem russischen Offizier den Revolver entwendet, sei verhaftet worden und auf Nimmerwiedersehen verschwunden.

Fast genau ein Jahr nach Kriegsende machte ich mich also noch einmal auf den Weg nach Zernikow. Vom Stettiner Bahnhof aus fuhr ich, auf dem Trittbrett eines Bummelzugs stehend, nach Gransee. Ich hatte mich wieder ganz als Werktätige mit Kopftuch gekleidet, aber schon als ich die Granseer Hauptstraße entlangging, erkannte mich der Pferdekutscher Zeitner aus Zernikow und umarmte mich freudig.

Ich übernachtete bei Nadolnys. Die Villa Katharinenhof war unbesetzt geblieben und nicht ausgeplündert worden, denn Seine Exzellenz hatte Gransee mit einer weißen Fahne persönlich übergeben. Zwar war er dennoch inhaftiert worden, doch dank seiner russischen Sprachkenntnisse und aufgrund eines Schreibens von Molotow bald wieder freigekommen.

Am nächsten Morgen ging ich zu Fuß nach Zernikow. Die Kleinbahnstrecke nach Großwoltersdorf, die ich sonst benutzt hätte, war gleich nach der Besetzung abgebaut worden. Ich mußte durch ein Waldstück gehen und hatte Angst, denn Überfälle auf Frauen waren immer noch an der Tagesordnung. Aber ich traf auf niemanden. Auf einem großen Acker neben der Chaussee sah ich in Reihen Anhäufungen einer undefinierbaren Masse liegen, braun und schimmelig. «Sie werden doch nicht Dung ausgefahren haben?» sagte ich mir. Ich sprang über den Chausseegraben. Es war kein Dung: Es war das Getreide vom vorigen Jahr, das liegengeblieben und verrottet war.

Auf dem Erlendamm nach Zernikow begegnete mir Anna Züge, eine der Wasch- und Plättfrauen. Sie umarmte mich und rief: «Den Himmel haben wir bei euch gehabt, den Himmel!» Nun ja, der Himmel, darunter versteht der eine dieses und der andere jenes. Was war es für sie? Seit dem Ersten Weltkrieg hatte sie als Kriegerwitwe in bester «wilder» Ehe, einer «Onkelehe», wie man das später bei uns nannte, mit dem Kriegsinvaliden Max Schwiertz, dem «Bienen-Schwiertz», zusammengelebt. So blieb beiden die Rente voll erhalten. Nun hatte man sie gezwungen zu heiraten, nicht so sehr, weil die neue Regierung das Geld sparen, sondern weil man neue moralische Verhältnisse schaffen wollte!

Im Dorf ging ich dann in jedes Haus und begrüßte die Leute. Der eine oder andere war im ersten Augenblick verlegen, weil bei ihm ein Schrank oder eine Kommode aus dem Schloß stand. Ich sagte nur: «Ach, wie schön, daß Sie etwas haben retten können!»

Dann war der Bann gebrochen, und sie hießen mich herzlich willkommen. Sie holten aus einem Versteck eine Tüte Mehl oder Grütze und gaben sie mir für die Kinder mit.

Nachdem ich mein Besuchsprogramm absolviert hatte, ging ich zum Gutshof. Ich fand die Ställe leer und verlassen vor. Jeder Arbeiter oder Flüchtling hielt bei sich sein Kleinvieh versteckt, damit es nicht gestohlen wurde. Das Großvieh war gleich zu Anfang weggetrieben worden. Das Wirtschaftshaus stand leer und war weiß ausgekalkt; es hatte vorübergehend als Lazarett gedient.

Das Gutshaus sah sehr verwahrlost aus: Siebzehn Familien waren darin untergebracht. An den Wänden des Eßzimmers mit der vom Dichter Ludwig Achim gemalten Tapete war hoch hinauf Holz gestapelt, der obere Saal mit Brettern in vier Räume aufgeteilt. In jedem Teil fanden sich Strohlager und dorthin gerettete Habseligkeiten, in einem sogar ein Fahrrad. Im Badezimmer hatte man einen Putenstall eingerichtet.

Schließlich traf ich auf Herrn Kiaulehn, den neuen Verwalter. Er hatte mir nach Berlin geschrieben und angeboten, zu ihm nach Zernikow zu kommen und bei ihm Gutssekretärin zu werden. Unser Herrenzimmer diente ihm als Büro, und mein dahinterliegendes Boudoir hatte er zu seinem Schlafzimmer erkoren.

«Ich wohne in Ihren intimsten Gemächern», hatte er mir im Brief mitgeteilt.

Franz Kiaulehn war ein Kaschube aus Ostpreußen, der sich in der Gegend von Zernikow angesiedelt hatte. Er war mit einer Berliner Millionenbäuerin verheiratet. Millionenbauern nannte man die Leute, die in der Berliner Gegend ein Stück Ackerland besessen hatten und dann, als die Grundstückspreise ins Unermeßliche stiegen, steinreich geworden waren. Mit dem Geld der Frau hatte das Ehepaar Kiaulehn das völlig verschuldete Gut Güldenhof gekauft, das so hieß, weil sein Wert auf nicht mehr als einen Gülden geschätzt wurde, denn die Felder bestanden nur aus fliegendem Sand.

Güldenhof liegt in unmittelbarer Nachbarschaft von Zernikow, und Friedmund hielt, wenn er zum Vorwerk Schulzenhof fuhr, auf dem Weg gern einmal bei Kiaulehn an, um sich mit ihm zu unterhalten, denn für Originale war Friedmund immer sehr zu haben.

Kiaulehn – ich sehe ihn noch vor mir – ging mit Monokel und Glacéhandschuhen hinter seinem Ochsengespann her. Er war aber sehr tüchtig. Er baute Kartoffeln an, brachte sie mit seinem Gespann nach Berlin und verkaufte sie dann pfundweise vom Wagen an die Hausfrauen. Das war zwar vom betriebswirtschaftlichen Standpunkt aus sicher unrationell, brachte ihm aber immerhin wohl so viel ein, daß das Gut florierte.

Darüber, wie er nach Zernikow gekommen war, hatte er mir nach Berlin geschrieben:

Ich wurde, wie alle männlichen Wesen, von den Russen sofort zur Arbeit herangezogen. Ich erhielt dann den Auftrag, die in Zernikow zusammengetriebenen Kühe, etwa sechshundert Stück, die an Seuche erkrankt waren, zu behandeln. Ich bin zwar kein Tierarzt, es war auch keiner aufzutreiben, ich übernahm aber trotzdem diesen Posten, denn schließlich als praktischer Landwirt hat man sich im Laufe der Jahre einen ganzen Vorrat an Wissen über Tierbehandlung erworben. Also übernahm ich die Leitung, Russen und Russinnen wurden mir zur Hilfeleistung beigegeben. Ich wurde «Doktor» angeredet und spielte in den ersten Stunden eine große Rolle, wurde ins Schloß geladen und dort mit Essen und Trinken bewirtet.

In der ersten Phase der Bodenreform wurde Kiaulehn als Treuhänder für Zernikow eingesetzt. Er sollte die Aufsiedlung des Gutes leiten. Was es mit dieser Bodenreform auf sich hatte und wie sie sich in der Praxis auswirkte, läßt sich am Beispiel Zernikow gut erklären:

Im September 1945 wurde in der Sowjetischen Besatzungs-

343

zone dekretiert, daß aller Grundbesitz über hundert Hektar (vierhundert preußische Morgen) entschädigungslos zu enteignen sei. Das war eine Maßnahme, die nur einem tpyischen Bürokratenhirn entsprungen sein konnte, denn hundert Hektar leichter Sandboden in der Mark sind nicht gleich hundert Hektar fruchtbaren Bodens in der Magdeburger Börde. Verheerend aber für die weitere Entwicklung der DDR war, was dann mit dem so enteigneten Grundbesitz geschah. Unter Führung der aus dem Moskauer Exil eingeflogenen «Gruppe Ulbricht» hielt sich die Bürokratie stur an das sowjetische Vorbild. Das heißt, das Land wurde erst einmal in winzige Besitztümer aufgeteilt. Jeder Landarbeiter oder auch zugezogene Ostflüchtling bekam eine Scholle von sechs oder zwölf Hektar zugesprochen, dazu ein Stückchen Wald.

Das Landverteilungsdekret der Oktoberrevolution in Rußland hatte den Sinn gehabt, die landhungrigen russischen Bauern, die das Land der Großgrundbesitzer bereits an sich gerissen hatten, für die Revolution zu gewinnen. Zehn Jahre später setzte dann die Stalinsche Zwangskollektivierung ein, mit der bekannten Folge von Hungerkatastrophen und einer unablässig sich steigernden politischen Repression, die in den berüchtigten Moskauer Schauprozessen kulminierte.

In der Sowjetzone gab es 1945 keine Masse landhungriger Bauern. Die Folge der Zerstückelung war, daß die Siedler, wenn es hoch kam, gerade das Nötigste für die Selbstversorgung produzierten. Außerdem holten die Siedler aus dem ihnen zugewiesenen Stückchen Wald alles für sie Brauchbare heraus und richteten damit weitere unabsehbare Schäden an.

Über Jahre hinweg mangelte es der Bevölkerung nicht nur an «Luxuswaren» wie Schokolade und Kaffee, was sich mit Devisenknappheit entschuldigen ließe, sondern auch an Grundnahrungsmitteln. «Dein Päckchen nach drüben» war nicht nur eine politische Waffe im kalten Krieg, es erfüllte tatsächlich eine ähnliche humanitäre Funktion wie die CARE-Pakete, die wir Deutschen im Westen nach dem Krieg aus den USA bekamen.

Die bürokratische Landreform bewirkte in erster Linie eine große Landflucht bis hin zur Flucht in den Westen. Diese wurde dann noch verstärkt, als später von der DDR-Bürokratie die nun unausweichlich gewordene Kollektivierung der Landwirtschaft zwangsweise durchgeführt wurde.

Als ich 1973 zum ersten Mal nach langer Zeit wieder nach Zernikow kam, hatte sich alles grundlegend geändert. Die Siedlungsstückchen waren zusammengelegt und kolchosiert worden, das heißt, man hatte riesige Anbauflächen geschaffen, größer als je zuvor, die selbstverständlich nur mit Maschinen bearbeitet wurden. Die Betriebe unterstanden sogenannten Agraringenieuren, unter deren Leitung, soweit sie ihren Posten nicht nur aufgrund des richtigen Parteibuches, sondern wegen ihrer Kenntnisse und Fähigkeiten bekommen hatten, wieder effektiv produziert wurde. Die Hungersnot war vorbei.

Nicht nur die Verwaltung, auch die Ausstattung der Betriebe war zentralisiert worden. Ich sah zum Beispiel in Großwoltersdorf die Kühe von drei Dörfern, die von zwei Mann versorgt wurden. In Menz war der ganze Maschinenpark konzentriert, von dort wurde ihr Einsatz geleitet, dort wurden die Reparaturen vorgenommen. In Zernikow waren anstelle des Sägewerks riesige Baracken für die Hühnerzucht zu sehen. Auch die Forsten standen wieder unter einheitlicher Verwaltung und wurden fachmännisch betreut von Erich Sommerfeld. Allerdings ist nach dessen Tod, wie mir kürzlich mitgeteilt wurde, der Wald von Zernikow einer traurigen Verwahrlosung anheimgefallen.

Ein halbes Jahr nach meinem Besuch bei Kiaulehn, nachdem die Aufteilung Zernikows in Siedlerstellen beendet war, kam man darauf, daß er ja eigentlich auch zu den Junkern gehörte, denn wenn auch Güldenhof die reinste Streusandbüchse war, so bestand es doch aus immerhin zweihundertfünfzig statt der erlaubten hundert Hektar. So wurde auch er enteignet. Aber bei meinem Besuch im Frühjahr 1946 war er, wie gesagt, in Zernikow noch in Amt und Würden. Er erzählte, er sei, als die erste Besatzung abgezogen war und man ihn als Verwalter eingesetzt hatte, sogleich ins Gutshaus eingezogen und habe verschiedenes vor der Vernichtung gerettet. So habe er einen Teppich aus dem Kuhstall geholt und die Bücher, die überall verstreut umherlagen, eingesammelt. Er zeigte mir den Kühlschrank, den Elektroherd und andere Gegenstände, mit denen er sich im ersten Stock, in Teddas Zimmer, eine Küche eingerichtet hatte.

«Wollen Sie das alles haben?» fragte er mich. «Oder kann ich es Ihnen abkaufen?»

Wie hätte ich diese Dinge wegbringen sollen – und wohin? Ich sagte also sofort: «Sehr gern abkaufen!»

Wir gingen in mein Zimmer mit der im Rokokostil bemalten Wand und dem schönen Ofen mit den Kronenkacheln aus der Rheinsberger Manufaktur von 1745 und nahmen Platz auf den Louis-Seize-Sesseln. An der Stelle meines Bechstein-Flügels, der inzwischen in der Dorfschenke gelandet war, wo man nun auf ihm zum Tanz aufspielte (1974 sah ich seine Reste in einem Holzschober zum Verheizen liegen), stand ein riesiges Bett. Darauf lag ein Kopfkissen mit einem Bezug, auf den eine große Grafenkrone gestickt war – wo mochte das wohl herstammen? Solche Dinge wurden ja von den Besatzungssoldaten von Ort zu Ort verschleppt. Kiaulehn hob das Kopfkissen lächelnd auf, zog Geld darunter hervor und blätterte mir 4000 RM hin. Seine Einnahmen stammten aus dem Schnapsverkauf von unserer Brennerei, die er wieder in Gang gesetzt hatte.

Es war der 20. Mai, ein schöner, warmer Tag, ich trug ein leichtes Sommerkleid. Ich sagte mittags zu Kiaulehn, ich wollte mal ein Stückchen in den Wald gehen. Ich ging bis zur Moorkultur. Da kamen Pfarrer Böttcher und seine Frau aus der anderen Richtung, von Großwoltersdorf her, wie wir es am Tag zuvor verabredet hatten.

Der Pfarrer trug einen Sack und einen Spaten. Rechts von uns befand sich eine kleine Schonung und darin eine sandige Stelle, die ich sofort wiedererkannte. Pfarrer Böttcher sagte: «Suchet, so werdet ihr finden. Matthäus sieben, Vers sieben», betätigte seinen Spaten, und wir hörten es klirren, als er auf etwas Hartes stieß. Er förderte drei große Bonbongläser, solche, wie es sie früher in jedem Tante-Emma-Laden gab, ans Tageslicht.

In diesen Gläsern hatte ich Tafelsilber verstaut. Da ich sie mit Bienenwachs versiegelt hatte, war das Silber noch immer so blank, daß man es sofort hätte benutzen können. Die Pfarrersleute taten es in den im Sack und brachten es sicher nach Großwoltersdorf. Erleichtert und beschwingt ging ich auf den Hof zurück.

Danach besuchte ich den derzeitigen Bürgermeister Max Henning in Kelkendorf. Das war der Büdner und Fuhrmann, der, wie ich schon erzählt habe, die Familie Michaelis in Gransee bis zur «Reichskristallnacht», als sie vertrieben wurde, jeden Winter mit Holz beliefert hatte. Henning war der einzige im Dorf, der noch Pferde hatte, zwei Schimmel. Wir vereinbarten, uns mit Franz Fick, dem Maurer, mit Kutscher Brehmer und dessen Sohn Horst um vier Uhr nachts bei der Brennerei zu treffen, wozu er seinen Leiterwagen mitbringen wollte.

Es ging um die Ahnenbilder, Kirchenbücher, Leuchter, Teppiche und das Zinn, die ich Anfang April 1945 nachts mit Ilse Brehmer und dem Kinderfräulein Renate in den Maischekeller der Brennerei geschafft und an dessen Stirnwand in einer Nische untergebracht hatte. Franz Fick hatte dann die Nische zugemauert.

Diese Nacht nun verbrachte ich im Dachgeschoß der Brennerei, als Gast des Brennermeisters Lehmann. Nachts um vier, pünktlich zur vereinbarten Zeit, kamen die Männer, brachen die Wand auf und verluden die Sachen auf Hennings Wagen. Im Morgengrauen fuhren wir nach Gransee, machten aber unterwegs noch halt bei Pfarrer Böttcher, um den Silbersack aufzuladen. Bei Nadolnys im Katharinenhof brachten wir die Sachen in der Garage unter.

Herr und Frau Nadolny bewirteten uns mit einem wunderbaren Frühstück. Dabei erzählte Bürgermeister Henning, er sei neulich bei einer Versammlung gewesen, da hätte es geheißen, man könne den ehemaligen Gutsbesitzern, wenn sie nicht in den Westen getürmt seien, die Einrichtung für zwei Zimmer und Küche überlassen. (Von keinem der Enteigneten habe ich später je gehört, daß es das sonst irgendwo gegeben hätte.)

«Da habe ich», erzählte Henning weiter, «zu den Flüchtlingen im Schloß gesagt, ich werde nächstens einiges von der Einrichtung beschlagnahmen!»

Tatsächlich fuhren wir dann am hellichten Morgen vor dem Gutshaus vor. Umrahmt von den vier stattlichen Männern ging ich hinein. Die Gefahr war, daß einer von den Flüchtlingen, die verständlicherweise all die gewissermaßen herrenlosen Besitztümer als ihr Eigentum betrachteten, ins Nachbardorf zur Besatzungsmacht laufen und sagen könnte: «Da ist die Baronin!»

Als wir nun durch die Räume gingen, sagte der Bürgermeister zu den neuen Hausbewohnern: «Das ist die Frau, der das alles einmal gehört hat. Jetzt will sie nur ein paar Erinnerungen an ihren Großvater haben.»

Das nahmen die Flüchtlinge verständnisvoll auf und waren recht freundlich. Ich forderte auch keinen einzigen Gebrauchsgegenstand, kein Bett, keinen Tisch, keinen Stuhl. Aber die kleineren Barockmöbel von der Aussteuer Daum-Fredersdorff, die man auseinandernehmen konnte, meinen Schreibschrank, zwei Pflaumenholzkommoden, den sogenannten Schnapsschrank, den Spiegelsekretär und eine Renaissance-Truhe hätte ich doch gern gehabt. Die Einzelteile mußten oft erst mühsam zusammengesucht werden. In einem Raum fand ich die große Schreibtischschublade als Kinderbett vor. Der Aufsatz des Schreibtisches diente einer anderen Familie zur Aufbewahrung von Schuhen und Lebensmitteln. Die Schubladen mit den Traubenbeschlägen waren verschwunden.

Widerspruch legte nur eine Familie ein, die meinen Eichenschrank aus der Halle bis hinauf in eine Dachmansarde geschleppt hatte. Friedmund hatte mir diesen Schrank bei Gelegenheit der Geburt von Christof-Otto geschenkt. Einen einzigen Schrank wenigstens wollte ich doch gern haben, und nur dieser ließ sich auseinandernehmen. Die Leute murrten.

Da sagte der Bürgermeister: «Ich habe achtzehn Schränke, die aus dem Schloß weggeholt worden sind, im Dorf beschlagnahmt. Von denen bekommen Sie einen.»

Damit waren sie einverstanden.

Wieder auf dem Weg nach Gransee zu Nadolnys, meinten meine vier Getreuen: «Sie wollen die Sachen doch sicher bald nach Berlin haben?»

«Ja», sagte ich, «ich muß vielleicht sogar etwas davon verkaufen, denn meine Eltern und die Kinder, wir müssen schließlich von irgendwas leben!»

Die Männer rückten an ihren Schirmmützen und sagten: «Also nächstens, da müssen wir ja nach Berlin. Wir sollen nämlich einen neuen Bürgermeister abholen, so einen echten alten Kommunisten aus Lichtenrade. Auf der Hinfahrt, da bringen wir Ihnen das Zeug!»

Ich dachte mir im stillen: Ihr Guten, ihr wollt mich nur trösten! Denn es war für Deutsche ausgeschlossen, unbehelligt mit Lastauto oder Pferd und Wagen irgendwo durchzukommen. Bei den permanenten Straßenkontrollen wurde alles, was man mit sich führte, konfisziert, wie der Sprachgebrauch lautete, das heißt geplündert. Wir stellten die Möbel bei Nadolnys in der Garage ab, und ich fuhr nach Zehlendorf zurück.

In den darauffolgenden Tagen stellte sich mein Vater bei verschiedenen Ämtern in die Warteschlangen, um die unzähligen Papiere und Stempel zu ergattern, die ich mit den Kindern für unsere Ausreise nach Württemberg brauchte. Schließlich hatte er alle Papiere zusammen, und am 15. Juli 1946 nachmittags um fünf Uhr sollte unser Flüchtlingstransport in den Westen vom Schlesischen Bahnhof aus abgehen. Am Morgen jenes Tages hörte ich in der Straße ein vertrautes Geräusch, das Tuckern eines Holzgastreckers, ich schaute zum Fenster hinaus, und siehe da: Es waren die Zernikower Getreuen mit den Möbeln! Sie brachten alles die Gartentreppe herauf und stellten es vors Haus.

«Ach, bitte», sagte ich, «tragen Sie die Sachen doch hinein, wir sind hier nur Frauen und alte Leute.»

Wieder rückten sie verlegen an ihren Schirmmützen: «Wir haben gedacht, der Herr Präsident läßt besser erst einmal einen Kammerjäger kommen. Im Schloß in Zernikow sind nämlich Wanzen.»

DIE NACHRICHT

Bedauert mich nicht, ihr lieben Brüder,
ich bin sein Weib und habe seine Kinder
unter dem Herzen getragen.
Es ist viel Schönes in diesen Kindern,
ich soll noch eine Weile mit diesen
Kindern sein und diese Prüfung soll
mich ihm neu vermählen.

Bettine von Arnim an die Brüder Grimm
am 1. 2. 1831

Die Zernikower Möbel standen noch, mit einer Ernteplane bedeckt, vor dem Haus, da kam ein Anruf von einer Berliner Behörde, daß wir uns für den Transport zwecks Umsiedlung in den
Westen binnen zweier Stunden am Schlesischen Bahnhof einzu-
finden hätten. Es blieb uns nichts anderes übrig, wir mußten
noch am gleichen Tag fahren, um die Chance zu nützen, obwohl
die beiden Kleinen gerade an den Windpocken erkrankt waren.

Meinem Vater gelang es mit viel Glück, ein Lastauto herbei-
zuschaffen. Die beiden Kleinen wurden aus den Betten gerissen
und zu dem Gepäck auf den Wagen geladen, auf dem schon die
beiden Größeren saßen, und auf ging's zum Schlesischen Bahnhof. Dort verfrachtete uns mein Vater zu einer Gruppe von dreißig Flüchtlingen aus Ungarn in einen alten, nach vergorenen
Rübenblättern stinkenden Güterwagen.

Um vier Uhr nachmittags sollte die Fahrt offiziell losgehen,
aber erst um zehn Uhr abends verließen wir endgültig Berlin.
Zwei Tage waren wir bis zur Grenze unterwegs. Gelegentlich
hielt der Zug auf offener Strecke, und wir nutzten die Gelegenheit, um hinter die Büsche zu gehen. Die Männer, darunter auch
der zehnjährige Christof-Otto, liefen vor zur Lokomotive, um
sich eine Flasche oder Milchkanne, oder was sie an Gefäßen bei
sich hatten, mit Trinkwasser füllen zu lassen.

Die Kleinen hatten Fieber, sie dösten, auf unsere mit Bettzeug gefüllten Säcke gebettet, vor sich hin. Dazu kam für mich die Angst: Kommen wir hinüber? Waren die Papiere, die ich hatte, ausreichend, und vor allem, konnte nicht der Umstand, daß die Kleinen die Windpocken hatten, zum Anlaß genommen werden, uns an der Grenze zurückzuweisen?

Vor der Grenze bei Hof machte dann der Zug endgültig halt. Mit allen anderen Umsiedlern kamen wir in eine große mittelalterliche Festung, die als Quarantänelager für den Grenzübergang eingerichtet worden war, und wurden durch riesige Säle geführt, in denen in langen Reihen Bettlager in drei Etagen übereinandergestellt waren. Überraschenderweise erwies sich nun sogar, daß die Windpocken der Kleinen uns einen Vorteil brachten: Wir bekamen einen kleinen Einzelraum zugewiesen, eine ehemalige Kerkerzelle mit Holzpritschen. Ich werde nie vergessen, wie glücklich die Kinder waren, als sie am Abend einen Becher Milch und ein dick mit braunem Zucker bestreutes Graubrot bekamen.

Am nächsten Tag wurden wir erst einmal zur Entlausung geführt und mit weißem Pulver eingestäubt. Die Ärztin, die uns dann untersuchte, war sehr nett. Sie gab ausdrücklich zu verstehen, daß trotz der Erkrankung meiner Kinder keine Seuchengefahr bestünde, weil Windpocken relativ ungefährlich seien, und so bekam ich denn den Unbedenklichkeitsstempel auf meine Papiere.

Die Stadt Hof war nur vierzig Kilometer entfernt, aber um dort hinzukommen, brauchte der Zug einen ganzen Tag! Er fuhr nicht nur extrem langsam, sondern hielt auch alle paar Stunden für längere Zeit, denn immer wieder durchsuchte man den Zug nach blinden Passagieren. Auch in unserem Waggon hielten sich drei junge Leute unter unseren Gepäckstücken versteckt. Ich bildete mit meinen vier Kindern eine Art Sperre: Hinter uns wurde nicht mehr so gründlich gesucht. Wenn dann der Zug weiterfuhr, kamen die heimlichen Grenzgänger aus ihrem Versteck herausgekrochen und schnappten erst einmal nach frischer Luft, und auch wir Legalen atmeten auf bis zum nächsten Halt.

Gegen Abend trafen wir in Hof ein. Dort hieß es: Das Gepäck muß zum Bestimmungsort aufgegeben werden. Frauen und Kinder kommen zum Übernachten in ein Barackenlager. Was sollte ich nun tun? Das Gepäck aufgeben? Mich um die Kinder kümmern? Da sagte Christof-Otto: «Laß mal, Mutti, ich bringe die Kleinen in das Lager. Sorg du für die Sachen, damit wir nachher unser Bettzeug haben!» Und so zogen die Kinder mit der Menschenmenge los. Mir gelang es nach Stunden, unsere Säcke nach Waldenburg/Württemberg aufzugeben, und um Mitternacht konnte auch ich die Baracken des riesigen ehemaligen Arbeitsdienstlagers aufsuchen. Am Eingang fragte ich: «Sind hier vier elternlose Kinder?»

«Ja, Gang zehn, Baracke zwölf.» Und wirklich, da lagen alle vier in zwei Betten übereinander, ganz friedlich, in tiefem Schlaf!

Am nächsten Tag bestiegen wir den Zug, der uns in Richtung des Zielorts Waldenburg bringen sollte: ein sauberes Dritter-Klasse-Abteil in einem D-Zug, mit dem wir innerhalb von drei Stunden Heilbronn erreichten – geradezu friedensmäßige Verhältnisse!

Der Wechsel von der Trümmer-Großstadt Berlin in die am Waldrand und am idyllischen Neumühlsee bei Waldenburg gelegene Blockhütte war für die Kinder, die auf dem Land aufgewachsen waren, gleichsam eine Rückkehr zur Natur. Es lagen am Nordufer des Sees nur noch eine ehemalige Mühle, ein Gasthaus und ein kleines Sägewerk der Fürstlich-Hohenlohischen Forstverwaltung.

Aber noch hatten besonders die Kleineren die Folgen des Krieges, die Schrecken der Tieffliegerangriffe nicht ganz überwunden: Die sechsjährige Bettina bekam des Nachts, manchmal sogar auch am Tag, Schreikrämpfe, von denen sie jedesmal etwa eine halbe Stunde lang geschüttelt wurde; mit nichts konnte man sie beruhigen. Der vierjährige Wolf weinte dann, leise wimmernd, mit. Auch war der Umstand, daß die Leute der Gegend einen zunächst unverständlichen Dialekt sprachen, ein Problem für die Kinder. Sie erlebten das Gefühl der Fremde, obwohl diese Gegend doch auch zu dem gehörte, was man Deutschland nannte.

Eine Weile, nachdem wir im Blockhaus eingezogen waren, ließ der Fürst Hohenlohe mich wissen, daß sein Schwager, Fürst Urach, mit seiner Familie aus der Französischen Zone ausgewiesen worden sei, er ihn vorübergehend notdürftig auf der Laurach untergebracht habe, aber so bald wie möglich das Blockhaus als Unterkunft für ihn benötige. Frau Lohse hatte bereits in der Nähe von Waldenburg ein Häuschen in Aussicht, dessen

Lage für ihre Schneiderei viel günstiger war. Ich mußte mich also ebenfalls nach einem neuen Quartier umsehen.

Auf der Anhöhe oberhalb des Neumühlsees lag Tommelhardt, ein aus fünf kleinen Anwesen bestehender Weiler. Von dort kam eines Tages eine Bäuerin zu mir, die von meiner Notlage gehört hatte, Frau Olpe. Sie hatte davon erfahren, daß die Gemeinde für den Ausbau einer Wohnung, die einem neu zugezogenen Flüchtling freigemacht wurde, das dafür nötige Material zur Verfügung stellen würde. Frau Olpe mußte ihrer Schwiegermutter eine Altersrente von vierzig Mark monatlich bezahlen, was sie, die, wie alle Bauern damals, nie viel Bargeld übrig hatte, sauer ankam.

Wir vereinbarten, daß ich den Dachboden ihres Hauses zu einer Wohnung ausbauen lassen und ihr dann vierzig Mark Miete bezahlen würde. Vom Bürgermeister in Waldenburg bekam ich Bezugscheine für zwei Türen, zwei kleine Fenster, für Ziegel und Bretter für den Fußboden. Aber der Pfarrer, der Doktor, alle, denen ich erzählte, daß ich zu Frau Olpe ziehen würde, warnten mich: Sie sei das schlechteste Weib in der ganzen Gegend, wirklich bösartig. Das sollte ich dann auch erfahren, aber was blieb mir schon anderes übrig! Eine andere Lösung bot sich für mich nicht an.

Eine der drei Dachkammern, die ich bezog, hatte ursprünglich als Knechtskammer gedient. Aber inzwischen hatte der Knecht Platz gefunden im Ehebett der Witwe Olpe. Die Knechtskammer mit Dachlukenfensterchen wurde zu meiner Mini-Küche, für die ich, auf Bezugschein, einen Behelfsherd bekam. Das Kinderzimmer wurde mit zwei Jugendherbergsbetten ausgestattet, die wir aus dem Blockhaus mitgebracht hatten, und mit zwei wackligen Kinderbetten, wiederum auf Bezugschein. Im vorderen Raum brachten wir einen Schrank und eine klapprige Bettstelle für mich unter, die ich tagsüber in eine Sitzgelegenheit umwandeln konnte.

Von Tante Elisabeth von Weiler, der Schwester meiner Schwiegermutter, die auf dem Gut Weiler bei Heilbronn lebte, bekam ich einen Waschtisch mit Marmorplatte geschenkt und einen sogenannten Spieltisch. Dieser war schmal, ließ sich aber aufklappen und dadurch vergrößern. Wenn ich an meinen Schrank gehen wollte, der immerhin die Habe von acht Personen enthielt (abgesehen von den Kartons unterm Bett), mußte der Tisch zusammengeklappt werden. Wenn wir alle essen wollten, wurde er um die Hälfte vergrößert. Auch unser wichtigster Einrichtungsgegenstand stammte aus Weiler, ein großer Bullerofen, der beide Räume erwärmte und auf dem in einem Kessel stets ein Warmwasservorrat bereitstand.

In meinem täglichen Umgang hatte ich bis dahin noch nicht mit einem wirklich bösen Menschen zu tun gehabt. Frau Olpe war schrecklich neugierig, am Anfang jedoch noch sehr freundlich zu mir, oder scheißfreundlich, wie man nicht nur im Hohenlohischen so treffend sagt.

Weil sie zu faul war, sich zu kämmen und ordentlich anzuziehen, beauftragte sie mich, da ich oft den Weg nach Waldenburg ging, für sie dies oder jenes auszurichten oder zu besorgen. Wenn ich «vornehmen» Besuch hatte, den Pfarrer, den Doktor, Herrn Hege oder die Fürsten von Hohenlohe, wischte sie die Bodentreppe schnell mit Ochsenblut, damit diese in Rot erstrahlte. Aber ihre Küche – Fliegen! Fliegen! Der Abtritt befand sich gleich daneben und endete unten offen auf dem Misthaufen.

Ging ich früh in den Wald, um Himbeeren oder Brombeeren zu pflücken, fauchte sie mich an, wenn ich zurückkam: «Sie haben mir alle meine Beeren weggepflückt!»

Abgesehen davon, daß ihr der Wald nicht gehörte, war sie viel zu faul, um selbst hinauszugehen. Später, als wir uns Kaninchen hielten, war sie auf diese neidisch. Sie öffnete heimlich die Stalltür, und die Häschen verkrochen sich im großen Holzhaufen auf dem Hof. Der Knecht, der gutmütig war, fing sie wieder ein und brachte sie zurück in den Stall. – Eines Tages kam die sechsjährige Bettina aus der Schule und hielt im Arm ein junges Kätzchen, das sie geschenkt bekommen hatte. Die Olpin riß es ihr weg und warf es gegen die Wand. «Kommt mir nicht ins Haus!» schrie sie.

Unten im Tal, im Blockhaus am Neumühlsee, war inzwischen Fürst Urach mit seiner Familie eingezogen. Der Fürst war ein bedeutender Maler. Wir schlossen bald Freundschaft mit ihm, und er zeichnete für mich in Pastellkreide ein Porträt meines Jüngsten, der damals einen Pagenkopf trug. Als Frau Olpe das Bild sah, war es für sie Prestigesache, daß sie auch ihre älteste Tochter malen ließ, ein nettes, stilles, mit ihrem kanstanienbraunen Haar recht hübsches Mädchen. Das Porträt war sehr eindrucksvoll, nur hatte es einen Fehler: Es wollte und wollte nicht trocknen. Fürst Urach, der in jenen Tagen kaum etwas zu essen hatte und deshalb Malaufträge gegen Vergütung in Rauchfleisch und anderen nahrhaften Dingen annahm, hatte in Ermangelung professioneller Malutensilien zum Anrühren seiner Farben Salatöl benutzt.

Im Haus gegenüber dem der Frau Olpe wohnte das Ehepaar Rück. Sie hatten ein sehr kleines «Gütle», wie man dort einen landwirtschaftlichen Besitz nennt: ein Haus mit Obstgarten, zwei Kühe und ein paar Wiesen. Weil sie schon alt waren, hatten sie den Acker verpachtet. Vater Rück, ein stämmiger alter Mann mit rotblondem Haar, saß meistens still in der Küche, vor sich ein Buch, das einzige, das er besaß und worin er immer wieder las beziehungsweise blätterte: die Bibel. Sonntags holte Frau Rück seinen Gehrock, der schon ganz speckig glänzte, aus dem Schrank, bürstete ihn, wienerte ihm seine kräftigen, schwarzen Stiefel und zog ihm den Rock an. So stapfte er in die Kirche nach Waldenburg.

Um fünf Uhr morgens erhob sich Frau Rück bereits, um «schaffe» zu gehen. Sie führte ihre zwei Kühe auf die halbe Höhe des Wiesenabhangs, wo eine Quelle gefaßt war, an der sie die Kühe tränkte. Schon von weitem konnte man erkennen, wo sie war, denn sie stieß einen nicht enden wollenden Strom von Flüchen aus. Da mir mein guter Ruf in der Gegend von ihrer Zunge abzuhängen schien, legte ich früh am Morgen ein Kopfkissen aufs Fensterbrett, damit sie glauben sollte, ich wäre auch schon auf und würde «schaffe», aber ich ging wieder in die Falle und stand erst auf, wenn ich für die Kinder das Frühstück richten mußte.

So bösartig Frau Olpe sein konnte, so gutherzig war Frau Rück. Bekanntlich gab es damals alles noch auf Zuteilung, auch die Milch. Kinder unter sechs Jahren bekamen einen halben Liter täglich. Wir holten die uns zustehende Milch von Frau Rück. Sie goß uns die Milchkanne immer randvoll.

Sie hatte einen großen Gemüsegarten, der völlig verunkrautet war und gerade nur die paar Rettiche hervorbrachte, die ihr Mann mit einer dicken Scheibe Brot zum Frühstück aß. Eines Tages fragte sie mich, ob ich die Hälfte des Gartens bearbeiten wolle? «Natürlich gern», sagte ich, grub und pflanzte nach Herzenslust und hatte so für uns eine wunderbare Ernährungsbasis gefunden. Frau Rück freute sich mit mir über meine Erfolge und sagte: «Wisset Se, bei uns war des nämlich so: Erscht kauft mer de Ssoame, dann kauft mer de Pflänzlich und dann kauft mer de Kohl!»

Am Eingang des Weilers, am Waldrand, wohnte Familie Wolf. Herr Wolf war der jüngste Sohn eines großen Bauern von der Schwäbischen Alb. Auch seine Frau Pauline stammte von einem Hof dort und hatte früher als Hausmädchen gearbeitet. Beide hatten dann ihre Ersparnisse zusammengelegt und sich das kleine «Gütle» in dem abgelegenen Weiler Tommelhardt gekauft, ein schlichtes Häuschen gebaut, eine Scheune dazu. Als ich kam, besaßen sie schon mehrere Kühe. Herr Wolf grub Sand in einer Kiesgrube am Waldrand und verkaufte ihn an eine Baufirma, um etwas Bargeld hereinzubringen. Sie hatten vier Töchter und einen Sohn.

Wolfs waren mir zuerst mit Zurückhaltung und Skepsis begegnet. Flüchtlinge waren damals allgemein wenig willkommen, man empfand sie als Eindringlinge. Wolfs hatten gegen Kriegsende eine Anzahl von Bombenflüchtlingen aus dem Ruhrgebiet aufnehmen müssen, denen das Landleben sehr fremd war. Wolfs erzählten von den «Damen», die tagsüber im Liegestuhl lagen und sich sonnten. Sie beobachteten mich also zunächst, um zu sehen, wie ich mich verhalten würde. Aber schon am zweiten Tag schickte Frau Wolf eine ihrer Töchter zu mir mit Wurst und Schmalz als Willkommensgabe.

Äußerst fleißig, äußerst sparsam und herzlich gut war diese Familie, die mir an diesem fremden Ort Rat und Hilfe bot. Frau Wolf hütete meinen Jüngsten, den sie besonders in ihr Herz geschlossen hatte, wenn ich für Besorgungen auf den Ämtern für längere Zeit unterwegs war. Sie ließ mich in ihrem großen Holzbackofen zu Weihnachten Stollen oder Weihnachtsplätzchen backen. Wenn bei Wolfs geschlachtet wurde, bekam ich davon etwas ab. Aber vor allem: Wir konnten über alle Nöte und Freuden kinderreicher Mütter miteinander sprechen.

Wolfs wußten anfangs einfach nicht, wie sie mich und die Kinder in ihr Weltbild einordnen sollten: Städter waren wir nicht, aber Bauern auch nicht. Wir sprachen «nach der Schrift», wie man dort sagte, das heißt hochdeutsch. Bei Frau Wolf lernte ich dann die ersten Ausdrücke in der mir neuen Sprache. Sie reichte mir einen Kochtopf, sagte: «Hebet Se male!», und brav hob ich den schweren gußeisernen Topf in die Höhe. «Heben» heißt dort aber nur «halten». Ein Schrank heißt «Kaschten», und «Ebbiern» sind Erdbirnen, und das sind Kartoffeln.

Einmal wurden wir zu einer Base von Frau Wolf ins große Nachbardorf Sailach eingeladen. Dort gibt es etwas «Gsälz zum Veschper», sagte Frau Wolf. Ich freute mich schon sehr, denn ich dachte an «Gesalzenes», an Wurst oder gar Schinken. Aber «Gsälz», das war hier Marmelade. Nun, die war auch sehr gut. Die Gastgeberin fragte mich, wo wir herkämen und wie wir das Kriegsende erlebt hätten. Ich wußte, in der Gegend war so gut wie gar nichts passiert. In Sailach waren nur einmal, von Crailsheim kommend, die Amerikaner durchgezogen. Ich erzählte nun etwas von meinen Erlebnissen, da sagte die Bäuerin verständnisvoll zu mir: «Ja, ja, mir habet die Ami auch all mei Bluamastöck hiigmacht!»

Alles in allem konnten wir recht zufrieden sein mit unserem Leben in Tommelhardt. Die Kinder entbehrten eigentlich nichts, und meine Aufgabe war, dafür zu sorgen, daß es so blieb. Kein Satan hatte sie verschlungen, sie waren alle unverletzt geblieben, und zu Weihnachten sangen sie wie die Engel. Bettina sprach aus, was fehlte: «Unser Vati!»

Jedesmal, wenn es etwas Gutes zu essen gab, sagte eines der Kinder: «Wenn das Vati essen könnte!» oder «Wenn wir Vati das in einem Päckchen schicken könnten!»

Am 3. Februar 1947 kam Frau Olpe mit einem Brief zu mir die Treppe herauf. Diese Mühe machte sie sich sonst nie, sondern überließ das dem Briefträger. Aber sie hatte wohl «gerochen», daß dies ein besonderer Brief sein müsse. Lauschend blieb sie hinter der Tür stehen.

Der Brief stammte vom 17. September 1946. Er war ursprünglich nach Zernikow gegangen, aber dort hatte man «unbekannt verzogen» draufgeschrieben und ihn an den Absender zurückgeschickt. Der Verfasser des Briefes, Oberleutnant Fritz Steffen aus Magdeburg, hatte schließlich über den Vater eines meiner ehemaligen landwirtschaftlichen Hauswirtschaftslehrlinge meine Adresse ausfindig gemacht. Der Brief lautete:

Hochzuverehrende Frau Baronin!
Mit Ihrem Gatten, Friedmund Freiherrn von Arnim, war ich zusammen in russischer Kriegsgefangenschaft. Wir schlossen

uns bald zusammen, und eines Tages vereinbarten wir, daß derjenige, der früher als der andere oder gar allein das Glück der Heimkehr ins deutsche Vaterland erfahren würde, der Familie des anderen Nachricht gibt. Ich bin vor wenigen Tagen zurückgekehrt und erfülle nun die Abrede. Sie ist bitter.

Ihr Gatte kam Anfang Juni 1945 in das Sammellager Neubrandenburg, wo ich mich schon seit drei Wochen befand. Ende Juni wurden wir gemeinsam nach Graudenz abtransportiert, blieben in der Feste Courbière zehn Tage und traten alsdann eine beschwerliche Fahrt bis in die Nähe von Moskau an.

Wir wurden in das Lager Schtschokino, fünfundzwanzig Kilometer südlich von Tula, gebracht, um zur Arbeitssühne und Wiedergutmachung eingesetzt zu werden.

Wir arbeiteten meist auf dem Werkhof einer Kohlenzeche: Erdarbeiten, Straßenbau, Bau eines Gleisanschlusses, Kohlenverladen, Steine und Schlacken verladen, Lang- und Grubenhölzer verladen, zuletzt Kartoffelerntearbeiten.

Willig und ernst faßten wir alle Aufgaben an. Aber infolge schlechter Unterbringung (Erdhöhlen mit wenig Stroh) und völlig unzureichender Ernährung ließ der Gesundheitszustand aller Kameraden nach Wochen rapide nach. Die Ungezieferplage war sehr groß; vierzehntägig fand eine sogenannte Entlausung statt, im übrigen bestand keine Waschmöglichkeit. Medikamente waren nicht vorhanden. Wir wurden ständig zur Arbeit angetrieben, oft unter Mißachtung der Schonung gebietenden ärztlichen Anordnungen; Furunkulose und Fälle allgemeiner Erschöpfung nahmen zu.

Vom 5. Oktober an wurden wir bei der Kartoffelernte eingesetzt, zwei Tage danach schon bei Schnee und bis zu fünfzehn Grad Kälte. Es gelang uns, beim Kartoffelsortieren und bei sonstigen Gelegenheiten einige Kartoffeln beiseite zu legen, sie zu kochen oder zu rösten und uns auf diese Weise eine kleine zusätzliche Mahlzeit zu verschaffen. Die besonders strenge Behandlung im Lager Schtschokino rührte wohl daher, daß dieses Lager früher ein Straflager gewesen war und daß dort noch Angehörige des früheren Lagerpersonals Dienst taten.

Ihr Gatte war, wie wir alle, unter Einwirkung der vielen Strapazen, schwächer geworden. Er hatte im September nach Besprechung mit mir ein ausführliches Gesuch um baldige Entlassung eingereicht, das er mit seiner politischen Einstellung, seinen Beziehungen zu Herrn Botschafter Nadolny, seinen sechs Kindern u. a. m. begründete. Ich habe Teile des Gesuchs später in seiner Brieftasche gesehen, diese jedoch nicht durchretten können.

Am 6. Dezember wurde Ihr Gatte mit zwei weiteren Offizieren wegen allgemeiner Schwäche, Durchfall und Furunkulose in das Lazarett Tula am Oka-Fluß gebracht. Ich folgte ihm dorthin am 19. Dezember, und der Zufall fügte es, daß ich im Lazarett sein Bettnachbar wurde. In dem uns zugewiesenen «Krankenzimmer» herrschte eine Temperatur von fünf bis sechs Grad Wärme, und wir lagen in unseren Holzbetten meist ohne Stroh mit nur einer Decke. Mit Vorträgen unterhielten wir die anderen Kranken des Zimmers und erhielten uns dadurch auch unsere geistige Beweglichkeit, wobei Ihr Gatte Themen aus seinem geliebten Walde wählte. In privaten Gesprächen erzählte er mir viel über seine Urgroßeltern, das Dichterehepaar Achim-Bettina von Arnim, über den Kammerdiener Fredersdorff, über Zernikow, seine Tätigkeit im dortigen Fußballclub, seine Verlobung usw. Ich glaube, daß Ihr Gatte durch diese vielseitige Anregung und Unterhaltung das schwere Los der Gefangenschaft nicht so sehr gefühlt hat, zumal er immer in der Hoffnung auf eine baldige Entlassung lebte.

Weihnachten stand nur im Kalender. Wir hatten in unseren Zimmern weder ein Bäumchen noch eine Kerze. Es wurde uns sogar verboten, unsere schönen alten Weihnachtslieder zu singen. Wir hatten keinen Teller Suppe mehr als sonst. Und doch hatten wir unsere Weihnachtsstimmung. Ich sprach nach Durchgang des russischen Postens bei andächtiger Stille die Weihnachtsbotschaft (die ich tatsächlich noch auswendig wußte), dann hielt der später ebenfalls verstorbene Kamerad Hauptmann P. eine Weihnachtsansprache und gedachte der Lieben in der Heimat. Dann sangen wir – trotz des Verbots – wenigstens halblaut «Stille Nacht, heilige Nacht» und «O du fröhliche», und danach erzählte uns Ihr Gatte von einem Weihnachtsfest in einem deutschen Gutshaus. Plaudernd blieben wir alle bis nach Mitternacht wach und empfanden zuletzt gar nicht mehr unsere traurige Lage.

Anfang Januar verschlechterte sich der Zustand Ihres Gatten plötzlich. Er begann über Beschwerden zu klagen, wußte aber diese zunächst nicht richtig zu bezeichnen. Der russische Arzt und der deutsche Stabsarzt Dr. Bock meinten, im Leib links schiene Wasser zu sein, und man nahm auch einige Tage später eine Punktierung vor, bei der der Arzt einen halben Liter Wasser zwischen den Rippen entnahm. Schon vorher hatte Ihr Gatte einmal überraschend geäußert: «Ich kann nicht mehr!» und wurde auch sichtlich matter und matter, so daß er kaum noch sitzen konnte und ihm jede Handbewegung schwerfiel. Er nahm sich aber stets, auch bei der Punktierung, so zusammen, daß wir nicht merkten, wie schwer krank er tatsächlich war, zumal da seine Körpertemperatur nur wenig über normal lag. Ich glaube auch, daß er sich über den Ernst seines Zustandes nicht klar war. In seinem Körperzustand war er aber nur noch derart Haut und Knochen, daß wir sagten, Gandhi sei im Vergleich zu ihm ein Schwergewicht.

Etwa am 10. Januar trat eine weitere wesentliche Verschlechterung in seinem Befinden ein. Wir verloren langsam die Hoffnung auf eine Besserung, taten jedoch alles, um ihm seine Lage soweit als möglich zu erleichtern, indem wir ihm zum Beispiel von unserem Weißbrot und Zucker abgaben.

Am Abend des 12. Januar hatte ich einen der üblichen Vorträge gehalten, dem auch Ihr Gatte mit Interesse gefolgt war. Hinterher bat er mich, ihm etwas über meine einjährige Dienstzeit und meine Manövererlebnisse von 1912 zu erzählen. Ich erfüllte seinen Wunsch gern, merkte aber nach einer Viertelstunde, daß er ganz ruhig eingeschlafen war.

Am nächsten Morgen (13. Januar) wachte ich um sieben Uhr früh davon auf, daß Ihr Gatte im Schlaf irgend etwas murmelte. Er hatte die Decke noch über seinen Kopf gezogen. Auf meinen Gegenruf antwortete er nicht. Stutzig geworden, beugte ich mich zu ihm und schlug die Decke von seinem Kopf zurück. Er war totenblaß, die Augen waren fest geschlossen. Ich benachrichtigte Dr. Bock, der ihm alsbald eine Kampferspritze verabfolgte. Auch die russische Ärztin bemühte sich um ihn.

Einmal beugte ich mich über Ihren Gatten, als sein Mund noch einige Worte zu formen versuchte, aber sie blieben unverständlich, bis auf die beiden letzten: «... von Arnim». Er schlief darauf wieder ruhig ein. Sofort benachrichtigte ich den Arzt, der in wenigen Minuten zur Stelle war. Puls und Herz schlugen noch so gut wie normal. Mit zwei Kampferspritzen versuchten Dr. Bock und die russische Ärztin den Zustand des Schwerkranken zu bessern. Gegen elf Uhr hellte sich die Wolkendecke des bis dahin sehr dunklen Tages etwas auf, und ein einziger Sonnenstrahl fiel in unser Zimmer genau auf das Gesicht unseres lieben Herrn von Arnim. Es mutete mich an als das Rufzeichen unseres Herrgotts, sich fertigzumachen für die große Heimfahrt. Nach einer Weile fühlte ich, daß sein Puls zum letzten Mal geschlagen hatte. Alle Kameraden im Zimmer verhielten in andachtsvoller Stille, als ich ihm die Augen schloß, erschüttert und zugleich getröstet über die wunderbare Art seines Heimgangs.

Er kann nicht mehr bei Bewußtsein gewesen sein und hatte auch keinerlei Spuren eines Todeskampfes oder von Todesschweiß. Unmittelbar darauf erschien Dr. Bock, der mir später zur Mitteilung an die Angehörigen als Todesursache angab: «Arteriosklerose und höchste Stufe der Unterernährung (Stufe 3).»

Gegen siebzehn Uhr wurden seine sterblichen Überreste abtransportiert. Am Handgelenk der Leiche wurde ein Zettel mit Vor- und Zunamen, Dienstgrad sowie Geburts- und Sterbetag angebracht. Wo die Beisetzung stattgefunden hat, wissen wir nicht, da deutsche Gefangene den Transport nicht begleiten durften; wir nehmen aber an, daß die Beerdigung unweit des Lazaretts von Tula erfolgt ist.

Es mag Ihnen zum Trost gereichen, daß Ihr Gatte annahm, Sie und Ihre Kinder befänden sich in Zernikow und seien im Besitz eines Restgutes von vierhundert Morgen.

So lautete der Brief. – Ich war ganz starr und still.

Ich öffnete die Tür, und da stand Frau Olpe noch, die wohl erwartet hatte, daß ich in lautes Schreien und Weinen ausbrechen würde.

«Isch Ihr Mann dot?» fragte sie.

Ich nickte nur.

Schnell lief sie hinüber zur «Rückin» und brachte ihr die Botschaft. Die gute Frau Rück sagte: «Jetzt muß die Frau Arnim je-

Das Holzhäuschen der »Nebenerwerbssiedlung« in Kupfer
bei Schwäbisch Hall (1947).

mand haben von ihrem Stand», und sie lief auf die Laurach,
um die Fürstin Hohenlohe zu holen. Die Fürstin kam sofort.
Zartfühlend und zurückhaltend, wie sie war, blieb sie aber nur
kurz.

Am verständnisvollsten verhielt sich unsere Frau Wolf. Sie
schickte eine ihrer Töchter mit einem Korb voll Lebensmitteln
zu mir.

Es war ein schöner, sonniger Tag. Die Kinder spielten im
Freien. Ich ging in den nahen Wald. Ich warf mich auf den
braunen, trockenen Boden zwischen den Fichten, denn hier im
Wald konnte ich weinen, ich weinte lange, vielleicht eine
Stunde lang. Dann stand ich auf.

Mit einem Mal wußte ich, was ich zu tun hatte. Es war, als
ob Friedmund noch einmal zu mir sagte:

«Rette du die Kinder!»

Ich mußte dafür sorgen, daß ich alle sechs Kinder wieder
unter einem Dach vereinen konnte. Plötzlich war der Weg für
mich ganz klar vorgezeichnet, ich hatte einen Plan, und kein
gutgemeinter Ratschlag würde mich davon abhalten können,
kein Einwand, daß mir ja eigentlich alle Mittel fehlten, meinen
Plan zu verwirklichen. Ich lief ins Tal, zweieinhalb Wegstunden zum Städtchen Neuenstein, wo ich einen Architekten

363

wußte. Ich ging in sein Büro und ließ mir von ihm ein hübsches Häuschen zeichnen – einfach so, ohne lange Erklärung.

«Ich komme wieder», sagte ich.

Meine Eltern hatten mir aus Berlin geschrieben: «Deinen größten Reichtum hast Du behalten: Deine Kinder!»

Ich begann, um ein Stückchen Land für eine sogenannte Nebenerwerbssiedlung zu kämpfen, und im Wettlauf mit der herannahenden Währungsreform und in steter Auseinandersetzung mit dem raffgierigen Besitzer einer Baufirma gelang es mir zu guter Letzt, auf einem Grundstück, das ich vom Fürsten Hohenlohe günstig erwerben konnte, ein Holzhäuschen entstehen zu lassen, nur fünf Minuten entfernt vom kleinen Bahnhof Kupfer.

So hatten wir nun wieder ein Zuhause – wenn es auch nicht der «Hügel Sand im lieben Vaterland» war, von dem der Dichter Ludwig Achim in seinem *Gebet* gesprochen hatte, sondern ein Fleckchen Lehmboden und ein Holzhaus im Schwabenland. Aber es war nun dafür gesorgt, daß unser «Baum des Lebens» weiter grünen konnte.

Personenregister

Adenauer, Konrad 195
Albrecht der Bär, Markgraf
v. Brandenburg 87
Arendt, Hannah 260
Arnim, Achim von (der
Dichter)→ Arnim,
Ludwig Achim von
Arnim, Achim von (der
Maler) 82 ff., 186, 200 f.,
223
Arnim, Achim Erdmann von
188, 210
Arnim, Achim Erwin von
158, 174, 231, 250, 253 f.,
271 f., 289, 326, 335, 337
Arnim, Agnes von (geb. von
Baumbach) 92 f., 104, 110,
113, 117, 129 f., 135, 138,
175, 177, 181 f., 208 f.,
223 ff., 340
Arnim, Amalie Karoline von
(geb. von Labes) 106, 110,
210
Arnim, Amöne von (geb. von
Trott zu Solz) 93, 191 f.,
224
Arnim, Annois von 76, 80 f.,
98, 114, 159, 175, 192,
198 f., 202 ff., 230 ff., 246,
282
Arnim, Armgard von 101
Arnim, Bettina von (verh.
Encke) → Encke, Bettina
Arnim, Bettina von (Tochter
v. Clara von Arnim) 62,
174 f., 254, 281, 284, 287,
295, 298 f., 317, 320, 353,
358
Arnim, Bettine von (eig.
Elisabeth, geb. Brentano)
7 f., 17, 22, 54, 74, 79,
84 ff., 89, 95, 98 f., 101 f.,
114, 124, 140, 159, 185 ff.,
189, 195, 198 ff., 202 ff.,
208, 211, 227, 271, 289,
360
Arnim, Carl von (genannt
Pitt) 86, 91, 102
Arnim, Christof-Otto von

173 ff., 224, 254, 274, 281,
289, 294, 298, 303 f.,
316 f., 336, 348, 351, 353
Arnim, Claudine von (geb.
Brentano) 84
Arnim, Clemens von 169,
174, 254, 272, 281, 287 ff.,
326, 335 ff.
Arnim, Elisabeth von (geb.
Truchseß von
Wetzhausen) 230 f., 282
Arnim, Ellen von (geb. von
Wolf) 133
Arnim, Else von (geb. von
Simson) 190 f.
Arnim, Erwin von 77, 79, 83,
92 f., 102, 104, 108, 114,
116 ff., 126, 130, 132, 134,
158, 174, 181 f., 204, 214,
216, 224 ff., 230, 246, 256
Arnim, Freimund von 17,
83, 101 f.
Arnim, Friedmund von
(Sohn von Ludwig Achim)
101 f., 114 f., 159, 200, 230
Arnim, Friedmund von
(Ehemann v. Clara von
Arnim) ab 73
Arnim, Friedrich Achim von
190 ff.
Arnim, Gudrun von 92, 129,
132, 135, 223, 340
Arnim, Hans von 192
Arnim, Harald von 192
Arnim, Harry (Heinrich)
Graf von 188
Arnim, Hedy von (geb.
Sonntag) 189, 192 ff., 232,
264
Arnim, Johannes Freimund
von → Arnim, Frei-
mund von
Arnim, Käthe von 337
Arnim, Kühnemund von
101 f.
Arnim, Ludwig Achim von
7 ff., 17, 56, 79, 81, 84 ff.,
89 ff., 95, 101 f., 114, 124,
155, 159, 174, 188, 203,

205 f., 208 ff., 227 229,
232, 244, 272, 342, 360,
364
Arnim, Margarethe von
(geb. von Schauroth) 230
Arnim, Marie von (geb. von
Trott zu Solz) 114, 159
Arnim, Marielies von 102,
122, 124, 129, 135, 143,
223, 275, 296 f., 299, 312,
315, 324, 340
Arnim, Maximiliane von
(genannt Maxe) 101 f.,
115
Arnim, Oskar von 189,
192 ff., 205, 227, 232, 264
Arnim, Ottmar von 76, 79,
93, 114, 204, 224, 246
Arnim, Peter-Anton von
174 f., 254, 256, 281, 289,
294, 298, 304, 316, 336
Arnim, Siegmund von 101 f.,
185 f., 188, 201
Arnim, Walpurga von 223 f.,
340
Arnim, Wolf-Herman von
175 f., 254, 281, 284, 287,
297, 299, 317 f., 324 f., 353
Arnim-Boitzenburg, Adolf
Heinrich Graf von 189
Arnim-Boitzenburg, Dietlof
Graf von 191
Arnim-Falkenhagen,
Friedhelm von 78, 133
Arnim-Fürstenau, Albrecht
von 189
Arnim-Gerswalde,
Adolf-Oswald von 258
Arnim-Gerswalde, Otto von
254
Arnim-Kröchlendorff,
Detlev von 191
Arnim-Lützlow, Wilhelm
von 191
Arnim-Suckow, Georg
Gustav von 189
Arnim-Suckow, Georg
Wilhelm von 191
Arnswaldt, Dieter von 48,

Mitten in die Schönheit brandenburgischer Dörfer, Seen und Kiefernwälder führen die Lebenserinnerungen Clara von Arnims, Gattin eines Urenkels des berühmten Dichterehepaares Ludwig Achim und Bettine von Arnim.

Nach einer behüteten Kindheit im Kassel der Kaiserzeit und einer unbeschwerten Jugend im Berlin der zwanziger Jahre muß sich die junge Frau an der Seite ihres Mannes Friedmund als Gutsfrau bewähren, verantwortlich für Haus und Hof und die vielen Menschen auf den drei Gütern Zernikow, Wiepersdorf und Bärwalde.

Vom geistigen und durch die alten Gebäude und historischen Möbel stets gegenwärtigen Erbe Ludwig Achims und Bettines weiß Clara von Arnim ebenso fesselnd zu berichten wie vom Alltag des keineswegs feudalen Landlebens: von der harten Arbeit in einem Haushalt ohne elektrisches Licht, ohne fließendes Wasser und Zentralheizung, von ihrer wachsenden Kinderschar, der großen, illustren Verwandtschaft und von der Fürsorge für die Gutsbewohner vor dem Hintergrund der Wirtschaftskrise und während der Nazidiktatur. Aber auch von frohen Festen, von einer noch intakten Natur und von eindrucksvollen menschlichen Begegnungen berichtet die Autorin voll farbiger Details.

Nach dem Zusammenbruch, als nichts mehr zu retten ist als das Leben ihrer sechs Kinder, sehen wir Clara von Arnim

Fortsetzung hintere Klappe